– 박물학과 박람회의 영향에 따른 서구, 일본, 한국 비교 –

근대박물관,
그 형성과 변천 과정

- 박물학과 박람회의 영향에 따른 서구, 일본, 한국 비교 -

근대박물관,
그 형성과 변천 과정

차 문 성 지음

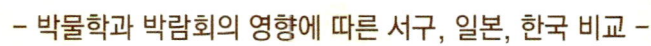

한국학술정보㈜

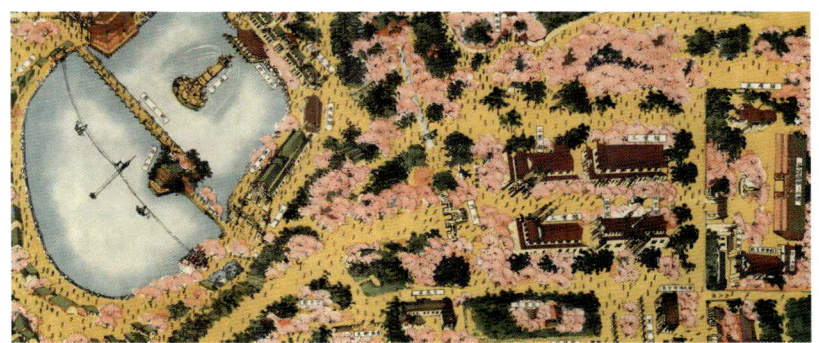

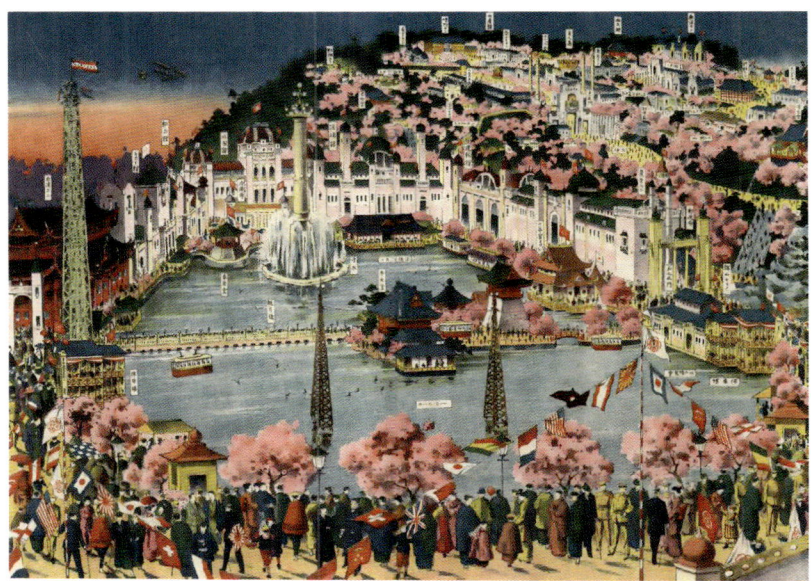

▌**동경대정박람회** 1914년, 40cm/55cm, 尙美堂畵店 발행, 저자소장 │ 상단의 포스터는
우에노공원에서 열린 대정박람회의 숲류를 나타내고 아래는 호수 주변의 건물과 경치를 확대해
재제작한 것이다. 박물관은 상단 중앙에, 동물원은 상단 좌측 숲, 조선관은 상단 우측 와가로 지
어졌음을 확인할 수 있고 현재도 관월교와 변천당은 호수 주변에 남아있다.
대정박람회는 조선물산공진회가 경복궁에서 열리기 1년여 전으로 벤치마킹한 대표적 박람회다.

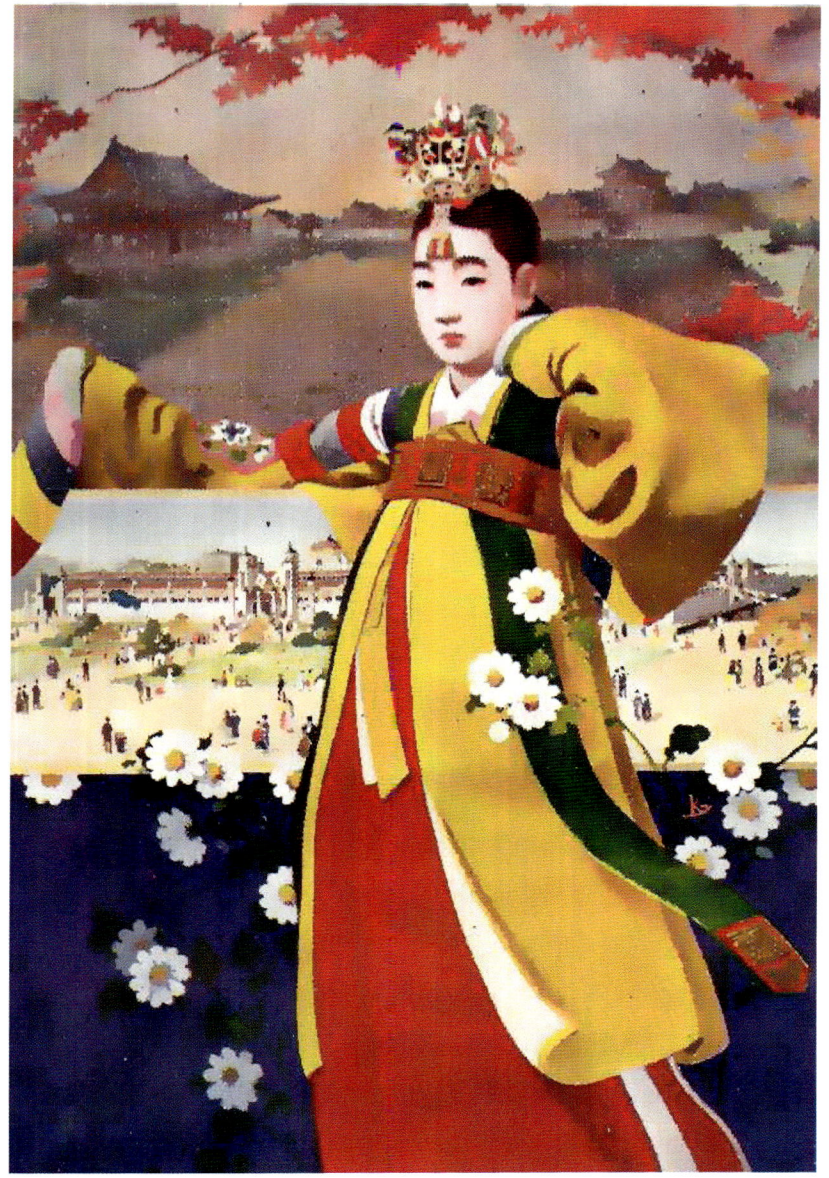

┃ **1915년 시정오년기념조선물산공진회 포스터 엽서, 저자소장**┃ 전면에 기생의 모습을
한 여인을, 상단에는 경회루와 근정전이 어두운 배경 속에 모습을 드러내고 아래는 밝은 르네상스
식 신관을 나타내어 舊政과 新政을 대조적으로 표현하고 있다.

●●●● 이 책을 내면서

2004년 5월 서울시립미술관에서 열린 <다큐멘트>展의 「구보 씨, 박람회에 가다」는 근대식민지조사사업과 시정성과를 아카이브의 형식을 띠고 있는 사진을 대상으로 한 전시였습니다. 비록 암울한 시대임에도 불구하고 근대의 다양한 역동력은 짧지 않은 시간 동안 사찰과 고건축의 보존과 답사운동에 노력해 온 저에게 새로운 '앎'에 대한 호기심을 끌기에 충분했습니다. 사실 근대의 다양한 세계를 경험해야 하는 이 글을 준비하면서 항공사에 근무하는 저로서는 많은 혜택을 입었습니다. 도쿄를 비롯하여 알렉산드리아, 카이로, 피렌체, 파리, 런던, 비엔나, 바젤, 시드니, 멜버른, 오클랜드, 시카고, 토론토 등에서 근대박람회와 박물관의 흔적을 확인하는 과정에서 근대의 원동력에 남다른 감회에 젖기도 했습니다. 실로 현장에서의 답사와 전시는 역사적 인물과 장소를 교과서에 머물지 않고 이 땅에 살아온 사람들의 흔적을 확인하는 흥분되는 일이었습니다.

이 글을 적으면서 1995년 식민지의 상징으로 치부되어 조선총독부 청사의 중앙 돔을 해체하던 날이 기억에 떠오릅니다. 물론 조선총독부 청사 건립을 위해 광화문이 옮겨지고 흥례문이 허물어졌을 때 그 아픔을 노래한 야나기 선생의 애절한 글귀와 설의식 선생의 절규를 잘 기억하고 있습니다. 그러나 한때는 중앙청으로, 얼마 전에는 국립중앙박물관으로 사용하던 총독부 건물을 기억에서조차 없애려는 것이 부끄러운 역사를 덮을 수 있는 일인지 반문하고 싶습니다. 근대 네거티브 문화의 대본영으로 존재한 조선총독부청사의 파괴는 일제강점기가 아닌 민족항쟁시대에 있어 또 다른 역사의 망실이라고 생각하지 않을 수 없습니다. 누군가는 그 시대를 해석하고 사회변화의 틀을 연구해야 하는 당위성을 가지고 있으며 미래를 위한 역사가는 결코 과거의 오류를 두려워해서도 회피하여도 안 될 것이라 믿어 의심치 않습니다.

오늘날 서울 시내의 마천루 빌딩 속에서 근대적 모습을 상상하기란 쉽지 않습니다. 경제적 논리에 의해 철거되기도 하고 정치적 논리에 의해 훼철되기도 했습니다. 그런 이유로 일제강점기에 발행된 근대엽서와 포스터를 조금씩 모아 한 권의 책으로 엮고 보니 가슴 뿌듯한 기억이 많습니다. 그러나 책을 준비하는 동안 600년 서울 정도의 상징인 숭례문이 방화에 의해 불에 휩싸이는 참담한 사고가 발생했습니다. 조선의 창건과 대한광복의 기쁨을 함께하고, 때로는 양 날개가 잘려 전찻길에 내어주고, 한 나라의 표상에서 일상적 행사장으로 전락했을 때도 결코 민족의 기품을 잃지 않은 숭례문이 불길 속에 사라지는 순간 정작 아무것도 해 줄 수 없다는 무력감이 우리를 더욱 슬프게 했습니다. 역사란 실물 자체가 아니라 감히 기록의 과정이라 말하고 싶습니다. 과거 6백년과 미래의 6백년에 대한 기록의 장치가 있다면 눈부신 재현의 기법으로 재생될 것이기 때문입니다. 바로 랑케 이전의 역사가 존재의 역사라면 토인비 이후의 역사는 무엇을 어떻게 해야 하는지에 대한 당위의 역사일 테지요. 절망에서 희망으로 좌절에서 극복으로의 메시지를 숭례문에 고스란히 담아 다음 세기에 그다음 천년에 더할 수 있다면 토인비가 말했듯이 "최적의 도전은 최대의 응전"일 것이라 믿습니다.

졸고인 『근대박물관, 그 형성과 변천과정』은 중앙대 예술대학원 석사학위 논문인 「근대박물관 형성과정에 대한 연구」를 재편해 단행본으로 발간하게 되었습니다. 소장하고 있는 사진엽서와 포스터의 이미지를 더해 서구와 일본, 한국에서의 근대박물관이 분화되는 과정을 박물학의 발전과 박람회의 개최를 연관하여 다루고자 했습니다. 저 나름으로는 무척이나 노력했지만 혹 편견과 오류가 있지 않을까 하여 두렵고 부끄러울 따름입니다. 제현들의 넓은 아량과 이해로 지켜봐 주시기 바랍니다.

실로 긴 원고를 탈고하면서 감사인사를 드릴 분이 많습니다. 먼저 책 뒤에 삽입된 '日本人 人名表'는 친우 宮內正義(みやうちまさよし)께서 관행적으로 사용되어 온 일본인명의 교정과 해설에 큰 도움을 주셨습니다. 멀리 시애틀에서 사진과 귀한 책을 선물하신 이재창 선생님께도 이 책의 발간이 조그마한 謝意가 되었으면 합니다. 항상 훈훈한 마음으로 지원을 아끼지 않는 회사동료들에게도 이 글을 빌려 감사의 마음을 전하고 논문지도 때부터 많은 가르침을 주신 하계훈, 최석영 교수님, 국립민속박물관 국성하 선생님께 이 글을 빌려 감사의 마음을 전합니다.

또한 졸고의 출판을 기꺼이 달아주신 한국학술정보(주) 관계자들에게 고마움을 전합니다. 끝으로 저에게 항상 신뢰를 아끼지 않는 가족들, 사랑하는 아내, 꿈 가득한 딸 예지에게 항상 노력하는 아빠의 모습으로 기억되었으면 합니다.

독일의 서정시인 라이너마리아 릴케의 『로댕론』을 빌려 이 책을 읽는 모든 분들께 감사의 헌사로 대신하고자 합니다. 감사합니다.

"이 위대한 예술가를 그처럼 위대하게 만든 것이 무엇인지 언젠가는 깨닫게 되리라. 그가 온전히 혼신의 힘을 다해 자기 연장의 미천하고 엄격한 본질 속에 몰입하는 것 외에는 어떤 것도 바라지 않았던 한 사람의 노동자였다는 사실을 말이다. 거기에는 삶에 있어 일종의 포기 같은 것이 있었다. 하지만 바로 이 인내를 통해 그는 삶을 얻게 되었다." (릴케전집10)

2008년 4월 차문성 씀.

근대박물관, 예술과 과학의 분화

사회의 변화는 단순 해석만으로 설명하기가 어려우며 그 속에는 복합적이고 다층적 텍스트가 내재해 있어 상호작용에 의해 긴밀한 관계를 유지해 왔다. 오늘날 박물관의 형태는 복합문화공간으로서의 역할을 수행하고 있으나 실상 박물관은 고대에서부터 현재에 이르기까지 시대적 맥락에 따라 다양하게 발전해 왔다. 본서에서는 서구 근대박물관의 형성과정과 박물학의 발달이 박람회란 제도의 전파를 통해 서구는 물론 일본과 한국의 <근대전문박물관> 형성에 미친 영향을 연구하고자 한다.

박물관의 원초적인 형태는 기원전 3세기경 알렉산드리아의 Mouseion으로부터 비롯되어 종교적 부산물로서 그리스의 문예, 철학 등을 연구하고 조형예술품과 서적의 수집, 진기한 동식물을 사육, 재배했으며 공연예술을 펼쳤다고 한다. 이후 박물관적 성격의 기관은 오랫동안 종적을 감추어 버렸는데 그나마 유사한 기능을 수행하게 된 것은 중세 수도원을 통해서였을 것이다. 이 시대의 많은 교회에서는 서민들의 신앙을 고무하기 위한 방법으로 흥미주의와 신비적 요소가 가미된 진열을 통해 부분적으로 박물관적 기능을 수행하고 있었다.

14C에는 베네치아, 밀라노, 피렌체 등 이탈리아 북부도시들이 무역과 금융업을 기반으로 아름다운 예술작품, 고대의 조각품을 소유하는 것은 일종의 부를 과시하는 수단이었다. 이렇게 생성된 우피치갤러리의 건립이 진기한 것을 모으는 과시적 취향에서 비롯된 것이라면 근대 공공박물관의 서막인 루브르박물관은 계몽주의적 시민사회의 대중성을 반영하고 있다.

근대적 에피스테메는 계몽사상과 박물학적 시선으로 근대박물관의 성립을 가져오게 된다. 더구나 제국주의의 팽창정책과 산업혁명의 결과 자본의 축적이 이뤄져 철도의 확충과 새로운 세계에 대한 인식이 전 사회적으로 확산되는 과정에서 박람회가 출현하게 되었다.

1851년 런던에서 개최된 <The Great Exhibition>의 대표적 시설물인 수정궁(Crystal Palace)은 건물의 외관과 구조에 유리와 철이라는 새로운 기술과 재료를 사용하여 전시건물의 변화를 주도한다. 전시물은 원재료, 기계류, 조각과 미술의 4부문으로 구성되고 전시규모에 있어서도 총 10만 점을 상회한 출품물 중 그 절반이 외국에서 출품되어 소위 사상 초유의 만국박람회로서 손색이 없었다. 이후 박람회와 박물학적 시선의 확대로 도시는 근대적 모습으로 탈바꿈되고 대중의 인식변화를 가져온다. 거듭되는 만국박람회를 통해 과학의 발달, 미술과 공예의 진작은 박물관을 자연사박물관, 과학박물관, 근대미술관 등으로 점차 분화하게 한다.

이 시기 일본에서는 18세기 중엽 시행한 천연산물의 전국적인 실태조사와 약원의 운영이 일본 실학연구에 하나의 전기를 만들어 박물학 시대를 열게 된다. 이는 데시마를 통한 네덜란드와의 교류로 인해 박물학이 발전하는 계기가 되었지만 1853년 미국에 의해 강제 개항 후 서양과학 전반에 관한 연구의 필요성을 느끼게 된다. 이때 활동한 町田久成과 田中芳男 등을 통해 서구 만국박람회 참가의 구상이 실현되어 명치기에 서구와 유사한 박람회를 통해 국가의 이미지를 선보이려는 무대로 활용하려 했다. 1872년 비인만국박람회 출품물을 중심으로 도쿄 유시마 성당에서 문부성박람회가 개최되는데 이것이 일본 근대박물관의 시초르 기록되지만 당시 박물관은 진열관만을 의미하며 박람회에 종속적인 존재에 불과했다. 이후 문부성박물관은 교육박물관을 거쳐 과학박물관의 기초가 되고 우에노로 옮긴 농상무성 산하의 박물관은 古物(문화재)과 자연사 중심의 박물관으로 정착되었고 결국 고미술·공예중심의 박물관을 추구하는 제실박물관으로 개칭되기에 이른다.

이와 더불어 일본의 문화재정책은 명치원년에 <神佛분리령>으로 인해 구물타파주의로 나타나 사찰과 신사의 신상과 불구가 다량으로 파괴되는 소위 폐불훼석(廢佛毁釋)이 전국적으로 만연하였다. 이 같은 행위는 오스트리아 비인만국박람회 참가를 전후하여 지식인들과 정부요인들 중에는 무분별한 훼손에 대한 역사적 유물의 보존이 필요하다는 인식으로 다양한 고기물(古器物) 관리대책이 펼쳐지는데 이에 따라 박물관은 보존, 전시를 문화재정책은 수집과 연구를 대상으로 발전하게 된다.

한편 이때 한국에서의 근대박물관에 대한 인식은 강화도에서의 조일수호조규 이후 일본을 방문한 수신사의 견문록에서 찾을 수 있지만 근대적 박물관의 필요성에 대한 공감은 쉽게 이뤄지지 못한다.

또한 시카고 만국박람회와 파리 만국박람회의 참가는 한국을 서구에 알리는 계기가 되지만 이를 통해 본격적으로 국내박람회 시대를 열지는 못했으며 1909년 일제의 영향하에 어원(이왕가)박물관이 한국 최초로 설립되게 된다.

『이왕가박물관소장품사진첩』의 서언에 의하면, 박물관과 식물원, 동물원의 삼원의 설치는 순종황제를 위무하기 위한 목적으로 설립되었다. 사실 대영박물관과 루브르박물관과 같은 서구박물관의 근간이 되는 박물관 역시 표본(천산물)과 과학물 그리고 고미술품을 함께 전시하였고 일본의 근대박물관제도에서도 박물관과 동·식물원의 분화는 커다란 숙제로 남아 있었다. 이 같이 혼재된 박물관이 수차례의 박람회를 통해 분리가 가능하였던바 창경궁이란 한 공간에 삼원을 설치하는 것은 당시 상당한 기술적 진척이 있었던 선진적인 사업으로 생각된다.

그러나 서구와 같이 계몽에 입각한 대중과의 소통은 식민지적 상황하에서 근본적인 한계를 가지고 있었다. 이는 궁궐이라는 엄숙한 공간의 정체성을 바꾸고 도괴된 고려자기의 구입과 이의 합리화를 위한 방안인 전시와 연계된 것을 부인할 수 없다. 소장품은 표본을 비롯한 각종 박물학적 자료도 포함되었지만 주로 명품중심의 고려자기와 동기, 삼국시대 불교공예품, 조선왕조의 회화, 풍속도, 도자기 등이 총망라되어 12,030점에 이르게 된다.

또한 1915년 조선물산공진회(施政五年記念朝鮮物産共進會)가 경복궁에서 개최되어 왕실의 권위는 실추되고 전국에서 수집한 탑비는 조경석물화 되어 버린다. 역사성을 잃은 박물관의 구성물로 탈바꿈되어 관람객의 눈에 비치게 된다. 이로써 일제는 재래와 근대의 대조를 통한 신정(新政)의 우수함을 직간접적으로 표현하게 되었다. 공진회의 전시관인 심세관, 교통관과 더불어 미술관은 종료 후 총독부박물관으로 전용되고 경복궁은 관광 및 고적조사의 전시관으로 활용된다. 소장품은 총포 및 교통관련 소장품이 포함되었지만 주로 전시는 고적조사를 통해 수집한 것으로 하여 이의 국가적 관리를 위해 1916년 『고적 및 유물보존규칙』(古蹟及遺物保存規則)을 공포하여 조선 전역에 걸친 합법적 유물 수집절차를 수립한다. 더불어 고적조사사업과 조선사편수회 등 식민사학의 영향과 이어지는 수많은 공진회, 박람회는 민족개조와 산업진흥이란 미명 아래 조선의 역사와 문화는 개조되어 의도적으로 재맥락화되는 결과를 가져온다.

1920년대에 이르러 서화협회전과 조선미술전람회가 열리는 사회적 변화에 편승하여 1934년에는 일본미술품전이 덕수궁 석조전에서 열리게 된다. 애초에 조선고화와 일본근대미술품을 전시하는 종합미술전 성격의 전시가 일본미술품 중심의 서양화, 조각, 공예품이 전시되자 언론의 항의와 사회여건의 변화로 조선고화의 작품 전시를 위한 새로운 공간의 필요성이 대두되었다. 실상 이왕가박물관의 진열관은 창경궁 내 여러 곳으로 나뉘져 있고 진열품의 보존, 채광의 문제점을 들어 1936년 덕수궁 석조전 옆 서관 공사가 착수되어 1938년 이왕가미술관을 공개하게 된다.

따라서 본 내용은 근대기의 박물관 형성에 있어 박물학적 시선의 확대, 과학의 발전을 매개로 한 제국주의의 무대인 만국박람회의 영향으로 근대박물관이 전문화되는 과정을 알아보고 일본이 명치기 식산흥업과 부국강병의 일환으로 서구의 박람회를 도입하면서 일본 근대박물관이 정착되어 가는 과정을 연구하고 있다. 더욱이 한국에서의 근대박물관 형성과정은 구한말 제도적 변화에서 근대적 박람회 개최의 의지를 확인할 수 있으나 본격적인 박람회와 박물관은 일제의 영향하에서 형성된다. 이는 점차 박람회와 전람회의 잇따른 개최로 인해 필연적으로 전문박물관이 출현하고 문화재정책과 더불어 근대의 식민지적 성격으로 나타나게 된다.

●●●차 례

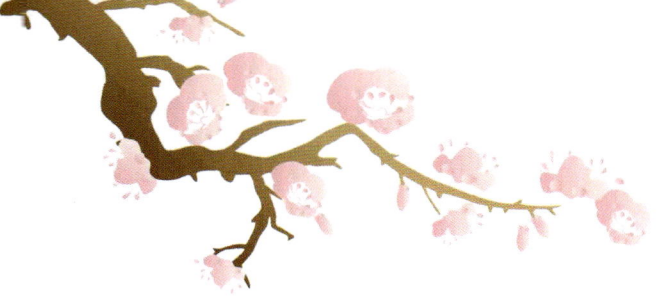

제1장 ┃ 머리말

근대 박물관, 그/형/성/과/변/천/과/정

1. 연구의 배경과 목적
2. 연구의 범위와 방법

박물학과박람회의영향에따른서구,일본,한국비교

1. 연구의 배경과 목적

    프랑스혁명 이후 근대공공박물관의 <예술과 과학적 기념물>에 대한 소장품의 기본적 개념은 미술품과 과학물 그리고 표본을 수집대상으로 하였지만 19C 민족국가로서의 내셔널아이덴티티를 형성하는 시기에 근대 과학기술과 박물학의 발전으로 다양한 분야에서 사회적 분화가 이뤄지기 시작한다. 이와 더불어 사회, 경제적 측면으로는 해외식민지에서 원재료의 안정적 공급과 공산품 수출의 확대로 영국 빅토리아 여왕과 프랑스 나폴레옹 3세 때에 열린 만국박람회는 일국에 머물러 있던 과학, 기술, 예술을 다수의 국가가 공유하게 되어 박람회는 그 전시장으로서 근대적 표상이 된다. 이 책은 이러한 만국박람회가 열리는 시대배경에 주목하여 근대공공박물관의 다음 단계로서 분화된 전문박물관1)의 형성을 들고 있다.

---

1) 본 연구에서는 '박물관 및 미술관진흥법'에서 다루는 종합박물관과 특수전문 박물관의 개념이 아닌 박물관의 발전단계에서 논의되는 근대공공박물관의 혼재된 소장품이 박람회란 특수한 상황에서 분화, 구분되는 전문박물관을 의미한다. 예) 미술공예, 과학박물관, 자연사박물관, 동물원 등.

1851년 런던에서 수정궁박람회가 성황리에 종료된 후 과학, 기술, 미술, 공예, 자연사를 중심으로 박람회는 이전 시대의 수집, 보존, 연구에서 교육과 전시를 중심으로 한 다양한 박물관의 분화를 촉진하기 시작한다. 런던국제박람회에서 파노라마와 디오라마로 나타난 시각적 Illusion은 곧 박물관에 채용되어 켄싱턴거리에 Patent Office Museum, Practical Geology Museum, Science Museum의 설립에 직간접적으로 영향을 미치게 된다. 즉 계몽주의에 바탕을 둔 박물학의 발전과 만국박람회는 루브르와 대영박물관의 경우처럼 과학, 자연사, 예술품이 혼재된 전시품을 가진 근대 공공박물관을 과학박물관, 자연사박물관, 역사박물관, 미술박물관 등의 전문화된 박물관의 촉진에 지대한 영향을 미쳐 이른바 예술품과 과학의 체계적 분리가 이뤄지게 되는 시기를 근대전문박물관 시대라 부르고 있다.

근대박물관의 발달은 이러한 사회, 정치적 배경과 함께 미술사, 고고학, 인류학, 역사학, 생물학, 해부학 등 다양한 인접학문과의 깊은 연관 속에서 근대 이후 끊임없이 변화하는 사회와 국가의 다양한 담론을 반영하는 주요 매개체 구실을 해 왔다.[2] 이 시기 근대박물관의 주요 기능인 수집과 전시에 있어 전문화와 세분화는 이후 박물관사 발전의 중요한 변수로 떠올라 근대 박람회의 기능성은 전문화된 박물관뿐만 아니라 테마파크, 백화점의 형성에도 크게 영향을 끼치게 되는 결과를 가져온다. 더불어 서구와는 다른 양상으로 전개된 일본 박람회의 근대적 문화재(古器物) 보존운동은 황국사관과 함께

---

2) 전동호, 「19세기 서구 지방공공박물관의 실태」, 『서양미술사학회 논문집』 제22집, 서양미술사학회, 2004, p.1.

소장품 보전을 위한 근대문화재정책을 구현해 왔지만 한국박물관과 연계한 종합적인 사적체계는 아직 불충분한 상태다.

본서는 한국 박물관 형성과정 연구에 있어 서구 공공박물관으로서의 루브르박물관과 더불어 근대전문박물관 형성의 또 다른 분기점인 런던 수정궁박람회와 파리, 빈 만국박람회 그리고 일본에서의 박물관 형성과정에 대한 사례연구의 필요성을 강조하고 있다.

따라서 그간의 근대박물관 형성사에서 이루어 온 개별적 연구의 성과 위에 서구와 일본의 근대전문박물관 도입과정을 한국과 연계한 통시적 사례에 주목하고자 한다. 즉 서구의 근대전문박물관과 박람회가 형성되는 정치, 사회적 배경과 이의 사적체계를 통해 문화수용자인 일본과 식민지 조선에서의 박물관 형성과정에 어떠한 영향을 미쳤는지 상호 비교연구하려는 필요성에서 다음과 같은 목적을 설정해 본다.

첫째 프랑스대혁명이 범유럽에 계몽주의를 급격히 전파하고 실증주의와 다원적 진화론이 계몽주의를 대표하는 사상으로 정착할 즈음, 자연사를 기반으로 하는 박물학이 만국박람회의 개최와 더불어 근대공공박물관의 분화에 어떤 영향을 끼쳤는지 알아본다. 두 번째로는 서구 박람회와 박물관에 대한 모방에서 정착화되어 가는 관립 일본박물관의 형성과정을 서구와 유사한 관점에서 박물학이 미친 영향과 고기구물(古器舊物)의 수집과 관리를 위한 문화재정책의 발전양상을 고찰하고자 한다. 셋째 미술공예와 관련된 수집품과 더불어 동식물의 표본을 소장한 이왕가박물관, 공진회에서 인계받은 과학자료를 상당수 소장하고 있었던 조선총독부박물관에서부터 조선박람회의 기증으로 소장품이 확대된 은사기념과학관과 조선미술전람회에서 정착된 미술관으로서의 전문화 과정을 알아보고자 한다. 끝으로 일본에서의 박물관과 박람회, 고적조사가 결합된 형태로 나타나듯이 피식민국으로서 조선총독부박물관의 형성과정을 종합적으로 고찰하여 고적조사와 박람회, 조선미술전람회가 근대 조선의 박물관과 미술관의 성립에 미친 영향과 이의 법제화 과정을 통해 오늘날 문화재 정책의 이론이 되는 기본적 자료를 제시하고자 한다.

●●● 2. 연구의 범위와 방법

본서에서는 근대박물관의 형성과정에 대한 연구로서 부수적으로 일본과 한국에서 전개된 고적조사와 문화재정책을 다루고 있고 그 시각은 박물학의 발전과 만국박람회에 두고 있다. 연구사례의 지역적 대상으로는 영국, 프랑스, 오스트리아, 미국이 포함된 서구3)와 일본, 한국을 대상으로 하며 연구의 범위는 크게 세 단계로 나눠져 있다.

첫째 프랑스 루브르박물관이 계몽주의에 입각하여 근대공공박물관으로 변화하는 과정과 1851년 영국 런던에서 개최된 세계 최초의 박람회인 소위 수정궁박람회의 정치, 사회적 배경을 통해 공공박물

---

3) 본 연구에서 다루고 있는 '西歐'의 정의는 지리상으로는 선진 서유럽을 의미하지만 이 문화가 이식된 미국, 캐나다 등도 포함하는 서구화 혹은 근대화의 의미로 사용하고 있다.

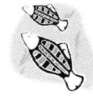

관이 분화하는 과정을 다룬다. 이 시기 왕궁이 박물관으로 전환된 것은 프랑스대혁명으로 인해 근대적 질서를 낳은 격변 속에서 공공건물의 접수라는 시민사회의 사회적 제도가 등장한 것과 맥락을 함께하며 박람회를 통해 왕궁은 새로운 재현의 공간으로 전환하게 된다. 두 번째로 1868년 메이지유신에 성공한 일본의 근대화정책 중 하나인 박람회와 박물관정책을 다루고 있다. 일본은 1910년까지 모두 88회의 세계박람회 중 36회의 세계박람회에 참가하면서 일본 미술품의 미적, 기술적 우위성뿐만 아니라 근대미술의 발전을 도모하게 되어 박물관과 미술관이 정착되는 계기가 된다.[4]

세 번째로 일제의 영향하에서 한국의 박람회, 전람회, 문화재정책이 박물관과 관련한 형성과정을 연구범위로 설정하여 이들의 상호관련성을 파악하고자 한다.

이와 관련한 선행연구로 椎名仙卓과[5] 金山喜昭은[6] 에도시대의 박물학에서부터 서구의 제도를 도입하고 일본 근대박물관의 성립에 이르기까지 이를 편년사적으로 다루고 있다. 반면 國雄行은[7] 서구의 박람회와 일본의 내국권업박람회를 비교하여 일본 박람회의 발전을 논하고 국내 번역서로 吉見俊哉은[8] 박람회를 통해 본 근대의 스펙터클을 박람회와 사회적 배경과 연관한 다양한 내용을 소개한다. 그

4) 이낙현, 「세계박람회의 변천과 한일박람회 특성연구」, 대구대 대학원 박사논문, 2004, pp.17-25.
5) 椎名仙卓, 『日本博物館成立史』, 雄山閣.
6) 金山喜昭, 『日本の博物館史』, 慶友社.
7) 國雄行, 『博覽會の時代』.
8) 요시미 순야(吉見俊哉), 『박람회 근대의 시선』, 논형, 2004, pp.84-116.

러나 본서에서 서술하고 있는 전문박물관의 분화단계인 天産개념이 인조물에서 분리되는 시즘의 논의는 關秀夫가[9] 근대박물관의 탄생에서 제실박물관의 성립까지를 일본의 박람회와 박물관 설립에 관계한 町田久成의 삶과 대비하여 다이내믹하게 다루고 있다.

국내 논문으로 목수현[10]은 괄목할 만한 성과로 이왕가박물관과 조선총독부박물관을 중심으로 박물관의 직제와 소장품을 중심으로 형성과정을 밝히고 있으나 주제가 우리나라에 한정되어 서구와 일본과의 상호관계 속에서 근대박물관의 형성과정을 고찰하기에는 어려움이 있다. 국성하[11]는 고적조사사업의 전개과정에서 박람회와 박물관의 성립 및 일제 강점기 문화교육정책의 의도를 연계하여 식민지 교육의 의미를 찾으려는 본격적 각론단계에 들어선 논문이다. 부수적으로 본서와 관련한 전문박물관을 다루고 있지만 박물관의 발전단계에서의 출현배경보다 각각의 성격에 치중하는 차이점을 가지고 있다. 최석영은[12] 식민지전시에 내재한 상징적 의미를 간파하여 박물관 전시의 속성은 혼란과 불만을 잊게 하는 단일한 견해를 보유하고 획일성을 창출하기 위해 과거를 일종의 수동적이며 완성된 행위로 고정시키려는 데 있다는 데 주목하고 있다. 이는 조선총독부박물관의 출현배경과 식민지적 전시기획을 전시문화의 공간구성이란 관점

9) 關秀夫, 『博物館の誕生』, 岩波新書.
10) 목수현, 「일제하 박물관의 형성과 그 의미」, 서울대석사논문, 1999.
11) 국성하, 「일제 강점기 박물관의 교육적 의미 연구」, 연세대박사논문, 2003.
12) 최석영, 「조선총독부박물관의 출현과 식민지적 기획」, 『호서사학』 27집, 1999.
   최석영, 『한국 근대의 박람회 박물관』, 서경문화사, 2001.

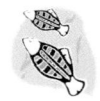

에서 새로운 의미를 조명하고 있다고 볼 수 있다. 또한 전경수는[13] 식민지란 정치적 입장에서 박물관과 유물의 은폐, 날조를 탈맥락화, 재맥락화의 관점에서 논의한 최초의 논문일 것이다.

따라서 선행연구를 기반으로 하여 근대 전문박물관 형성시기를 박물학적 관점에서 명확한 시대적 구분보다 서구, 일본, 한국 지역에서의 박물관이 형성되는 초기과정을 다루는 제한적 관점이란 한계점을 노출하고 있지만 국제사회와의 제도적인 관계, 즉 박물학의 발전과 박람회를 거치면서 근대박물관이 성립되어 가는 과정을 天産개념과 미술에 대한 인식의 변화를 통해 종합적으로 분석하고자 노력하였다.

---

13) 전경수, 「한국 박물관의 식민주의적 경험과 민족주의적 실천 및 세계주의적 전망」, 『한국인류학의 성과와 전망』, 송현 이광규 교수 정년기념논총위원회, 1998.

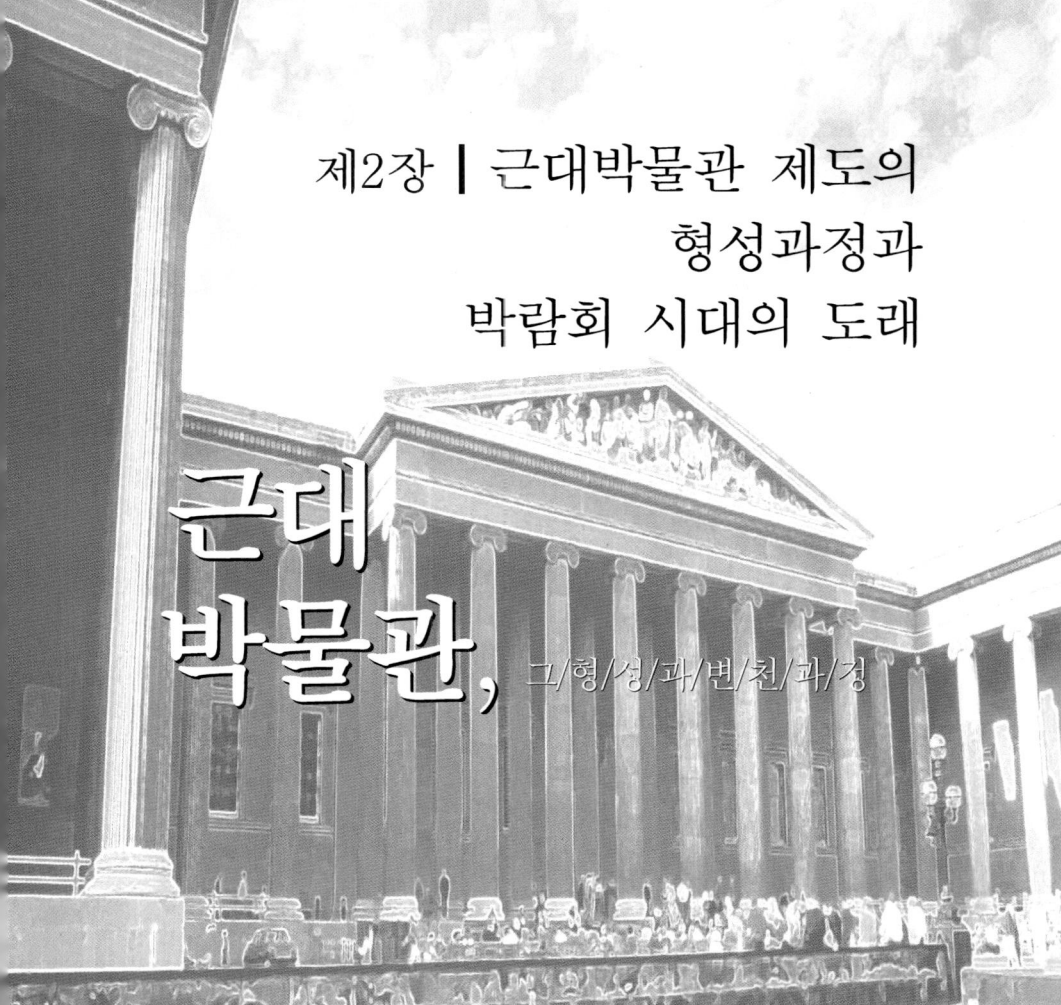

제2장 ┃ 근대박물관 제도의
　　　　　　　　　　형성과정과
　　　　　　　박람회 시대의 도래

근대
박물관, 그/형/성/과/변/천/과/정

1. 근대박물관의 진행과정과 사회적 배경
2. 박물학적 시선의 에피스테메 형성과 박람회시대 도래

제2장 근대박물관 제도의 형성과정 과 박람회 시대의 도래

박물관은 시대에 따라 그 역할과 기능에 있어 다양한 변화를 거듭하면서 인류의 기록과 이상을 보존해 왔다. 애초에 박물관은 종교적인 의미에서 출발한 기관으로 시간이 지남에 따라 점차 학문과 예술의 보존과 연구 그리고 교육을 통해 보급을 담당하면서 오늘에 이르고 있다.[1] 시민사회의 형성에 즈음하여 근대공공박물관의 개념이 탄생하기까지 박물관의 발달사는 고대이집트의 왕실박물관에서부터 중세사원박물관, 르네상스 시기의 박물관, 근대 공공박물관으로 대별[2]되고 때로는 단절되어 궤적을 추적할 수밖에 없지만 인간의 수집과 전시의 욕망은 인류역사에서 끊임없이 연속된다. 이는 근대시기 프랑스대혁명의 발발로 이어져 근대공공박물관으로서의 전환점이 이뤄지고 근대공공박물관은 박물학과 박람회의 영향으로 다시 '근대전문박물관'의 영역으로 분화된다.

---

1) 하계훈,「미술관의 역사와 21C 미술관의 방향」, 김달진 연구소 평론가클럽. 이난영의 『박물관학입문』(1999)과 최종호의 『박물관실무지침』(2000)에서는 문예, 미술, 철학을 MUSE에 바치는 예술품으로 언급하고 있으나 하계훈은 여기에서 '미술'을 제외시키고 있다.
2) 이보아, 『박물관학 개론』, 김영사, 2002, pp.40‒52. 최종호는 『박물관실무지침』에서 고대이집트의 왕실박물관(Mouseion)을 '원초적형태의 박물관'으로 분류함.

1. 근대박물관의 진행과정과 사회적 배경

　근대박물관을 다루면서 그 시원적 형태를 다루지 않을 수 없는데 그것은 근대박물관의 형성과정이 박물관 개념의 발전과 무관하지 않기 때문이다. 박물관의 발전은 그 시대의 종교관과 사회적 가치의 표상에서 비롯되어 왔다. 신의 의사에 의해 움직이는 神중심 사회에서 인간중심적 사회로의 전이는 정치, 경제, 사회, 예술적 표현의 변화를 가져왔으며 필연적으로 계몽주의, 자연과 일치하는 예술과 건축의 기능적 역할에 충실하도록 귀결된다. 부연하면 박물관은 고대 신

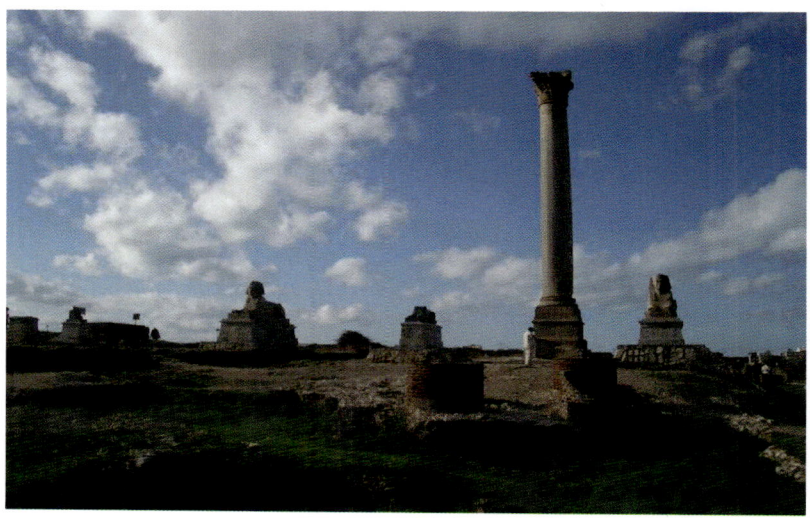

▌**도-1** Mouseion of Alexandria 1-Pcmpey's Pillar ▎ 프톨레미 1세에 의해 도서관이 건립되고, 프톨레미 2세 Philadalphus에 의해 B.C 284년에 박물관이 완성되어 이를 뮤세이온이라 부르게 됨. 총 400개의 기둥 중 온전하게 남아 있는 것은 1개밖에 없다.

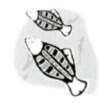

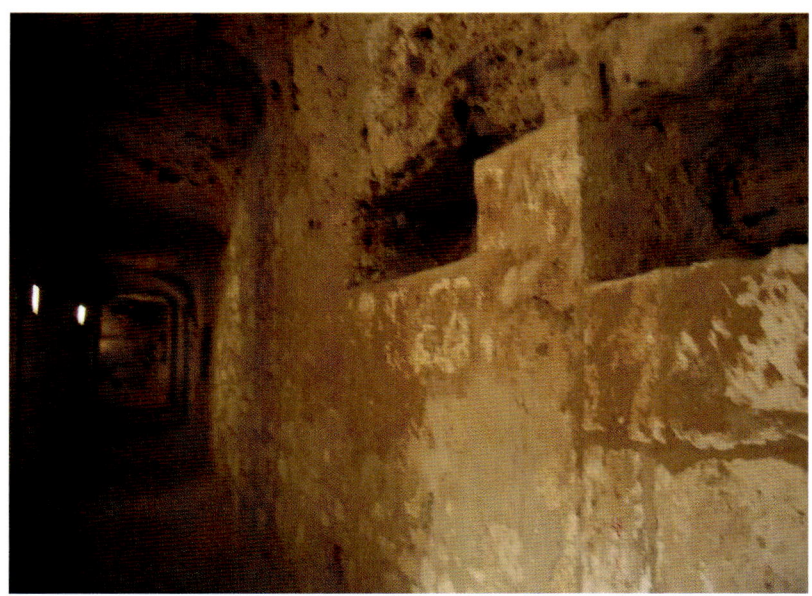

┃ 도-2 Mouseion of Alexandria 2-폼페이기둥 아래 있는 장서고┃ 계단을 이용해 내려가면 한때 장서 70여만 권이 있었다는 파피루스 보관소. 우측의 홈에 파피루스를 보관하였다고 함.

전의 영역에서 출발하여 르네상스 때 고전연구를 통해 종교의 종속적 위치에서 서서히 벗어나면서 근대에 이르러서는 과거와의 단절, 즉 근대적 메커니즘에 충실한 제도의 형성으로 기능상 독립적 형태의 변화를 겪게 된다.

이러한 박물관의 원초적인 형태는 기원전 3세기경 이집트 알렉산드리아에 건립된 그리스 신화에 나오는 뮤즈(Muses)를 위한 신전인 뮤세이온(Mouseion)으로부터 비롯되어 종교적 명상의 장소로서 그리

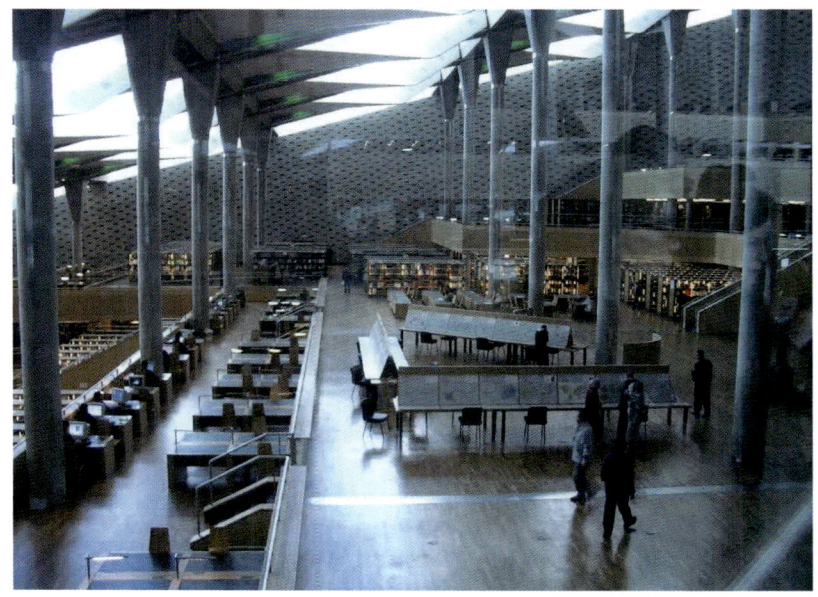

┃ **도—3** Mouseion of Alexandria 3—Mouseion 인근 건립된 알렉산드리아 도서관 ┃ 이
집트정부와 유네스코에서 2억$를 들여 건립한 첨단 인텔리전트 빌딩이다. 2004년에 갔을 때는
이용하는 사람이 많지 않았다.

스 문예, 미술, 철학 등을 연구하고 조형예술품과 서적의 수집, 진기
한 동식물을 사육, 재배했으며 공연예술을 펼쳤다고 한다. 당시 박물
관이 보관, 전시의 기능을 가지고 있다 하더라도 여전히 종교에 종
속적이며 신에게 바치는 부산물로서의 박물관적 기능의 존속이 가능
했을 것이다. 고대 로마제국에 있어 수집품의 가치개념은 문화예술
과 연구의 개념보다 전리품과 장식의 개념이 강했던 것으로 보인다.
전리품을 중심으로 황제와 귀족, 정군들이 수집한 소장품들은 궁전

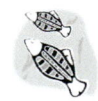

과 저택에 소장됨으로써 일반인의 접근은 용이하지 않았다.3) 더 이상 로마인들은 헬레니즘 미술품과 고대 유물을 약탈할 수 없는 지경에 이르자 자신의 부와 교양을 과시하기 위해 그리스 명작을 복제, 소장하게 되었고 고기물 거래가 이뤄지기 시작하였다.4) 이런 특수층에 의한 향락적 수집활동도 약 200년에 이르는 평화 시기 후 서서히 몰락하여 AD 2세기에는 쇠잔하게 된다. 로마시대는 초기 기독교 시기부터 교회에 의한 종교적 박물관의 개념과 개인적 호사에 따른 수집활동의 개념이 공존하게 되는 시기라 볼 수 있다.

중세에 이르러는 종교적인 권력이 강해진 반면 서민들의 생활은 저급한 수준에 머물고 있어 문화적 사업의 진전은 쉽게 이뤄지지 않았다. 이 시대의 많은 사원에서는 서민들의 신앙을 바탕으로 진열을 통해 박물관적 기능을 수행하고 있었지만 주로 신앙을 고무하기 위한 방법의 일종으로 전시가 이뤄지고 있었다. 예를 들면 코끼리의 이빨을 거인의 이로 둔갑시켜 미신적 요소를 가미하고, 위난을 당할 때는 소장품 중 금은세공품은 녹여 재정적 담보로 전환하기도 하였다. 실제 15C에 교황 칼릭스투스(CALIXTUS) 3세는 오스만투르크와의 전쟁비용을 충당하기 위해 에우게니우스 4세의 관(冠)을 녹여 사용하였는데 이 관은 '천국의 문'을 건축한 피렌체의 저명한 조각가 로렌조 기베르티가 만든 걸작이었다고 전한다.5)

따라서 고대나 중세시대의 박물관은 불완전하게나마 신에게 바치

---

3) 하계훈, 전게서.
4) 최종호, 『박물관실무지침(1)』, (사)한국박물관협회, 2000, p.45.
5) 전진성, 『박물관의 탄생』, 살림, 2004, pp.10-18.

는 수집품으로서 수집과 보관기능, 전리품으로서의 수집기능은 있었으나 학예의 연구 및 교육과 합리적 자료에 입각한 분석은 거의 없어 흥미 위주의 전시를 하는 데 불과하였다. 중세시대의 자료가 비록 자연물과 인공품과의 구별이 없이 일제히 진열되고 상당한 부분이 미신과 속설에 기초하여 진열이 이뤄져 왔지만 민중들의 관심을 통해 자료수집의 흥미를 불러일으키고 사원의 보물로서 전승되어 오늘날 대규모 박물관에 보관되고 있는 점은 특기할 만하다.6)

1946년 ICOM에서 정의하는 박물관 기능이 "예술적, 기술적, 과학적, 역사적 혹은 고고학적 물질을 대중에 공개하는 모든 소장품"을 말하는 것을 상기한다면 위와 같은 수집, 보관의 기능은 초보적이나마 고전적인 박물관의 기능에 포함된다고 볼 수 있지만 그것은 신에게 바치기 위한 수집품으로 여전히 종교적 장소에 기초하였다. 진정한 의미에서의 '귀한 수집품'을 나타내는 라틴 파생어인 museum의 의미는 우피치갤러리에서 비롯된다.

1) 우피치갤러리의 역사적 변천에서 나타난 근대성

대중과의 쌍방 간 소통이 이뤄지지 않은 암흑기를 거친 14C 이후 베네치아, 밀라노 등의 르네상스 시기의 인문주의자들은 고대문화에서 미래의 새로운 비전을 찾게 된다. 이 시기 르네상스의 수집과 후원은 이탈리아 북부도시들이 무역과 금융업으로 부를 축적하여 미적

---

6) 富士川金二, 『博物館學』, 成文堂, ɔp.24－25.

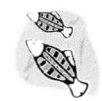

예술작품, 즉 고대의 조각품을 소유하는 것이 최상의 과시며 부의 수단으로 간주했다. 중세의 종교적 중압감에서 벗어난 권력가와 재력가들은 개인적인 취미로 컬렉션을 수집하였고 이를 수용하기 위한 공간 확보의 필요성에 의해 귀족의 대저택에 예술품을 위한 전용공간이 마련되는 경향이 나타나게 된다.

이러한 문예부흥과 특권층의 컬렉션 유행의 배후에는 피렌체의 메디치가의 역할이 매우 중요하게 작용하였다. 메디치가는 작품의 후원뿐 아니라 수집에 있어 놀라운 업적을 남기는데 그 소장한 자료는 결과적으로 역사상 현존하는 근대적 의미의 최초 박물관이라 할 수 있는 우피치갤러리를 낳게 된다. 이것은 메디치가와 피렌체라는 도시의 역사와 더불어 15C에서 16C의 미술품과 건물이 함께 보존되어 미술사와 건축학적 의미에서 오늘날과 유사한 개념과 형태를 갖춘 점에서 의미가 깊다.

우피치갤러리는 1560년경 코시모 메디치(Cosimo Ⅰ Dei Medici)가 주문하고 미술사가인 바사리[7]가 설계하여 원래 행정사무실[8] 용도로 지어져 Palazzo Vecchio에서 강 건너 Palazzo Pitti까지를 연결하였다. 1581년 건물이 완성되었을 때 그의 후계자 프란체스코는 3층 '트리브나의 방'의 설계를 명하고 ㄷ 자 회랑, 즉 갤러리아에 메디치가의

---

7) Giorgio Vasari, 1511－1574.
  우피치 궁, 베키오 궁의 건축에 참여한 건축가이자 본격적인 미술사 관련 책인 『미술가열전』을 저술했고 메디치가의 문화예술관련 사업을 주관하였으며 '메디치가의 연출가'로도 불리운다.
8) 김지현, 『Museum Guide』, 도서출판 El Camino, 2000, p.142.
  이태리어 Uffizi의 영어표기는 Office, 즉 사무실의 의미임.

진귀한 소장품을 보관하게 함으로써 우피치갤러리의 시원을 이루게 된다.9)

초기 수장목록에는 명칭과 숫자만 있어 전시형태의 구체적 사실은 알 수 없다. 18C 중엽의 드로잉에서 양쪽 복도 옆의 방에는 13C부터 18C에 이르는 회화가 주요한 부분을 차지하지만 이는 전체의 1/3밖에 차지하지 않았다. 그 대신 무기를 전시하는 방이 무려 다섯 칸을 차지했으며 '수학의 방', '귀중품의 방', '도자기 방', '메달 방' 등으로 분류되고 특히 수학의 방에는 천체과학도구 및 수학 관련 도구가 가득 차 있어 당시의 미술품은 독립적 성격보다 과학에 더욱 밀접한 관계를 가지고 있어 과학, 즉 박물학과 미술의 구분은 근대박물관의 형성과정에 중요한 factor로 작용된다.

이러한 우피치갤러리의 회화, 조각, 과학기구, 무기 등이 서로 다른 박물관으로 분류되기 시작한 것은 18C 후반의 계몽주의와 미술의 아카데미즘에서 비롯된다. 이미 18C 초 합스부르크가의 지배를 받던 토스카나공국의 피렌체는 오스트리아 군주 요세프 2세의 계몽적 사고와 메디치가의 마지막 대공 마리아 루드비카의 "국가를 장식하는 것으로서, 공공의 이용에 제공되는 것으로서, 외국인의 호기심을 끄는 것으로서"란 유언에 따라 결국 우피치 컬렉션은 토스카나공국에 기증되고 1769년에는 공공박물관이 되어 관장 펠리와 학예관 란치에 의해 이전의 우피치는 해체되고 오늘날 미술작품 진열의 원형이 된다. 골동학적 상황에 있던 당시 란치는 체계적인 방법론에

---

9) 임기완, 「건축적 공간특성으로 고찰한 박물관 리노베이션의 유형」, 한남대석사, 2003, pp.20-22.

의한 보물과 회화의 유파, 주요 인물을 분류하여 우피치는 독립된 장소에서 다른 것과 구분되어 도서관의 시스템과 같이 정리, 전시되게 되었다.[10] 점차 회화에 관심을 집중하여 기타 소장품은 교환과 이전을 통해 다른 전문미술관과 박물관으로 이동하게 된다.[11] 그러므로 18C의 탐험시대는 골동적 취미에서 박물관에서의 백과사전적 분류를 가능하게 하였고, 산업화로 인한 보다 실질적 이유 때문에 예술과 과학은 다음 시대에 다른 노선을 택해 미술박물관과 과학박물관의 전문화가 가능해지게 된다.[12] 다음 관장 푸치니는 계몽주의 시대의 백과사전식 분류와 체계를 더욱 충실히 이행하여 유파별로 회화를 나누고 레이블에는 작가이름과 생몰연대, 소속 유파를 기재하기에 이른다. 16C의 회화를 주로 소장하고 있던 당시 우피치갤러리는 르네상스 직전의 프리미티브 미술과 르네상스 초기를 연결하는 13-15C까지의 종교화를 미술사적 관점에서 선택적으로 교회에서 들여오고 심지어 갈릴레오의 망원경과 18C 프랑스 회화작품을 교환하여 당대 회화의 전시를 완성하고자 하였다.[13] 계몽주의는 이처럼 회화와 과학, 무기의 분류를 가능하게 하였고 대중에게 박물관을 공개하는 사상적 기반도 가지게 되었다.

---

10) 이은기, 「우피치의 전시와 변천」, 『서양미술사학회 논문집』, 2000, pp.8-25. 학예관 란치에 의해 우피치는 체계적인 미술관으로 변모한다. 1782년 그의 저서에 무기와 갑옷이 있던 4개의 방과 공방을 없애고 조각과 회화 이외의 것은 피렌체의 은박물관, 과학박물관, 무기박물관으로 이전하여 합리적 분류 체계를 세웠다.
11) 루이자 베케루치, 『세계의 대미술관』 6, 정한출판, pp.9-16.
12) 엘리안 스트로스베르, 김승윤 역, 『예술과 과학』, 을유문화사, 2002.
13) 이은기, 「우피치의 전시와 변천」, 『서양미술사학회 논문집』, 2000, pp.17-18.

2) 근대공공박물관의 출현과 의미

역사상 공공박물관의 첫 출현은 1661년 스위스 바젤에서 아머바흐의 컬렉션이 암스테르담으로 이전될 위기를 맞자 시와 대학이 일괄 구입하여 10년 뒤 이를 시민에게 공개하게 된다.14) 그러나 이것이 최초의 공공박물관적 성격이기는 하나 온전하게 시민에 공개되고 근대적 분류, 전시기법이 적용된 것은 아니었으며 공공박물관으로서의 지역적 한계를 원천적으로 가지고 있었다. 18C에 이르러서도 박물관은 여전히 귀족이나 시인, 예술가와 같은 한정된 이들로부터 관심의 대상이 되어 왔고 예술의 감상행위는 이들이 속세의 정신적 긴장을 넘어 시간과 공간을 초월하는 보다 커다란 시각을 견지하게 하는 수단이 되었다. 이 때문에 예술품의 평가는 미학적 가치라는 단일한 기준에 의존하였으며 작품의 디스플레이 방식 역시 호사가나 신사들의 취향에 맞춰지는 형식으로 전개된다. 이러한 것을 캐롤던컨은 「공공미술관에서의 계몽의식」에서 종교의 지배를 벗어난 시대의 새로운 가치관에 남아 있는 또 하나의 종교적 의식이라고 말한다.15)

박물관은 점차 계몽주의와 연관을 가지면서 개인개념에서 공공개념으로 사회적 의식의 발전을 가져오게 된다. 이런 공공화의 경향은 계몽사상의 가장 큰 특징 중 하나로 예술품과 역사적 유물을 함께 전시하는 경향이 있었는데 그럼에도 불구하고 박물관의 독립적 건축

---

14) *http://www.kunstmuseumbasel.ch/en/collection/history.html*.
15) 하계훈,, 「캐롤던컨, 공공미술관에서의 계몽의식」, 『서양미술사확회 논문』, 1995, pp.153 – 156.

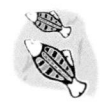

형태나 운영체계가 형성되지는 못했다. 그러므로 근대공공박물관은 영국, 프랑스, 독일 등 선진유럽에서 발생하게 되었지만 가장 급격한 변화는 프랑스대혁명의 결과 이뤄진 루브르의 공공화라 말할 수 있다. 그러나 대중을 기반으로 한 진정한 의미에서의 전문화는 다음 절에서 언급하는 산업과 미술의 장려라는 박람회에서 출발하였다.

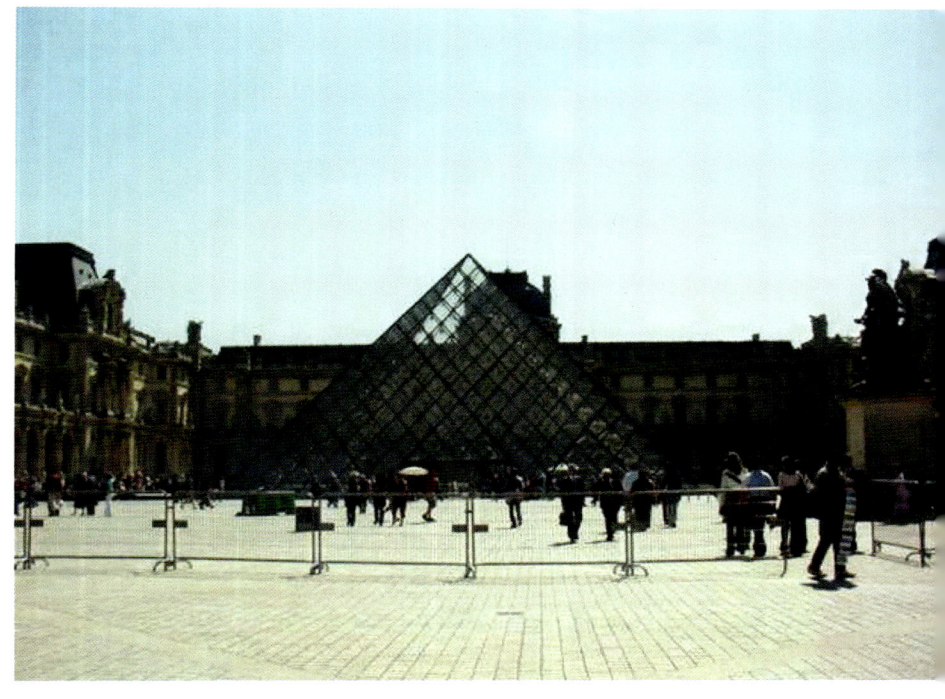

▌ **도―4 Louvre** ▌ 미테랑 대통령의 Grand Louvre계획으로 중국계 미국인 건축가 Ieoh Ming Pei에 의해 유리 피라밋이 건축됨. 삼각형 피라밋은 장엄한 박물관 건축의 외관에 기하학적으로 최소한의 공간을 차지하면서 내부에 빛과 공간을 창출하고 있다.

(1) 루브르, 문화공간으로서의 변모

오늘날 유리 피라밋 형태의 문화공간을 지하로 연결하고 있는 루브르는 미테랑 대통령의 구상에 의해 중국계 미국인 **I.M.Pei**에 의해 재창조된다. 오래된 궁성의 공간 연결과 긴 동선, 부족한 관람, 휴게실, 전시시설은 유리 피라밋이란 투명성으로 지하와 지상이 연결되는 이상적인 구조를 만들게 된다. 이러한 루브르는 지난 300여 년간 8차례의 증개축을 통하여 완성돈 프랑스 르네상스 건축의 발달사를 대표하는 수작의 건축물16)이란 사실을 안다면 변화는 과정일 뿐 결과는 아닐 것이다.

루브르박물관의 출발점은 미술품을 모집하려는 프랑스 왕들의 욕망에서 시작하여 샤를 5세가 반란을 막기 위해 루브르에 해자를 파고 서고에 많은 도해사본을 채운 것에서 출발하였다. 이러한 중세적 루브르성은 랭브르 형제가 그린 채색삽화인 <베리 공작의 호화로운 기도서의 10월>17)에 솟은 탑들 위로 바람개비와 깃발이 휘날리고 백색의 모습으로 그려져 있다.

프랑스와 1세는 레오나르도 다빈치를 초대해 모나리자를 구입한 군주로서 그의 감식안을 만족시킬 만한 회화, 로마의 조각품을 비롯해 당시 르네상스 걸작들을 모은 것으로 유명하며 컬렉션은 점차 확

---

16) 이응일, 「프랑스 Louvre궁전의 건축의장에 대한 소고」, 경원전문대 논문집, 1997, p.83.
17) 랭브르 형제가 베리 공작을 위해 그린 기도서로서 총 206장의 양피지로 구성되어 있고 12달을 표현하는 달력으로 시작하는 채색필사본임. 현재 프랑스 상티 콩트 박물관에 소장되어 있음.

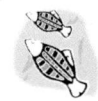

대되어 고대미술품의 다양한 분야까지 수집하기에 이른다. 그는 이 탈리아 원정에서 르네상스에 심취하여 루브르 주위의 해자를 메워버리고 내정을 포장함으로써 중세 성채의 면모는 사라지고 내부는 벽화로 단장하게 되었다. 당시까지 사용되던 남쪽 문은 폐쇄하고 대신 도시 방향의 동쪽 입구를 사용하기로 했는데 이 새 정문을 기점으로 루브르, 튈르리 공원, 콩코드 광장, 개선문으로 이어지는 근대 파리의 중심축이 형성되어 간다.

그러나 당시 여전히 보물창고나 무기고의 수준에 머물렀는데 앙리 2세에 이르러 왕이 주재하고 국사를 보는 왕성으로서의 역할을 함에 따라 레스코에 의해 대규모 개축이 이뤄져 앙리 4세 때는 오늘날 루브르의 토대를 마련하게 된다. 앙리 4세는 왕실 소장품 중 가장 아름다운 고대 그리스와 로마의 조각들을 대회랑 1층의 한방에 모아두었는데 이것이 1604년에서 1609년의 고미술품실(Salle Des Antiques)이며 루브르 최초의 전시실이라 할 수 있다. 루이 14세가 1674년 베르사유 궁으로 천도한 뒤 루브르궁은 문화공간이라는 새로운 기능을 담당하여 미술품을 적극적으로 확보하였는데 당대 유럽에서 최대라는 평가를 받기도 하였다. 그의 치세 말기 『왕실소장 회화 실 목록』(1709-1710)에는 1,478점의 회화(프랑스 930, 이탈리아 369, 북유럽 179점)를 수록하고 있다. 미술아카데미의 입주와 함께 본격적인 문화공간으로 발전하던 루브르는 루이 14세 사후 침체에 빠지지만 영국의 애쉬몰 박물관(1683년 개관), 바티칸 박물관(1734년 개관), 우피치갤러리[18], 드레스덴 박물관(1744년 개관)의 영향으로 프랑스 왕실과 귀족의 소장품을 개방하여 박물관을 만들자는 제안이 나오기 시작하였다.19) 박물관 설립의 기운이 무르익을 때 1789년 5월 삼부회의 개회와 함께 프랑스혁명이 발발함으로써 공공박물관으로서 루브르박물관20)의 설립은 프랑스 왕정시대에는 실현되지 못하였다.

(2) 계몽주의의 확산과 루브르의 공공화

프랑스혁명은 1793년부터 1814년 사이에 프랑스 통치하의 국가들로 확산되어 프랑스혁명의 이념으로 전 유럽은 변화하지 않을 수 없는 전환기가 되었다. 이러한 프랑스 혁명 이념에서 비롯한 많은 정책 중 주목할 만한 것은 국민회의가 루브르궁을 공화국박물관으로 개관하고 왕실에서 몰수한 미술품을 일반 대중에 공개하는 것을 의결한 것이다. 이것은 프랑스 혁명의 이념과 더불어 근대박물관 발달을 촉진시키는 엄청난 원동력을 가져왔다.

혁명 결과 왕실, 교회는 물론 망명 혹은 이민 후 남겨진 귀족들의 재산은 압류되고, 심지어 경매를 통해 매각하기도 하여 국민의회 칙령에 따라 보관되기도 하였다. 왕의 사유재산 목록을 작성한 1791년 5월 26일자 법률에는 <예술과 과학적인 기념물>을 위해 루브르궁을 몰수한다고 되어 있으며, 1792년 11월 19일자 법령에서는 왕실에서

---

18) 1780년대 란치에 의한 미술품의 재분류.
19) 송기형, 「프랑스 역사가 살아있는 루브르박물관」, 『역사비평』 52호, 역사비평사, 2001, pp.1-20.
20) 임기완, 전게서, p.67.
1981년까지 궁의 일부를 사용하던 재무성을 이전하고 궁 전체를 박물관으로 전환할 것을 결정함, I. M. Pei에 의해 10년 동안 복원과 리노베이션을 거쳐 1993년 완공하여 공개함.

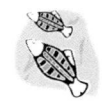

몰수한 모든 물건을 루브르에 보내라는 명령이 하달된다. 1793년 7월 27일에는 이러한 미술품 수집을 기반으로 공화국박물관을 왕실 몰락 1주년 기념일인 8월 10일에 상징적인 미술박물관(Muséum des Arts)으로 우선 개관하고 11월 18일 정식 개관하여 일반인에 관람을 허용하게 된다.[21]

이러한 정치적인 혼란기에 사람들의 마음을 지배했던 논리에 대한 정열이 지금까지는 우발적으로 존재했던 박물관을 규율에 의해 통제를 받는 제도로의 변환이 되고 있었다. 이로써 박물관은 근대국가의 기본적인 제도 중 하나로 그 서막을 고하게 된다.[22]

●●● 2. 박물학적 시선의 에피스테메 형성과 박람회시대 도래

사회과학 내에서 근대(modern)란 용어만큼 다의적이고 중첩적으로 사용되는 개념도 흔치 않을 것이다. 역사적 의미로서의 근대는 르네상스와 이성중심의 철학적 사유체계가 서유럽에서 시작되는 시대적

---

21) 송기형, 전게서, pp.1 – 20 / http://www.louvre.fr/llv/oeuvres
'국립미술박물관'에서 '중앙미술박물관'(Muséum Central des Arts)으로 개칭됨. 개관 때 Muséum이란 용어를 사용했지만 1803년 나폴레옹 군대가 외국에서 수탈한 소장품을 더해 '나폴레옹박물관'(Musée Napoléon)로 개칭되면서 Musée를 사용하게 됨.
22) 게르마인 바진, 백승길 번역, 『서양박물관의 역사』, 한국박물관협회, pp.169 – 171.

특징으로 계몽사상과 같은 의미로 사용되기도 한다. 근대는 서구사회가 르네상스와 종교개혁을 거치면서 형성된 것으로 서구인들의 사상체계, 생활양식 등 광범위한 영역에 걸쳐서 근대 이전사회와는 구별되는 사회의 시작을 의미한다. 박람회는 근대를 특징짓는 사건 중의 하나로 소위 제국주의 국가와 피식민국가의 스펙터클한 이미지를 새롭게 조합하여 대중에 공개하는 장소로서의 역할을 수행한다. 이과정에서 형성되는 근대성의 한 부문인 에피스테메의 자각은 계몽사상과 더불어 건축의 변화, 박물학의 발전, 제국주의국가의 팽창과 그합리화의 과정인 대규모 박람회의 개최에서 근대박물관 형성과정을 확인할 수 있다. 박물학의 발달은 미술사뿐만이 아니라 고고학, 인류학, 역사학 등 인접학문과의 깊은 연관 속에서 다양성과 복합성이라는 역사적 상황으로 박물학 연구는 점차 심화되어 간다.[23]

1) 근대적 에피스테메[24]의 성숙요인과 계몽주의

(1) 계몽사상의 영향과 박물관에 대한 인식변화

18C 초 유럽의 대기근과 페스트는 완전히 종식된다. 농업의 발달

---

23) 전동호, 「19C 서구 지방 공공박물관의 실태」, 『서양마술서헉회 논문집』 22집, 2004, p.1.
24) 개리커팅, 홍은영 譯, 『미셸푸코의 과학적 이성의 고고학』, 백의, 1999, p.239. 푸코는 각 문화의 시대마다 공통적 문법, 규칙의 논리를 '에피스테메'라 하고 현실에 대한 근본적인 재질서, 즉 사물과 사물들의 상호관계를 바라보는 새로운 방식을 수반하는 것은 '근대의 에피스테메'라 칭함.

과 기계공업의 보급으로 인구는 급격히 증가하고[25] 유럽의 세력판도
는 영국과 프랑스가 우월권을 가지게 되었다. 자연과학의 급격한 발
전과 철학에서의 혁명적 업적은 그동안 종교적 세계관에 바탕을 두
고 있던 전통사회의 인식을 변화시키기 시작했다. 코페르니쿠스, 뉴
턴[26]에 의한 자연과학의 발전은 전근대적 세계관을 극복하는 전기를
마련했고 르네, 데카르트의 합리적 인식론과 베이컨의 경험주의적
과학 탐구 그리고 존 로크의 개인주의, 프랑스의 볼테르, 몽테스키외
등의 계몽주의는 근대적 사상체계의 근간을 이루었다. 당시 계몽사
상은 실로 놀라운 힘을 발휘했는데 18세기 중엽의 '계몽주의'란 이
름은 이를 보다 적극적으로 표현하였다. 계몽주의는 공공성의 확립
을 통한 시민사회의 형성, 개인의 해방, 이성의 지배, 진보에 대한
믿음 등을 통해 과거 전통과의 단절을 확연하게 보여주었다.[27]

당시 근대란 전통과의 철저한 단절을 의미하기도 했는데 이는 철
학에서뿐 아니라 자연과학, 문학, 미술 등 모든 분야에서 단절의 양
상은 뚜렷이 나타나게 되었다. 보들레르는 '1846년의 살롱展'(Salon
De 1846)」에서 "우리 도시의 삶에는 시적이고 놀라운 소재가 풍부

---

25) 프랭크 E 매뉴얼, 차하순 역, 『啓蒙思想時代史』, 탐구당, 1990, pp.14 - 16.
   "1650년 유럽 인구는 1억이었지만, 1750년경에는 1억 4천, 1800년경에는 1억
   8천에 이르게 됨. 이는 사망률의 저하가 원인임. 18세기 말 주요국의 인구로
   는 프랑스는 2400만, 잉글랜드와 웨일즈는 1000만, 프로이센은 500만, 오스
   트리아와 헝가리는 800만 명, 러시아는 아시아지역을 포함해 3600만 명이었
   다."
26) 1687년 뉴턴은 『프린키피아 마테마키아』(자연철학의 수학적 원리)를 출판했는
   데, 명예혁명(1688)을 계몽주의의 기점으로 삼아 프랑스혁명(1789)까지를
   '계몽주의 시대'라고 부른다.
27) 홍영용, 『모더너티, 자본주의와 사회주의』, 서강대학교, 2003, pp.6 - 8.

하다. 우리는 공기 속에서와 마찬가지로 경이로운 것에 둘러싸여 있고 푹 **빠져** 있으면서도 알아차리지 못한다."며 시대적 요인인 근대적 미를 환기시키고 있다.28)

19세기 전반은 이러한 사회적 분위기와 의식의 변화, 과학의 발달로 인해 자료의 정리가 계통적으로 세워지고 수집품이 대규모로 증가되어 유럽각지에는 자연과학과 미술이 혼재한 박물관이 출현하고 이후 점차 전문화된 박물관의 설립이 잇따르게 된다. 그러나 당시 박물관은 일반대중에게 공개되고 교육적 내용도 부가하지만 아직까지 소수의 학자나 전문가에 의해 주로 이용되는 나름의 모순점을 가지고 있었다. 아직도 이 시기에 광범위한 대중의 지식개발과 공익적, 교육적 사상에 있어 변화의 기반은 계몽주의에 의존하고 있었다.

(2) 종속적 건물에서 독립적 건물로서의 박물관

BC 285년 알렉산드리아에서 고문서와 조각 등의 예술품들을 진열하여 문예와 철학을 연구하는 강의실에 부속시키고, 로마시대에는 개인이 수집품을 모아 진열하여 가정용의 작은 박물관의 장식품으로 이용했으나 일반 대중을 대상으로 한 전시는 이뤄지지 않았다.29) 중세 때에는 소규모의 전시관이 계속되다 15세기경 르네상스시대에는 귀족층의 사회인식의 변화와 시민의식의 고양이 현저하게 나타났다.

---

28) 데이비드 하비 著, 김병화 번역, 『모더니티의 수도 파리』(Paris, Capital Of Modernity), (주)생각의 나무, 2005, pp.39-42.
29) 서유석 등,「국공립계 박물관의 건축적 특징과 운영활성화 방안에 관한 연구」, 『디자인연구』, 창원대학교 디자인연구소, 2003. 12, p.3.

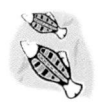

르네상스의 인간성 회복과 고대에 대한 복고적 노력이라는 사회 전반적인 현상이 건축에서도 고전적 건축 部材의 재도입, 인간성을 바탕으로 한 수학적 기하학과 공간의 집중화가 표현되기에 이르렀다.

르네상스 초기에는 독립된 기능으로서의 Museum 건축이라기보다는 아직 대건축물의 로지아와 부속갤러리에 한정되었으며 형태는 개인의 내정(Courtyard), 한쪽 벽이 없이 트인 방이나 홀로서 광장과 연결되도록 지어진 로지아(Loggia)에 전시하기 위해 조그마한 미술품들을 모집하는 데 불과했다. 고대에 볼 수 있었던 미술품의 귀족 중심적 성향이 르네상스기에도 계속되었지만 고대와의 다른 면모는 이들 미술품들이 차츰 일반대중에게 공개되어야 한다는 귀족 예술가와 시민의 의식이 싹트기 시작했다. 이에 갤러리아가 등장하였지만 개인의 저택, 궁전과 같은 大건축물에 딸린 부속 갤러리의 형식에 한정되었다.30)

17세기와 18세기의 계몽사상은 본격적으로 Museum을 독자적인 건축물로 등장하게 한다. "계몽주의 사상과 특별한 관계를 가진 건물유형은 일반대중에게 공개하는 공용 Museum이다."31)라는 Summerson의 주장과 건축사학자 Pevsner는 "개인의 수집품에 대한 일반대중에의 공개"는 계몽주의의 특징 중 하나라 말한 바 있다.

이러한 사회적 분위기 속에서 18세기 박물관 건축 중 '단일건물형식'의 공간적 구성은 계단과 로지아로 구성되는 대공간과 내부전시

---

30) 조종일, 「MUSEUM건축에서 大空間의 형태구성에 관한 연구」, 경희대석사, 1988, p.30−35.
31) John Summerson, *The Architecture of the 18th Century*, Benedikt taschen p.122.

공간만으로 그 주요부를 구성하게 된다. '중정형식'은 단일건물형식에 비해 당대의 건축적 이상과 이념을 고수한 형태인데 전체가 정사각형의 건물로서 Greek Cross의 4개의 날개에 의해 분할된 4개의 내정과 그의 외곽을 둘러싼 회랑으로 구성된다. 오늘날 박물관의 내정이 관람객의 휴식과 조각전시공간으로 이용되는 적극적 역할에 비해 당시의 4개의 내정은 주변을 둘러싸고 있는 갤러리와 개별전시실에 빛을 제공하기 위한 외부공간으로 아직 대공간의 역할은 하지 못하고 있었다.32)

따라서 르네상스, 종교개혁과 합리주의적 철학은 18세기의 계몽주의를 예고하였으며 이러한 사상은 프랑스대혁명과 미국의 독립을 통해 시민계급의 형성을 촉진하고 자연과학과 공학기술의 비약적인 발전이 이뤄져 시대적 요구에 따라 박물관이 독립적 공간으로 탄생하는 계기를 맞이하게 된다. 20세기에 들어서자 근대건축의 새로운 아이디어는 박물관건축에서 동적계획과 조형공간이라는 획기적인 사항을 제공하였다. 이러한 특징은 기능 우선적 경향으로 박물관 내의 각각의 공간마다 효율성과 최소화에 역점을 두어 박물관 건축의 독자적 설립을 가능케 하였다.

(3) 박물학(Natural History)의 발전과 과학의 대중화

빅토리아 중기에는 박물학에 괄목할 만한 발전이 있었다. 이 중 박물학 발전에 대한 고전적인 기록은 『종의기원』으로 유명한 찰스다

---

32) 조종일, 전게서, pp.47-50.

원의 『비글호 항해기』를 들 수 있다. 다윈은 1831년 말부터 5년간 비글호를 타고 남아메리카의 동서해안과 남부지방을 비롯해 태평양, 인도양, 대서양의 섬을 찾아보는 등 전 세계를 항해하면서 자연현상을 철저히 기록하고 연구 자료를 수집했다. 이때의 기록이 『비글호 항해기』며 그 경험을 바탕으로 『종의기원』33)이 탄생되었다. 당시 그의 스승이자 친구인 캠브리지 대학의 식물학자 헨슬로우 교수는 그를 함장 피츠 로이에 추천하면서 다윈에게 보낸 편지에 "나는 자네가 최고의 자질을 갖춘 사람이라 생각하지만 완성된 박물학자라 생각하는 것은 아니네, 자네는 수집하고 관찰하며 자연의 역사에 기록될 가치가 있는 것들을 발견할 가능성이 풍부하네."라며 그의 추천 사유를 밝혔듯이 다윈은 청년시절 박물학자로서 무한한 잠재력을 가진 사람이었다. 실제 다윈은 비글호 내 자신의 공간은 물론 빈 공간이면 모두 표본으로 채우는 열정을 보였고 이때 다윈의 관찰과 기록은 생물학, 고생물학, 광물학, 지질학 등 박물학의 분야뿐만 아니라 해양학, 암석학, 고고학, 의학 등 자연과학의 거의 모든 분야를 걸치고 있다. 이 시기는 생물학에서의 급진적인 변혁기로 『종의기원』은 1860년 영국과학진흥협회의 Oxford Debate에서 성직자를 비롯한 창조론자들의 반대는 격심했고34) 후에 대영박물관35) 분과장이 된 함장

---

33) Charles Darwin: 1809－1882.
   1859 출간:『자연선택에 의한 종의 기원 혹은 생존투쟁에서 우세한 종족의 보존』.
34) 박성관,「비근대의 지질학」,『문학과경계사』통권 2호, 2001, pp.445－457.
35) '대영박물관이'라 함은 Great British Museum의 번역어로 현재는 '영국박물관'이라 하는 것이 올바른 표현일 것이나 당시 제국주의 국가의 勃起로 대영박물관이란 용어를 사용한바 본 연구에서는 이에 준거함.

피츠로이조차 그의 이론에 상반된 입장에 있었다.

이 같은 전근대와 근대적 사고의 혼재는 대영박물관의 성립과정에서도 예외가 아니다. 종교와 생물학의 결합이란 의미에서 한스슬론 경의 개인 소장품은 1750년대 대영박물관이 설립될 때의 기반이 되었음은 물론 1881년 대영박물관이 자연사박물관으로 분리될 때 그 바탕이 되었지만, 슬론 경은 자신이 기부한 수집품 연구가 궁극적으로 창조주를 연구하는 더 높은 단계로 이어지길 바란다는 희망을 피력한 데서 비근대적 요소를 함유하는 한계를 가지고 있다. 더구나 1881년 자연사와 관련된 수집품만을 따로 독립시켜 런던 서부의 사우스켄싱턴에 대영박물관의 분관으로서 문을 연 자연사박물관의 초대관장인 로버트 오언도 Dinosaur를 造語한 장본인이지만 다윈의 진화론에는 강력한 반대를 하였고 그 역시 자연사박물관은 신의 뜻을 전시하는 곳이라 믿고 있었다.36)

19세기 후반에 이르면 영국, 프랑스, 네덜란드, 독일 등은 경쟁적으로 대규모의 다양한 생물의 채집을 통해 대단위 박물관을 창설할 수 있는 기반을 마련하는데 알베르고드리37)의 노력으로 파리에 고생물학전시실과 프랑크푸르트, 베를린 등 많은 자연사박물관이 창설되게 되었다. 특기할 만한 것은 당시에는 소규모의 화석만 전시한 것이 아니라 엄청난 크기의 공룡화석이 전시됨으로써 구경거리로서의 관심의 증대와 박물관의 규모가 확연하게 확대하게 되는 결과를 가

---

36) 샤론앱트러셀(이창신 譯), 『나비에 사로잡히다』, 북폴리오.
37) Albert Gaudry(1827-1908): 파리 자연과학박물관 고생물학 교수 및 과학아카데미 회장.

져오게 된다.

따라서 박물학(Natural History)[38]이란 그 명칭에서처럼 자연사에 관련된 식물학자, 고생물학자들에 의해 그 영역이 확장되고 분류학이 발전되어 파리박람회의 부대시설에서 다양한 전시와 경험을 줄 수 있는 전문박물관의 자료를 축적하였다는 점에서 과학의 발전이 박물관에 미친 영향을 짐작할 수 있다.

---

38) 朝鮮博物學會, 『朝鮮博物學會 講演緝』, 1924(대정 13), pp.22-24.

19, 20c 중반까지 博物學이란 용어는 본초학을 대체하는 용어로 사용되기도 했으나 주로 자연과학, 동물, 식물, 광물의 표본관리, 연구를 하는 용어로 사용되었고, 박물학자는 식물학자, 동물학자, 곤충학자, 자연과학자를 총칭하여 불렀으나 이를 세분화할 때는 역시 분리해서 부르기도 하였다. 또한 전문박물관을 지칭할 때도 자연과학박물관, 동물학박물관, 박물학박물관으로 사용되기도 하였다. (김용구, 『博物講話一』, 朝鮮博物學會, p.47 / 朝鮮博物學會, 『朝鮮博物學會雜誌』, 1915 / 朝鮮博物學會, 『朝鮮博覽會標本展覽會出品目錄』 1915. 2.에서도 유사한 정의를 내림), 동물, 식물, 광물, 패류, 조류, 어류 등을 취급하면서 'Natural History'를 '박물학'으로 번역하였음.

이창진, 『한국지구과학회지』(vol.12, no.2, 1991)에서 "자연사란 Natural History를 번역한 것으로 과거의 '박물학'과 비슷한 의미로 사용되고 있다. 자연사란 인류가 출현하기 전까지의 지구과학, 생물학, 인류학, 우주과학 등을 포괄하는 영역으로 정의해야 한다"며 박물학을 자연사보다 협의의 의미로 정의하고 있다.

서울산업대 이진경, 『노마디즘 2』과 다이앤 애커먼의 『감각의 박물학』에서도 위와 유사하게 박물학을 정의하고 있다.

두산동아 백과사전: 박물학(學) natural history; the study of nature, 박물학자 a naturalist 박물학(博物學)은 동물학·식물학·광물학·지질학 등을 통틀어 이르는 말.

(4) 제국주의국가와 미술품의 강제적 수집

제국주의의 팽창은 때로는 문화재전쟁이라고 일컬어지기도 한다. 박물관의 역할도 무언가를 소유, 전시하고자 하는 면에서 인간 본연의 긍정적인 욕망이 발전된 형태이기도 한 반면 유물의 강제적 수집욕은 부정적인 면이라 할 수 있을 것이다. 역사적 유물의 강제적 이전은 전쟁이란 수단을 매개로 기원전까지 거슬러 올라가지만 근대적 의미의 박물관 형성과 관련해 보면 제국주의의 팽창정책에서에서 그 근원을 찾을 수 있다.

1798년에 있은 나폴레옹의 이집트원정은 38,000명의 군대와 많은 학자를 동원하여 알렉산드리아와 카이로를 점령한 후 고대 유적과 유물을 수집했다. 기자(Giza)지역의 피라밋, 파이윰(Fayyum), 룩소르(Luxor), 아스완(Aswan) 등 여러 지역에 산재해 있는 고대 이집트의 유적을 조사, 수집하였다. 당시 영국 넬슨 제독의 지휘에 있는 영국함대가 알렉산드리아 인근의 키부아르에 정박한 프랑스함대를 대파하여 프랑스 원정군과 학자들은 이곳에 고립되게 되었다. 영국과 오스만군의 공격에 대비해 진지를 구축하고 있던 프랑스군은 로제타(Rosetta)지역의 옛 성을 헐어내던 중 1799년 8월 석판형태의 돌비석을 발견하게 되었는데 그리스어, 이집트의 고대문자와 필기체의 3가지 문자가 병기되어 있었다. 로제타스톤[39]은 이 지역의 이름을 따 명명되게 되었다.[40]

---

39) Carol Andrews, *The Rosetta Stone*, p.9.
　"Western Delta의 작은 마을인 이곳 현지어로는 Rashid라 불렀으나 유럽인은 이와 비슷한 발음의 Rosetta 로 부르게 됨."

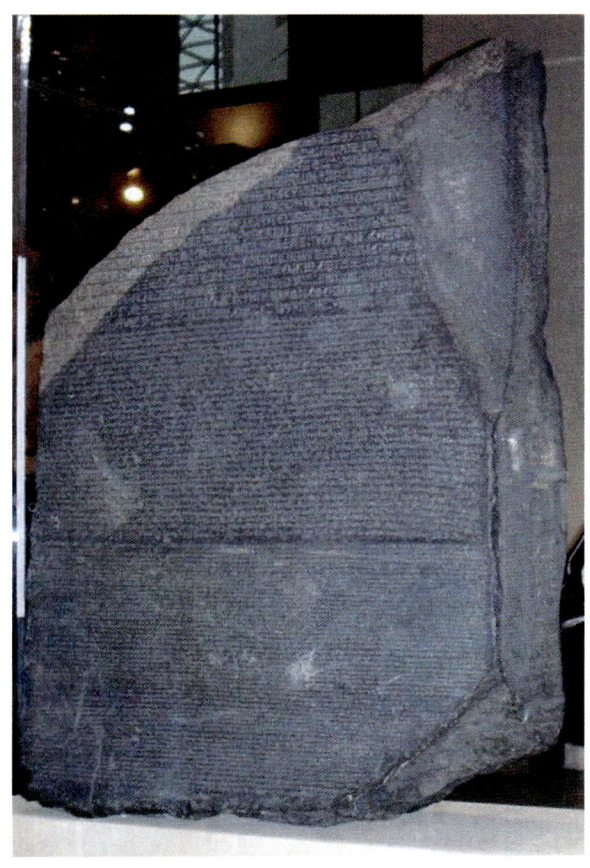

┃ 도—5 Rosetta Stone ┃ 대영박물관에 보관되어 있는 이 비석에는 히에로클리프(상형문자) / 민중문자(데모틱) / 그리스문자가 새겨져 1822년 샹폴레옹에 의해 해독된다.

---

40) 박찬기, 「로제타스톤과 이집트 알파벳」, 『한국중동학회 논총』 25−1, 2004, pp.235−262.

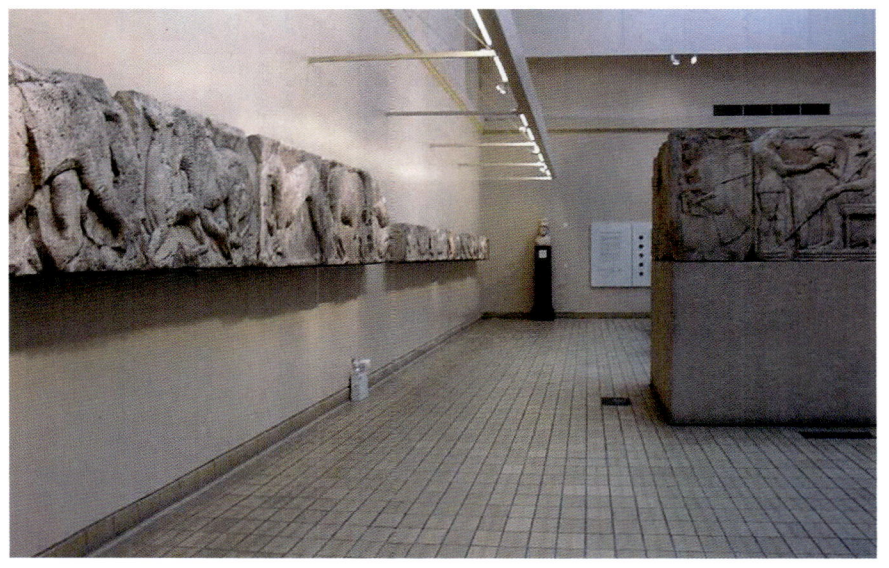

│ 도―6 Elgin Marbles │ 1816년 영국정부가 엘긴으로부터 일괄 구입하여 대영박물관에 진 열한 것으로 문화재반환의 논란이 계속되고 있다. 주로 Parthenon신전의 frieze / pediment에 장 식되었던 것이다.

영국군은 조건부로 항복한 프랑스군에 유물의 양도를 요구했는데 프랑스 학자들의 거부 속에서도 로제타스톤과 몇 점의 규모가 큰 중요 한 고대유물을 1801년 8월 말까지 Hutchinson 장군에게 인도하게 되었 다. 로제타스톤은 1802년 런던에 있던 Society of Antiquaries에 보관되 어 4개의 복제품을 옥스퍼드, 캠브리지, 에딘버르, 트리니티 대학에 보 내 연구하게 하였고, 1802년 말 전시를 목적으로 대영박물관에 보내지 게 되었다. 이후 로제타스톤은 토마스 영과 샹폴레옹에 의해 문자가 해독된 후 이집트 유물에 대한 엄청난 반향을 불러일으켜 유럽 각 제

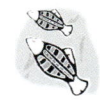

국에서 이집트 유물을 대거 수집, 반출하는 계기가 되었다.[41]

또 다른 예로는 그리스에서 수집한 소위 엘긴마블이 대영박물관에 소장하게 된 경위를 주목할 수 있는데 토마스 엘긴경이 1799년 住오스만투르크 영국대사로 콘스탄티노플에 부임한 후 그리스 신전이 투르크인의 무관심으로 파괴될 것을 우려해 예술가들을 동원하여 당시 투르크의 요새로 사용해 온 아크로폴리스의 파르테논 신전의 드로잉과 측정을 하게 했고 석조물을 옮기도록 허가를 받았다. 이는 프랑스가 이집트에서 1801년 조건부 항복을 한 후 받아들여지지 않을 것 같은 그리스 고대유물의 이전도 이 시기에 성사되게 되었다. 1802년부터 상당량의 그리스, 이집트유물이 영국으로 향했고 엘긴은 터키에서 돌아와 런던 피카디리 인근에 저택을 얻어 그곳에 유물을 전시하게 되었다.[42] 이후 재정적 어려움에 봉착하자 1810년 영국정부에 유물을 매도하여 1817년 대영박물관에서 최초로 공개된 후 상당한 반향을 불렀고 엘긴은 불법약탈의 혐의로 의회의 조사를 받기도 했지만 이로 인해 그리스 문명의 가치를 재고하는 계기가 되었다.

이뿐 아니라 나폴레옹 전쟁으로 인해 전리품으로 끝나지 않고 스페인에 소장된 렘브란트, 루벤스 등의 작품이 루브르박물관으로 이전되기도 하여 모든 문명세계의 순수 예술품을 한곳에 모아 놓은 공인된 세계의 중심지로 부각하려는 제국주의의 국수적인 의도는 조선의 외규장각도서의 강제수집[43]에도 예외는 아니었으며 이는 다음 시

---

41) Carol Andrews, *ibid*, pp.10−12.
42) B.F Cook, *The Elgin Marbles*, pp.68−92.
43) 이태진, 『왕조의 유산』, 지식산업사, 1994, pp.59−61.

대를 예고하는 대중적 박람회에 식민지적 전시란 이름으로 그 맥을 이어가고 있다.44)

서구 열강의 미술품 수집은 유럽과 아프리카에 국한되지 않고 19C 말에서 20C 초에 걸쳐 정치, 군사적 욕망을 극지탐험과 같은 형태로까지 표출하여 정치, 군사적 목적의 탐험대를 파견하여 정보 수집을 활발히 하였다. 아시아에서도 타림분지의 사막에서 고문서를 비롯하여 유기질재의 출토유물이 계속 발견되자 점차 학술적 가치가 판명되어 역사학적 규명을 목표로 한 학술탐험으로 성격이 바뀌게 되었다. 그 결과 스웨덴의 헤딘, 영국의 스타인, 프랑스의 펠리오, 독일의 그록, 그뤼베델, 러시아의 올덴부르그 등이 앞 다투어 타클라마칸 사막과 그 주변의 중앙아시아 그리고 티벳 지방을 중심으로 학술탐험을 하기에 이르렀다.

당시 런던에서 체재하고 있었던 京都의 정토진종 西本願寺의 22대 門主였던 오오타니 코즈이(大谷光瑞)는 불교전래의 중요한 경로였던 서역지방을 답사하고자 하는 웅대한 계획을 세우고 독자적으로 이 지방에 대한 탐험조사를 1902년부터 1913년까지 3차에 걸쳐 중앙아시아 전역에 다양한 탐사를 시도하였다. 오오타니 탐험대가 서구열강과는 달리 개인적이며 불교도에 의한 탐험이었다는 점은 불교에 관한 식견을 바탕으로 뛰어난 유물을 수집할 수는 있었으나 학자가 포

모리스 쿠랑은 프랑스 국립도서관에 소장된 외규장각도서와 기타 서지를 중심으로 『조선서지』를 1901년 발간하였으며 파리 만국박람회 때 참관기 및 '1900, 서울의 추억'이란 팜플렛을 남겼다.

44) 김형만, 『문화재 반환과 국제법』, 삼우사, 2001, pp.143－153.

함되지 않아 학술적으로는 미비한 결과를 초래해 출토지, 발견지 등이 기록되지 않아 보물찾기 식으로 전개될 수밖에 없었던 한계를 보였다. 그가 수집한 유물은 낙타에 싣기 좋게 여러 조각으로 뜯어져 원래 자리를 떠나게 되었다. 결국 그의 은퇴로 탐험의 성과가 정리되기도 전에 四散되는 결과를 초래해 경성의 조선총독부박물관과 여순의 관동청박물관에 기증되고 일부는 일본 코베(神戶)의 니락쇼(二樂莊)에 수장되어 컬렉션 전체에 대한 정확한 목록조차 작성되지 못하고 있는 실정이다.45)

따라서 당시 실크로드와 중동지역을 오갔던 많은 탐험대는 탐험이란 이름하에 보물찾기 식 유물발굴을 하여 지적 호기심과 낭만적 모험심을 채우는 인간의 원초적 욕망의 장소로 변모하고 있었다. 그러나 이런 부정적인 면에도 불구하고 고전시대의 예술기원을 이집트와 앗시리아 예술로 확장하게 되고 박물관은 영역의 확장과 더불어 점차 외래문명에 호기심을 가진 대중의 장소로 변모해 가게 된다.

2) 서구 근대 박람회 개최와 '전문박물관'시대의 도래

실로 서구 근대박물관이 본격적으로 성립되는 19C는 기존 질서를 뒤엎는 혁명적 시대라 할 수 있다. 근대 제도 중 하나인 루브르박물관의 공적 기능을 선두로 리옹, 마르세유를 비롯한 프랑스의 전역에 있는 20개 도시와 유럽 전체에 도미노현상처럼 박물관이 건립된다.

---

45) 민병훈, 『西域美術』, 국립중앙박물관, 한국박물관회, 2003, pp.251−254.

나폴레옹 지배하에 있는 점령지역인 밀라노, 브뤼셀, 암스테르담, 마드리드 등 유럽전역에서 징발, 몰수, 약탈한 수집품으로 충당한 문화재는 박물관개설과 연계해 초기에는 식민지박물관의 원형을 보이고 있다. 나폴레옹 이후 소장품이 원래 도시로 반환될 때, 많은 미술품은 원소유자인 교회나 개인 캐비넷에 돌려주지 않고 국가에 반환한 결과 오히려 공공박물관의 형성을 촉진하여 프랑스혁명의 기본원칙인 공공소유의 이전이란 결과를 가져왔다.46) 또한 산업혁명으로 값싼 원자재의 확보와 자본의 축적이 이뤄져 제국주의의 팽창정책은 새로운 세계에 대한 인식이 사회적으로 확산되는 과정에서 국제적 규모의 박람회가 출현되었다.47) 국내 산업의 발전과 과시를 위해 18세기 중반부터 서구에서 박람회는 개최되어 왔지만 19세기 중반에 이르러 국내용의 박람회가 아니라 복수의 국가가 참여하는 박람회가 영국 런던에서 최초로 개최되는데 이를 대박람회 혹은 만국박람회, 세계박람회라 일컫는다.

일찍이 박람회 개최를 주도하였던 영국에서 'The Great Exhibition'이란 명칭으로 개최된 바 있고 프랑스에서는 'Exhibition Universelle'라 불렸는데 일본은 이를 번역하여 국내용의 내국권업박람회와 복수의 국가가 참가하는 만국박람회로 구분하여 부르게 된다. 또한 미국에서는 시장, 정기시의 의미에서의 견본적이고 축제적인 성격의 'World's Fair'라 명명하기도 하는데, 이는 세계 각국의 박람회 개최 배경과 목

---

46) 게르마인 바진, 『서양박물관의 역사』, 한국박물관협회, 2000, pp.180 – 187.
47) 파리만국박람회 이후 식민지전시관이 원주민의 저급한 민속, 생활양식을 보이기 위해 만들어졌으며 전시품에도 식민지 古器物이 전시되기도 한다.

적에 따라 약간씩 용어상의 차이가 있음을 보여주고 있다.[48]

(1) 박람회시대의 도래와 변용

영국은 1851년 런던大박람회(일명 수정궁박람회)가 성황리에 끝난 후 최초의 만국박람회를 개최한 국가로서 새로운 박물관 개념의 정립에 기여하게 되고, 프랑스는 이후 수차례의 만국박람회를 개최하여 박람회 도시로 파리를 대대적으로 개조하고 유럽식 살롱적 분위기의 전람회 성격이 내포되어 보다 발전된 형식의 전람회를 보여준다.

박람회는 근대세계의 재편이라는 정치경제구조의 변동과 깊은 관계가 있다. 즉 근대란 정치, 경제, 문화 등 모든 차원들이 복잡하게 얽혀있었던 세계의 발견과 재편의 프로세스와 다르지 않다. 미셸푸코는 17C 유럽에서의 어떤 에피스테메(Episteme)[49]의 변용, 즉 사람들이 세계와 관련을 맺고 그 속에서 자기 자신을 발견해 나갈 때 인식론적 공간의 변용이 보이는 점을 지적했다. 知는 유사함의 원리로 세계를 질서 잡으려던 것을 버리고 동일성과 상이성의 새로운 시계가 성립되고 있다고 보았다.

17C 이후 인쇄술의 발달과 미디어의 변화로 문서의 보관시스템이 발전하여 도서관이 정비되고 카탈로그와 장서목록이 작성되었음을 푸코는 박물학의 발달과 병행하여 중요한 변화로 지적하고 있지만 기술자체의 보급을 가능하게 만든 것은 방식의 변용 속에서 생긴 것

---

48) 吉田光邦, 『萬國博覽會』, 日本放送出版協會, 1985.
49) 주) 24 참조.

이라 보고 있다.50) 미셸푸코가 지적한 것처럼 방식의 변용은 초기에는 완만한 속도로 진행되다가 1760년에서 1815년51) 사이에는 가속화된 속도로 경제제도 전반에 걸쳐 변혁을 보게 되었다.

이러한 방식의 변용에 선도적인 역할을 한 것은 1789년 프랑스혁명 이래 파리에서 5년마다 개최된 산업박람회가 프랑스 국내는 물론 유럽전역으로 알려졌다. 그러나 만국박람회의 시초가 프랑스가 아닌 영국에서 대규모의 박람회가 개최될 수 있었던 것은 18세기 초반에서 19세기 전반에 이르러 중요한 기계기술과 동력의 발명과 활용으로 산업의 융성을 보게 되어 다른 경쟁국에 앞서 산업혁명시대를 맞이하게 된 것이 원인이었다. 물론 다른 나라들도 인구의 증가와 시장과 생산의 확대, 기차나 기선이 공간의 거리를 좁혀주는 산업발전의 과정을 밟고 있었지만 영국의 산업생산자들이나 상인이 공급하는 염가의 직물이나 철물, 증기엔진. 기관차 레일이나 기선을 앞지르기가 어려웠다. 원자재의 도입과 산업촉진 그리고 그것의 결과로서의 세계시장화는 19세기 중반 이후 영국이 차지하는 경제적인 지위를 세계에 대변해 주는 결과를 가져왔다.52)

부연하면 19세기 중반은 기술적인 변화, 즉 증기의 힘이나 직조, 철조 혹은 조선과 강철생산, 화학의 진전과 아울러 생산의 증대와 자유무역의 확대, 세계시장의 점유율 그에 따라 상업적 이윤의 증가

---

50) 요시미 순야, 『박람회 근대의 시선』, 논형 2004, pp.30-31.
51) J WATT에 의한 증기기관의 발명(1765), 증기보일러(1781), 기관차 발명(1825)이 이뤄진다.
52) 박래향, 「영국디자인 개혁운동에 관한 사적고찰」, 한양대 교육대학원, 1990, pp.15-18.

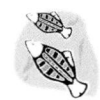

로 이어지는 경제적인 팽창과 발전의 시기가 대규모 박람회로 이어졌다고 할 수 있다.

이 시기에 이르러 박람회는 기획자와 관람객의 비전을 자극하여 끝없는 상상력의 원천으로 작용하게 된다. 박람회는 1차세계대전이 발발할 때까지 2년에 한 번씩은 개최되어 영국은 물론 캘커타, 토론토, 오클랜드, 멜버른 등 영국의 개척 식민지에 살고 있는 사람들조차 런던을 중심으로 하여 식민지 각 도시들을 'Fashion of The Hour'란 박물관적 공간으로 변화시켜 나간다.

1862년 런던 사우스켄싱턴 지역에서 개최된 London International 에는 600만 명 이상의 관람객이 참여하게 되고, 1870년대의 국제박람회에서도 거의 매년 100만 명 이상이 참여한 사실은 당시 영국인구가 2000만에 불과한 것을 생각해 볼 때 경이로운 일일 것이다. 이로써 박람회는 철도와 선박의 발달과 더불어 근대적 모티브로서 이미 자리잡아 가고 있었다.

박람회가 개최되면 학생과 직장인들에게 철도의 특별할인과 특별열차를 운행하기도 하고 꽃, 와인, 보석류 등의 다양한 코너와 함께 사교의 장소로서 박람회가 이용되기도 하여 도시는 온통 새로운 구경거리로 변모하게 되었다.53) 이제 과학과 예술은 만국박람회의 이름으로 모여 새로운 박물관과 미술관의 개념으로 분리되는 시대를 맞이할 것이다.

---

53) Peter H Hoffenberg, *An Empire on Display*, University of California Press 2001, pp.1-3.

(2) 런던대박람회[54](The Great Exhibition)의 개최 (1851)

19C 전반을 통해 영국의 경제성장은 세계사에 있어서 참으로 눈부신 것이었다. 경제학자 크친스키(J. Kuczyski)에 의하면, 1820에서 40년대에 걸쳐 영국은 이미 세계 공업 생산의 절반을 점하고 50년대부터는 영국의 절대적 우위가 점차 약화되기는 하지만 1860년에는 세계 철강생산의 53%, 제조상품 무역의 40%를 차지했고 1870년대 32%, 90년대 18%로 영국의 공업력과 해외무역은 여전히 상대적인 우위를 유지하고 있었다.[55]

영국이 이처럼 산업혁명 이래 막강한 경제력을 보유하고 미증유의 번영을 계속한 영국경제는 1851년 만국박람회(The Great Exhibition)를 개최함으로써 그 전성기를 맞이하게 되었다. 당시 입장객수는 640만 명에 달했고 이는 하루 평균 11,000명의 입장객이 참여했고 일일 관람자 최고기록은 93,224명에 이르렀다.

박람회는 당시 영국의 발전상을 한눈에 알 수 있는 대사건이며, 번영을 이룩한 쾌거를 축복하는 축전이고, 위대한 공업화의 성과를 과시하는 동시에 다가오는 고도성장의 청신호이기도 했다. 산업혁명을 통해 비약적으로 발전한 기계기술은 산업의 발달을 가져왔고 증기기관과 기계라는 진보된 도구를 통해 군사적 경제적 우위를 차지하게 되었다. 그러므로 이 시기 1850년에서 1873년까지의 사반세기

---

54) 50)의 책, "수정궁(The Crystal palace)박람회는 공식적 명칭은 아니고 박람회 주 건물 외관의 유리건물을 빗대 수정과 같다는 의미로 표현한 풍자만화 '펀치'가 만든 별명이다." pp.38-60.
55) 장세기, 「19세기 세계경제의 형성과 무역성장」, p.2.

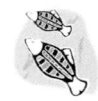

를 이른바 빅토리아중기의 번영기(Mid - Victorian Prosperity)라 부르고 있다.56)

大박람회는 처음에는 대규모의 국내박람회를 열 것을 계획했으나 빅토리아여왕의 夫君 앨버트公이 박람회를 만국박람회로 전환할 것을 제안하여 오스트리아, 프랑스, 벨기에, 네덜란드 등 34개국이 참가한 141일간의 회기로 만국박람회의 출발점인 '제1회 런던 대박람회'가 개최되었다.

> "문명을 움직이는 힘이라 부를 수 있는 노동의 분화라는 위대한 원칙은 과학, 산업, 예술의 모든 영역으로 확대되고 있다. 지구상의 모든 지역에서 온 생산품이 우리의 마음에 따라 자리잡고 있다. 우리는 무엇이 가장 좋으며 가장 염가로서 우리의 목적에 맞는가를 단지 선별하면 되는 것이다. 그리고 생산력은 경쟁과 자본의 격려에 맡겼다. 그래서 사람들은 이 세상에서 수행해야 할 위대하고 성스러움으로 충만된 임무에 접근하게 된 것이다."57)

라는 앨버트공의 개회사를 통해 노동의 분화와 기계화, 생산성이 모든 분야에서 가장 성스러운 임무로 표현되어 당시 사회적 가치의 일면을 엿볼 수 있다. 초기의 박람회는 위의 글처럼 노동의 분화를 새로운 성취의 매개수단으로 보며, 자본과 경쟁을 문명과 진보를 위해 존재하는 산업의 자극제로서 기능하고 있는 것으로 보고 있다.58) 이

---

56) 김순곤, 「영국 빅토리아 중기의 경제번영과 물가」, 『商經硏究』 第10輯 1985, pp.1 - 5.

57) Frederique Huygen, *British Design - Image & Identity*, London: Thomas & Hudson, 1989, p.4.

로써 박람회장은 과학 및 예술, 첨단기술을 통해 이전 시대와는 달리 스스로 찾아 나선 대중으로 인해 발 디딜 틈이 없었고 관람객은 투명한 유리건물 안에서 진보의 메시지를 접하는 문화의 수용자가 되는 시대를 맞이하게 된다.59)

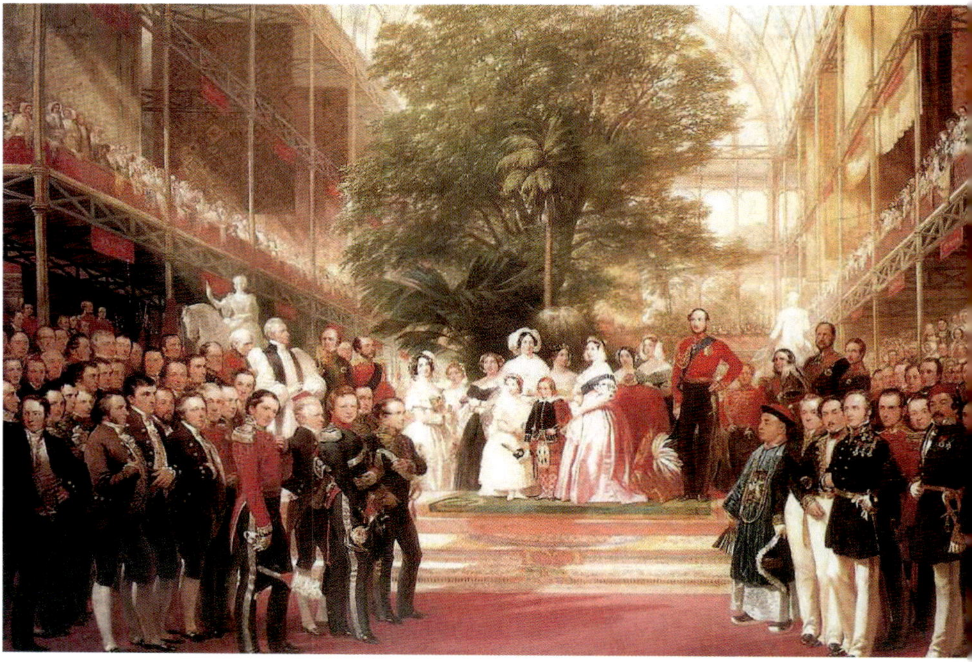

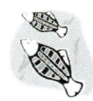

▌도-7 The Opening Ceremony of 「the Great Exhibition」(수정궁),
1 May 1851, Victoria and Albert Museum 소장, Victorian Painting

---

58) 57)의 전게서, pp.9-10.
59) 조숙경, 「1876년 과학기구 특별 다여전시회」, 서울대 박사논문, 2001, p.51.

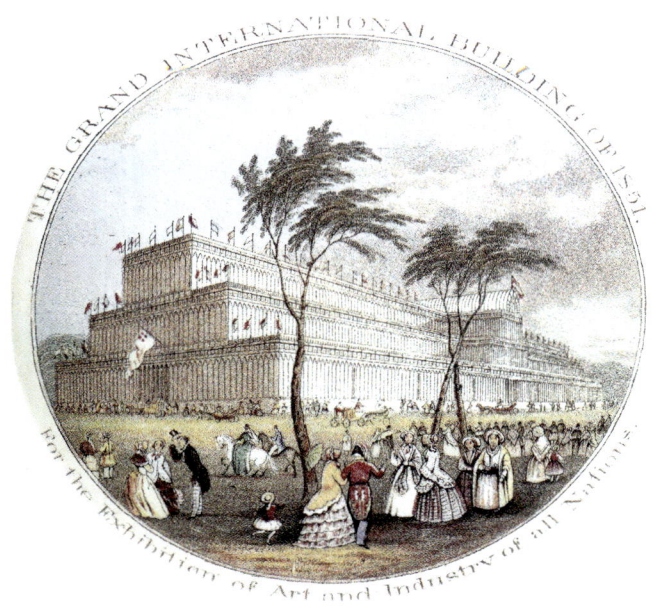

① 수정궁(The Crystal Palace)의 등장과 전시물

처음 런던大박람회의 개최지로는 내셔널갤러리가 있는 트라팔가 광장을 포함해 서너 곳이 물색되었으나 코울의 제안에 따라 런던 시내 하이디파크에 임시 건물을 짓는 안으로 결정되었다. 건축위원회는 최상의 건물을 짓기 위해 건물디자인을 국내외로 공모하여 245개의 안이 응모되었지만 어느 것도 선택하지 않고 결국 데본셔 공작가문의 체트워스 하우스의 특이한 온실을 설계한 경험이 있는 팩스톤의

유리 설계안인 수정궁이 결정되었다.

박람회를 위해 건립된 수정궁은 근대적 의미의 기술적 이미지를 지닌 최초의 건물로 건축사에 일대 전환을 알리는 사건이었다. 수정궁은 총 길이가 563m이고 총 너비가 139m에 달해 런던을 대표하는 세인트 폴 성당보다 세배나 길고 20배 넓었으며 과거 석재와 벽돌을 이용한 조적組 건물에서 탈피하여 새로운 재료의 사용, 즉 철과 유리로 거대한 전시공간을 구축할 수 있었다.[60] 30여만 장의 강도 높은 유리로 건립된 수정궁은 7개월이 지나지 않아 완성되고 건물 안 중앙에는 Crystal Fountain이라 불리는 거대한 분수와 주변에 크고 작은 나무들이 그대로 보존되어 자연과 인공의 조화로움을 보여주었다.[61] 이는 과거 갤러리 형식의 공간에 가능한 기둥과 벽면을 줄여 시야를 확보함으로써 박람회 내의 전시공간에서 상호 시선 교류를 통해 자유로운 작품의 감상을 유도했다.[62]

수정궁의 내부배치는 박람회위원회에서 관리하였는데 영국과 보호국은 서쪽 Wing을 사용하고 프랑스, 독일, 미국을 비롯한 외국의 전시물은 동쪽 Wing에 전시했다. 양끝의 출입구와 남북의 통로를 사용하도록 결정하여 공간 활용에 대한 최선의 고려를 하였다. 전시물은 모두 4군데로 나눠져 원재료, 기계류, 조각과 미술품의 부문으로 정연하게 진열되었지만 결코 통일성 있는 전시는 아니었고 산업적

60) 조숙경, 전게서, pp.47-55.
61) Lee jackson, *Victorian London*, New Holland, 2003, p.13.
62) 전오근, 「현대박물관 건축에서 기술 표현을 중시하는 박물관의 건축적 특성」, 한남대 건축공학석사, 2004, pp.20-21.

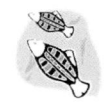

실용성도 관철된 것은 아니었다.

영국에서 출품된 증기자동차 및 산업관련 기계류와 스위스의 정밀 시계, 아랍의 카펫, 중국 도자기 등이 전시되었지만 가장 많은 전시품을 보낸 미국과 프랑스 등의 전시품은 부분적으로 지연 도착하였고 러시아의 전시품도 그해 여름까지 전시되지 않아 전반적인 운영에서 문제점을 도출하였다. 이러한 여건에서도 수정궁의 전시물은 14,000명의 개인과 기업 출품자에 의해 총 10만 점을 상회하였으며 출품물의 절반 정도가 외국에서 출품된 사실을 볼 때 사상 초유의 만국박람회로서 손색이 없었다. 가장 인기를 끈 것은 오리엔탈리즘을 함축한 대표적 작품으로 그리스 독립전쟁 때 터키의 포로가 된 그리스 여인을 표현한 Hiram Power's Greek Slave는 많은 주목을 받았던 작품이었다.

이로써 런던大박람회는 근대사회가 낳은 다양한 상품으로 가득 찬 새로운 세계의 모습을 압도적인 양으로 보여주어 만국박람회의 신기원을 이루었다. 이러한 경이로움은 일반인뿐 아니라 빅토리아 여왕조차 수정궁을 보고 "우리가 거의 모든 일을 할 수 있다는 것을 보여준다"는 감동어린 개회사를 통해 런던박람회는 경이로운 산업과 기술의 성과로 새 시대의 도래를 알려주는 일대 사건이었다.

앞서 언급한 바처럼 기계로 생산된 공예제품의 질적 저하는 대중성이 가진 부정적인 면이라 할 수 있지만[63] 박람회가 가져온 긍정적인 면으로는 첫 번째 19세기 중반 영국에서 개최된 이 박람회는

---

63) 박래경, 「영국 디자인 개혁운동에 관한 사적고찰」, 한양대 교육대학원 석사, 1990, pp.11-13.

당시의 산업, 과학, 미술품의 대형전시로서 시민들의 정체성을 고취시키는 정치, 경제, 사회적 장소를 제공하고 대중에게 세계 각국의 상품과 미술품을 볼 수 있는 기회를 준 점을 들 수 있다. 두 번째로 박람회는 건강, 교육, 과학 등 그 자체만으로도 세분화되어 이전 시기와는 달리 박물관 소장품의 다양화도 추구할 수 있는 기회를 제공해 주었다. 이로써 미술, 조각, 공예, 과학물품의 분류가 가능하게 되었고 박람회의 부산물로서가 아니라 새로운 시대의 반영인 전문화된 박물관이 적극적으로 건립될 기회를 마련하게 되었다.

② 윌리엄모리스의 미술공예운동과 사우스켄싱턴 박물관의 설립

박람회 전시물 중 대부분의 산업제품과 일부 예술부문을 포함해 영국제품의 우수성을 나타내고 있지만 일상용품의 미적 감각, 질적 우수성에 있어 다른 유럽제국에 비해 정교함이나 예술적 가치에 있어 저급한 수준의 제품이 양산되어 후에 러스킨, 칼라일, 윌리엄모리스 등에 의해 미술공예운동(Arts and Crafts Movement)이 일어나게 되는 원인이 되기도 한다.

이러한 비판의 대상이 된 것은 다름 아닌 대중에 노출된 박람회였으며 거기에 전시된 많은 출품물은 공장(工匠)을 비롯한 전문기술자가 아닌 일반 노동자들의 저급한 디자인적 취미의 결과와 장식과다의 양상을 이미 드러내고 있었다. 당시 디자이너였던 Owen Jones는 "우리에게는 아무런 원칙과 통일성도 없다"고 자국의 출품물을 혹평하기도 했으며 예술평론가 러스킨조차 그의 일기에서 당시 정치인, 각국의 왕자 외에 유명 예술가들이 런던 박람회에 적게 참여한

것에 대해 비판적 입장을 취하기도 했다. 공업화의 진전에 따라 실제 규칙과 제도에 의해 경험 있는 장인들이 일할 수 있는 공방은 적어지고 단순 노동에 의존하는 경향이 극도로 커지게 되는 사회적 영향의 결과였다.

1853년 러스킨의 『고딕의 본질』(The Nature of Gothic)이 간행되었을 때 윌리엄모리스는 옥스퍼드대학의 학생으로 중세문화의 근본적인 사실에 깊은 감화를 받게 되었다. 결국 그의 신혼집을 친구 필립 웹의 설계로 당시 지방 목사관의 외관을 채용하여 The Red House를 세워 많은 예술가들의 호응을 얻게 된다. 겉치레 없는 가구와 벽지, 직물 태피스트리의 치장은 고딕시대를 흠모하는 모리스의 중세적 이념의 강력한 표현이라 할 수 있다.[64]

따라서 르네상스 이후 위축된 공예의 위상과 전통적인 길드의 붕괴에 따른 예술적 취미의 상실에 윌리엄모리스의 미술공예운동은 소규모의 작업장에 디자이너, 제작자 그리고 장식가들이 함께 모여 미술과 공예로서의 공예개념이 새롭게 자각된다. 모리스는 동료예술가들인 화가, 조각가, 건축가, 도예가, 금속 공예가들이 모여 많은 작업을 함께 해나간다.

1890년대 새롭게 조직된 길드는 새로운 영국공예운동의 구심점이 되며 런던을 중심으로 글라스고우, 맨체스터 등에서 많은 길드들이 생겨났다. 그중에서 1888년에 설립된 공예전시협회는 기존의 로열아카데미의 소극적인 태도에 반발하여 개인 또는 집단작품들을 전시하

---

64) Joanna Banham and Jennifer Harris, *William Morris and The Middle Age*, p.109.

며 국제적인 명성을 얻게 되기도 한다.65)

이러한 비판적 예술운동과 맞물려 런던大박람회는 그 자체가 산업시대의 총체적인 완성품으로서의 역할과 식민지 지배국과 피지배국의 양자를 구분하는 他者에의 관점을 보여주었지만 산업과 기계화에서 발생한 예술작품의 질적 저하라는 명제에는 만족스러운 결과를 가져오지 못했다.

이것이 미술공예운동이라는 광범위한 자기반성으로서 수공예 길드의 다양한 시도와 새로운 박물관의 설립이라는 목적에 부합하는 결과를 가져오게 된다. 1850년대에 특기할 만한 일은 앞서의 지적처럼 공예제품의 질적 저하에 따른 반성으로 영국 제조업의 디자인을 개선하고 전시된 예술작품을 모든 노동자들이 향유할 수 있도록 하여 박물관이 대중적 취향을 교육하는 도구로써 이용하려는 것이었다. 이로써 박람회에서 생성된 수익금의 사용과 수정궁의 미래에 대한 많은 논의는 다가오는 '사우스켄싱턴 박물관'을 통해 20세기의 새로운 개념의 전문박물관을 예고하게 된다.

런던大박람회 종료 후 약 95%의 내국인 출품물은 개인에 회수가 되고 해외 출품물은 1852년 1월 15일까지 이전이 완료되지 않아 박람회 주전시관인 수정궁의 영구보존을 위한 건물과 수집품의 총괄적 이전 논의가 계속되어 1854년 런던 남동쪽 Sydenham으로 옮겨 빅토리아 여왕의 참석하에 성대하게 재개관식을 거행했다.66)

---

65) 임선희, 「길드를 통해서 고찰된 공예개념에 대한 연구」, 『한국공예논총』, 2001, pp.6 – 13.
66) Jeffrey Auerbach, *The Great Exhibition of 1851*, Yale University, 1999, p.23.

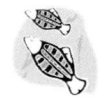

이후 박람회에서 본 프랑스의 우수한 장식공예와 응용미술, 산업에 대한 대안으로서 종합적인 제도적 장치의 마련을 위해 사우스켄싱턴 지역에 응용미술, 과학과 관련된 단과대학의 설치와 더불어 국립박물관 등의 계획을 세웠다. 이로 인해 사우스켄싱턴 서쪽 Exhibition Road에는 다양한 전시품이 넘치게 되고 1862년 사우스켄싱턴 박람회를 개최하여 예술과 산업의 발전을 다시 진작시키려 시도하였다.67)

이때에는 대중에 일방적으로 보여주는 이전 전시와는 달리 '교육'을 최상의 목표로 하는 사우스켄싱턴 박물관의 새로운 시도는 박물관에 혁신을 가져오게 하였다. 구체적 정책으로는 무료입장일이 증가했으며 주말과 저녁시간에 개관하는 박물관의 수도 늘게 되었다. 더구나 관람정책의 완화와 정기적 강좌, 저렴한 박물관 안내서 역시 크게 증가하게 된다.

임소연의 「사우스켄싱턴 박물관을 통해 본 빅토리아기 영국」에서는 사우스켄싱턴 박물관의 설립에 관한 세 가지 이유를 제시하였다.

첫째는 길드 견습공체제의 붕괴로 인한 응용 예술 교육이 무관심한 상태에 처하게 되고 새로운 제조기술과 생산방식의 광범위한 도입 그리고 관세의 인하로 프랑스산 사치품들의 수입으로 인해 변화의 필요성을 인식하게 된다. 이러한 배경하에서 1835년 예술과 제조업에 관한 특별위원회가 열리고 1837년 최초의 디자인 학교인 'School Of

---

Sydenham에 옮긴 수정궁은 1936년 11월 30일 원인불명의 화재가 발생해 소실됨.
67) Hermione Hophouse, *The Crystal Palace and The Great Exhibition*, Continuum Intl Pub Group, pp.81 – 120.

Design'이 설립되어 미학 및 제조업의 수준을 평가하고 대중에게 문화적 욕구를 충적시키는 것을 목표로 한다. 이것은 런던박람회 이후 사우스켄싱턴 박물관 설립의 근간이 되는 내용이다. 두 번째로 대박람회의 성공은 이후 박람회에 지대한 영향을 미쳤지만 경진대회에서의 상당수 메달이 프랑스 제품으로 넘어가고 다른 유럽제국의 디자인조차 영국을 앞질러 가고 있다는 것을 알게 되었고, 인도와 중국의 장식품조차도 영국제품의 미학적 가치보다 높게 평가되고 있는 것에 대해 상당한 비판을 받았다. 세 번째로는 박람회 이후 1852년 제조업박물관이 설립되고 1853년 디자인학교의 컬렉션이 합쳐짐으로써 장식미술관으로 개칭되어 1857년에 사우스켄싱턴 박물관으로 재조직되는 계기를 들고 있다.68)

최초 사우스켄싱턴 박물관 소장품의 구성은 1851년 런던大박람회의 과학관련 기예품, 산업품의 수집과 1854년 개최된 교육전시회에서 대박람회가 취급하지 않은 교육용 컬렉션을 모은 것이 계기가 되었다. 또한 1852년에는 헨리 콜이 국립실용미술국을 신설하여 5,000파운드를 출연해 그중 4,200파운드는 박람회의 전시품을 구매하는 데 사용했으며 그중 절반 정도는 영국 디자이너의 경쟁력을 높이기 위해 유럽 대륙의 전시품을 구입하는 데 사용했고 다음으로는 인도 전시품을 구매했다.

이로써 Victoria and Albert Museum(V & A)의 전신인 장식미술관으로서 멜버러 하우스에 최초 개관하였고 1855년 정부는 15,000파운

---

68) 임소연, 「사우스켄싱턴 박물관을 통해 본 빅토리아기 영국」, 2004, 서울대대학원석사.

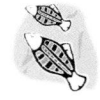

드를 출연하여 대규모 컬렉션을 수장할 수 있는 박물관 건설에 착공하여 1857년 6월 '사우스켄싱턴 박물관'으로 개관하였다. 관장인 헨리 콜은 개관 다음 해 서양 도자기를 모은 반디넬 컬렉션과 파리 만국박람회의 작품을 포함한 버널 컬렉션, 술라지 컬렉션을 구매하고 1865년에는 국왕의 컬렉션 중 라파엘로의 태피스트리 밑그림을 대여받고 영국의 수채화를 모은 엘리슨 컬렉션, 다이슨 컬렉션 등 방대한 양을 수집하는 데 공헌하였다. 특기할 만한 것은 빅토리아시대의 허식에 가득 찬 공예에 반발한 윌리엄모리스의 작품을 전시한 윌리엄모리스 룸과 1862년 런던박람회에서 일본사절단의 '앵글로재패니즈'란 탐미적 디자인을 추구한 고드윈 룸의 전시가 주목할 만하다. 이후 박물관의 소장품은 1880년 동인도회사가 운영하던 인도박물관의 소장품을 인수받음으로써 더욱 확대되어 전문박물관으로서의 분리가 현실적으로 대두되었다.

③ '예술과 과학'의 분화와 전문박물관 벨트의 형성

런던시내의 크롬웰 대로를 따라 피카디리 광장 쪽으로 걸어가면 박람회로(Exposition Road)를 사이에 두고 좌측의 장대한 건물인 런던과학박물관, 국립자연사박물관, 국립지질학박물관과 Victoria and Albert Museum(前 사우스켄싱턴 박물관)을 볼 수 있다. 이 거대한 전문박물관 벨트는 바로 런던대박람회와 런던국제박람회의 결과로 형성된 것이다. 1856년부터 Exhibition Road, Cromwell Road, Prince Albert Road, Gore Road의 네 개의 거리가 건설되었고 1861년에는 Exhibition Road 의 동쪽에 있던 원예학회 가든과 연결되는 남쪽 갤러리가 신축되었다.

이 갤러리는 다시 왕립 앨버트 홀과 연결되었으며 이곳은 1871년 신축되는 서쪽 갤러리와 함께 1876년 과학기구를 위한 전시회의 개최장소가 된다.

박람회의 결과로 왕립기예협회에서는 18만 파운드라는 막대한 수익금과 1천여 건에 달하는 이익금의 사용 방안을 두고 논의하는 가운데 앨버트공의 제안으로 산업 교육의 진흥과 과학 기술의 생산을 위한 응용자금으로 쓰이게 되었다. 이로 인해 켄싱턴 고어지역의 넓은 부지를 매입하여 거기에 과학, 기술, 공여의 연구 교육기관을 모아 일대 교육 연구센터를 만들기로 결정하였다. 이미 이곳에는 물리학회와 왕립 지리학회, 실용지질학 박물관이 자리 잡고 있었으며, 실용기예부에서 확대 신설된 과학기예부가 이전되어 왔다. 1857년에는 사우스켄싱턴 박물관이 이전되고 이와 나란히 특허국 박물관과 중앙예술학교로 명칭이 변경되는 디자인학교도 이전되어 명실 공히 과학, 기술, 산업, 예술, 교육을 위한 중심무대로 부상하였다.

교육을 기치로 내건 사우스켄싱턴 박물관에서 과학박물관이 분리되는 근본적 원인은 박람회 이후 구입 혹은 기증받은 소장품의 확대에 기인한다. 1858년 사우스켄싱턴 박물관의 전시물은 모두 9개의 분과[69]로 분류되어 예술관련 컬렉션은 1, 2, 3, 5분과, 과학관련 컬렉션은 4,

69) 조숙경, 「1876년 과학기구 특별전시회」, 서울대박사, 2001, p.65.
제1분과: 근대 영국의 미술품과 그림, 2분과: 조각가 협회가 기증한 근대 조각품, 3분과: 예술품 컬렉션, 4분과: 건축물 컬렉션과 개인 소장의 각종 건축 설계도, 건축용 몰드. 5분과: 예술 관련도서, 6분과: 건물 재료와 모델, 7분과: 교육 컬렉션, 8분과: 음식물과 동물 제품 컬렉션, 9분과: 발명품과 기계 모델 컬렉션.

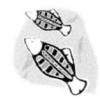

6, 7, 8, 9분과로 나눠져 있었다. 과학컬렉션은 당시 별도의 전시관을 가졌지만 예술품에 비해 규모나 행정적인 면, 관람자의 선호도에 있어 사우스켄싱턴 박물관을 대표하기에는 역부족이었으며 9분과는 과학기예부의 소속도 아니었다. 더구나 과학기예부는 사우스켄싱턴 박물관을 예술품을 위한 전시공간을 만드는 데 치중했다. 1862년과 1871년 국제박람회를 계기로 부분적으로 확장되기도 했지만 과학 컬렉션은 전시공간이 부족할 때마다 다른 곳으로 이전되어 결과적으로 과학 컬렉션이 예술품에 비해 인지도가 부족했다.70) 과학과 예술은 근대박물관에서 오랜 기간 함께 동거해 왔지만 런던대박람회는 이들의 분리를 가속화하는 계기가 되었다.

예술과 과학의 분리에 있어 또 다른 이유로는 1878년 박람회 커미셔너의 보고에서처럼 과학교육에 대한 강조에서 비롯된다.71) 각주 71)에서의 means란 연구조사를 위한 실험실을 포함한 과학기술교육을 위한 건물의 건립을 의미하고 있다. 이미 성공적인 대박람회가 종료된 지 사반세기가 지난 시점에 영국은 과거의 영광에만 만족할 수 없었으며 과학교육이란 명제 아래 다른 어떤 종류의 박물관보다도 과학박물관이 절실하게 필요한 시기였다. 특히 과학교육에 특별한 관심을 가지고 있는 Wales 왕자는 1867년 파리 만국박람회에 참가하고 귀국한 후 프랑스, 프러시아, 오스트리아, 벨기에, 스위스의 산업교육 시스템을 높이

---

70) 조숙경, 전게서, p.64-71.
71) Hermione Hobhouse, *The Crystal Palace and The Great Exhibition*, The Athlone Press, p.193, "there is no adequate provision, and we believe it to be our duty to promote its and diffusion, so far as our means will permit us."

평가했다. 파리만국박람회 산업 품 수상자 중 프랑스 École Centrale des Arts et Manufactures 출신이 많은 것을 파악하고 이들과 접촉하여 대중과 전문가에게 과학박물관의 필요성을 증폭시킨다. 이런 이유로 정부의 재정적 후원과 과학기구전시회를 개최하여 과학컬렉션을 기반으로 한 과학박물관시대 그리고 과학박물관의 필요성에 대한 절실한 인식과 확산이 이뤄진다. 결국 이후에 형성될 과학박물관의 소장품은 런던대박람회에서의 '교사를 위한 교육관련 컬렉션', animal product, food, building materials와 더불어 1883년 사우스켄싱턴 박물관에 흡수된 특허권박물관의 Button and Watt가 만든 beam engine과 Symington 의 marine steam engine(1788), 기관차(1814), 로켓(1829)을 기초로 하게 된다. 또한 1876년 사우스켄싱턴에서 개최된 '과학기구특별대여전시회'(Special Loan Collection of Scientific Instrument)는 1888년으로 기록된 제1컬렉션 형성에 결정적으로 기여하였을 뿐만 아니라 물리과학을 문화적 자원으로 폭넓게 제공하려는 강한 의도와 노력의 흔적도 보여주고 있다.72) 과학과 기술에 관한 수집품은 과학기구전시회 이후 점차 증가하여 1909년 'Science Museum'으로 분리되게 된다. 과학박물관의 수집품은 산업혁명 시대의 방직, 철도, 증기기관에서의 눈부신 발전을 바탕으로 하여 현재까지도 진화하고 있다.

박람회의 영향, 大洋제국의 확장과 박물학의 획기적인 발전은 자연사박물관의 창설도 촉진하게 되었다. 런던 사우스켄싱턴 지구에 있는 로마네스크 양식의 자연사박물관은 1881년까지 대영박물관에 수장되

---

72) *http://www.sciencemuseum.org.uk/about_us/about_the_museum/history*.aspx.

어 있던 자연과학관계 컬렉션을 이곳으로 이전 전시했다. 그런 이유로 대영박물관의 창립자인 한스슬론 경의 초상과 금, 백금, 보석 등 소규모의 전시가 이곳에 전시되고 있다. 방대한 컬렉션의 대부분은 대영제국이 5대양을 군림하던 시절에 수집한 것으로서 측량선이나 함선에 동승한 박물학자로부터 비롯한 것이다. 초기의 전시는 지금과 별반 다름없이 중앙 홀에 거대한 공룡화석을 배치하였지만 다소 총괄적이어서 개개의 표본을 관람자에게 보이기 위해 많은 공간을 할애하는 고전적인 자연사박물관의 전형을 보이고 있었다.

따라서 19세기는 영국이 지구상에서 가장 큰 제국과 경제적 부를 누리고 있던 시기일 뿐 아니라 현재까지 지속되는 상당수의 박물관이 설립된 시기로 1759년에 설립된 British Museum을 제외하면 1824년의 National Gallery를 비롯하여 1828년 런던동물원, 1857년 South Kensington Museum, 1859년의 National Portrait Gallery 그리고 1881년의 National History Museum과 1897년의 Tate Gallery Museum, 1909년 Science Museum 등 놀라운 변화의 시기로 이는 박람회 개최를 기반으로 한 대중을 위한 교육과 엔터테인먼트란 개념에 기초하여 형성된 것이다.

(3) 파리 만국박람회의 개최와 박물관 벨트의 완성

1862년 런던국제박람회 개최 시 Illustrated Weekly News는 "박람회의 시대"라 선언할 정도로 大박람회 이후 10여 년 만에 예술과 산업, 과학에 선진문물을 보여주며 박람회는 새로운 제국주의시대의 표상으로 떠오르게 되었다. 영국 런던에서 개최된 The Great Exhibition이 성황리에 종료되자 이에 자극받은 유럽 각국은 박람회의 중요성을 새롭게 인식하게 된다. 이때의 만국박람회에서는 민족주의적 색채가 표출되기 시작했는데 이러한 경향은 1900년 파리 만국박람회에서 각국의 전통적 파빌리온들이 세느 강변을 따라 건설되면서 더욱 뚜렷하게 경쟁적 내셔널리즘을 표현하게 된다. 각국의 파빌리온들이 건설되면서 거대한 단일 전시공간은 사라지고 다양한 디자인으로 건설돼 간다.73)

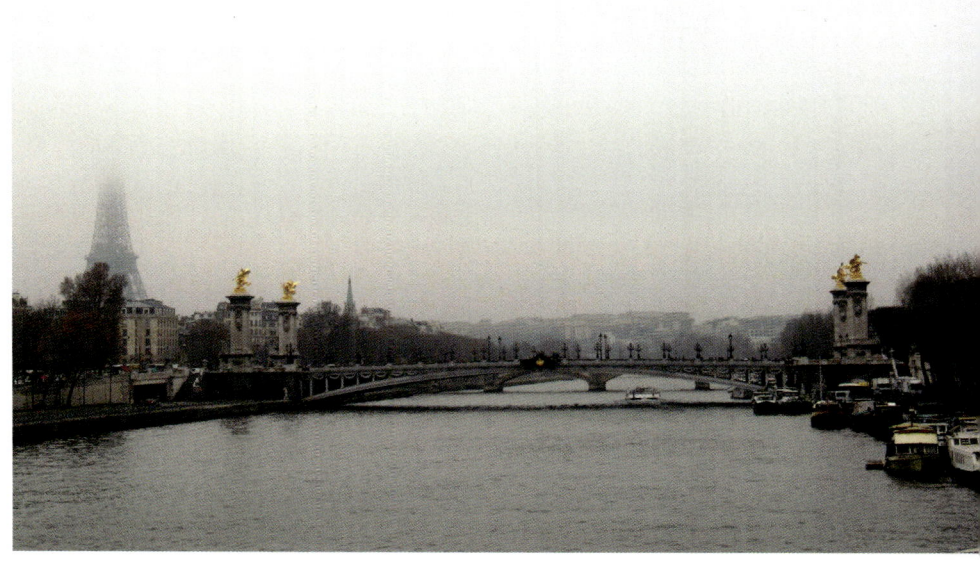

┃ 도−9 Paris 1 ┃ 제5회 파리만국박람회인 1900년 완공된 알렉산더3세교

---

73) 이낙현, 전게서, p.22.

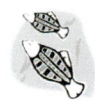

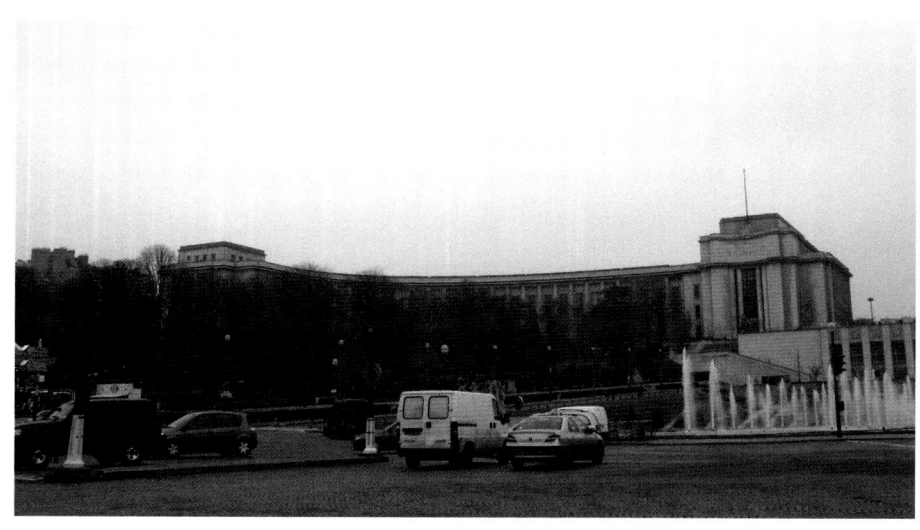

┃ 도—10 Paris 2 ┃ 제4회 파리만국박람회인 1889년에 트로카데로 궁이 완공되어 상드마르 스공원을 지나 일직선으로 에펠탑과 연결되어 있다. 현재 트로카데로 궁에는 인류학박물관, 해 양박물관 등이 있으며 길 건너 우측으로는 기메박물관이 자리 잡고 있다.

① 파리박람회의 개최와 도시의 변모

여전히 19세기의 파리는 예술과 관련된 가장 중요한 도시였다는 것은 의심할 여지가 없다. 1737년부터 1848년까지 살롱 전74)은 파리 에서 정기적으로 개최되고 많은 예술운동이 전개되었는데 19세기에 는 신고전주의, 낭만주의 유파와 사실주의와 인상주의 운동이 일어 나는 변화의 시기였다. 1863년 살롱 전에는 5,000점의 출품작 중

---

74) 이유경, 「19세기 프랑스 미술비평연구」, 『서양미술사학회논문집』, 서양미술 사학회, 1996, p.209.
"1725년 첫 번째 살롱전이 Louvre의 Salon Carre에서 이뤄져 그 전시장의 이 름을 본떠 Salon이란 명칭이 생겼다."

2,783점이라는 대량의 작품이 낙선되어 낙선자들의 반발로 인해 나폴레옹 3세는 살롱 전이 열리는 전시장 옆에 특별실을 만들어 낙선된 작품을 전시하여 시민들로 하여금 비교 평가하도록 하였다. 인상주의 화가가 주축이 된 이 낙선 전에 대한 시민들의 호기심은 대단하여 하루 관람객이 7,000여 명에 달했다.[75]

이러한 예술운동의 변화와 더불어 1852년 제2제정 헌법을 제정하여 황제로 즉위한 나폴레옹 보나파르트 3세는 영국의 만국박람회에 자극받게 된다. 그해에 만국박람회를 허가받아 1853년에 건축이 시작된 철골구조의 산업 궁(Palais de l'Industrie)[76]에서 1855년과 1867년 2회에 걸쳐 파리 만국박람회를 개최하게 되었다.

1867년부터는 주전시관과는 별도로 영구 건축물 성격의 Pavilion 방식이 도입되어 자국의 전통과 양식을 자랑하는 전시관을 설치하게 되었다. 예컨대 네덜란드의 농가, 잉글랜드의 촌락 집, 이슬람의 모스크, 튀니지아의 궁전, 루마니아의 교회, 이집트 신전, 중국의 매점, 일본풍의 찻집 등이었는데 이것은 세계 최초의 박람회라 일컬어지는 1851년 런던 박람회의 수정궁 같이 거대한 전시관 속에 전부를 전시한다는 기존개념에 대한 진일브한 새로운 시도였다.[77]

75) A. Tabarant, *La vie artistique au temps de Baudelaire*, Mercure de France, Paris, 1942, p.308.
76) Petit Palais Guide, *Palais de l'industrie(1855) and Palais de Trocadero (1878) have disapperared*, p.170.
77) 하세봉, 「근대박람회에서 개최도시와 공간의 의미」, 『한국민족문화』 21, p.261.

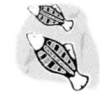

표 2-1 파리 만국박람회 개최지

개최연도	박람회명칭	개최지역	특징과 관람객 수
1855	파리 만국박람회	파리 샹젤리제	산업, 미술부문 독립, 520만 명
1867	파리 만국박람회	파리 상드마르스공원[78]	독자적 Pavilion 설치, 680만 명
1878	파리 만국박람회	파리 상드마르스공원	에펠탑 건립, 1,200만 명
1889	파리 만국박람회	파리 상드마르스공원	전기설치, 트로카데로궁, 3,240만 명
1900	파리 만국박람회	파리 트로카데로공원	아르누보, 한국관설치, 4,810만 명
1937	파리 만국박람회	파리 트로카데로공원	피카소의 게르니카 전시, 3064만 명

파리 만국박람회 개최의 가장 중요한 목적은 프랑스 정부가 모든 예술가들에게 문호를 개방하고 세계적으로 그들의 위상을 나타내 보이려고 하는 데 그 목적을 두고 있다. 즉 파리 만국박람회를 상품의 스펙터클로 기획하고 파리라는 도시 전체를 프랑스 제2제정기로 장식하기 위한 무대장치로 변용시키는 일환으로서 샹젤리제에 만국박람회를 개최하게 된다.

파리 만국박람회는 점차 놀라울 정도의 많은 사람들이 박람회를 관람하는데 1855년 최초의 개최 이후 1867년에는 680만 명, 1878년에는 1200만 명에 이르고 1889년 파리 만국박람회에서는 3,240만 명, 1900년에는 무려 4,810만 명이 참석하게 된다. 1937년에도 3,064만 명이 참석해 6번의 장대한 행사를 치르면서 파리는 에펠탑을 연결하는 상드마르스와 트로카데로 광장을 중심으로 만국박람회의 핵심도시로 변모한다.[79] 지금도 루브르, 콩코드 광장, 에펠탑과 알렉산더3세

---

78) 상드마르스와 트로카데로는 에펠탑과 연결되고 그 사이에는 넓은 공원지역이 형성되어 있음.
79) 요시미 순야(吉見俊哉), 『박람회 근대의 시선』, 논형, 2004, pp.84-116.

다리, 상드마르스, 트로카데로에 이르는 넓은 길은 당시 박람회장의
모습이 그대로 남아 있다.

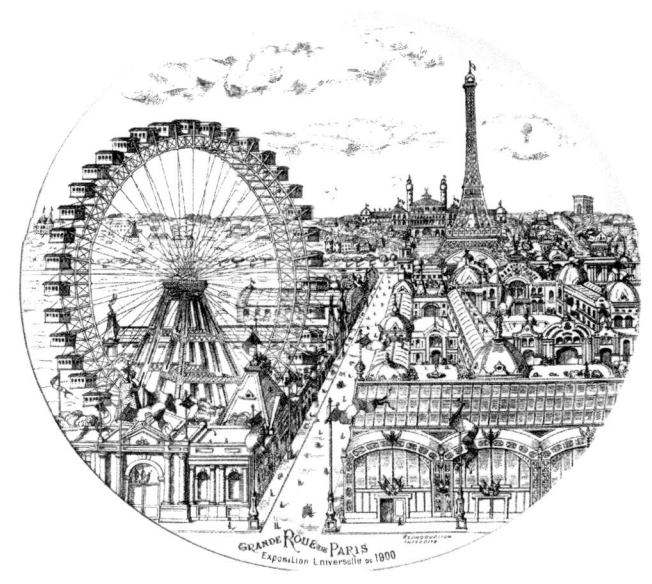

▌ 도-11 Paris 3 ▏ 1900년 제5회 파리만국박람회의 모습. 앞쪽 대관람차가
있고, 멀리 에펠탑과 사크레쾨르 사원이 보인다(이 같은 대관람차는 튈르리정원
에 가면 볼 수 있다).

② 파리 박물관 벨트의 완성

과학과 산업의 발달뿐만 아니라 교육과 지식, 순수미술과 장식미
술, 기술과 노동, 건강과 위생 등 다양한 사회 현상을 반영하고 도
시기반시설로 지하철 도시와 전철역의 건설, 박람회장을 환하게 밝

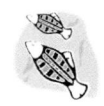

힌 전구의 힘은 이미 세계 각국 사람들의 생활방식을 크게 변화시키고 있었다.

이러한 만국박람회는 파리라는 거대 도시를 근대적 건축물로 개조하고 생동감 넘치는 문화광장으로 탈바꿈하게 된다. 사이요 궁의 건설(1878), 에펠탑(1889), 그랑팔레(1900), 쁘티팔레(Petit Palais, 1900), 러시아 황제가 지원한 알렉산더 3세 다리(1900), 오르세 역(1900), 파리 시립 근대미술관 등의 기념비적인 건물과 도로가 만국박람회의 시설물로 건립되었다.

특히 구스타프 에펠이 설계한 에펠탑, 앙발리드와 쁘티팔레와의 연결을 시도한 아름다운 알렉산더 3세 다리의 건립은 도시의 근대적인 변화에 모티브가 되었고 그 아름다움은 지금도 인구에 회자되고 있다.

박람회가 종료된 후 '프랑스 예술의 회상'이라는 거작들의 전시장으로 사용된 쁘티빨레가 Fine Art Museum of the City of Paris의 시설로 재개관한 것은 당연한 일이었다. 1902년 12월에 Auguste Dutuit(1812−1892)와 그의 동생인 Eugene(1807−1886)은 2만점이 넘는 고대 도자기, 전적, 회화, 희귀서적, 중세유물 등을 기증했고 많은 기금을 남겨 박물관으로서 기초를 다졌다.80) 더불어 박람회는 앵그르, 들라크루아, 피카소 등의 많은 예술가들의 작품을 미술부문에 출품하고 박람회가 종료됨에 따라 박물관 및 미술관의 소장품으

---

80) *http://www.paris−walking−tours.com/petitpalais.html.*
쁘티팔레와 달리 그랑빨레는 궁의 일부를 1964년 이래 오늘날까지 임시전시회로 이용하고 있다.

로 된다.81) 프랑스 정부는 만국박람회가 완료될 때마다 모든 시설을 정비하여 재개관하였는데 사이요 궁의 해양박물관, 국립민중극장, 뮈제 드롬(민족학박물관)이 잇따라 탄생하게 된다.82)

이처럼 근대의 전문박물관의 탄생에 가장 결정적인 기여는 산업의 발달과 구경거리의 장소인 박람회를 통한 큐레이터의 의도가 내재한 수집품의 전시에서 비롯된다.

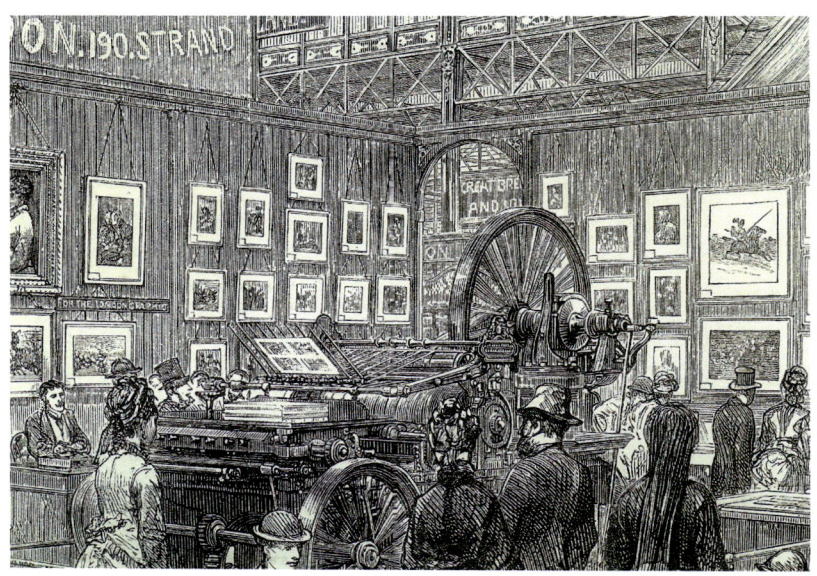

| 도-12 The American Centennial Exhibition | The Graphic Section, Aug12, 1876 미국독립 100주년을 맞아 필라델피아에서 개최되었고, 진열된 것은 London drawing이다.

• 출처: 소장판화 28㎝ / 19㎝

---

81) *Petit Palais Guide*, Petit Palais, p.170.
82) 하계훈, 김달진연구소 평론가클럽.

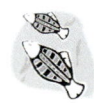

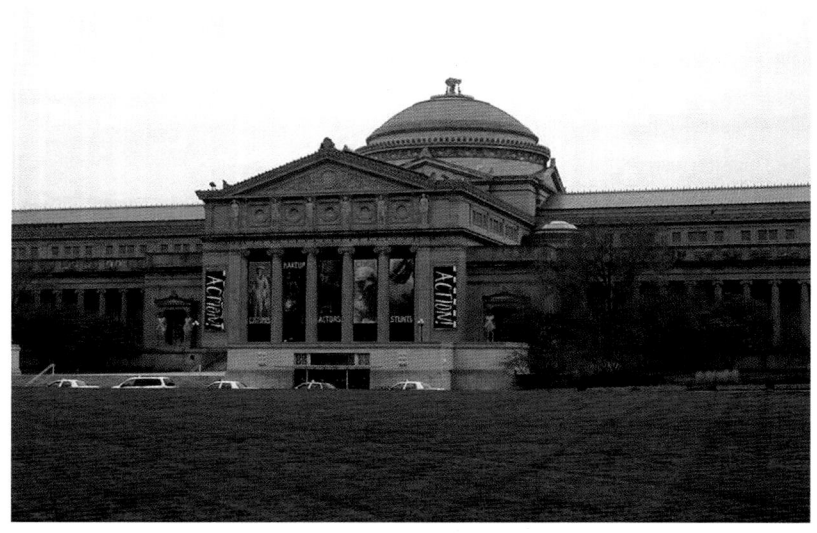

| 도-13 Chicago에 있는 The 1893 World' s Colombian Exposition의 예술전시관
| 현재는 과학·산업박물관(Museum of Science and Industry)으로 개조됨.

(4) 시카고 세계박람회와 건축물의 활용

미국은 런던대박람회가 끝난 지 2년 후인 1853년부터 독립기념일을 기념해 뉴욕박람회, 필라델피아, 보스톤 박람회를 개최했지만 주최측과 지역적인 한계를 뛰어넘지는 못했다. 세계적 규모의 본격적인박람회는 1893년 시카고 미시간 호수에서 콜럼부스의 아메리카 발견 400주년을 기념하는 세계박람회(The 1893 World's Colombian Exposition)가 그 시발점이 되었다. 이때는 지역박람회의 수준이 아니라 미정부 차원에서 지원을 하였고 우리나라도 공식적으로 참여한 최초의 세계박람회이므로 그 의미가 남다른 박람회다.

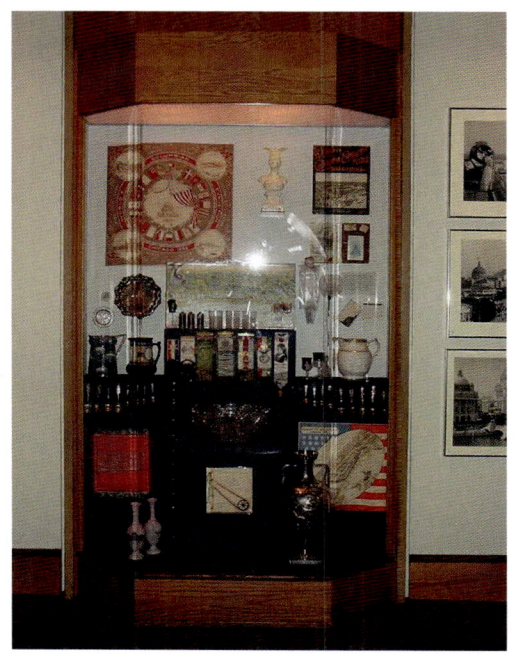

| 도−14 Chicago Historical Society에 전시된 세계박람회 당시의 자료

당시 박람회가 개최된 미시간 호수 인근의 잭슨 공원에는 총괄기구가 있는 총무원을 비롯하여 주 전시관으로서 가축전시관, 농산물전시관, 원예전시관, 어류전시관, 광물전시관, 기계류전시관, 수송물전시관, 제품전시관,83) 전기전시관, 예술전시관,84) 교양전시관, 박물관, 목제전시관 등을 건설하였다. 미국 30개주와 외국 20개국의 전시관 등 주요전시관의 미국 출품물은 170만 점을 상회했고 외국 출품물도 140만 점을 넘어섰다. 관람객들은 전기차를 타고 박람회장을 일주할 수도 있었으며 당시 입장객은 2,700만 명에 달한 실로 놀라운 광경을 연출하게 되었다.

---

83) *The Official Directory of The World's Columbian Exposition.*
　제품전시관의 조선전시품은 비단자수품, 삼베옷, 도자기, 나전칠기, 인삼, 호피 등이 전시되었다.
84) 현재 남아 있는 유일한 건물로 '과학산업박물관'으로 개조되어 운영되고 주로 체험 위주의 전시물이 전시된다.

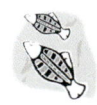

전시관 중에서 제품전시관은 주전시관으로 도리아 양식의 기둥이 전면에 배치되고 상하 2열의 창문이 건물을 둘러싼 벽에는 대리석이 지붕은 유리와 강철로 덮여 있었다. 이곳에는 타이프라이트와 화학품, 금속품, 유리제품, 철물 등 다양한 제품군이 형성되어 있었고 우리나라 제품 역시 관내의 서남쪽에 위치하고 있었다. 이 중 박물관적 성격을 가진 건물은 '인류학전시관' 또는 '교육전시관'으로 불리었는데 이는 제품전시관 및 교양관의 장소가 협소하여 신축한 건물이다. 건물 내는 고고학, 인종학 부문을 진열하고 있었는데 가장 넓은 전시관을 가진 스페인과 그리스 전시관이 특히 인기가 있었으며 갤러리와 남쪽 끝에는 동물 등 자연사 관련분야를 진열하여 놓았다.

시카고 박람회가 종료된 뒤 1894년 화재로 다른 건물은 소진되었지만 예술전시관만은 남아 현재 과학·산업박물관(Museum of Science and Industry)으로 개조되어 당시의 전시품 150점을 전시하고 있다.85) 화재 후 처음에는 미술관으로 유지되다가 1911년 Sears Roebuck & Company의 회장인 Rosenwald에 의해 산업계몽과 대중과학 교육을 위한 시설로 만들 것을 결정해 1933년 미국 최초의 과학·산업박물관으로 대중에게 개방되게 된다.86) 이후 영국을 비롯한 프랑스나 미국에서도 박람회는 소장품의 중요성뿐만 아니라 대중의 인식의 변화, 교육기관으로서의 역할을 강조함으로써 박람회는 새로운 개념의 박물관 설립을 촉진하는 역할을 계속하게 된다.

---

85) 이민식, 『컬럼비아 세계박람회와 한국』, 2006, 백산자료원, pp.76-80.
86) 화재 후 남은 박람회 관련 수집품은 현재 Museum of Science and Industry 외에도 Chicago historical Society에 보관되고 있다(*www.sochang.net/bbs*: 시카고 만국박람회장 전경).

제3장 | 일본 근대박물관의 萌芽와 문화재정책

근대
박물관, 그/형/성/과/변/천/과/정

1. 서구 근대박물관 수용과 변용의 사회적 배경
2. 일본의 내셔널리즘과 근대 문화재정책

제3장 일본 근대박물관의 萌芽와 문화재정책

일본의 개국 초기는 서구 특히 영국을 보편적 근대로 상정함으로써 시간적·공간적 동질화를 추구하는 역사 인식을 낳았다는 점에서 서양 중심주의가 주류였다. 서양이 非서양 세계의 前근대성을 서양의 잣대로 판단하였다면, 일본인들 스스로도 서양을 기준으로 근대성을 규정한 시기로 볼 수 있다.[1] 이러한 맹목적인 서구화는 일본제국 헌법과 황실전범의 제정(1889), 제국의회의 개원(1890), 교육칙어의 발표(1890)를 가져온 1880년대 후반부터 국수주의를 주장하는 민족적 자각이 점차 뚜렷해졌다. 특히 청일전쟁의 승리(1895)후 서양 강대국들의 삼국간섭으로 일본 스스로가 정당하게 얻었다고 생각되는 전리품을 빼앗은 상황에서 그때까지 진행되어 온 서구화에 대한 회의가 일게 되어 국수주의가 일본 청년층을 사로잡게 되었다.[2] 이때부터 박물관 설립과 운영도 정치적 변화와 무관하지 않게 변용되어 간다.

본 장에서는 이러한 정치사회적 변화 특히 2장에서 다룬 영국, 프랑스의 만국박람회를 벤치마킹하여 모방단계에서 일본의 박물관으로 정착화하는 과정을 고찰하고자 한다.

---

1) Naoki Sakai, *Translation and Subjectivity: On 'Japan' and Cultural Nationalism*, U of Minnesota P, 1997, p.48, 173.
2) 박지향, 『영국연구』 9호, 영국사학회, 2003. 6, pp.137-143.

1. 서구 근대박물관 수용과 변용의 사회적 배경

본 절의 내용을 <본초학에서 서구의 만국박람회 모방을 통한 도입단계>, <박람회 시대와 일본 근대박물관의 정착단계>, <박물관의 황실자산화와 천산개념 패러다임의 변화단계>로 주요 정치사회적 성격을 기준으로 3단계로 구분하여 서술하고자 한다.

먼저 <본초학에서 서구 만국박람회 모방을 통한 박물관의 도입> 단계에서는 서구 만국박람회에의 참가와 국내박람회 개최에서 일본 나름대로의 유사성과 특수성을 가지고 있음을 확인할 수 있다. 예컨대 서구의 박물관이 르네상스시대의 미적 개인주의에서 절대왕정의 미술품 수집 그리고 공공박물관의 탄생에 이르기까지 산업혁명의 정보 전달체인 박람회 전시를 통해 박물관이 새롭게 재해석되고 교육과 전문화과정을 거친 것과는 달리 일본에서의 박물관은 에도시대 本草學의 흐름 속에[3] 네덜란드의 박물학적 지식이 녹아 '식산흥업'과 '부국강병'을 위한 근대화 목표 중 하나로서 근대적 박람회와 전시기법을 도입하게 된다. 이러한 양대 목표는 근대 제도로서의 도입과 더불어 제국주의적 국가의 양면성이라는 중추적 기능을 일본 근대박물관은 형성에서 발전과정까지 연속성을 가지고 있다.

그러나 박물관 설립 경험이 없는 일본으로서는 '전시에 필요불가결한 자료의 확보와 수집', '보관된 전시자료를 공개하는 전시관의

---

3) 물산장소와 인맥에서의 연계성.

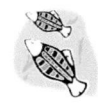

건설'이란 두 가지의 명제를 안고 있었다.4) 때마침 오스트리아 빈박람회 참가를 위한 자료수집이 조직적으로 이뤄지지만 예술품과 古器物(근대적 의미의 문화재)의 개념적 혼돈과 관계자의 관심 저하, 거액의 예산이 소요되는 박람회의 중단기적 효과에 대한 회의감이 커지게 된다. 이때 주도적 역할을 한 사람은 사쓰마(오늘날 큐슈 가고시마) 출신인 町田久成5)으로 그는 창평교에서 수학하고 영국유학후 당시 물산국에 근무를 하고 있었다. 그는 평소 대영박물관을 동경하여 일본에도 그 같은 이상을 실현하는 호기로 생각하여 적극적인 역할을 담당하게 되었다. 먼저 박물관 건립을 위한 자료의 확보와 전시관 건설을 위해 영국 수정궁박람회와 런던국제박람회의 결과 창설된 사우스켄싱턴 박물관의 건립과정을 적용해 기존건물과 파빌리온 방식의 임시건물로 이를 해결하는 3대 해결책을 제시했다.

ⓐ 건물용지는 박람회의 개최용지 중에서 선택한다.

ⓑ 전시관은 박람회를 개최한 후 전시시설을 전용한다.

ⓒ 박물관자료는 박람회의 개최를 통해 수집하고 축적한다.6)

따라서 기존 건물인 유시마성당의 대성전을 이용하여 주전시관으로 사용하였지만 장소와 소장품 확보의 문제로 서구와 같이 전용건물로서 자리매김하기까지는 시간이 필요하였다. 그러나 박물관 건립이 지속적인 추진력을 가지게 된 것은 서구 박람회의 제도를 통한

---

4) 關秀夫,『博物館の誕生』, 岩波新書, pp. ii – iii.
5) 1838 – 1897, 사쓰마번(가고시마)의 3대가문인 町田家의 장자로서 태어나 薩英戰爭 후 견영사절단의 부단장으로 참여하고 유학생 파견을 진언하여 18명이 선발되어 영국에 유학함.
6) 關秀夫, 전게서, pp.32 – 35.

식산흥업과 부국강병이란 기조와 町田久成이란 특출한 인물의 열정이 일본 근대박물관의 형성과정에 깔려 있기 때문이며, 천산물과 인조물 중심으로 흐르는 박람회에 '고기구물(古器舊物)' 개념을 도입해 수집의 기반을 닦을 수 있었던 것은 후일 제실박물관에서의 황실자산화의 기반이 되기도 한다.

두 번째 단계는 <박람회 시대와 일본 근대박물관의 정착단계>인 성장기에 해당한다. 즉 內山下町의 博覽會事務局博物館에서 우에노로 이전하기까지의 시기를 말하고 있다. 이때 '박람회사무국박물관'이란 기이한 명칭이 붙게 된 경위는 빈박람회가 끝난 1873년 유시마성당에서 우치야마시타쬬(內山下町)로 이전할 때 박람회사무국을 중심으로 박물관은 진열관의 일부로서 박람회의 하위개념으로 존속하게 된다. 이 시기에 박물관 자료는 양적으로 성장하게 되지만 여전히 식산흥업 정책을 목표로 製絲, 농업, 紡績 등 민업(民業)을 주도로 하는 새로운 부국(部局)의 신설을 염두에 둔 자연사 중심의 박물관으로 인식되는 한계를 가지고 있다. 그러므로 이 시기에 천산부(광물, 표본 등)와 농업, 역사, 예술이 혼재되어 진열되는 것은 당연한 일로서 아직 예술과 과학, 박물학 자료의 합리적 분류가 개념적으로 성숙되지 못해 박물관에서의 물품의 공개는 단지 박람회라고만 인식된 시기이다. 1876년부터 박람회사무국과 구분하여 진열관이 있는 곳을 비로소 '박물관'이라 부르게 되고 초대 박물관장으로 町田久成을 임명한다. 한편 문부성은 내무성과는 달리 별도로 교육 자료를 중심으로 한 전문박물관의 성격을 가진 문부성박물관(후에 동경박물관, 교육박물관으로 개칭)을 기존의 유시마성당에 창설하게 된다.

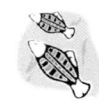

세 번째 단계는 성숙기로 <박물관의 황실자산화와 천산개념 패러다임의 변화>로 정의할 수 있다. 내무경 大久保利通가 암살된 뒤 大隈重信은 독립된 박물관의 건립을 위한 건언을 황실에 올려 독자적 자산을 보유하지 않은 황실을 위해 박물관건립의 필요성을 제안한다. 이것이 받아들여져 1881년 2회 내국권업박람회 건물 본관이 박람회 종료 후 '우에노 박물관'(1882)으로 개관되어 최초로 박물관전용건물을 가지게 된다. 1886년 황실의 개입으로 궁내성이 박물관을 인수하여 우에노 공원의 전역이 황궁의 소유로 편입되어 1889년에는 제국박물관으로 명칭이 바뀌게 된다. 이때 미술함양, 공예에 관한 응용, 기예의 진보 발달에 기여하고자 하여 예술과 천산개념의 분리가 이뤄지지만 국가의 재산이 황실의 사유재산으로 편입되어 박물관이 공공성보다 황실을 위한 하위기관으로 남게 되는 한계를 보인다.

따라서 황실에 어울리는 예술품의 구입과 전시는 국체를 표현하고 국민의 교화를 위한 장소, 동아제국에 위압을 나타내는 동양고미술의 전당으로서의 내셔널리즘이 만연하는 정치사회적 역할에 중점을 두게 된다.

1) **本草學**과 서구 만국박람회 모방을 통한 박물관 도입기

(1) 에도시대 박물학의 발전과 물산회(一名 약품회)

박물학은 '物'에 대한 개별적 조사로서 사물의 특성을 개체적으로 파악하는 분야이다. 특히 18C에서 19C에 걸쳐 세계적으로 확대된 동물, 식물, 광물의 종류, 성질, 분포 등을 기재하고 그것을 정리 분류하는 학문이다. 유럽에서는 18세기 제임스 쿡의 항해에 동행한 박물학자들이 지구에 생존한 생물들의 완벽한 카탈로그를 작성하기 위한 꿈을 꾸고 귀국 후 박물도감으로서 공개하여 19세기 박물학의 붐에 점화하기 시작했다. 18세기 후반 일본사회는 어떠한 양상을 하고 있었을까?

당시 일본사회는 근대화의 태동을 예고하는 여러 가지 징후가 나타난 시기로 오늘날 도쿄인 에도를 비롯한 대도시에는 상업자본의 성장에 따른 경제적 번영과 정치적 이완 현상으로 비교적 자유로운 시대분위기가 조성돼 가고 있었다. 국내경제의 현저한 진전은 박물학 발전의 중요한 배경이 되며 산업화 이전단계의 상업혁명이 이미 달성되어 근대적 기술과 공장제도가 들어오자 곧 근대경제를 이룩할 수 있는 제도 및 관습이 다련되었다.

그러나 상업혁명으로 인해 발전이 이뤄졌다고 하더라도 전통적 생산방식을 완전히 바꾸지는 못했다.[7] 이러한 경향은 18C 막부의 재정파탄을 타개하기 위한 토쿠가와 요시무네(德川吉宗)[8]의 식산흥업

---

7) 피터두으스, 김용덕 譯, 『일본근대사』, 지식산업사, 1983, p.47.

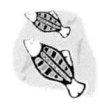

정책에 의해 방향성을 가지게 된다. 막부 재정의 개선책으로 요시무네의 개혁은 농업중심의 사회에서 상업정책이 등장하여 상공업의 발전을 꾀해 전국에 걸쳐 약초를 채집하고 약원을 설치하여 조선의 인삼까지도 재배케 하는 성과를 거두게 된다. 천연산물의 전국적인 실태조사와 약원의 운영은 일본 실학연구에 하나의 전기를 만들어 박물학 시대의 기반을 마련한다.9) 이 시기에 경험적 자연과학 분야인 본초학, 즉 박물학이란 분야가 두드러지게 발전되어 사회의 전면으로 크게 부상하는 현상이 나타나게 된다.10)

일본의 본초학은 특히 에도시대 중기 이후 크게 발전하였는데 명나라 이시진의 본초강목(本草綱目)11)이 알려진 후 약초에 대한 관심이 더욱 증가하였다. 채집뿐 아니라 연구, 감식 등을 통해 각종 본초서가 본격적으로 출판되고 약품회가 1757년 에도 유시마(湯島)에서 會主인 田村藍水에 의해 최초 개최되었다.12) 이때는 전국 각지에서 물품을 모았음에도 불구하고 출품자는 불과 21명, 출품물은 180종에 불과했다. 대부분은 田村藍水가 각지에서 모은 것을 약초원

8) 1684－1751, 막부8대장군으로 조선 왜관을 통해 인삼의 종자를 구해 일본 내 식재에 성공함.
9) 이중희, 「일본인의 자연관과 박물학의 발전」, 『미술자료』 57, 1996. 6, pp.167－199.
10) 木村陽二郎, 『江戶期のナチュラリスト』, 朝日新書, pp.57－58.
   "1730년경 시행한 천연산물의 전국적 실태조사는 丹羽正伯이 관명을 받아 각 번에 조사와 수집을 요구한 것임."
11) 본초강목은 명말 1596년 신종 때 이시진이 쓴 52권 3부도의 책인데, 1892종의 약품과 8160의 처방을 기재한 책임.
12) 18－19C 박물학 관련하여 동물, 식물, 박물도 등에 대한 사실적 자료(그림, 문서)는 도쿄국립박물관 전시관에 전시되어 있다.

에서 재배한 것이었다.

다음 해 1758년 제2회 약품호는 에도신사에서 34명이 231종을 출품하였고 3회부터는 會主가 平賀原內가 되어 더욱 활발하게 약품회를 운영하여 출품물은 초목, 금석, 조수(鳥獸), 어충(魚虫), 고물(古物) 등으로 점차 다양화하였다. 제도적 변화를 시도해 그때까지 출품자의 참석이 필요한 것을 당일 출석하지 않아도 되었고 18개국 25개소에 물산청취소(物産請取所)를 설치하여 개최장까지 운송하는 획기적인 수집방법을 모산하였다.

따라서 막부에 의한 강력한 약초장려책과 더불어 상업발전을 배경으로 한 경험적 실증주의는 본초학을 학문으로 성장시키게 되며 대상에서도 동식물뿐만 아니라 곤충, 물고기, 광물 등 광범위하게 걸쳐 연구하는 박물학의 단계로 급속히 확대되어 물산회의 전성기를 맞이한다.

① 물산회의 성행과 일본의 박둘학자

소위 에도시대의 레오나르도 다빈치 혹은 에디슨이란 명성이 자자한 히라가 겐나이(平賀原內)[13]는 본초학자, 蘭학자,[14] 물리학자, 양화(洋畵)의 선구자 및 희곡작가뿐 아니라 발견과 발명 등 다양한 분야에서 활약한 인물로 알려져 있다.

---

13) 1728–1779, 에도시대의 본초학자이자 蘭學者임. 1727년 護岐國 다카마츠 번(高松藩)에서 태어나 1752년 나가사키에 유학한 후 오사카를 거쳐 에도에서 본초학자 田村藍水에 입문하여 당대 물산학을 주도하는 인물.

14) 토쿠가와 막부는 카톨릭을 전파한 포르투갈과의 교역중단 후 네덜란드와 교역을 시작하여 나가사키 데시마에 네덜란드어의 번역을 허용하고 이와 관련한 일본인 학자를 난학자라 함.

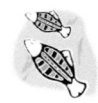

1762년 히라가는 에도의 유시마 천신(湯島天神15) 앞에서 동도약품회라는 대규모 물산회를 기획 실시한 것을 계기로 민간인 유지의 출품에 의거한 공모형식의 물산박람회를 무려 5회16)에 걸쳐 개최하였다. 약품회란 이름의 이 전시회는 30여 藩이 참여해 1,300여 종이 전시되었으며 체계적이며 성대하게 치러졌다.17) 히라가에 의해 개최된 약품회의 영향으로 다른 지역에서의 물산회도 경쟁적으로 촉진돼 물산회의 전성기를 이루게 된다. 1763년 7월에 간행된 『물류품척(物類品隲)』의 전 6권은 히라가 겐나이가 중심이 된 약품회의 실천적 연구서로서 일본 근세 박물학 전성기의 상황을 정확히 알려주는 자료로 18세기 일본 박물학의 대표서이다.

물류품척은 몇 가지의 특징을 가지고 있다. 첫째 5회 약품회를 계기로 40명에 이르는 그룹의 인원이 연계하여 박물학 연구에 대한 공동의 관심사를 나타낸 것으로 감정에는 히라가의 은사 田村藍水, 편집은 平賀原內, 교정에는 田村善之가 참여해 그룹으로서의 결과를 창출해 갔다.

두 번째로는 출품된 2,000여 종 중 360종을 발췌하여 水, 土, 金, 玉, 石部의 분류방법으로 총 14部에 걸쳐서 개별 품목에서 파악한 정보나 지식을 해설 감정하고, 진품 36종의 삽화를 화가 소 시세키(宋紫石)가 사실적으로 그려 실물에의 탐구를 기본으로 하고 있다.18) 이러

---

15) 湯島天神은 湯島聖堂과는 인접해 있으며 (택시로 5분) 東京都文京區湯島 3－30－1에 위치해 있다.
16) 1757, 1758, 1759, 1760, 1762년.
17) 椎名仙卓, 『日本博物館成立史』, 雄山閣, pp.12－13.
18) 소 시세키가 그린 조선인삼도는 성장을 네 단계로 나눠 연수를 판별하는

한 것은 단지 약종이나 약물의 연구에 중점을 두었던 이전의 본초학자와는 구별되는 것이며, 품종이나 수량이 대폭으로 증가하여 박물학이란 학문의 단계로 한층 진입한 것이라 볼 수 있다.[19]

19세기에 들어와 나고야에서 열린 약품회는 에도시대의 약품회가 특정의 동호적 집단에 한정된 것에 비해 일반인도 참가가 가능하게 되었고, 尾張(現 나고야) 의학관에서 열린 약품회는 특히 주목할 만한데 '尾張名所圖會'에 의하면 일만 종 이상이 집산되고 목제의 인골, 백조표본 등이 전시되기도 했다. 이는 일본 근대박물관이 관료주의에 기반을 둔 것과는 달리 박람회의 전통은 전문가, 동호인, 일반인의 참여를 통한 물산회가 모타가 되었다.

② 근대박물학의 맹아와 외래적 요소의 도입(네덜란드의 시볼트)

에도시대 박물학은 수집과 체계적으로 분류된 식물도감에서의 단계적 변화가 있었다. 바다에 접한 각 번에 의해 막부에 헌상된 貝類을 살펴보면 대략 40여 가지 정도로 기록되나 17세기 말에 淨貞에 의해 천황에 헌상된 '五百介図'에는 상당한 수가 기록되어 있는 것에서 대상의 압도적인 증가가 이뤄졌다. 또 다른 변화는 18세기에 이뤄진 과학적인 박물도(博物図)의 등장이다. 18세기 초 豫樂院 近衛家熙[20]는 '화목진여(花木眞与)'에서 125종의 박물도를 삽입하여

중요기준이 되는 뿌리와 잎 부분을 크게 그려 인삼의 특징을 소개하고 있다. 도해방법은 당시 일본에 들어온 『DODONAUS 식물도보』와 유사함.

19) 이종희, 전게서, pp.175－176.
20) 1667－1736, 豫樂院(よらくいん)은 호, 近衛家熙(このえ いえひろ)는 이름임. '일본인 인명표' 참조.

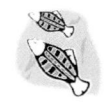

일본에서 최초의 꽃의 초상화라 불리는 식물도(植物図)를 만들어 잎과 주요 잎맥을 포함해 외형, 색채, 기부의 형태까지 정확히 그 식물이 가진 형태를 묘사했다. 식물, 동물에서의 명칭과 분류법도 더욱 정밀하게 묘사되어 야외에서 관찰과 채집을 통해 실물에서 얻는 지식을 체계화하였다.[21]

그 후 근대 서양과학의 도입으로 일본의 박물학은 보다 체계적으로 발전하게 되었는데 이는 네덜란드의 동인도 주식회사 부임 의사로서 일본 나가사키 데시마(出島)에 온 시볼트(P.F Siebold, 1796－1866)의 영향이 지대했다. 시볼트는 의사로서뿐만 아니라 식물, 물리, 지리 등에 정통한 박물학자였다. 그의 부임은 18C의 분류학을 체계화시킨 린

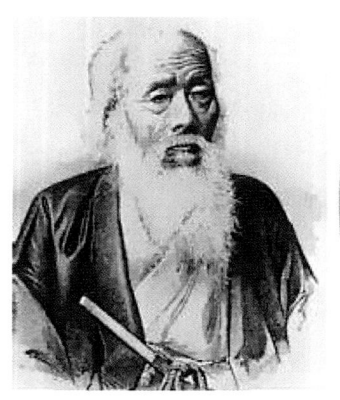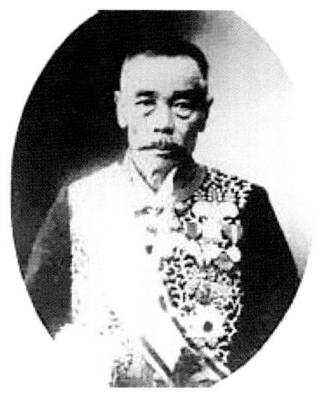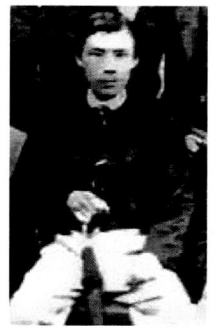

▌도－15 일본근대박물관의 설립에 기여한 인물
(田中芳男, 町田久成은 박물관장 역임) 좌로부터 伊藤圭介, 田中芳男, 町田久成

---

21) 金山喜昭, 『日本の博物館史』, 慶友社, pp.18－20.

네의 '植物의 種'22)을 비롯해 서양의 동물학 관계서적 40여 점, 박물학 관련 10여 점의 서적이 들어와 본격적인 양서의 수입이 시작되었다. 시볼트는 나가사키 교외에 토지와 가옥을 구입해 校舍를 짓고 그 주변에 네덜란드와 일본의 각지에서 가져온 식물 1,400종 이상을 귀국 전까지 식재하고 연구하였다.

그의 연구원으로서 伊藤圭介(1803－1901)23)는 일본 내의 식물에 대한 많은 정보를 입수해 연구에 진척을 가져왔고 무엇보다 실증연구의 소중함을 배우는 성과가 있었다. 그의 저서 '태서본초명소(泰西本草名疎)'에서 시볼트의 '일본식물지(日本植物誌)'(Flora Japonica)를 해석하여 식물의 屬, 種 개념에 의한 이명법을 일본에 본격적으로 소개하고 이후 박물관의 정착과정에서 많은 기여를 하게 된다.

1853년 개항 후 일본은 데시마를 통한 네덜란드와의 교류에 국한하지 않고 서양과학 일체를 체계적으로 연구할 인재양성의 필요성과 국력양성을 위해 식산흥업은 필요불가결한 요소로 인식하게 되었다. 이로써 尾張蕃(나고야)의 본초학에 정통하다고 알려진 伊藤圭介와 그의 門弟인 田中芳男을 출사하게 하여 재방일한 시볼트와 함께 정부기관인 물산소에 근무하게 된다. 본초학에 경험을 가진 이들은 식물채집의 경험을 통해 박물의 자원성에 관심을 가지고 전국적 조사와 실태파악에 나서게 되고 물산학은 부국강병의 기본으로서 인식되

---

22) 린네(스웨덴 식물학자), 「植物の種」: 屬 種등 학명의 확립, 종의 범위, 분류체계를 수립함.
23) 金山喜昭, 『日本の博物館史』, 慶友社, pp.18－25.
  나고야 출신이며 린네의 식물학분류법을 일본에 최초로 소개한 학자.

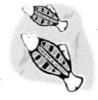

어 田中芳男을 통해 만국박람회 참가의 구상으로서 실현되게 된다.

(2) 박람회의 이해와 제도로서의 박물관 형성과정

1852년 미국에 의해 개항을 하기 1년 전 네덜란드 『별단풍설서(別段風說書)』란 번역서에 서구 근대박람회의 존재가 알려졌고 런던만국박람회의 개최와 수정궁의 건립은 물론 대성황을 이룬 사실도 기술되어 있었다. 1858년에는 서방 5개국과의 불평등조약을 체결한 막부가 1862년 조약비준서의 교환과 해외시찰 등의 이유로 타케우치 야스노리(竹內保德)[24] 사절단의 통역으로 동행한 후쿠자와 유키치(福澤諭吉)는 그 경험을 바탕으로[25] 1866년 『西洋事情』에서 근대박람회의 개념과 기능을 설명하고 있다.

"서양의 대도시에는 수년마다 대회를 열어 각국의 명산 편리한 기계, 古物奇品을 모으고 만국의 사람들에 알게 하는 것을 박람회라 한다. 박람회에는 인간의 의식주에 관한 전부가 구비되어 있고 천만 종의 물품이 커다란 건물 가운데 배열되어 있다. 박물관은 보여주는 자료를 항구적으로 전시하고, 박람회의 경우는 보여주는 기간이 한정되어 있다, 또한 전람회의 출품물을 취득하고자 하는 경우는 전시기간 중에는 불가능하고 전시가 종료된 다음에 구입이 가능하다. 박물관은 전시의 물품을 영구적으로 보관하는 것이 박람회와의 차이점이다 (중략)"

---

24) 본 연구집에 많은 日本人名이 나옴에 따라 본 연구 부록에 '日本人人名表'를 첨부함.
25) 國雄行博, 『博覽會の時代』, 岩田書院, pp.22-25.

이 책은 출판되자마자 20만 부 이상 판매되어 지식인은 물론 서민에까지도 널리 퍼져 서양에 대한 인식이 높아지게 되었다. 정치, 외교, 학교, 병원, 증기기관 그리고 가스등에 이르기까지 신기로운 것, 인간의 자유와 권리가 무엇인지를 알려주고 서양문명의 제 현상을 역사적, 제도적, 구조적 차원에서 이해하고 설명하려는 노력을 하고 있다. 이는 일본의 국가자립이라는 지상목표를 염두에 둔 주체적 입장의 서양이해 혹은 서양수용의 의지 표현이라 볼 수 있다.26)

구미문화를 적극적으로 받아들이고자 한 일본은 막부에서 이미 여섯 차례의 해외순방을 경험했고 왕정복고인 대정봉환 이후 4년째 되던 해인 1871년 11월 이와쿠라 토모미(岩倉具視)를 특명 전권대사로 하여 46명의 관리와 43명의 유학생 등 107명은 22개월간의 서방 순방 길을 나서게 된다. 사절단의 최대 목적은 근대국가의 제도, 문물의 조사와 연구에 있었다. 1년 10개월간 미국, 유럽과 아시아 국가를 순방하고 1872년 9월 13일 요코하마로 귀항했다.27) 순방 내용은 久米邦武에 의해 정리되어 1878년 『미구회람실기(米歐回覽實記)』란 책으로 간행되었다.

이들이 본 서구의 제도 중 박물관은 '개화의 순서'를 이해하게 하는 장소로 비춰졌고 식물원과 동물원은 생육과 번식 등 동식물의 연구가 진행되는 점에서 일본의 것과 차이점을 이해했지만 무엇보다 '大平의 戰爭'이라고 이름 붙인 무한 경쟁적 의미의 박람회 제도와

26) 정명환, 「후쿠자와유키치」, 『사회티평』 4호, 1990.
27) 박지향, 「근대에서 반근대로(일본의 대영인식의 변화)」, 『영국연구』, 영국사학회, 2003, p.139.

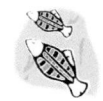

기술의 발전만큼 그들의 관심을 끌지는 못했다. 막부의 구미 순방이 반서구적 의식이 내재된 것과는 달리 명치정부는 제도와 교육개혁을 통한 근대국가로의 긍정적 열망이 앞섰다.

근대국가를 열망하는 목적은 경제, 정치, 사회 전반에 있었지만 박람회는 그중 중요한 통로의 역할로 인식하게 되었다. 먼저 해외박람회의 경험을 쌓기 위해 1867년 파리 만국박람회에 비공식 참가를 하고 1873년 오스트리아 빈 박람회에 공식적으로 참가하기 위해 박람회 사업을 적극적으로 벌이면서 박람회와 더불어 박물관에 대한 새로운 인식이 싹트게 되었다. 부국강병의 일환으로서 문명개화와 식산흥업의 기치 아래 만국박람회는 일본을 서구에 알리는 방편이자 일본 물품을 수출하는 창구가 될 수 있었고 서구 문물정보 수집의 통로로도 이해되었다.28)

일본이 이같이 빠른 시간 내에 박람회와 박물관의 제도에 대한 적극적인 도입을 한 것은 첫째 일본의 전통적 사회에 기반을 둔 약품회, 즉 물산회의 성행으로 이를 계승한 인물이 근대박람회에 참가함에 따라 자연스런 대체가 이뤄졌고, 두 번째로는 빈 박람회 참가를 위해 하나의 제도적 장치로서 박물관의 창설에 있으며, 세 번째로 근대제도로서의 박람회의 식산흥업과 더불어 학술교육의 시책으로서 시대적 변화에 따른 박물관에 대한 새로운 인식의 정립이기도 했다. 이런 역사적 인식의 교차점은 전통과 근대가 교차하는 도쿄 오차노미즈 역 건너편에 있는 유시마 성당이 그 발원지가 되었다.

---

28) 목수현, 「일제하 박물관의 형성과 그 의미」, 서울대석사논문, 1999, pp.8-11.

따라서 石井研堂이 『명치사물기원(明治事物起源)』에서 "本邦의 박물관은 박람회와 同身一体의 발전을 하게 된다"라 밝혔듯이 일본에서의 박물관의 형성은 구미 각국처럼 단계적인 정치변화, 경제발전, 사회적 변동의 내용을 소화하지 않고 총체적인 서양의 문물을 배우는 과정으로 박람회를 식산흥업과 문명개화, 즉 전반적인 교육 시책의 일환으로서 적극적인 도입을 시도하였다. 이로 인해 각 현에서도 박람회와 박물관의 중요성을 인식하여 교토와 나라를 비롯한 도시에서 박람회가 개최되는 계기가 되었고 이는 서구에서와는 달리 박람회와 동시에 박물관이 형성되게 되는 요인이 되었다.

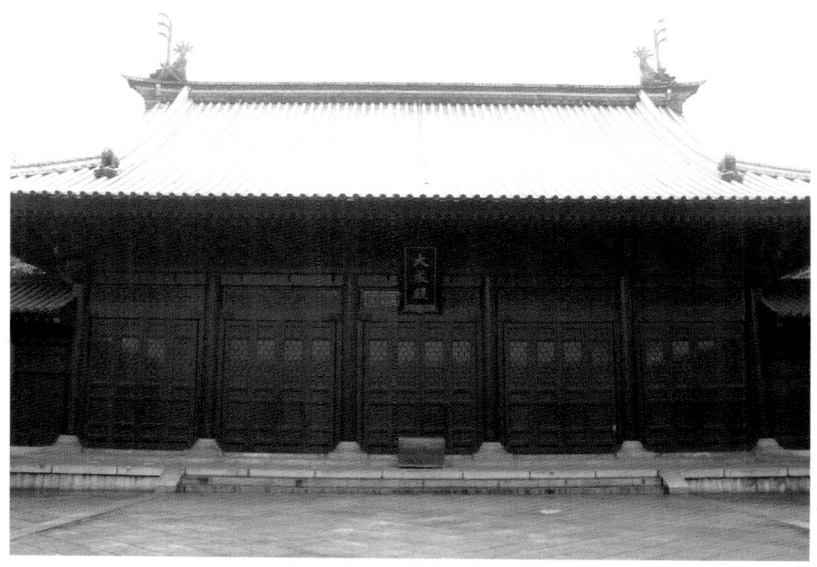

┃ **도－16 도쿄 오차노미즈에 있는 유시마성당(湯島聖堂) 대성전의 前景** ┃ 일본최초의 문부성박물관

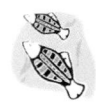

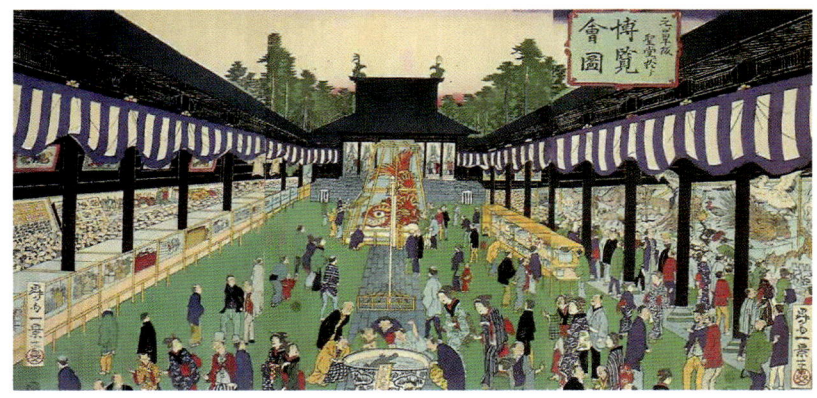

▌ 도-17 湯島聖堂 博覽會図 | 정면에 있는 건물이 대성전이며 앞쪽과 양옆으로 진열품이 늘어서 있다.   • 출처: 湯島聖堂 발행 엽서-일본 최초 문부성박물관, 박람회

(3) 빈 만국박람회의 참가와 문부성박물관29)의 창설

명치정부에 들어와 공식적으로 빈과 필라델피아, 시카고 만국박람회에 잇달아 참가를 했다. 식산흥업과 부국강병을 국가의 캐치프레이즈로 삼았던 명치시대에 있어 만국박람회는 서구사회에 국가의 이미지를 선보이고 위세를 과시하기에 더없이 좋은 무대였다. 소위 일본취미

---

29) 國立科學博物館, 『國立科學博物館百年史』.
　　1872년 유시마성당에서 열린 박람회를 최초의 문부성박물관이라 함. 1875년 합병된 문부성박물관이 내무성에서 반환되고 '동경박물관'으로 개칭되지만 반환운동 과정에 '교육'을 위한 박물관이란 이론이 성립되어 동경박물관이 우에노 공원 내에 '교육박물관'이란 명칭으로 재개관된다. 내무성 박물관에 천산물에 대한 자료를 이전하게 됨으로써 식산흥업이 아닌 학교교육을 측면으로 지원하기 위한 모형, 박물표본, 실험기구를 수집, 대출하는 박물관의 기능을 가진다. 동경과학박물관, 동경국립과학박물관으로 개칭된다. 관동대지진 후 표본과 시설을 소실한 후 1930년 上野 新館(현재 일본관)을 낙성 1949년에 국립과학박물관으로 개칭하고 2004년 지구관을 개설했다.

(Japonisme)란 형용사는 당시 유럽에서 개최된 만국박람회에 출품한 일본의 공예품으로 많은 인기를 구가했으며 이로써 일본이 서구를 의식하면서 스스로의 이미지를 만드는 데 중요한 역할을 했다.30)

① 박람회의 개최와 문부성박물관(湯島聖堂) 설립 동기(1872)

박람회란 용어는 구리모토(栗本)가 천하의 물품이 집산되는 약품회의 확장된 의미로 해석하여 최초로 '博覽會'라 지칭하는 데서 비롯되었다.

일본에서 최초 박람회 개최는 1871년 교토(京都)의 西本願寺에서 京都博覽會가 도쿄천도 후 교토의 침체한 분위기를 반전할 목적으로 개최되었지만 소규모에 불과했다. 동년 7월 도쿄의 대학남교는 초혼사(招魂社)31)에서도 박람회를 개최할 예정이었지만 실시단계에서 물산회로 개칭하고 출품물은 광물, 식물, 측량구리기계, 내외의과기계, 도기, 古物, 雜으로 분류되어 이 중 동물, 식물, 광물의 세 부문이 압도적으로 많았다. 민간이 주최가 된 박람회가 교토에서는 소규모로 실시된 반면 도쿄 유시마 성당에서는 관주도의 근대박람회가 성대하게 개최되었다.

이 유시마 성당의 역사는 유학자 하야시 라잔(林羅山: 1583-1657)의 사숙에서 비롯한다. 설립 당시는 일반대중의 교화와 문교의 중심으로서의 기능은 없이 다만 하야시의 문인을 가르치는 곳에 불과했다. 5대장군인 츠나요시(綱吉)는 유학에 심취해 때때로 공자묘를

---

30) 김혜신, 「'근대일본'과 '일본미술'」, 『서양미술사학회 논문집』, 1999, p.189.
31) 招魂社는 1869년 메이지 2년에 창건되었고, 10년 뒤인 1879년 국가에서 관리하면서 야스쿠니신사로 개칭됨.

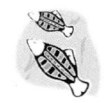

참배했는데 우에노에 있는 사숙의 확장을 꾀해 일련의 건물 군이 유시마에 건립되고 공자를 모신 건물을 大成殿이라 불렀다. 후에 장군들의 육성책에서 불구하고 번신의 관심에서 멀어지고 화재로 유시마 성당이 쇠락하게 된 후, 그 위상이 회복되지 못해 건물의 복구 시에도 조각에 채색을 금지하게 하고 화재로 남은 건재로 복구케 하여 성당의 권위와 역할은 대폭 축소되었다.[32]

유시마 성당은 쇠락의 시기를 거듭하면서 1797년 교육개혁을 통해 유시마 성당에 창평판학문소(昌平坂學問所)를 설립하여 1799년에는 새로운 대성전을 낙성하게 하였다. 공식명칭은 창평판학문소로 하였지만 일반에는 성당(聖堂)이라는 명칭이 여전히 널리 사용되어 당시 발행된 '에도図'와 '명소안내'에는 '오차노미즈'(御茶ノ水)에 있는 계곡의 아름다움과 더불어 유시마 성당이 문교의 중심, 막신(幕臣)의 학문 강습소, 공자묘로서의 역할이 소개되기도 하여 그 명성이 막부의 말기까지 이어졌다.

창평판학문소는 1797년에 설립되어 1868년 신정부에 접수되기까지 약 79년간 막부의 최고학부기관으로서 많은 무사들이 학습하는 장소였다. 하야시 라잔에서의 전통을 포함해 그간 형성되어 온 교육, 학습상의 실천 관행은 유무형으로 명치 이후 신교육 성립에도 영향을 미치게 된다.[33]

명치유신 이후 외국에서 체험한 박람회를 일본에서도 개최하려는

---

32) 『史跡 湯島聖堂』, 재단법인 斯文會.
33) 石川忠久 외, 『湯島聖堂と江戸時代』, 毎日新聞社.
　　지금도 유시마 성당 입구에는 昌平坂學問所 팻말이 새겨져 있다.

기운이 높아져, 박람회와 박물관을 관장하는 박물국을 설치한 후, 도쿄 유시마(湯島)성당 대성전 내에 상설진열소를 설치하고 이를 '박물관'이라 칭했다. 박람회의 전 단계로 1871년 물산회를 개최하고, 다음 해 1872년 3월 10일 도쿄 유시마 성당에서 문부성 산하의 박물관34)으로서의 역할과 동시에 최초의 박람회를 개최하게 되었다.35) 여기서의 문부성박물관은 이중적 성격을 띠고 있는데 문부성에서 운영하던 박물관이 내무성으로 이전된 뒤 문부성은 박물관을 교육적 성격의 박물관을 계속 유지하고자 했으며, 내무성은 산하문내박물관, 우에노박물관 그리고 동경국립박물관과 마찬가지로 그 기원을 1872년 최초의 유시마성당, 즉 문부성 산하의 박물관에 두고 있는 것에서 비롯된다.

실질적인 상설 박물관의 구상은 유시마 성당에서 박람회 회기 중 박물국 직원들에 의해 태정관에 상신된 '박물국·박물관·서적관 건설의 안'(일명 博物學之所務)에서 박물국, 박물관, 박물원, 서적관으로 나눠 그 개념과 시설의 상태를 설명하고 있다.

  ⓐ 동물, 식물, 광물 세 부문을 연구하고 그것에 관한 자료를 진열한다.

  ⓑ 이러한 세 부문에 관한 서적을 편집하고 또는 번역한다.

  ⓒ 서적관을 열어 열람을 가능케 한다.

---

34) www.tnm.go.jp/jp/history/index.html
   동경국립박물관에 의하면, 최초 개관일은 1872년 3월 10일 유시마성당에서 최초의 박람회를 개최한 날로 정하고 있다.
35) 『帝室博物館略史』, pp.14-17.

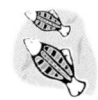

『博物學之所務』의 주 내용에서 일본의 이상적인 근대 박물관의 구상은 자연사 자료에 기초를 두고 연구와 진열을 기획했음을 알 수 있다.

당시 박물관자료36)는 형식상 '천조(산)물'과 '인공물'로 구분하여 설명하고 있는데 천조물은 천산물로도 불리며 동물, 식물, 광물, 화석 등으로 자연적 생성물뿐만 아니라, 자연에서 채취 이용, 가공된 것도 그 대상으로 하고 있다. 인공물에 관한 것은 고대유물, 근대물, 국내외의 것에 상관없이 그 대상을 포함시켜 분류, 정리하여 기술의 진보를 촉구하는 것을 그 대상으로 하고 있다.

박물원은 요즘 말하자면 동, 식물원과 비슷한 의미인데 동물을 사육하고 식물을 재배하는 장소로서 자연분과에 따라 外長部, 內長部, 上長部, 通長部로 구분하여 원내에 식재하며 때로는 분재로 온실에서 키우기도 한다.

서적관은 대중의 열람을 권장하고 서적의 편집을 통해 각종의 해설서를 발간하게 했으며, 내무성의 아사쿠사 문고가 공개되고 그 후 문부성박물관에는 동경서적관이 병합되는 과정을 거치게 되었다.

위 세 가지 시설을 총괄하는 사무 처리의 시설로 '박물국'을 들고 있는데 당시 박물국에서는 서적의 편집, 번역은 물론 박제와 표본의 제작 등의 기능도 담당하고 있었다.37) 그해 8월 유시마 성당에 근대 최초의 도서관으로서의 서적관이 개관되었으며 동물원 및 식물원을 포함한 종합박물관으로서의 구상이 최초의 설립 당시에 포함38)되어

---

36) '박물관자료'는 천조물과 인공물을 합한 성격이며 '문화재자료'는 인공물 중 유물을 말함.
37) 椎名仙卓, 『日本博物館成立史』, 雄山閣, p.113 - 124.

있었다는 것은 감탄하지 않을 수 없는 일이다. 그러나 1871년 고기구물보존방(古器舊物保存方)이 태정관의 포고로 반포된 후에도 박람회에는 아직 문화재자료에 대한 일반적인 인식이 아직 생겨나지 못하고 흥밋거리로서 대중에 선보이는 한계를 보인다.

② 일본 문부성박람회의 개최와 전시내용

이러한 기본적 구상하에 1872년(명치 5년) 유시마 성당에서 문부성 최초로 개최한 박람회는 당초 3월 10일부터 20일까지 개최 예정이었지만 세간의 호평으로 인해 4월까지 연장되어 일반 공개는 48일간이었다.

당시 유시마 성당에서 개최된 공식적인 박람회의 전시품은 덕천가의 헌상어물 18점, 구로다家 소장의 금인, 당시 유명한 나고야성의 금호(金鯱),[39] 이세신궁의 어신경(御神鏡) 등이 출품되어 48일간 192,828명이 참관했다.

유시마 성당의 전시가 성황리에 진행된 것을 보여주는 [도-17]의 박람회도(博覽會図)에서는 대성전 앞 중정에 당시 궁내성 창고에 보관 중이던 나고야 성 지붕에 달렸던 금호가 진열되고 그 주변에 많은 사람들의 관심이 쏠리고 있는 것을 볼 수 있다. 금호는 중정 중앙부에 특별히 제작된 유리각안에 두어 주변에는 나무 책(柵)을 둘러 안전상의 조치를 취하고 있다. 그 앞에 큰 도기 안에 白井唯一가

---

38) 도쿄국립박물관, 『도쿄국립박물관 핸드북』 연표, 2005, p.50.
39) 일본어로 '사치호코'라고 불리며 늠채로 칠해진 천수각 용마루에 있다. 머리는 호랑이, 몸통과 꼬리는 물고기의 모습을 한 커다란 장식부재로 전체적으로 물고기형상을 한 치미의 일종임.

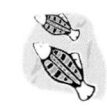

출품한 '大和吉野山産サンショウ(산쇼)'라는 커다란 물고기를 놓아 두어 사람들의 호기심을 끌고 있는 광경이 보인다.

이 같이 박람회가 유시마 성당에서 개최된 데는 두 가지의 목적을 두고 있는데 하나는 『古器舊物保存方』공포 이후 고기구물의 훼손과 산실의 방지 및 일반대중의 교화를 위해 계획된 것이고 두 번째로는 다음 해인 1873년 빈 만국박람회에 출품할 작품을 선정하고 이를 위해 식산흥업을 진작하기 위한 목적을 가지고 있었다.

이러한 이유로 일부 귀족에게만 허용한 고기물의 공개는 시대의 변화와 더불어 관람객들에게 인기를 끌기에 충분했다. 유시마 성당에서의 박람회 종료 후 개인소유 자료 중 일부는 돌려주었고 빈 만국박람회에 출품할 자료는 다음 해인 1873년 빈으로 보내졌다. 이때 잔류된 출품물은 매월 1일과 6일 월 6회 정기적으로 일반에 공개하게 된다. 『동경국립박물관 百年史』에는 잔류된 전시품을 유시마 성당에서 공개한 이때가 동경국립박물관(1872년)의 개관일로 기록하고 있음은 문부성박물관의 역사적 의미에서 비롯된다.40)

③ 빈 만국박람회의 영향과 일본 공예품의 우수성 전파

오스트리아 영사로부터 만국박람회 참가 권유를 여러 차례 받았지만 상당기간 참가 의사를 표명하지 못한 명치정부는 대정봉환 이후 만국박람회는 천황의 정부로서의 당위성을 세계에 알리는 더 없이 좋은 기회로 생각하여 1872년 2월 빈 박람회 참가를 공식적으로 선포했다.

---

40) 37) 전게서, p.128.
"1872년 매월 1, 6일 月6회는 관원들의 휴일로서 이를 박물관 전시기간으로 삼음."

표 3-1 1873년 빈박람회 일본출품물 수상 수

순 위	구분	수상 수
1	의복, 직물	52
2	목구, 죽세공	23
2	細小品	23
4	紙 제품	21
5	금속제품	17
5	도기, 硝子器	17
7	식용품	14
8	농구	5
9	피혁공작	3
9	해군	3
11	畵書	2
12	기타	15
	合計	198

■ 출처: 國雄行, 『博覧會の時代』

　　태정관에 박람회사무국이 설치되고 문부성박물국과 더불어 참가준비를 진행했다. 처음에는 출품물이 의외로 적어 사무직원을 각 부현에 파견해 모집에 박차를 가해 교토의 직물 도기, 사가 현의 도자기, 아이치 현의 자기 칠보 등 특화된 전통 공예품을 중심으로 수집하고 생사. 직물류, 칠기, 자기, 동기, 그림, 동식물을 비롯해 거대물품인 나고야성의 건축부재 금호 및 대불모형과 천왕사의 오층탑을 수집해 천황과 각부 장관, 고용된 외국인들이 사전 관람한 후 빈으로 발송했다.

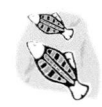

빈 박람회장의 일본 물품진열소는 횡으로 긴 장방형의 모습을 하고 입구에 들어서면 관람객의 관심을 끌기 위해 거대한 나고야성의 금호(金鯱)[41]가 위치하고 뒤에는 무구 류와 직물, 세공품, 칠기, 동기의 순으로 전시코너가 설치되었으며 제일 뒤에는 높이 2칸에 이르는 5층탑과 8척의 太鼓와 대불의 모형이 전시되어 있었다. 이러한 출품물의 한계성은 앞에서도 지적했듯이 기계 등의 선진기술로는 서구와 상대를 할 수 없어 출품 전략의 하나로서 일본의 전통과 역사를 어필하고 이미지를 연출하는 방법으로 당시 서구에 비해 소국적 일본의 열등감을 공예품과 역사적 거대물품으로 과시하기 위한 방법이 고안된 것으로 판단된다.

이 전략은 적중해서 <표 3-1>에서처럼 전체 수상작은 총 198점이며 수상 수의 1위는 의복, 직물이 총 52점으로 동종 출품수의 25%를 차지하고, 상위 5위까지의 종류가 공예품으로 전체 수상 수의 75%에 이른다. 1873년에는 일본의 공업화가 기초단계에 머물러 기계, 화학 등의 제조분야에서 수상작이 한점도 없었음에도 불구하고, 118점의 수상작으로 21위에 그친 중국을 제치고 참가국 중 종합성적 18위를 차지한 것[42]은 놀라운 일이 아닐 수 없다. 당시 빈 박람회를 관전한 이와쿠라 사절단은 '자주의 정신'을 발휘하기 위해서는 문명국과 동열에 서는 것이라 인식하여 박람회 사업은 기존 일본의 근대화정책과 더불어 정부에서 추진력을 더욱 강화하게 된다.

한편 국내에서 수집한 각 부 현의 물산이 의외로 많아 수용하는

---

41) 39)의 금호(金鯱) 참조.
42) 國雄行, 『博覽會の時代』, pp.31-36.

장소가 협소하여 문부성 구내에 임시로 물품수용소를 만들고 각종 물품 중 1개씩 박물관의 상비품으로 삼도록 하고, 문부성 주관으로 박물관외 서적관, 동물원 등을 설립하는 종합박물관의 방침을 수립해 그 업무분장을 위해 『박물관소무요강』(博物館所務要綱)[43]을 입안하였다.

2) 박람회시대와 일본 근대박물관의 성장기

문부성에 박물국이 설치된 1871년(명치 4년)은 행정면에서도 커다란 변혁의 시기였다. 4월에는 호적법이 개정되고 5월은 금본위제에서 新화폐 조례가 제정되었으며 7월에는 형부성(刑部省), 탄정태(彈正台)가 폐지되고 사법성이 설치되는 해였다. 이러한 정치, 경제, 사회적인 변화와 더불어 지방행정에서도 번주가 지배하던 각國의 폐지로 폐번치현(廢藩治縣)이 이뤄지고 각 현은 행정중심으로 개편된다. 또한 태정관제가 개정되는 등 직제의 개편[44]이 대폭 단행되었다.

(1) 박람회의 전국적인 확산과 전시물의 인식변화

앞서 살펴본 것처럼 도쿄보다 먼저 교토에서 1871년 10월 일본 최

---

43) 박물관소무요강(博物館所務要綱)은 박물관(동식물광물 포함), 식물원, 서적관, 박물관의 사무에 대한 서무를 적고 있음.

44) 당시 일본의 중앙행정관서의 직급은 卿, 大輔, 小補, 大丞, 小丞, 大錄, 權大錄, 小錄, 權小錄임.

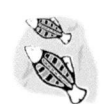

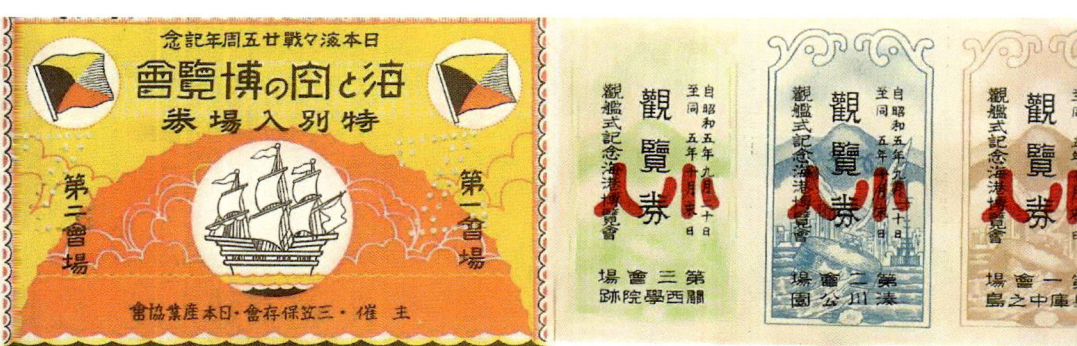

┃ 도−18 海と空の博覧會 관람권(러일전쟁 25주년기념박람회, 1929) • 출처: 소장관람권

초의 민간 박람회가 개최되었다. 그러나 이는 형식상의 진행일 뿐 실제 교토府의 후원으로 西本願寺에서 개최된 교토박람회는 회기 33일간, 관람인원은 11,000여 명에 불과했고 진열된 것은 거의 전부가 골동품과 古物에 해당하는 것으로 소위 식산흥업과의 관계가 없어 박람회로서 근본적인 한계를 가지고 있었다. 이로 인해 1873년부터는 관람객 유치를 위하여 처음으로 비어 있던 자침전, 청량전 등 교토어소(御所)가 주 회장으로 사용되어 왕실건축이 시민들에게 상당한 호기심을 불러 일으켜 교토에서의 민간박람회는 1881년까지 계속 개최되었다.

나라에서의 박람회는 교토보다 늦은 1873년에 개최되어 1890년까지 계속되었다. 고대유물이 산적한 지역답게 처음에는 정창원 소장 보물 222건, 법륭사와 각 社寺의 보물, 개인소장의 문화재가 중심이 되어 출품되었다. 이는 東大寺의 대불전과 회랑에 나라 현의 보물을 전부 출품했다 해도 과언이 아니라 할 정도였다.

제1회 나라박람회에는 보물의 전시로 회기 80일에 17만 2천여 명이 참관해 대성황을 이루었으나 1881년 제6회 나라박람회 이후에는 정창원 등 어물은 더 이상 출품되지 않고 식산흥업 중심의 박람회가 서서히 자리잡아 갔다.45) 이러한 사실로 미뤄볼 때 1870년대의 대부분의 박람회에는 황실에 속한 어물, 고물의 출품이 성행하여 민중들의 호기심과 관심을 불러일으키고 내국권업박람회를 비롯한 일부 대규모 박람회에는 천황의 참관으로 시대적 변화를 인상 깊게 심어 주는 효과를 거둘 수 있었다.

그러나 이 시기 대부분의 박람회가 고기구물 전람회의 범주를 벗어나지 못한 것은 박람회의 의미를 간파하지 못한 것은 아니지만 관람객을 지나치게 의식한 의도적인 기획으로 볼 수 있다. 다른 한편으로는 고기구물 보전운동의 주요 인사인 町田久成46)이 박람회의 중심인물로서 문부성박람회 전시물에 고기구물의 전시를 확대함으로써 관람객에 보전의식을 심어 주려는 의도가 있었던 것을 생각된다.

1880년을 전후하여 이러한 문화재와 어물이 출품되지 않게 된 것은 문화재법, 황실 재산 등의 관리와 제도의 확립으로 인해 문화재 정책에 일대 변화가 생긴 것으로 추측된다. 박람회 초기부터 고물을 중심으로 전시가 이뤄졌지만 산업근대화를 위한 정책수단으로서 해외박람회 참가사업과 국내박람회 개최사업도 수립하게 되었다. 이는 정부의 권력에 의해 각지의 대표적인 산물, 기술을 한자리에 모아 일반인에 제공하고 지식을 넓히고 제품의 품질개량에 의한 수출 진

45) 鈴木良, 『文化財と近代日本』, pp.8-10.
46) 1838-1897, 동경제실박물관의 초대관장: 일본인명 한글표기는 첨부 참조.

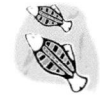

흥을 목적으로 하는 국책사업이었기 때문이다.

　그런 이유는 1873년 빈 만국박람회 참가 이후부터 나타나는데, 28권에 이르는 대대적인 자료집을 간행하고 10가지 국익을 열거하여 보고하게 된다. 이러한 시도는 첫째, 공예품의 홍보를 위해 참가 초기에는 정교한 공예품의 출품에 주력하고자 했고 둘째, 선진기술을 습득하기 위해 학생과 기술자등을 파견하려는 계획을 보인다. 세 번째로는 만국박람회의 참가를 통해 수준 높은 국내에서의 내국권업박람회를 진작하고자 하는 목적을 가지고 있다.

　이에 따라 1회 내국권업박람회는 세이난 전쟁(西南戰爭)에도 불구하고 중앙정부의 권위를 상실하지 않기 위해 1877년(명치 10년) 도쿄의 우에노 寬永寺 本坊 터에 개최하게 된다. 필라델피아 박람회(1876)를 모방해 광업, 치금, 제조물, 미술, 기계, 원예의 부문으로 구분하여 본관, 기계관, 원예관, 농업관, 미술관 등의 Pavilion을 설치해 총 회기 102일, 출품 수 8만여 점, 관람객수 45만 명을 기록하였지만 수력에 의존한 동력의 한계와 서양식 농기구가 소개되는 데 불과하여 전시물의 내용은 식산흥업과는 거리가 있었다. 2회(1881) 때도 동일지역에 煉瓦造의 미술관 건물을 중심으로 박람회가 개최되었고 '미술관'이란 명칭을 최초로 사용한 공식적인 박람회로 기록되며 박람회 종료 후 '우에노 박물관'으로 전용된다. 3회(1890)부터는 세계박람회 참가를 위한 출품물과 외국 출품물의 교환이 이뤄지고 미국에서 수입된 스프레이트式 전차가 회장 내를 달리게 되는데 이것이 일본철도의 시초가 된다.

　『내국권업박람회장안내도』부록에 소개하고 있는 도쿄근처의 산업장려상 유익한 장소로서 교육박물관,47) 박물관, 개척사가박물국(開拓使仮博物局), 적우공작소(赤羽工作所), 아사쿠사문고, 소석천식물원(小石川植物園) 등이 게시되는 점에서 박람회 후 전문박물관의 강화를 염두에 두었음을 알 수 있다.48) 더구나 빈과 파리의 만국박람회에서 일본 출품물 중 미술품이 예상외의 호평을 받자 식산흥업이 중심이 되는 박람회에서 일본의 미술공예품이 가장 경쟁력이 있는 산업으로 새롭게 인식하게 되었다. 이는 일등국가로서의 목표를 둔 체제정비와 더불어 소프트웨어적 문화코드의 확립과 궤적을 같이하는 것이다.

그러므로 해를 거듭할수록 일본의 박람회는 정제되어 서비스나 제도 면에서 체계화되어 이전에는 볼 수 없었던 획기적인 방식이 박람회를 통해 알려지게 되는데 이것은 박람회의 제도적 발전과 박물관의 정착을 유도하게 된다. 이후 내국권업박람회는 '제조'와 '기계부문' 외에 반드시 '미술부문'을 포함하여 일본 미술공예의 발전에 심대한 영향을 미치게 된다.

이는 박람회 종료 후 미술관과 박물관이 내국박람회로부터 설립, 확장되는 계기가 되어 박람회, 박물관, 미술관, 과학관은 근대화의 접점으로서 서로 결합된 이미지도 일반대중에 떠오르게 된다.

---

47) 29) 참조.
48) 國雄行, 『博覽會の時代』, pp.51−68.

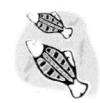

표 3-2 일본 내국권업박람회 개최

개최연도	일본의 박람회	개최장소	참관수	특징
1877	1회내국권업박람회	우에노공원	45만 명	광업, 치금, 제조, 미술, 기계, 농업, 원예부문, 전통과 근대화 혼재
1881	2회내국권업박람회	우에노공원	82만 명	박람회 종료 후 미술관에 내무성
				박물관의 이전, 농상무성에 이관. 신축박물관은 동물원과 함께 개관
1890	3회내국권업박람회	우에노공원		일본출품물과 외국출품물의 교환.
				스프레이크식 전차시동
1895	4회내국권업박람회	교토	114만 명	교토를 비롯하여 전시가지에 전차 운행
		오카자키공원		오락성 파빌리온설치
1903	5회내국권업박람회	오사카	435만 명	교육, 학술 위생부문 추가, 공업화
		천왕사		

(2) 내무성 山下門內博物館(1873)과 박람회 주무부서의 변화

1871년 7월 18일 그때까지의 대학동교와 대학남교[49]도 폐지되고 새롭게 문부성이 설치되기에 이른다. 문부성은 교육사무 전반을 총괄하고 부 현에 있는 학교를 관리하는 것을 주 업무로 서적의 편집, 번역 등도 부수적으로 수행하고 있었다. 당시 초대 문부성의 장관격인 경(卿)에는 大木喬任이 문무대보에는 江藤新平이 임명되었다. 9월 29일에는 대학물산국의 업무를 인계받아 박물국을 문부성내 설치하게 된다. 당시 물산국 소유의 물품은 막부시대의 '번서조서물산방'에 있었던 것을 인계받아 새로운 문부성박물국의 비품으로 삼았고 그

---

49) 대학동교 및 대학남교는 문부성 직할이 된 이후 동교 및 남교로 개칭되어 불려짐.

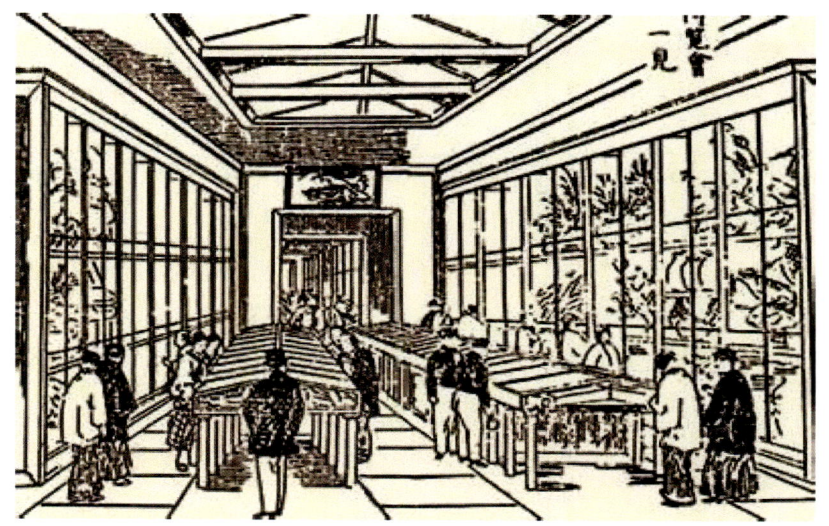

┃ 도-19 山下門內博物館 진열실 모습

박물국의 전람장으로서 유시마성당의 대성전이 그 역할을 수행하게
되었다.[50]

　유시마 성당에서 개최된 국내 박람회를 경험으로 1873년 오스트
리아 빈에서 개최되는 만국박람회에 공식적으로 참가하기 위해 내무
성 산하에 박람회사무국을 설치하는데 이 박람회사무국이 문부성 산
하 유시마성당의 박물관을 흡수 합병하여 內山下町의 산하문박물관
(山下門博物館)으로 이전하여 재개관하게 된다. 박람회사무국과 박
물관이 동거한 山下門(內)博物館[51]은 에도 성의 92개 문중 가장 작

---

50) 37) 전게서 pp.89-94.
51) 37) 전게서, p.154.
　현재는 千代田區 內幸帝町國一丁目 帝國호텔 위치임 미즈호 은행본점,

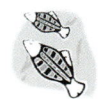

은 문중 하나인 山下門에서 진입하는 것이 가까워 山下門內박물관 혹은 거리 이름을 붙여 우치야마시타죠 박물관(內山下町博物館)으로도 불리운다.

이 박물관은 고기물, 동물, 식물, 광물진열소, 농업, 박래품(舶來品) 등 7동과 동물축양소, 웅실(熊室), 온실 등으로 구성되었다. 애초에 유시마 성당에서도 동물을 사육하였지만 이와 관련한 별다른 명칭은 없었다. 그러나 내무성 산하의 산하문내박물관에서는 정식 동물원은 아니지만 이에 상응하는 명칭인 '동물축양소'란 명칭으로 34종 70마리를 박물관 구내에 전시한 것은 최초의 일이다.[52] 대부분의 동물은 일본산으로 수용할 수 있었지만 김기수는 일동기유에서 당시 동물축양소의 호랑이를 비롯해 코끼리, 공작, 물소, 곰, 중국 여우 등 남방에서 수입한 동물을 언급하여 외래동물도 상당수 있었음을 알 수 있다.

🌸 표 3-3 자연사와 古物이 혼재한 확장된 山下門內博物館 진열관

진열관	내용	진열관	내용
제1호진열관	史傳,교육,육해군,예술부	제7호진열관	공예기계부 2
제2호진열관	天産部의 1동물부	제8호진열관	예술부, 영국박물관 기증품
제3호진열관	天産部의 2동물부	제9호진열관	공예기계류 3
제4호진열관	농업 산림부	天産部부속관	동물골각진열소
제5호진열관	天産部의 3 광물류	제11호진열관	천산부 동물류
제6호진열관	공예기계부 1	동물축양소	34종 70마리

NTT東日本 등이 있는 일대며 당시 발행된 인쇄물에는 공식명칭이 山下門內博物館으로 기재되어 있다.
52) 椎名仙卓, 『大正博物館 秘話』, pp.90-92.

그러므로 당시까지 박물관의 기본적 개념으로 박물관, 동물원, 식물원의 삼원은 제도로서의 정착은 아니지만 개념적으로는 동거의 당위성을 점차 인식함은 물론 고미술박물관과 자연사박물관이 합쳐진 성격[53])으로 발전하였지만 아직까지 전문박물관으로는 분화되기 전 단계라 볼 수 있다.

오스트리아 빈 박람회가 마무리되자 산하문내박물관[54])에는 귀환한 물품의 일부와 諸家의 소장품, 구입품, 기증품 외에 묘법원에 있는 조선 왕 '李昭서간병 공물목록'을 비롯하여 각 지역의 산물, 고미술품, 역사참고자료, 학술기계 등 다수의 물품으로 보충하여 박람회를 열기 위해 관계부서에 안내서 2만 매를 발매했다. 4월 15일부터 2개월간 박람회를 개최하고 그 후 매월 1일과 6일에 상설개관하게 된다. 박물관 소장품과 諸家의 진품 중 중요한 것으로는 동탁, 동모, 금호, 현미경, 서양骨牌 등이 있었다.

內山下町로 옮긴 것을 기념하기 위한 박람회 이후 상설진열관 체제를 정비하여 이후 우에노 공원에 이전하기까지 부지 약 1만 4천여 평에 진열관을 비롯해 6동의 건둘이 있었고 5동이 추가되어 대박물관 구상의 기초를 닦았다.

따라서 산하문내박물관은 町田久成 등 일본박물관 설립 주요 인물

---

53) 박물관 및 미술관진흥법 2조1항어는 광의의 박물관이 정의됨.
　　'박물관'이라 함은 문화·예술·학문의 발전과 일반공중의 문화향수 증진에 이바지하기 위하여 역사·고고·인류·민속·예술·동물·식물·광물·과학·기술·산업 등에 관한 자료를 수집·관리·보존·조사·연구·전시하는 시설을 말한다.

54) 山下門內博物館: 야마시타몬 박믈관, 內山下町博物館: 우치야마시타쵸 박물관.

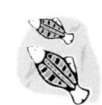

들의 총체적인 열정과 노력이 담겨져 대박물관의 기반을 갖추었으나 <표 3-3>에서 보듯이 공예와 기계가 동일 진열관에 혼재하고 史伝과 교육, 육해군, 예술부가 내용상 구분되지 않고 박물관 전용건물이 아닌 단점을 여전히 가지고 있었다. 또한 주무부서간의 알력으로 문부성은 1875년 내무성 산하로 되어 있는 산하문내박물관을 박람회사무국과 분리하려 압력을 가했으나 받아들여지지 않자 당시 비어 있던 유시마 성당 부지와 건물을 이관 받아 문부성박물관을 별도로 설립하여 내무성 박람회사무국의 산하문내박물관과 이원화하였다.55) 1878년 5월 절대적 영향력을 가진 오오쿠보 토시미치(大久保利通)가 자객에 의해 암살된 후 내무성의 역할은 박물관에서 뿐만 아니라 행정 전반에 걸쳐 재조정이 불가피하였다. 이를 계기로 내무성, 대장성 양성에 분담되어 온 농 상공업에 관한 행정사무를 통합해서 농상무성이란 새로운 관청의 설치가 경제적인 면에서 강조되어 신설되기에 이르렀다.

새로운 농상무성은 내무성으로부터 이관받은 部局이 중심이 되어 발족되었지만 그 외에도 서기, 농무, 상무, 공무, 역체, 박물, 산림, 회계의 8국에 박람회, 안적소수(安積疎水), 황성건축어용재의 3掛(係)를 설치한다. 상업, 무역에 관한 사무를 담당하는 상무국은 대장성의 상무국이 그대로 이관되고, 내무성 박물관의 책임자로 있는 河瀬秀治가 국장으로 임명되어 내외의 박람회에 관한 사무 등은 박람회掛(괘)에 인계되게 되었다.

결국 농업과 상업에 관련된 모든 업무가 농상무성에 이관되고 직

---

55) 오츠카 가즈요시, 『博物館學』, p.149.
   "1872년 문부성박물관의 최초 박람회는 일본과학박물관의 맹아였다."

표 3-4 우에노박물관 개관 소장품목록

종류	우에노 박물관자료
천산물	72,262
농업	4,960
공예	13,830
예술	1,900
史傳	11,619

제 및 사무장정이 포고되어 박물관 및 박람회에 관한 관계조항이 삽입되게 되었다. 이로 인해 내무성의 관할로 있던 산하문박물관도 결국 그대로 농상무성에 이관되어 박람회 개최사무뿐 아니라 부 현에 대한 관품의 대여, 심사관의 파견, 연합공진회에 수여하는 상장의 조제에 관한 것까지 여러 가지 내용의 업무를 담당하게 된다.

농상무성 사무장정의 7조에 "박물국은 고기물의 보존과 미술의 권장에 관한 사무와 조리(調理)를 담당하고 박물관의 관할을 한다."는 광범위한 농상무성의 업무를 나타낼 뿐만 아니라 직원조차 86명이 농상무성에 이관되어 상층부의 田中芳男(농무국장), 河瀨秀治(商工務국장) 町田久成(박물국장), 山高信離(박람회56)) 등의 근대박물관의 기초를 다진 4인 전원이 농상무성에 근무하게 되었다. 농상무성의 박물국은 사무부문을 담당하고 박물관은 진열부문으로서 양방이 일체화되는 업무를 처리하게 된다. 농상무성의 명칭상 그 한계성에도 불구하고 사무장정 7조가 포함되게 되어 '미술의 보존'이라고 하는 관료지배의 박물관으로서의 기반이 이때 생기게 된다.57)

---

56) 내무성의 내국권업박람회사무국의 폐지로 同업무는 명치 14년(1881) 농상무국에 업무가 이관됨.
57) 椎名仙卓, 『大正博物館秘話』, 論創社 pp.80-85.

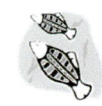

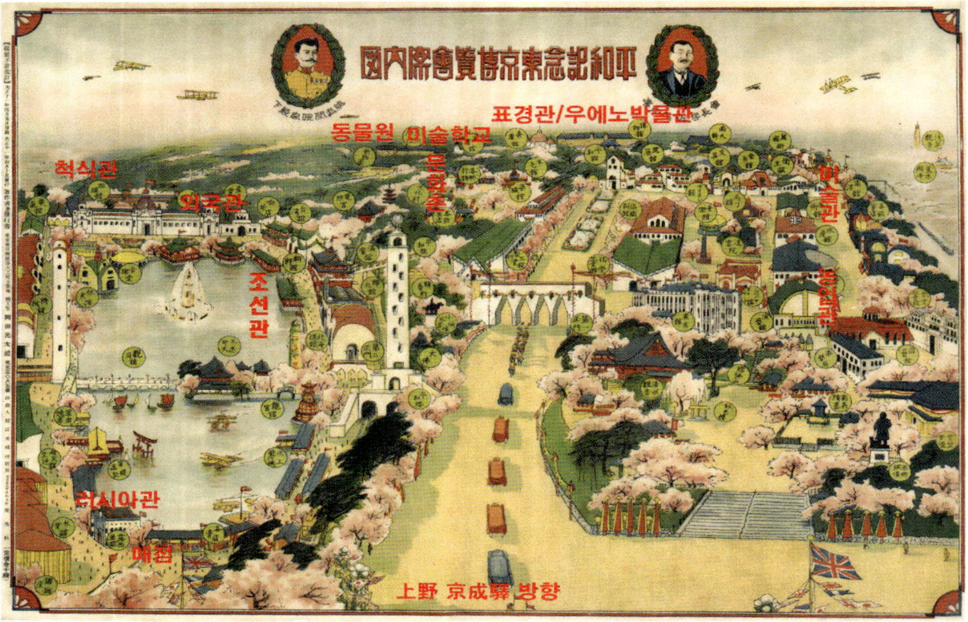

도-20 1922년(대정11년) 우에노공원에서 개최된 平和記念東京博覽會案內圖 | 조선 물산공진회에도 참석한 바 있는 왕족 閑院宮載仁총재(좌 상단) 아래에 있는 숲이 '은사기념동물원'이고 그림 중간 상단에 '우에노박물관'(컨더설계)이 보인다. 관동대지진으로 우에노박물관은 없어졌지만 현재 좌측 편 호수에는 일부 건물은 남아 있다. • 출처: 소장포스터 55m / 40㎝, 榮光社出版).

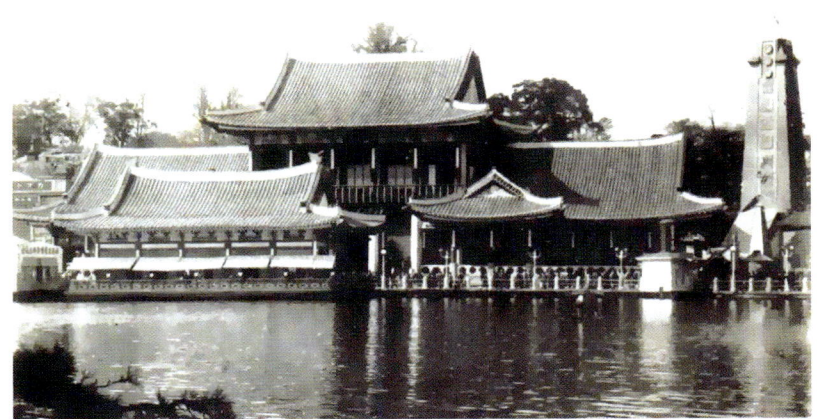

도-21 1922년 평화기념동경박람회의 조선관(소장엽서)

3) 박물관의 황실자산화와 천산개념 패러다임의 변화

(1) 우에노 동물원의 개관과 궁내성 박물관의 황실자산화

1881년 1월 제2회 내국권업박물관의 본관이 우에노 산에 준공되고 3월에 개관하였지만 아직 박람회사무국이 이를 관장하고 있었다. 4월 농상무성이 설치되자 내무성의 산하문내박물관의 진열품은 박람회 종료 후 컨더가 설계한 우에노의 미술관으로 이전하게 되지만 <표 3-4>에서처럼 우에노 박물관의 개관 때까지 여전히 천산물의 자료는 다른 박물관 자료코다 압도적으로 많았다. 아무튼 이로써 우에노 산에 대박물관을 설립하고자 하는 町田久成의 꿈이 실현되어 초대박물관장(박물국장)에 취임한다. 당시 농무국장으로 승진한 田中芳男도 이에 대등한 권한을 가지고 있었는데 약 7개월 후 品川弥二郎의 압력으로 町田久成이 물러나자 제2대 관장으로 취임하게 된다.

이 둘은 대박물관 구상에는 일치된 생각을 가지고 있었으나 그것의 실행방법에 있어서는 서로의 차이가 있었다. 町田久成은 대영박물관처럼 역사자료, 문서, 古物을 보존하는 일과 미술의 장려에 힘을 기울여 궁극적으로 황실박물관으로서의 역할을 주장한 반면, 田中芳男은 우에노 박물관을 표본 등의 物이란 측면과 殖産, 공업의 권유에 오로지 정신을 집중하고 이의 모본으로 1828년 설립된 런던동물원과 같이 동물원과 식물원을 분리, 창설해야 한다는 입장을 견지해 전자는 미술, 역사관련 전문박물관으로서 후자는 그야말로 종합박물관의 입장을 표명하여 식산, 천산, 고미술의 독립여부에 대한

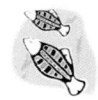

갈등을 나타낸다.58)

이러한 갈등은 田中芳男의 개인적인 구상으로 우에노 산에 식물원과 동물원을 박물관과 함께 구상함으로써 표면화된다. 진열품이 이전되는 그날 농상무 소보(小補)인 品川弥二郎을 찾아가 식물원과 동물원의 설립을 요구하였으나 식물원은 小石川藥園이 이미 있다는 이유로 동물원만 결재를 받게 되었다. 그러나 이 의견에 대해 町田久成이 환경상의 이유를 내세워 강력한 반대를 하여 협상안으로 우에노 공원의 외지에 해당하는 청수곡(淸水谷) 인근의 한송원(寒松院) 터에 동물원 용지를 결정하게 된다. 그러나 경비를 조달하는 대장성은 동물원 조성에 일절 예산을 댈 수 없다 함으로써 부득이 田中芳男은 內山下町 터에 남아 있는 폐재를 활용하여 동물우리 주위에 울타리를 두르고 동물축양소로부터 동물을 이전하여 동물원을 1882년 개관하기에 이른다. 그러나 우에노박물관이 점차 고미술품을 중심으로 특화되어 가는 동안 동물원은 여전히 박물관 천산부의 부속시설로서 존재하였다. 1924년(대정13년) 천황으로부터 도쿄시에 하사된 恩賜上野動物公園(후에 恩賜上野動物園)59)을 기초로 동물원과 박물관의 50년간의 동거는 일단락 맺게 되었다.

1886년 우에노의 박물관이 훈령에 의해 농상무성에서 궁내성으로 이관하자 박물관에 부속된 우에노 공원지 110만 평도 황실 어료지가 되고 새로운 박물관의 명칭은 특별한 명칭 없이 궁내성의 '박물

---

58) 關秀夫, 『博物館の誕生』 pp.118-120.
59) http://www.jti.co.jp/Culture/museum/たばこと塩の博物館의 「博物館と動物園の關係」.

관'으로 개칭된다. 이에 따라 殖산흥업과 관계된 내국권업박람회 관계 업무와 직원들은 내무성에 복귀시키고 皇居의 재산도 박물관에 이전 보관할 수 있게 하여 박물관은 점차 황실의 자산화가 되어 가게 된다. 이러한 궁내성 이관의 배경에는 岩倉具視가 주장해 온 대로 천황대권 강화조치의 일부로서 태정대신, 참의, 각 省의 卿으로 구성된 태정관의 직제도를 폐지하고 새로이 내각총리대신을 중심으로 외무성, 내무성, 대장성, 육군성, 해군성, 사법성, 문부성, 농상무성, 체신성, 궁내성의 각 대신으로 구성된 내각의 최정점에 천황이 존재한다고 하는 개혁조치 중 하나로 이해될 수 있다.60)

1889년 제국헌법이 공포되자 궁내성 '도서료부속박물관'에서 제국박물관으로 개칭하고 제국교토박물관, 제국나라박물관의 추가 설립에 대한 관제를 제정하고 세칙 및 사무분장규정을 정한다. 궁내성 도서료부속박물관과 제국박물관의 차이점은 그다지 명확하지는 않지만 다만 도서료의 부속시설로 있었을 때는 독립적 전시의 컨셉은 가지지 못하였지만 제국박물관 총장(3관을 총괄)의 직제는 도서頭와 박물관 총장을 겸임하여 화, 목, 토는 도서료에 월, 수, 금은 박물관에 출근하는 형식에서 어느 정도 독립적인 운영이 가능했을 것이라 본다.61)

초대 제국박물관 총장인 九鬼隆一는 古社寺와 고미술 보존에 정통하고 제국박물관에서 제실박물관으로 전환하는 데 적합한 인물로 생각되었다. 이미 1897년 고사사보존법(古社寺保存法)이 시행되고

---

60) 關秀夫, 전게서, pp.1143-167.
61) 關秀夫, 전게서, pp.148-152.

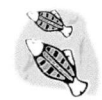

있어 박물관에 대한 새로운 인식의 변화가 필요하여 그는 새로운 자료수집의 기본방침은 고기구물과 황국역사의 상징적인 미술 중 명품, 우수품, 걸작을 수집한다는 방향을 정하였다.

이러한 명품 중심의 제국박물관은 1900년 제실박물관으로 명칭이 변경되었는데 1900년(명치33) 박물관 연보에 제실박물관 설치의 목적을 "역사·미술·미술공예·천산에 관한 물품을 모집진열하고 공중의 智見을 열고 물품의 성질, 종별, 응용, 연혁 등을 연구하고 이로써 학술기법의 발달을 裨補하기 위함"으로 명기하고 있다. 박물관의 관명에 '帝室'이란 두 글자를 붙임으로써 첫째는 박물관을 황실

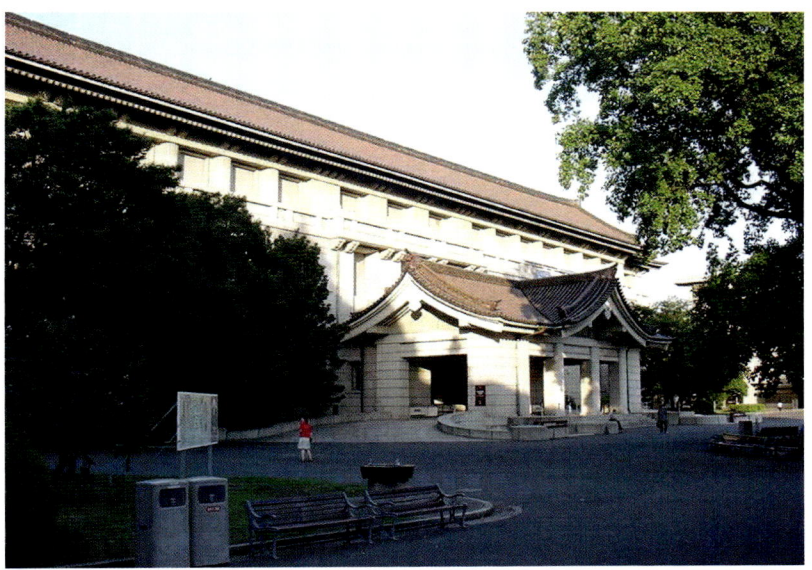

▮ **도-22 동경국립박물관 본관**▮ 관동대지진 후 1938년 개관. 와타나베 히토시가 설계하고 국가중요문화재로 지정됨. 본관, 표경관, 동양관, 法隆寺보물관, 평성관 5관이 있다.

의 개인자산화함으로써 국민에게 황실의 적극적인 문화 활동의 의지를 천명할 수 있고, 두 번째로는 황태자 성혼식 등 황실행사를 통해 은사를 하사함으로써 국민에게 황실의 권위를 나타내기 위한 목적을 내재하고 있다. 이 결과 [도-20] '평화기념동경박람회안내도'에서 보듯이 기념미술관, 표경관, 은사기념동물공원,62) 은사기념과학관 등의 명칭이 붙게 되는 계기를 마련하였다.

(2) 천산개념 패러다임의 변화와 동양미술박물관으로서의 변모

제국박물관으로 개칭된 다음 해에 새로운 자료수집 방침이 정해져 '예술부, 史伝部, 도서부'의 자료로 한정하여 소위 '황실에 어울리는 자료의 전시기준'을 설정하게 된다. 천황과 귀족에 관계되는 자료와 名刹, 大寺, 명가의 보물이 이에 해당되며 박람회에서 수집한 산업자료와 식물표본 등은 황실에 어울리지 않는다 하여 점차 전시도 제한하게 되었다. 즉 여기에서 생각해 볼 수 있는 것은 근대적 제도로서 박물관이 정착되어 가는 과정에 소장품의 일정한 역할분담이 이뤄지게 된다는 것이다. 이미 古社寺 조사에서 일본미술사의 지식은 광범위하게 축적되었고 고사사보존법이란 법적 제도도 확립하였다. 근대미술에 있어서도 1920년대는 점차 메이지와 다이쇼기에 폭넓은 이해가 확립되기에 이른다. 공무원, 회사원과 같은 호이트칼라가 7-8% 증가하여 대도시에는 중산층이 확립되고 신문사, 전철, 백화점 등은 이들의 성장과 밀

---

62) 1882년 3월 20일 일본 최초의 근대 동물원으로서 농상무성박물관 천산부 부속시설로서 개원됨. 1924년 궁내성이 이 시설을 도쿄도에 기증함으로써 '도쿄도 은사기념 우에노동물원'으로 개칭됨.

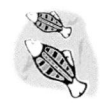

접한 관련을 가지게 된다. 오락적 성향과 이벤트가 가미된 다양한 박
람회가 일본 전국에서 열리게 되어 더 이상 박람회는 메이지시대의 기
술개발 및 발명과 같은 생산의 장이 아니라 기업과 중산층의 소비의
장으로서 그 역할을 바꾸어 가는 사회적 변화가 생기게 된다.[63]

　이러한 사회적 분위기에 편승하여 제국박물관은 국가의 지보로 여
기는 미술을 수집하여 동방의 보고로써의 고미술박물관을 목표로 설
정하게 된다. 그러므로 식산흥업과 관련한 대부분의 자료는 포기하
여 대폭적인 학예부문의 개조를 이루고 자료부문은 역사부, 미술부,
미술공예부, 공예부, 천산부의 5개 부문으로 재편하였지만 여전히 천
산부는 제국박물관 시절에도 존속하고 있었다. 역사부는 史傳部와

표 3-5 동경제실박물관 출판물

제　목	발행인	저　자	發行年	내　용
天産部海産貝類標本目錄1緝	제실박물관	岩川友太郎	1900	358종 893점
天産部海産貝類標本目錄2緝	제실박물관	岩川友太郎	1905	291종 1840
진열품목록 광물부	제실박물관	제실박물관	1908	자연사전시관6실 광물부 외산894, 일본778, 結晶24
일본산패류표본목록1집	제실박물관	제실박물관	1909	731종
미술진열품목록(회화, 조각)	제실박물관	제실박물관	1920	진열품 90 점
동경제실박물관미술공예부목록	제실박물관	제실박물관	1920	제1구(금속) -10구(판화)
동경제실박물관역사부목록	제실박물관	제실박물관	1919	제1구(금석) -12구(南洋)

■ 출처: 일본국회도서관

---

63) 이낙현, 「세계박람회의 변천과 한·일박람회 특성변천」, 대구대 박사논문,
　　pp.59-61.

도서부를 합치고 공예부는 자연사적인 광물자료 등과 이공학적인 산업자료를 다루게 되며 미술공예쿠와 미술부는 이때 신설된 부문인데 오늘날 미술공예부분, 미술과도 다르지 않다. 미술공예부와 미술부가 신설되었음에도 불구하고 천산부가 존속하고 있는 것은 1890년 제3회 내국권업박람회가 종료된 후 참고관이 제국박물관에 양도되었음에도 본관의 전시실은 여전히 박물학적 자료가 전시[64]되어 있는 사실에서 알 수 있다.

본관의 1층에 천산부 7실, 공여부 5실, 2층에는 역사부, 미술부, 미술공예부의 전시물이 있었고 전시물의 분류방법은 기본적으로 우에노박물관에서와 크게 다르지 않았던 모양이다. 제실박물관이 된 후 역사부, 미술부, 미술공예부, 천산부의 4부로 편제된다.[65] <표 3−5>에서처럼 여전히 천산부가 존재하여 완전한 고미술박물관으로서의 전환은 되지 않았지만 1923년 관동대지진으로 컨더가 설계한 박물관 본관이 붕괴된 후 이를 복구하는 과정에서 적극적인 분화가 이뤄지게 된다. 지금도 동경국립박물관의 본관으로 남아 있는 건물을 복원하기 위한 박물관부흥취지서와 사업요지에서 나타난 목적은 "전시를 통해 일본이 대동아공영권의 맹주로서의 역할을 강조하고 이를 위해 동양고미술의 전당으로 부흥하는 목적"을 내세우고 있다. '부흥협찬회'의 취지서에서도 역시 일본의 국체의 정수를 나타내는 미술을 전시하는 목적으로 설립되는 박물관의 위치를 부여하고 있는 것에서 당시의 분위기를 관조할 수 있을 것이다.[66]

---

64) 關秀夫, 전게서, pp.202−203.
65) 東京帝室博物館事務要覽.

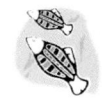

따라서 고미술자료의 보존이란 기치 아래 1925년 천산물 자료가 현재의 과학박물관으로 양도되면서 도쿄제실박물관은 미술과 역사의 2과 제도를 수립하고 미술박물관으로서의 성격을 분명히 나타내게 된다. 이때에 비로소 '동양고미술박물관'으로의 전문화가 이뤄지고 1928년 본관의 재건축안이 구체화된다. 1938년 일본취미에 기조를 둔 동양식 설계를 컨셉으로 현재의 본관이 개관하기에 이른다.[67] 당시 역사과가 보유하던 전시품을 '미술과'와 '미술공예과'로 구분하여 전시하게 되어 실제적으로 역사과는 폐지되고 박물관의 전시물은 미술과 미술공예의 컨셉으로 결정된다.[68]

그러나 당시 소화 초기 황국사관의 유행으로 박물관은 정치적으로 변질되고 변용되어 의도적으로 대중에 비치게 되는 결과를 가져오게 되는 것이다. 이러한 일본의 전문박물관이 서구의 전문박물관 형성 과정과의 차이점은 박람회 후 잉여금으로 교육, 공예, 산업 등의 특수한 목적을 가지고 설치한 것과는 달리 관제와 제도의 변경 혹은 정치적인 이유에 따라 흡수, 통합되어 황국사관과 무관하지 않게 진행되는 특징을 가진다.

---

66) 關秀夫, 전게서, pp.188－190.
67) 동경국립박물관 홈페이지 www.tnm.go.jp/jp/history/09.html.
68) 선승혜, 『국립중앙박물관 신문』 399호, 국립중앙박물관, 2004, p.6.
　　1947년 제실박물관이 문부성 국립박물관으로 이관 1952년 도쿄국립박물관으로 개칭됨, 이후 본관에 이어 1964년 舊호류지보물관, 1968년 동양관, 1984년 자료관, 1999년 현재의 호류지보물관, 平成館으로 확장됨. 2001년 도쿄, 나라, 교토, 큐슈국립박물관 4관이 통합하여 독립행정법인 국립박물관으로 개편됨.

2. 일본의 내셔널리즘과 근대 문화재정책

명치기에는 서구문명의 적극적인 수용으로 문명개화라는 명제 아래 신분제도를 비롯해 사회제도 전체에 관한 개혁을 진행해 국가의 정치 경제 사회 문화에 있어 대변혁을 가져왔다. 문명개화를 위해 구습을 타파하고, 역사적이며 전통적인 사고를 변혁시키기 위해서는 새로운 문화관의 수용이 불가피하다는 사고가 만연하여 명치 초기 구물파괴주의가 성행하였다.

1) 일본에서의 근대적 문화재 개념의 수용과 변화

(1) 근대적 문화재 개념의 인식

지식인들과 정부요인들 중에는 무분별한 훼손에 대한 역사적 유물의 보존이 필요하다는 인식으로 다양한 문화재보존의 정책이 펼쳐지는데 이에 따라 관련 법률의 발전과 문화재정책이 수반된다. 이는 단순히 문화재의 보존이란 의미 외에도 소위 제국주의적 국민국가 성립시기의 국민통합이란 명제에 부합되는 일이기 때문이다. 유럽은 전통적으로 오랜 기간 국가적 재산으로서 역사적 유물이 집적되어 왔지만 일본의 경우 명치초기는 전대로부터 이어받은 왕실의 예술품은 그다지 많지 않았다. 그래서 국가적 위신을 나타내기 위해 문화재정책의 재편과 수집을 통해 국민 또는 타국에 왕실의 권위를 나타

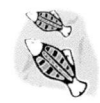

내는 데 이용되기도 하고 전근대로부터 근대까지 권력이 연속선상에 있다는 것을 의미하기도 한다.[69] 본고에서는 이를 '근대 문화재정책'으로 설명하고 있다.

鈴木良는 "문화재란 戰前에는 대별해서 어물, 국보, 중요미술품으로 구분했다"고 말하고 있다. 이는 문화재 관련 법률의 제정에 따른 분류이며 문화재 개념의 발전과도 다르지 않다. 근대에 와서 문화재의 용어는 寶物, 古器物, 故物, 古物, 舊物, 文物이란 다양한 명칭을 사용하기도 했다. 故物, 文物은 주로 중국에서 사용한 개념이며 단지 귀한 것이란 의미를 포함하고 있어 "역사상 예술적 가치가 높은 것 및 고고자료"란 문화재의 정의와는 다소 차이가 있다. 그러므로 근대일본과 중국에서도 문화재를 총칭하는 적절한 용어는 없었다고 볼 수 있다. 鈴木良는 어물(御物)의 용어에 대해 1910년(명치43)에 반포된 '황실재산령' 규정의 "その他"(그 외)가 어물을 지칭하고 있다고 말한다. 1924년에는 어물관리위원회규정이 새롭게 제정되어 어물이라는 용어 역시 명치기 이후에 성립된 근대적 유산이다.

따라서 보물, 국보란 용어는 1888년 '임시전국보물취조국'이 설치됨에 따라 전국적 조사가 이뤄져 사용되었으며 1897년 '古社寺保存法'이 제정됨에 따라 각 社寺의 보물과 건조물이 국보와 중요보호건조물로 지정되어 문화재와 유사한 용어로 정착된다. 사적이란 용어는 古社寺保存法에는 '명소구적(名所舊蹟)'으로 표현하고 있으나 동경제대조교수인 黑板勝美가 구미의 실상을 조사하고 1912년 『사적

---

69) 鈴木良 외, 『文化財と近代日本』, pp.1－5.

유물보존에 관한 의견서』를 제출한 것을 그 시초로 볼 수 있겠다.

일본에서 막말이나 명치초기에 '문명개화' 대신에 '文化'란 용어의 사용이 일반화된 것은 1910년에 이르러서인데 당시 독일에서는 '생의 철학'과 '신 Kant 학파' 등에 의해 문화의 특질이 강조되고, 인식의 대상으로서 자연현상과 문화현상을 준별하고 학문의 전 영역에 있어서도 자연과학에 대하여 문화과학의 확립이 제창되고 있었다. '문화재'라는 용어의 발전 역시 독일어의 Kulturgut 또는 Kulturgüter의 번역으로 자연에 대해 인간이 만들어 내는 것을 의미한다. 이러한 근대적 의미의 문화재란 유적보전을 기초로 한 성격으로 1930년대 小野則秋의 논문 '도서관본질론'에서 언급되기 시작해 중일전쟁 때의 보고서 내용 중 '문화재공작'의 단어를 사용했으나 본격적으로 사용된 것은 1952년 문화재보호법 제정 이후의 일이다.[70]

오늘날 사용하는 '문화재보호법'은 법륭사 금당벽화의 소실이라는 충격적인 사건을 계기로 1950년 5월 30일 일본에서 문화재의 원형보존을 위한 종합대책으로서 제정되어 문화와 재화의 복합어로 역사적, 예술적, 문학적, 과학적, 기술적 이해가 있는 인공 및 자연의 모든 객체가 국민적 재산으로서의 의미를 함축하는 용어로 정착한다.

따라서 명치기에 문화재란 용어가 직접 사용된 것은 아니지만 그에 준하는 개념의 정립과 이에 관련한 법률의 수립은 필수불가결한 것이었다. 구미 각국에서 근대공공박물관의 성립과정과 전시에 이들 재산의 강제적 이전을 금지하는 국가 간 법률에서 문화재가 정의된

---

70) 鈴木良 외, 『文化財と近代日本』, p.4.

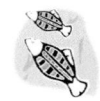

반면 일본에서의 박물관과 근대적 문화재 개념의 성립은 명치기 이후 다양한 문화정책에 따른 수집과 전시, 보존의 과정을 통해 정착되게 된다.71)

(2) 박람회를 통한 문화재 수집과 박물관과의 관계

일본의 박람회와 박물관은 문화재수집과 공개에 어떤 영향을 주었을까.

첫째 박람회를 통한 문화재의 수집과 공개이다. 1872년 3월 개최된 제1회 교토박람회는 西本願寺, 건인사, 지은사 등 사찰이 본 회장으로 이용되었지만 3회 교토박람회부터는 동경으로 이어한 후 비어 있는 문화재적 가치가 있는 어소가 본회장이 되어 많은 시민들이 어소를 구경하기 위해 박람회를 찾게 되었다. 도쿄의 유시마 성당에서 개최된 박람회에서도 당시 출품된 진열품 중에는 덕천가의 소장품이나 황실의 어물이 상당수 차지하고 있었다는 점에서 초기 일본에서의 박람회는 물산공진의 의미 외에도 황실 권위의 표상을 나타내기 위해 일반인이 볼 수 없었던 건축물과 어물 및 보물을 진열품화하여 국민의 관심을 고조시켰다. 박람회를 통한 문화재의 공개는 전시 자체의 목적뿐만 아니라 수집의 기회도 제공하여 박물관 소장품의 확대에 기여하였다.72)

두 번째로는 전세품의 보전과 공개인데 이의 대표적인 정창원은

---

71) 전게서 pp.7－10.
72) 梅棹忠夫, 『博物館の 美術館』, 中央公論社, pp.18－20.

황실의 보물을 소장한 곳으로 구미각국의 사절들이 배관(拜觀)을 청하므로 정해진 기간에 공개하여 정부의 문화재 독점을 통해 권위의 표상을 심어왔다.

세 번째 문화재행정을 주도한 마치다 히사나리(町田久成)가 1897년 사망한 이후에는 보물과 고굴에서부터 벗어나 일본의 박람회는 식산흥업과 문명개화에 대한 전시를 주제로 일대 전환하게 되지만 1888년 오카쿠라 텐신(岡倉天心)의 주도로 전국의 社寺에 존치된 중요한 미술, 역사자료의 조사에 의해 근대 천황제의 문화재 수집정책이 본격적으로 전개된 것이다.

그러므로 사실상 고기구물에 해당하는 박물관 소장품의 박람회 출품은 최소화하게 되어 박물관의 발전은 박람회의 영향에서 점차 벗어나 오히려 박물관 소장품으로서의 문화재정책과 밀접한 관계를 가지게 된다.

이러한 문화재의 수집과 전시에 관한 정책은 제국도쿄박물관, 제국나라박물관, 제국교토박물관을 총괄하는 쿠키 류이치(九鬼隆一)가 세 박물관을 총괄하는 총장으로 선임된 1890년 제국박물관 건립과정에서 구체화되고 구미박물관처럼 역사부, 미술부, 공예부, 공예미술부의 4부로 박물관 소장품을 분류하게 된다. 미술부에는 일본 및 신라, 백제, 고려, 조선시대의 미술과 중국의 미술을 전시하여 동양미술로 확대할 계획을 세워 순수 고미술 전문박물관으로 거듭나려 했다. 제국박물관이 1900년에 이르러 제실박물관으로 개칭해 일본의 문화재정책은 예술 자체보다 황실소유의 어물과 건조물, 고고미술을 중심으로 전시, 관리됨으로 근대일본의 문화재관리 정책의 목적이

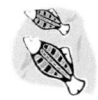

설정되는 한계점을 드러내고 있다.[73]

2) 일본에서의 근대 문화재정책의 변천

초기 문화재정책은 문명개화라는 새로운 국가의 건설에 부정적인 영향을 미쳐 구물파괴주의로 많은 문화재가 파괴되고 1868년(명치원년) 神佛분리령 등 총 12건의 태정관의 포고로 인해 폐불훼석(廢佛毁釋)이 행해져 많은 사찰에서 전래의 고기구물(古器舊物), 불상, 불구, 고건축의 산일, 파괴, 다량으로 국외로 유출되는 사태가 일어나게 된다. 다행히 남은 고기구물과 건축물을 보유, 관리하는 곳은 경제적인 불이익을 입어 유지, 보존이 곤란하게 된다. 이러한 문화재의 파괴는 지식인들에 의해 문화재보존의 의지를 낳게 되어 박람회의 개최와 결합되어 근대적 문화재보호법의 탄생을 예고하게 된다.

(1) 초기 박물관 활동과 古器舊物保存方(1871년, 명치 4년)

문화재를 박물관과 떼어놓고 생각할 수 없는 것은 명치 초기 문화재 파괴의 시기에 가장 적극적으로 대처한 것이 박물관 활동으로서의 고기구물의 조사와 수집 그리고 박람회의 준비에 있었다. 당시

---

73) 『博物館史始め』, pp.5 - 10.
  "제국박물관의 3관은 1900년에 제실박물관으로 개칭되고, 1924년에는 천황의 성혼식 기념으로 교토제실박물관은 교토시에 하사되어 '恩賜교토박물관'으로 개칭된다."

대상으로 한 것은 문화재에 한하지 않고 광범위한 분야에 관심을 두었다.

초기 박람회 출품사업은 1867년 막부와 사쓰마(薩摩)에 의한 제2회 파리 만국박람회(1867)의 출품 준비와 1871년 대학남교박물국에 의한 물산회, 1872년 대학남교박물국의 후신인 문부성 박물국에 의해 동경 유시마성당의 대성전에서 박람회가 시행되었는데 이는 궁극적으로 박물관에 고기구들을 수집하기위한 방책으로의 일환이었다. 이러한 와중에 집고관을 만들어 훼손되는 고기구물을 보존하자는 헌언이 있어 태정관은 1871년 5월 23일 '고기구물보존방(古器舊物保存方)'을 발포했다. 이 포고로 인해 각 부 현은 고기구물을 조사하여 대장성과 문부성에 보고하게 되었고 현재 동경국립박물관에는 당시 자료가 보존되어 있다.

대장성과 문부성은 본격적인 조사에 대해 몇 가지 원칙을 제시하였다.

ⓐ 목록을 작성하고 필요하면 봉인해 금일 이후 산일을 방지한다.

ⓑ 여러 점의 동품이 있는 경우 몇 개를 박물관에 이전하여 전시의 관람에 제공한다.

ⓒ 매각 시는 박물관에의 조회를 구한다.

이 같이 전국을 대상으로 한 고기구물의 조사는 '임시전국보물취조국'에 의해 한층 체계적으로 선구적인 역할을 하게 된다.74)

---

74)『文化財保護法50年史』, 日本文化廳, pp.4 - 5.

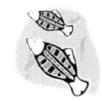

(2) **古社寺保存法**(1897년, 명치 30년)

조사, 보존에 대한 지도와 社寺에의 경제적 원조에도 불구하고 고건축과 고미술품 등의 쇠퇴, 파괴, 산일에 대한 근본적인 해결책을 제공하지 못했다. 청일전쟁에서 승리하자 일본은 더 이상 서구의 타자로서가 아니라 새로운 내셔널리즘에 입각한 지역의 패자로서 인식하기 시작했다. 이와 더불어 국가의 역사적 유산을 보존하고 국가적 관념의 함양을 위해 법제정의 필요성이 제기되었다. 1894년 제8회 제국의회의 중의원에 『古社寺 보존에 관한 건의안』이 가결되고, 다음 해 『古社寺 보존회 조직에 관한 결의안』이 채택되어 내무성에 古社寺保存會가 설치된다. 1896년 이 법의 일부가 수정되어 다음 해 동법이 공포 시행되었다.

이 법의 특징은 社寺의 건조물 및 보물류에서 역사적 증거와 미술적 모범에 해당하는 것에 대해서는 고사사보존회의 자문받아 지정이 가능하며 갑종, 을종, 병종 3단계로 분류하여 관보에 고지토록 하고 있다.

주목할 만한 것은 社寺의 소유가 아닌 것에도 특별보호건조물, 국보로 분류하여 박물관에 전시하는 것을 허가하고 국고의 보조금을 지급할 수 있는 방법을 부분적으로 인정하고 있다.75) 그러나 국보나 중요보호건조물에 지정되지 않은 문화재는 근본적으로 어떠한 규제도 받지 않았고 국보조차 도난이 빈번하게 발생해 '국보보존법'의 필요성이 제기된다.

---

75) 전게서, pp.7-8.

(3) **史蹟名勝天然記念物保存法**(1919, 대정 8년)

사적명승천연기념물보존법은 총 6조로 구성되어 있고 고사사보존법(古社寺保存法)을 보완하기 위해 제19조의 명소, 구적에 관해 보다 구체적으로 명시하고 해당되는 사적, 명승, 천연기념물을 주무대신이 지정하는 것을 명기하고 있다. 이에 따라 고사사보존법의 제19조는 폐지되고 사적명승천연기념물보존법은 이 19조를 보완하여 고사사보존법이 존속하게 된다.

(4) **國寶保存法**(1929, 소화 4년)

古社寺保存法은 社寺에 한정하여 지원을 하는 것을 원칙으로 하였다. 물론 부분적으로 다른 古物에도 지원하는 방법이 있었지만 근본적인 한계를 극복하기 위해 여측 가능한 예산의 확보가 필요하게 되었다. 많은 국 공유, 개인, 법인이 소지한 물건에 대해 무제한적으로 지원하여 수리, 원조, 수출의 규제에 대한 종합적인 대책의 필요성으로 1929년 '국보보존법'이 제정되기에 이른다.

국보보존법은 건조물, 보물 외에도 역사적 증거 또는 미술의 모범이 되는 것을 문부대신이 국보로 하여 보호대상을 '지정'이라는 특정방법으로 보호하는 것을 말한다. 특기할 만한 것은 舊고사사보존법이 동산 보물류에 대해서만 국보라는 용어를 사용한 반면, 동법에서는 건조물도 국보로 지정할 수 있게 하였다. 국보에 대해서는 주무대신의 허가 외에는 수출 혹은 이출(당시 점령지인 대만 등으로의 이전)하는 것이 금지되었고(동법 3조) 유지, 수리의 경우를 제외하고

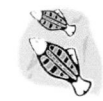

현상을 변경할 때는 주무대신의 허가를 득하도록 되었다.(동법 4조)

따라서 국보보존법이 발효됨에 따라 古社寺保存法은 완전 폐지되고『국보보전법』과 『사적명승천연기념물보호법』 그리고 『중요미술품등의 보존에 관한 법률』이 1950년 『문화재보호법』의 제정 전까지 일본의 문화재 보존에 관한 법률로 적용되게 되었다.

(5) 중요미술품등의 보존에 관한 법률(1933년, 소화 8년)

1931년 일본 국내정치의 혼돈과 만주사변으로 인해 경제사정이 악화되어 국보로 지정되지 않은 고미술품의 해외유출이 급증하자, 국보에 필적하는 가치가 있는 것에 대해 조속히 지정을 하는 것이 현실적으로 어려워 해외유출의 방지만을 목적으로 해서 국보의 가지 정적인 조치를 하기 위해 1933년에 『중요미술품 등의 보존에 관한 법률』을 공포 시행하였다.

역사상 혹은 미술상 특히 중요한 가치가 있다고 인정되는 물건의 수출, 이출을 위해서는 주무대신의 허가를 득하도록 하였고(동법 1조), 제작 후 50년이 경과하지 않고 수입 후 1년이 경과하지 않은 것 중 주무대신이 인정하는 것 등은 국보에 준하는 가치를 부여받고 건조물도 해체해 수출할 수 있었으므로 본법은 건조물에도 적용하고 있다.

3) 박물관협회의 설립과 교화단체로의 변모

문명개화, 부국강병이라는 시대정신(Zeitgeist)에 입각한 근대화과정76)으로서 출발한 일본의 근대박물관은 실로 서구 박람회의 참가를 위한 준비와 박물관의 모방에서 출발했지만, 어떤 정책을 실현하기 위한 하나의 수단으로서, 때로는 일반대중에 대한 보급과 계몽시설로서, 때로는 행정상의 창고로서 정책의 측면을 지지하도록 이용되어 왔기 때문에 박물관 관계자는 공통의 과제에 결집하지 못하고 권력에 의존하는 박물관계의 조직도 한계를 보여 왔다. 즉 서구의 박물관 설립이 대중의 공익을 위한 측면을 중시했다면 일본의 근대박물관은 국익을 위한 것이었다.

이 같은 예는 국가적 사업과 정치적 목적하에 1928년 소화대전사업(昭和大典事業) 때 전국적으로 간들어진 '박물관사업촉진회'의 정치적 이용이 대표적이다.77) 박물관사업촉진회가 만들어진 1928년은 문화정책에 있어서도 의미가 있는 해인데 앞서 '古社寺保存法'의 개정이 이뤄져 신사와 사찰에 한정된 문화재외에 성곽건축, 舊대명의 보물, 개인소유의 물건을 국보로 지정하기 위한 『국보보존법』의 제정이 실현되었다. 이를 위해 내무성의 소관으로 되어 있었던 '사적명승천연기념물보존'도 문부성 종교국으로 이관되고 관련법도 개정된다. 또한 국보의 의미를 확장한 국보보존법에 의해 국보의 소유자는 주무대신의 명으로 박물관 혹은 미술관에 出陳하는 의무78)가 부과되어 문화재와 박물관과의 관계를 정립하고 있다. 더구나 문화재 관

76) 강상규, 「일본의 자기정체성에 관한 연구시론」, 『동경대 국제지역연구』 7권 3호, 1998.
77) 金子淳, 『博物館の政治性』, pp.33 – 34.
  1931년 박물관사업촉진회는 박물관협회로 개칭함.
78) 『國寶保存法』 7條.

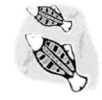

런법과 박물관 관련법이 문부성으로 일원화되자 전국적인 박물관조사와 상시 관람시설에 대한 일람 발행 및 문부성주최의 박물관강습회가 동경제실박물관에서 실시되기도 했다.

그러므로 초기에는 박람회를 통해 정치적 목적을 달성하고 또 다른 방법인 황실의례[79]란 정치적 행위를 통해 전국적으로 박물관이 설립, 진흥되는 계기를 맞이하지만 만주사변이 발발하자 일본박물관협회는 국민교화운동의 일익을 담당하여 건국역사의 천명, 산업자원의 전시로 국민계발, 거국일치를 위해 조직 자체가 하나의 교화단체로 변질되기에 이른다.[80]

이 결과 1940년 일본 '기원2600년 기념사업'을 전후하여 일본에서는 사회교화기관으로서의 만국박람회 개최구상과 더불어 전문박물관으로서 공업박물관의 구상이 제안되기도 한다. 이때 일본 고문서체계를 확립하고 한일 간의 고적조사에 상당한 영향력을 가진 黑板勝美는 우에노에 있는 고미술·공예박물관과는 별도의 독립적인 순수 역사박물관(일본만국박람회에서 구상한 國史館)의 구상을 실현코자 한다.

그러나 이 같은 과학, 미술, 역사에 관한 종합박물관의 구상은 중일전쟁의 확대와 국제적 긴장이 고조되는 속에서 결국 만국박람회와 더불어 단념되고 만다.[81]

---

79) 金子淳,『博物館の政治性』, pp.38-3.
1922년 소화 황태자의 성혼식에는 궁내성 관할로 있던 上野공원 및 동물원을 동경시에 기증하고, 교토제실박물관을 교토시에 하사하여 恩賜上野動物園, 恩賜교토제실박물관로 개칭된다.
80) 요시미순야,『박람회 근대의 시선』, 논형, 2004, pp.247-248.
81) 요시미순야, 전게서, pp.247-248.

제4장 | 조선에서의 근대박물관 형성과 문화재정책의 변천

근대
박물관, 그/형/성/과/변/천/과/정

박물학과박람회의영향에따른서구,일본,한국비교

제4장 조선에서의 근대박물관 형성과 문화재정책의 변천

　19세기 지식인 및 유럽 각국의 정치가들은 박람회를 통해 새로운 세계를 개척하고 자신의 국가이미지를 재창조하려는 노력을 아끼지 않았다. 일본은 근대화를 통해 국가개조의 기조를 지속하고 유럽을 반면교사로 삼아 새로운 국가 이미지 형성과 대중화에 박람회가 중요한 역할을 하는 것을 알고 있었다. 이를 통해 일본은 동양에서 서구적 근대화에 유일하게 성공한 나라로 중화문명의 주변국에서 근대문명의 선구자적 위치로 전이되고 서구를 향해서는 가치 차별화의 도모를, 동양 여러 민족에게는 일본적인 가치로 동화를 요구하는 이중기준을 구사하고자 하였다. 서구의 제도를 적극적으로 도입한 일본은 서구에서 개최되는 만국박람회 참가를 위한 준비과정에서 박물관은 박람회에 종속적이 되고 오히려 문화재보존정책과의 결합양상을 보이게 된다. 이런 과정을 거치면서 박물관의 전문화, 즉 박람회의 전시물인 식산, 천산물과 인조물과의 분화는 제국박물관 시기에 와서야 논의되며 이는 문화재정책의 발전과 밀접한 관계에서 진행되게 된다. 일찍이 유길준은 1895년 간행된 『西遊見聞』에서 만국박람회에 대해 생산물, 古物, 진기한 물품을 수집, 전시하여 연구와 교류를 통해 세계의 문명과 교화에 이바지하는 기능성을 제시한 바 있다.[1]

　그러므로 본고에서 조선에서의 박물관과 박람회의 전개양상도 근대박물관의 형성과정과 문화재정책에 주목하여 논지를 전개하고 있다. 한국에서의 박물관의 형성은 첫째 일본의 단계적 설립과는 달리 박물관, 동물원, 식물원의 삼원이 상징적 공간인 궁궐에 일시에 이식되어 위락이란 타율적 관점에서 설립되는 제한성을 보이게 된다. 타율적 관점에서의 궁궐이 위락화되는 견해는 두 가지로 요약할 수 있겠다. 먼저 삼원 도입은 영국에서는 일찍이 19C 초 도심의 확장과 더불어 대규모의 pleasure garden, 즉 유원지에서 음악당, 동물원과 식물원을 조성함으로써 대중의 즐거움을 유도한 바 있다. 일본에서는 1882년 우에노박물관 설립에서 田中芳男에 의해 이를 처음 시도한 것으로 당시 박람회적 기반이 전혀 없는 한국에서는 놀랄 만한 진보적 결정인 것만은 틀림이 없다. 다른 측면으로는 당시 일본의 보호국이었던 대만에서 박물관이 1908년에 설치된 후 역사미술부문보다 산업부문, 철도모형, 동물, 광물, 식물의 표본 전시에 중점을 둔 것과 비교할 때[2] 일견 전문화된 것처럼 보이지만 대만지배과정에서 강력한 항거를 경험한 일본의 식민지 문화정책은 궁궐이란 새로운 공간의 공개란 점에 주목하여 새로운 시대, 즉 주체의 변화와 오락적 공간을 만드는 데 중점을 둔다.

한국 근대박물관 형성에서의 두 번째 단계로는, 경복궁에서 공진회가 개최된 후 박물관자료의 수집과 전시에 관한 것이다. 공진회가 열린 다음 해 『고적 및 유물보존규칙』과 『대정 5년도 고적조사보고』에

---

1) 유길준 著 / 채훈 譯, 「西遊見聞」, 『한국사상대전집』 양우당, 1988, p.280.
2) 臺灣總督府博物館協會, 『臺灣總督府博物館創立30年記念論文集』, 臺灣總督府, pp.378-380.

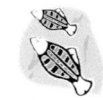

서 유적조사와 함께 '수집'의 범위를 정함으로써 보다 적극적인 박물관 소장품의 모집이 이뤄졌다는 것이다. 이와 더불어 공진회의 심세관과 교통관은 공진회 이후에도 당분간 존치되면서 경복궁의 다른 전각에 보관된 유물과 함께 일정기간 박물관 소장품으로 존속되게 된다.

세 번째 단계로는 이왕가미술관과 더불어 조선미술전람회는 국민교화의 일익을 담당함으로써 전시체제하에서 전문박물관의 변용되는 과정을 본장에서 알아보고자 한다.

그러므로 박물학과 예술적 소장품의 질적 변화, 장소의 변질은 서구, 일본에서와 달리 조선에서의 전문박물관의 성격을 규명하는 중요한 키워드가 될 것이다. 이는 식민지근대화와 수탈론적인 이분법적 관점에서 탈피하여 근대 문화재정책의 제정과 전람회, 박람회와 더불어 박물관의 형성을 촉진하는 적극적인 요소로서 그 전문화과정을 고찰할 수 있을 것이다.

●●● 1. 근대제도로서의 박람회 수용과정

1) 조선 본초학의 한계

본초학이 박물학과 의학, 정례적인 전시와 서적의 발간, 장소의 연계성과 본초학계통의 형성으로 근대박람회 제도와 연계되어 온 일본의 예와 비교해 볼 때, 그것과 유사한 우리나라의 제도는 그나마 약령시를 들 수 있을 것이다. 그러나 공주 약령시와 대구 약령시를 제외하고는 대부분 단명하게 된다. 조선시대 전국 5일장시의 한약재 특산물이 주로 취급되었던 곳을 보면 경기도의 7개소를 비롯하여 강원도, 충북, 충남, 전북, 경북, 경남 각 3개소로 모두 25개로 나타난다.3) 그중 대구의 약령시는 객사를 중심으로 종로 북쪽과 남쪽으로 확대되어 봄, 가을 2회 각각 1가월씩 열려 춘령시, 추령시로 구분하였다. 약령시 개시와 동시에 중앙정부에서 파견된 관리에 해당하는 심약관이 양질의 약재를 준별하여 수매하였다. 그런 다음 일반인들의 매매가 이뤄져 선 국가 수매 후 민간거래 방식의 2단계 유통체제로 이뤄졌다.4) 이는 일본의 예처럼 실험적인 물산회의 형식과 다양한 자료집 발간, 박물학자의 연구집회는 이뤄지지 않고 다만 전국적인 수매, 집산의 장소로서 관람, 전시라는 제도적 관점보다는 시장의 역할에 근접하다고 볼 수 있다.

그러나 쇄국으로 정체되어 박물학적 제도의 이해가 부족한 조선사회에서도 18, 19C에 들어서 급격한 변화의 조짐을 보이고 있었다. 이 중 눈여겨 볼 수 있는 것은 대량의 서적 편찬을 시도한 시대의 석학 정약용, 정약전 형제, 서유구, 이규경, 김려의 박물학적 지식의 집적을 말할 수 있다.

---

3) 손영석, 「조선시대 약령시장구조에 관한 연구」, 『한국전통상학연구』 제6집, 1993.
4) 박경용, 「도시민속과 시장공간(대구약령시를 중심으로)」, 『실천민속학연구』 9호, 2007.

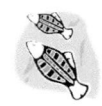

여타 조선시대 어류 문헌이 지리지, 의서 등의 문헌에 곁들여 기록되어 중국 문헌을 근간으로 기존의 지식을 정리하는 데 불과했던 반면 19C 초 정약전은 흑산도 유배에서 해양박물학적 기록인 현산어보(兹山魚譜)5)를 박물자(博物者)의 입장에서 치병, 이재, 이용을 하여 생활에 도움을 주기 위해 저술하게 된다. 흑산도의 해양생물 226종의 명칭, 크기, 형태, 생태, 어획방법, 이용법 등에 관하여 면밀히 기록하고 애초 어류의 그림이 삽도되었음을 정약용이 그에 보낸 서간에서 알 수 있으나 삽도를 뺀 서술적 묘사를 하도록 한 권유 때문에 현존하는 필사본에서는 그 삽도를 찾아볼 수 없음은 안타까운 일이다. 이처럼 조선시대 후기에 이르러 박물학적 취향이 성행하여 지식인들은 각자의 관심에 따라 각종 물보류(物譜類)를 만들거나 박물학적 글쓰기를 다양한 방식으로 펼쳤다. 이는 이 시기에 이르러 변화된 세계상과 그에 대응하는 인식의 변화를 보여주는 징후라 할 수 있다.6)

따라서 명말청초 저작들의 영향을 받으면서 실학사상은 박물학적 관점에서 사물에 대한 지식과 정보를 수집, 정리하게 된다. 이 시기의 박물학적 취향이 곧 근대제도인 박물관과 연계되는 것을 의미하는 것은 아니나 서구 박물관의 전문화과정에서 박물학, 과학, 의학과 기술의 발달이 제도와 연계되었듯이 조선의 박물학적 취향의 형성과

---

5) 이우성, 임형택, 이태원 등은 문헌과 사료를 통해 자산어보가 아니라 '현산어보'임을 주장함. 검을 현(玄) 두 개의 '兹'는 자와 현, 두 음으로 읽히나 '검다'는 뜻, 즉 黑山으로 쓸 때는 '현'으로 발음하는 것이 올바른 표현이라 함.

6) 강혜선, 「조선후기 박물학적 취향과 김려의 한시」, 『한국문학논총』 제43집, 2006. 8, pp.37－68.

정도 박물관의 다양한 기본개념에 근접하다고 볼 수 있다. 그러나 개인 혹은 그룹적 사례로만 남아 있는 것은 의식은 있으되 제도적 장치와 자본과 운영방법에서 오는 취약점이라 볼 수 있다.

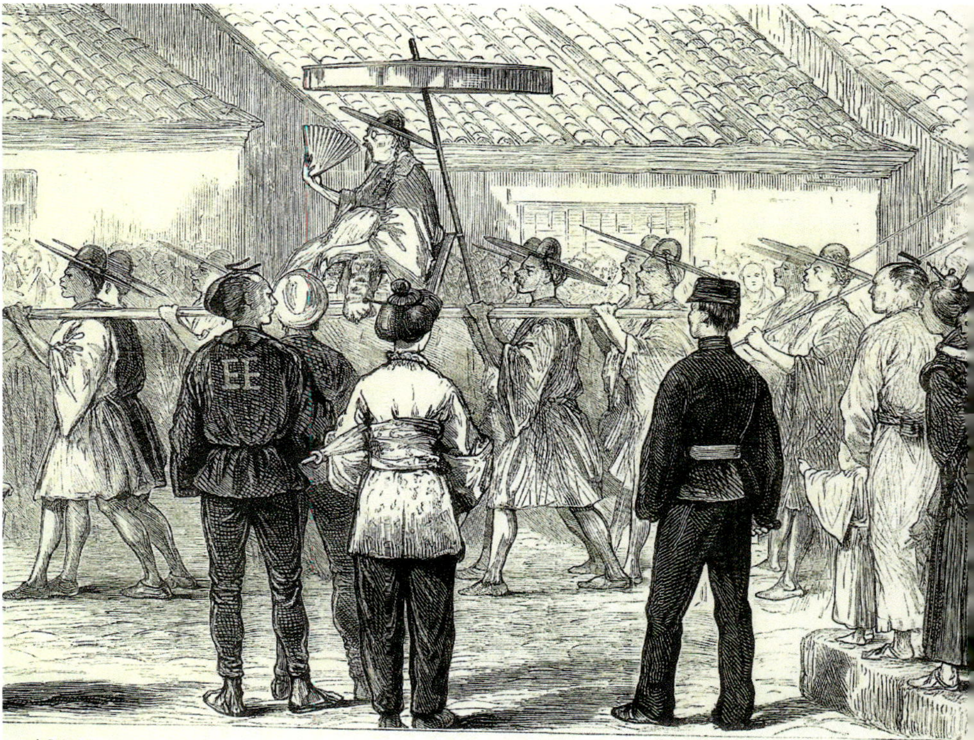

ARRIVAL OF THE COREAN AMBASSADORS AT YOKOHAMA, JAPAN

| **도-23** Arrival of The Corean Ambassadors at Yokohama, Japan | The Graphic Section, Aug12, 1876 1차수신사인 김기수 일행이 요코하마에 도착한 행렬을 서양식으로 drawing한 것임.
                                                                  • 출처: 소장판화 28㎝ / 19㎝

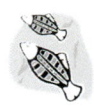

2) 조선 수신사 일행의 박물관에 대한 다양한 인식

1875년 강화도에서 운양호 사건이 발생한 다음 해 조일수호조규의 회례사 요청에 대해 고종은 김기수를 정사로 하여 수신사[7]를 파견하여 일본의 국정을 시찰하고 견문한 것을 빠짐없이 수록해 올 것을 명했다.

수신사 일행은 1876년 5월 22일 부산포를 떠나 동경에 5월 29일 도착한다. 외무대승 미야모토 코이치(宮本小一)와 함께 문부성을 방문할 때 독일 유학 후 일본의 근대적 박물관제도에 기여한 쿠키 류이치(九鬼隆一)의 극진한 대접을 받기도 했다. 이때 김기수는 문부성에서 고금의 미술과 서적을 보았다고 했는데 九鬼를 통해 근대적 박람회와 박물관 제도에 대해 서로의 생각을 교환했을 것으로 생각한다.[8] 김기수의 저서인 『일동기유』에 의하면 일행은 원료관에서 연회를 마치고 돌아오는 길에 박물원을 들리게 된다.

> "이곳은 그 집이 몇백 칸이나 되는지 알 수 없는데 그들의 후비 의복과 조정의 의장도 내어다 벌여 놓았으니 나에게 보이기 위함이었다. 은나라 이기와 주나라 서적 담는 그릇, 진나라의 벽돌, 술 단지, 술그

---

7) 김기수, 「일동기유」, 『국역해행총재』 10권, 민족문화추진위, p.351.
"사신 이름을 수신사라 하였으니 修信이란 舊好를 닦고 신의를 두터이 하며, 辭命으로서 인도하고 위의로서 이루어, 과격치도 않고, 맹종하지도 않으며, 태도를 장중 근신케 하여 임금의 명령을 욕되지 않게 해야 적당하게 될 것이다"에서 비롯함.
8) 강문기, 「근대 전환기 한국화단의 일본화 유입과 수용」, 홍익대 미술사학과 박사논문, 2004, p.36.

롯, 솥, 적대, 종, 경쇠, 생황, 대종이며 육지에 사는 온갖 날짐승 길짐
승과 물에 사는 개충과 인충까지도 산 것을 잡아 오지 못한 것은 반
드시 가죽과 뼈를 붙인 그대로 말렸으며, 또 반드시 발등에다 물명과
고증을 붙여 놓았다. [중략] 한 곳에 가니 낡고 해진 깃발과 새끼로
겉을 두른 병, 말갈기로 짠 건 짐승가죽으로 만든 신, 붉은 비단으로
만든 주름치마, 청색비단 저고리가 어지럽게 진열되어 있는데 이것은
모두 우리나라 물건이었다. 참 한심스러웠다."

　김기수 일행이 본 것은 내용상 1873년에 박물관과 서적관을 합병한
山下門內博物館을 말하고 있다. 위의 내용에서 천산부, 사전부(史伝
部), 농수산, 동물골각진열소의 진열관과 박물관의 규모, 전시품, 박제
품, 레이블에 이르기까지 구체적인 묘사를 하고 있으나 아직까지 박
물관 내에는 고미술품과 표본을 비롯한 자연사 유물이 학술적 기준보
다 종별(種別)로 혼재하고 있음을 김기수의 글에서 알 수 있다. 또한
상대적으로 조선의 물품이 일본의 것과 비교할 때 빈약함을 언급하여
일본과 조선을 은연중에 비교하고 있음도 알 수 있다.
　수신사 일행은 6월 18일 동경을 출발하여 6월 29일에 부산에 귀
국한바, 과거 조선통신사 일행이 5, 6개월간의 긴 여정을 한 것에
비해 불과 한 달이라는 짧은 일정에도 사전계획에 따른 시찰로 근대
화된 일본의 모습을 견문하여 귀국 시에는 일본의 계획적인 의도대
로 일본에 대한 인식이 호의적으로 변화하게 된다. 그러나 아직까지
이 시기에는 전반적으로 근대적 제도의 하나인 박람회와 박물관의
설립에 관한 필요성을 인식하기에는 좀 더 시간이 필요하였다.
　1880년에는 김홍집을 비롯한 2차 수신사 일행의 일본 시찰에 이

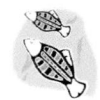

어, 일본의 실정을 보다 광범위하게 파악하고자 조선정부는 1881년 일본에 朝士視察團(소위 신사유람단)을 파견함으로써 명치 일본의 근대적 제도를 직접 수용하려 했다. 당시 조사시찰단원은 암행어사의 직분으로 박정양, 엄세형, 강문형, 조병직, 민종묵, 조준영, 심상학, 어윤중, 홍영식, 이원회, 김용원, 이헌영 12명이 선정되었고 이들은 각자 통역 한 사람과 수행원 한 사람씩을 거느리며 맡은 부문별로 조사를 하고 귀국한다.

이헌영의 『일사집략 人편』에 의하면 조사시찰단원은 일본으로 출발하기에 앞서 부산 초량의 일본관에서 일본공사를 만나게 된다.

> "동경에 새로 세운 박물관이 있는데 여기에는 본국의 허다한 진기한 물건들이 모아진 곳이니 자못 볼 만한 것이 있습니다. 또 예전에 설립한 박물관도 있는데 곧 천하 각국의 온갖 물건을 모아둔 곳입니다. 견문을 넓히는 방법으로는 모두 구경할 만합니다."
> "신구 박물관은 반드시 볼 만할 것이니 한 번 가서 볼 생각입니다."9)

시찰단은 일본으로 출발하기 전 근대적 제도로 정착된 박람회와 박물관을 관람할 계획을 세우고 있다. 구박물관이 山下門內博物館을 말한다면 신박물관은 어디를 지칭하는지 확실하지는 않으나 제2회 내국권업박람회가 1881년 3월 1일부터 4개월간 열릴 때 우에노 관영사의 本坊 터에 2층 煉瓦造의 건물이 완성되어 이를 관람했을 가

---

9) 이헌영, 「일사집략 人편 문답록: 조참판 이름은 준영」, 『해행총재』, 민족문화추진회, 1985.

능성과10) 다른 하나는 1879년 우에노로 옮긴 교육박물관11)으로 생
각할 수 있겠다.

이로써 일본은 조선의 사신에게 물산의 풍부함과 선진제도를 과시
코자 박물관과 동물원, 내국권업박람회를 계획적으로 참관하게 하였
다. 박정양은 박물관과 박람회의 일반적 의미를 아래 글처럼 파악하
고 있다.

　　"박람회와 박물관에는 일본과 각국의 물건들이 모여 있다. 그 천만
　가지를 다 기록하기는 어려운터 조선의 옷, 띠, 갓, 신 등이 그 안에
　끼어 전시되고 있다. 박람회의 목적은 하나는 상품판매를 돕기 위한
　것이고 다른 하나는 부국이란 이름을 자랑하기 위함이다. 일본 국왕
　은 친히 그 박람회에 나아가 기물을 잘 만든 사람에게 상을 주어 工
　匠의 업을 흥하게 함을 장려한다고 한다."

이와는 달리 문부성을 시찰한 조준영은 내무성과 농상무성을 시찰
한 박정양과는 달리 교육박물관을 견학하여 자연사박물관적 시각을
보여주고 있다.

　　"교육박물관은 무릇 교육상 필요한 것으로 제반 물품, 쇠, 돌, 나무,

---

10) 『東京國立博物館: *http://www.tnm.jp*』, 「山下門內博物館の歷史」.
　　일본 농상무성에서는 1882년 명치천황의 행행 후 미술관 건물을 전용하여 3월
　　20일에 농상무성 박물관으로 개관하게 된다.
11) 양현미, 「박물관 연구와 박물관 정책」, 홍익대 미학과 박사논문, 2001, pp.25-26.
　　유시마성당의 문부성박물관은 국립과학박물관의 전신이며, 內山下町(지금의
　　히비야 공원) 소재 박물관의 古物館은 동경국립박물관의 전신이 된다."

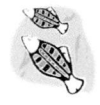

새, 짐승, 곤충, 물고기, 물과 땅의 동식물 등 갖추어 쌓아 놓지 않은 것이 없다. 이런 자료로 학생들의 관람을 도모하고 해설, 모사, 圖寫케 하여 널리 사용하게 한다."12)

박정양이 일반적인 박물관의 정의를 말한 것이라면 조준영은 당시 동경박물관이 우에노로 옮긴 후 교육박물관으로 개칭한 일종의 전문박물관으로서13) 정의하고 있으며 해설, 모사, 도사 등 보다 구체적인 교육적 활용방식을 제시하고 있다.14) 이런 시설과 관련하여 이헌영은 『일사집략』에서 서양식 복장, 식사예법, 다리가 오르내리는 도개교(跳開橋)와 가스등에 대한 묘사를 하면서 모든 풍습과 물정이 급속히 옛것을 버리고 새것을 따르고 있다는 비판적 시각도 가지고 있었다.15)

이러한 박람회와 박물관의 관람은 일종의 의례가 되어 임오군란 이후 특명전권대신 겸 수신사 박영효 일행이 3차 수신사로 일본에 파견되었을 때 역시 우에노의 박물관, 창평관, 동물원을 관람하게 되고16) 갑신정변 직후 봉명사신으로 일본에 갔던 정사 서상우의 종사관이었던 박대양도 문견 및 소감을 적은 여행기인 동사만록에서 역시 새로 이전한 우에노박물관과 동물원을 본 내용을 자세히 언급하고 있다.

---

12) 조준영, 「日本文部省視察記」.
13) 1881년 우에노에 일부 준공한 교육박물관을 말하고 있음.
14) 양현미, 전게서, p.28.
15) 이헌영, 「일사집략」, 『국역해행총재』 10권, 민족문화추진위, pp.25-26.
16) 박영효, 「사화집략」, 『국역해행총재』.
　이미 박물관이 우에노로 옮겨 동물원과 함께 일반에 공개되던 시기였다.

"관내의 상하 2층을 고루 유람하였는데 인형, 불상, 서적, 칼, 글씨, 그림, 거문고, 생황, 의복, 기물과 농상경직의 기구 산물과 금, 은, 동, 서과 의약복서와 물에서 잡고 산에서 캐온 이상한 새와 기이한 짐승과 아름다운 꽃과 이상한 풀들을 진열하여 놓았다. 그리고 본토에서 산출된 것과 외국의 산물로서 혹은 진품이 있고 혹은 사상이 있는데 다 구별하여 각각 진열하는 間架가 있으며 다 유리로 막고 덮어 좌우에서 눈부시게 빛나고 있었다. 문을 나와서 또 다시 한곳에 이르러 나무 그늘 사이로 돌층계를 내려가서 수십 보를 가니, 곧 동물관이었다. 즉 새와 짐승의 우리이다. 그 문을 들어가니 왼쪽 벽 위에 물보라 자욱한 잔잔한 물에 노는 물고기가 떴다 잠겼다 하였다. 나는 처음에는 그림(活畫)인가 의심하였으나 자세히 보니 유리로서 벽을 만들고 벽 사이 한 걸음 한 걸음 깊이 들어가니 행각이 벌여 섰는데 각 안에는 짐승으로 원숭이, 곰, 사슴, 토끼, 고양이, 개, 여우, 삵, 족제비, 산돼지, 물소가 있고 새로는 학, 공작, 독수리, 솔개, 기러기, 부엉이, 올빼미, 닭, 꿩이 있으며 그 밖의 빛깔 고운 날개를 가진 새와 기이한 것을 가진 새를 이루 하나하나 다 열거할 수 없다. 모든 물새에 속하는 새들은 커다란 연못을 파고 철책을 세웠으며 위에는 철망을 덮어서 날아가지 못하게 하였다."17)

위의 우에노 박물관의 개관 시에도 박물관, 식물원, 동물원을 함께 고려하는 방안을 강구했지만 이전과 같이 단순히 종별을 구분하는 전시관이 아닌 별도의 장소에 전시공간을 마련한 것으로 이해하고 있다. 이들은 일본 시찰 후 박물관과 박람회에 관한 많은 보고서를 기록하였는데 특히 내무성과 농상무성 시찰담당이었던 박정양은

---

17) 박대양, 『국역해행총재 동사만록』, 427-428.

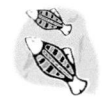

공식문서인 『日本國內務省職掌事務附農商務省』에서 박람회와 박물관의 담당부서인 박물국에 대해 비교적 소상히 기록하였다. 세부규칙을 적은 책인 『日本國農商務省各國規則』에서는 박람회와 박물관의 담당부서인 박물국의 직제와 구성인원수, 英美 등 서양규칙을 따른 제도로 파악하였으며 박람회와 박물관에 물품을 출품하는 방식 등을 조사해서 보고하였다.

표 4-1 일본방문 조선 수신사 및 朝士視察團(1881년)

수신사, 조사시찰단 名	시찰 기	관람장소
김기수(1차수신사, 1876)	일동기유	山下門博物館관람
박영효(3차수신사, 1882)	사화집략	도서관, 박물관, 창평관, 동물원
박대양(갑신정변, 1884)	동사만록	농상무성박물관(우에노), 동물원
조준영(조사시찰단, 1881)	문부성 시찰기	교육박물관 관람
박정양(조사시찰단, 1881)	내무성, 농상무성시찰기	박물국, 박물관 관람
민종묵(조사시찰단, 1881)	외무성 시찰기	내국권업박람회 관람
이헌영(조사시찰단, 1881)	일사집략, 세관 시찰기	농상무성 박물관, 박람회 관람

민종묵은 그의 개인 견문기인 『견문사건』에서 우에노에 열린 2회 내국권업박람회를 둘러보고 박람회의 설비와 박람회 식장의 행렬의 장, 참석자들의 복장 등을 기술하였고 진열품에 대해서는 각국의 화물, 기계, 각종 화석, 역대 왕과 왕비의 관복, 도검, 기명과 남녀해골, 鳥獸, 虫, 魚 중국의 금석비첩, 서화 등 없는 것이 없다고 기술하고 있다.[18] 이로써 일본은 박물관과 박람회에 조선 사신들을 관람

---

18) 목수현, 「일제하 박물관의 형성과 그 의미」, 서울대 석사논문, 1999, pp.9-11.

하도록 하여 전시되어 있는 조선과 일본의 소장품을 비교케 하여 근대일본의 눈부신 발전을 체험케 하였다. 따라서 사신들은 그들의 시찰기를 통해 군대의 훈련, 무기생산, 철도부설 등의 산업발전과 근대제도에 대해 놀라움을 표시하면서도 일본의 눈부신 개화와 발전에 대해 한편으로는 부정적인 시각도 갖고 있는 것은 오랜 쇄국정책과 단절된 정치제도에서의 한계라고 보여지지만 조선 사신들의 기록의 세밀한 면과 일본 풍속과 제도를 관찰하는 데 있어 그 정확성은 높이 평가되어야 할 것이다.

3) 해외박람회의 참가와 국내 박람회 개최의 의의

1883년 초대 주조선 미국공사인 푸트가 한국에 부임하게 되자 보빙사로 민영익과 부사 홍영식, 종사관 서광범을 미국에 파견하게 되었다. 민영익 일행은 9월 19일 보스턴 박람회장을 방문하여 휴대하고 있던 자기, 화병, 주전자 등을 기증한 것이 비공식적이지만 조선정부로서 첫 박람회의 참관이 되었다. 기존에 알려진 대로 고종황제는 무능한 황제가 아니라 열강들에 을사늑약이 원천무효임을 알리고 독일 빌헬름 2세에게 어새가 찍힌 친서를 보냈다는 사실19)은 일찍이 거국적 행사로 열리는 박람회를 통해 각국의 왕족과 정치인들과의 접촉은 물론 진행과정과 행사 규모의 파악으로 조선의 입지를 강화하고 새로운 정치적 장을 마련하려 했음을 알 수 있다. 파리만국박람회의 서훈

---

19) 『중앙일보』 기사, 2008. 2. 20.

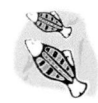

이 있은 다음 해인 1902년 칙령(勅令) 제10호, <임시 박람회를 설치하는 것에 관한 안건>을 재가, 반포하는 등 국민의 實業을 장려하기 위한 방법의 일환으로 박람회에 대한 적극적 관심을 보이게 된다.

(1) 시카고박람회(조선 1893년)와 파리만국박람회(대한제국 1900년)

공식적인 박람회의 참가는 주조선 미국공사관 서기관 알렌의 주선으로 1891년 5월 2일에 Gustavus Goward가 고종을 알현하여 시카고에서 열리는 박람회에 출품을 요청하여 다음날 참가의 뜻을 밝히게 되었다. 당시 갑신정변의 실패 후 리홍장의 속방론에 시달려 온 조선으로서는 만국박람회를 통해 새로운 돌파구를 찾으려 출품을 결정한 것이다. 정3품 참의 내무부사 정경원[20]을 1893년 만국박람회 사무대신으로 임명한 것을 비롯하여 안기선, 최문현과 전통음악가 10명이 제물포를 떠나 5월 1일 시카고 박람회 개막식에 참가하였다. 1893년 시카고의 잭슨공원에서 개최된 컬럼비아 박람회에서 가장 규모가 큰 주 전시관인 '제조와 교양관'에 조선의 진열관도 자리잡게 되었다. 조선의 진열관에는 총 500$을 투자하여 태극기가 게양된 단층 기와집으로 건립되었고 가마, 도자기, 병풍 등이 진열되었다.[21]

시카고 박람회 참가 후 정경원은 귀국보고에서 고종에게 시카고 만

---

20) 鄭敬源, 1851－1898, 시카고 컬럼비아박람회 출품대원이며 귀국 후 군국기무처에서 근무하고 김홍집 내각 법무차관을 역임함. 후에 평양부 관찰사로 임명되었다. 호는 文山 자는 念祖이다.
21) 이민식, 『세계박람회와 한국』, 전남대출판사, 2004, pp.17－25.

국박람회는 총 47개국이 참여한 매우 번창한 모습으로 묘사하고 조선관은 별도의 瓦家로 된 6−7칸 규모의 진열실에 가마, 찬장, 식기, 짚신과 가죽신발, 화로, 자수병풍, 조총, 관복과 갑옷, 악기 등이 출품되었고 그 외에도 모시, 부채 등도 전시되었다고 보고한다. 외국인들이 특히 선호하는 조선의 상품은 천, 발, 나전칠기, 자수병풍에 관심을 두고 상품의 레이블도 부착하였다. 총 출품액은 1,140$에 상당하고22) 이 가운데 다수는 박람회가 끝난 후, 시카고의 자연사박물관, 뉴욕 피바디 미술관, 워싱턴의 스미소니안 박물관 등에 기증하였다고 보고하고 있다.

이것은 개화기 우리나라의 모습을 서양에 보여준 최초의 이벤트 행사였으며 서구의 산업화 체계를 배우려는 준비를 하는 한편 자국의 이미지를 해외에 심고자 한 자구적 노력이었다고 평가된다. 세계무대의 경험이 전무한 조선으로서는 이 박람회의 참가가 문화, 외교적인 면에서 큰 의의를 가지고 있었다.23) 그러나 식산흥업과 문명개화의 모습을 보여주기보다는 조선의 전통적 산업, 즉 낙후된 문화를 알려줄 수밖에 없는 태생적 한계를 가지고 있었다. 시카고 만국박람회에서 서양문화가 주로 산업과 기술력으로 대변되는 근대성을 내세웠다면 동아시아 국가들은 대부분 수공예적인 물품이나 자연생산물을 출품함으로써 결국은 서구중심적인 사고에서 볼 때 동양을 근대화에 뒤떨어진 문화적 타자로 만드는 결과를 낳을 수밖에 없었다. 또한 박람

---

22) 『고종실록』, 고종 30년 11월 9일.
23) 이낙현, 「세계박람회의 변천과 한일박람회 특성연구」, 대구대학교박사논문, 2005, pp.136−137.

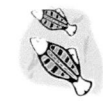

회 종료 후 남은 물품은 각 학교 및 각 지역의 박물관에 고루 보냈다는 것에서 고종은 박람회의 개요나 운영방식에 대한 전반적인 이해를 일본을 방문한 사행단의 시찰기를 통해 충분히 인지하고 있음을 짐작할 수 있다.

1893년 시카고 세계박람회 이어 1900년 대한제국 정부에서 두 번째로 의정부 참판 민병석을 파리 만국박람회[24]의 서울주재 본국 박물국의 사무총재대원(事務總裁大員)으로 임명하고 프랑스인으로 5등 영광(榮光)훈장을 받은 남작(男爵) 드로드 클레옹을 파리에서 열릴 만국박물회의 한국 박물국 사무총무대원으로 임명할 것을 지시하였다.[25] 실제 박람회에 참가한 학부협판이었던 민영찬은 부총재격인 박물부원으로 현지에서 업무를 진행하였다. 현지진행은 프랑스인에 맡겨 모포를 총서기로 하여 터래뮬리를 사무보조원, 살타오리를 사무위원으로 임명한다. 그 밖에 현지에서 미모래, 매인, 페내, 뇌물양, 인실 등을 고용하였다.[26] 프랑스 공사 콜랭 드 플랑시와 비달에게 박물괴 17쌍, 민영찬에게 15쌍을 휴대하게 하고 참가비용은 임시비로 총 50,700원이 책정되었다.

당시 박람회 참관기를 남긴 모리스 쿠랑[27]은 상드마르스 쉬프렌 大路 서편 영국 제과관과 향수부속관 사이에 있는 한국관 전면에는 [도

---

24) 『고종실록』: '만국박물회' 및 '만국박람회'로 표기되었음.
25) 『고종실록』, 1898년 고종 35년 5월 23일.
26) 박병선, 『한불관계자료』,국사편찬위원회, pp.217−225.
   드로드 클레옹 남작의 사망으로 미므멜 백작이 총무대원으로 임명되고, 군지휘관 비달의 사임으로 서울 거주 프랑스인 알레베끄로 교체됨.
27) 전게서 참조.

-24]의 리플렛처럼 난간과 계단이 설치된 왕궁의 호화로운 방이 전시되고 지붕은 기와를 얹은 데다 용마루, 합각마루, 처마에는 잡상과 취두를 얹어 컬럼비아 박람회의 조선관보다는 진일보한 전통적인 방식을 재현하였다고 묘사한다. 이 전시관은 프랑스 건축가 페레가 지은 것으로 전시관 내의 진열품은 정교한 무늬를 넣은 비단, 명주, 기하학적인 잔이나 수반 등 도자기, 발, 나막신, 부인용 갖신 등 민예품과 칼, 향로, 경옥 등의 금속제품등 당시 비교적 기술적으로 정교한 각종 공예품 중심으로 출품했음을 알 수 있다. 복식류는 마네킹도 사용하였고, 질 좋은 전적류와 금박을 입힌 목제불상, 회화 등 종교에 관한 것도 이미 미술화되어 전시되고 있었음을 알 수 있다.28)

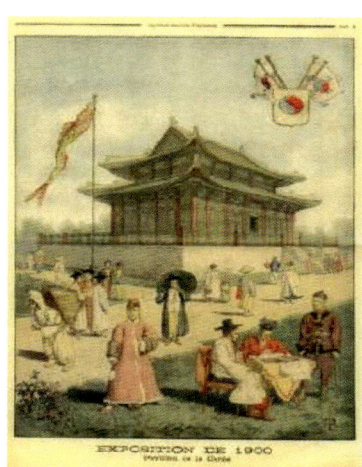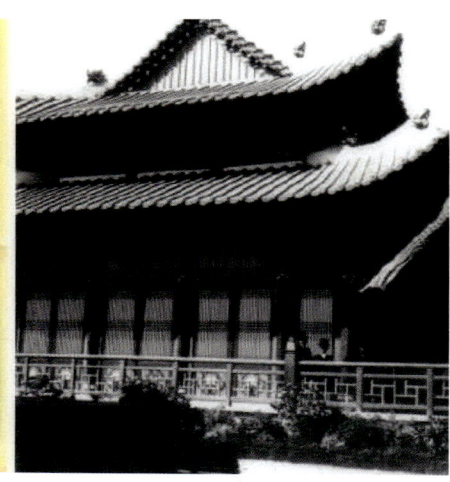

❙ **도-24** The Universal Exposition in Paris, 1900 ❙ 한국관의 전경

---

28) 목수현, 전게서, pp.12-15.

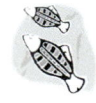

모리스쿠랑은 한국의 예술은 중국을 모방하였으면서도 독창적이며 자연을 예술화하였으며 오랜 전통에 기반을 둔 생활문화임을 소개하고 있다. 그의 글에서 도자기 전문박물관인 세브르박물관에 프랑스 공사 플랑시가 기증한 도자기로 한국관이 설립되어 프랑스에 한국문화가 상설 전시되고 있음도 소개하고 있다. 그러나 이러한 호평 가운데서도 민영찬은 당시 현지의 보도와는 달리 전시관이 상드마르스의 한구석에서 외관이 화려하지 못해 큰 관심을 끌지 못했던 것으로 보고하고 있다.

　대한제국의 파리박람회 참가는 야생작물과 의류에서 2개의 금메달, 가구, 도자기, 자수 등으로 은메달 10개, 5개의 동메달, 3개의 장려상을 받았고 박람회의 종료 후 일부 전시물은 쉬프렌 길에서 멀지 않은 기메박물관과 국립기술전문학교 부설 기술전문학교박물관으로 보내져 1918년 기메가 사망하기 전까지 기메박물관의 한국관에서 전시된다. 오늘날 기메박물관의 한국관은 1893년 한국관 개관 시 주한 대리공사 콜랭드 플랑시 등의 외교관들이 기증한 소장품과 더불어 1900년 파리만국박람회 때 한국정부의 기증품이 현재까지도 주요한 전시물로 분류되고 있음은 근대기 프랑스와 한국과의 문화 외교적 단면을 엿보게 한다. 따라서 파리 만국박람회에 대한제국 정부로서는 과도한 비용을 집행했지만 이를 통해 국제사회에 알려지는 계기가 되었고 1902년 하노이에서 열린 프랑스 식민지박람회에 참가를 할 수 있는 자격도 획득하게 된다. 고종은 이렇듯 박람회의 참가를 통해 국위선양과 선진국의 산업, 기술, 과학, 예술을 배워 문명개화와 식산흥업을 이룩하고자 하였지만 기울어진 국운과 러일 관계의 악화로 자립의 노력은 파리 만국박람회를 끝으로 그 뜻을 이루지는 못했다.

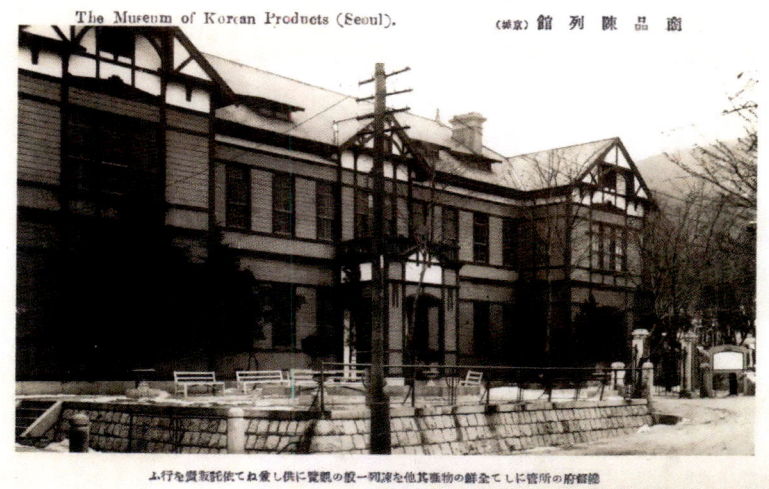
The Museum of Korean Products (Seoul).

(新京) 商品陳列館

總督府の所管てし鮮の其他雑物の陳列一般の觀覽に供し賣却依佗販賣を行ふ

┃ 도—25 1912년 상품진열관(舊 1910년 대한제국 농상공부 청사)

(2) 국내 박람회의 전개

① 박람회를 위한 제도적인 정비

파리 만국박람회 참가 이후에도 고종은 박람회 개최나 참가에 지속적으로 큰 관심을 가지고 있었던 것으로 보인다. 1895년 대한제국 칙령 제48호의 농상공부관제 제2조에서 "大臣官房에서는 관제 통칙에 든 것 외에 박람회와 표창에 관한 사무를 맡는다."[29]라 하고 이후 1902년에는 '임시박람회 설치에 대한 건'[30]을 비준 반포하여 국

---

29) 『고종실록』, 32. 3. 25(양력).

30) 국사편찬위원회, 『勅令 第 號 臨時博覽會事務所를 設實ᄒᄂᆫ 事件』, 1902. 7. 8.
　　총 10조로 구성됨. 위원장 1인, 위원부장 1인, 총무관 1인, 위원 5인, 주사 5인

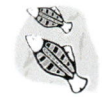

내에서도 박람회 관련 업무를 담당할 정부기구의 마련과 농상공부 산하 사무소에는 내외국인의 관람을 위한 상설전시장을 두기도 했다.[31] 또한 1903년에 '임시박람회사무소 설치 건'을 개정하여 1월과 6월에 '시예(試藝)'라는 이름으로 소규모의 박람회를 열고 우수한 자에게는 시상도 실시하게 했다. 이때 『진열관규칙』도 개정하여 그때까지 진열장으로 부르던 것을 진열관으로 개칭하여 견본과 雛形을 관내에 진열하고 농수산물 등의 상품 외에도 미술품이 배열의 종류에 포함되게 된다.[32] 해외박람회 유치의 계획과 더불어 참가도 계속했는데 1903년 일본의 제5차 내국권업박람회에 물품 175종으로 참가하고 1905년에는 오사카박람회에 참가하기도 했다.[33]

이는 일본이 외국박람회에 보낼 물품의 진작과 국내산업과의 연계를 위해 내국권업박람회를 열었던 것과 마찬가지 맥락으로 볼 수 있지만 국내에서의 체계적인 물품의 진열과 국내박람회 활성화, 박물관의 설립 노력이 국제관계의 변수 속에 실현되지 못했다.

등 임명.
고종실록 39. 7. 12(1902. 7. 12.).
"칙령(勅令) 제10호「임시 박람회(博覽會) 설치에 대한 건(件)」을 비준하여 반포하였다."
31) 『고종실록 40. 7. 20.』: "임시박람회 진열관 규정을 시행하다"
  농상공부의 상품전시관은 총독부로 이관되어 1912년 남산에 상품전시관이 이전된다.
32) 송형기 外,「농상공부령 41호: 진열관규칙」,『한말근대법령자료집』, 국회자료관, 1970, p.537.
  진열품은 "천산의 후생할 만한 물품, 인공의 이용할 만한 물품견본 및 雛形, 외국에서 수입하는 물품견본(1조) 중 농산물, 공업물, 수산물, 임산물, 광산물, 미술품의 6종(4조)"으로 함.
33) 목수현,「일제하 박물관의 형성과 그 의미」, 1999, pp.16-18.

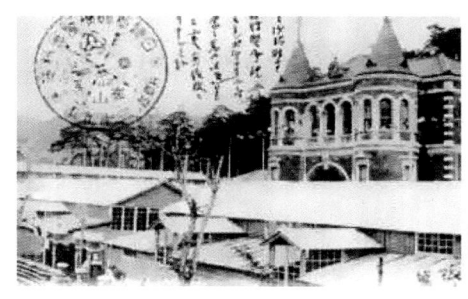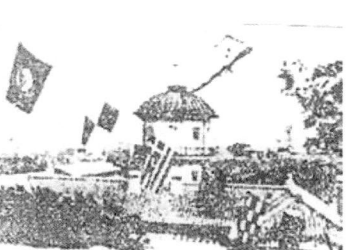

┃ 도-26 부산 韓·日博覽會 1906 / 경성박람회 1907　　　　• 효출처: 소장엽서

② 조선에서의 근대박람회(한일박람회 1906년, 경성박람회 1907)

　우리나라에서 근대적 의미의 탁람회는 1906년 부산 일본 상업회의소 주체로 한일박람회(韓·日博覽會)가 부산 상품진열관[34]에서 처음으로 열렸다. 한일상품박랕회는 한국과 일본의 상공인이 공동주최하여 1906년 4월 25일부터 7월 25일까지 92일간 1,741종 31만9천172점이 전시되었다. 박람회 관람자는 7만7천9명이며 내국인은 2만6천130명이 차지했고 출품 종류는 주로 사탕, 맥주, 농기구, 가마니, 청주, 성냥 등 일본상품이 주종을 이루었다.[35] 이때는 일본 상공인들의 상품을 홍보하기 위해 계획되어 전시상품은 일본상품이 중심이 되었고 과거 왜관이란 일본인전관거류지가 있는 곳으로 부산을 교두보로 토지와 건물의 매입, 상업자본 투자를 염두에 두었던 것이다.

---

34) [도-26]의 좌측건물이 부산 상품진열관이며 과거 대청동 새부산예식장이 있던 자리임.
35) 차철욱, 「1906년 한일상품박람회와 수입무역의 동향」에 의하면 부산중구광복동 舊새부산예식장부지의 부산 일본상품진열관에서 한일박람회가 개최되었다.

을사늑약 후 최익현과 민종식의 항일의거가 발기되고 경성시내에서도 각종 소요가 일어난다. 『한국시정연보』에 의하면 고종황제의 양위일(7월 20일) 바로 전날 종로에서 가장 극심한 반일 항거가 발생하여 봉기한 대한제국병사와 일본 경찰 간의 극심한 총격전이 벌어져 많은 사상자가 생기고 국민신문 건물과 일진회 건물, 이완용 총리대신 저택에 화재가 발생하게 된다.[36] 이러한 분위기 가운데서도 1907년 6월에 중추원 고문 이지용, 민영기, 권중현에게 일본의 동경권업박람회의 시찰을 명하여[37] 시기적으로 경성박람회 주최를 염두에 두고 시찰을 명하였던 것으로 보인다.[38]

이런 가운데 명목상 대한제국 농상공부에서 주관하는 공식적인 첫 박람회인 경성박람회는 1907년 9월 1일에서 11월 15일까지 개최된다.

대한제국 황실과 민간에서 2만5천 원의 보조금을 하사하고 일본 측도 2만5천 원을 각각 지원한 이 박람회 역시 관리, 운영은 당시 일본 상인조직인 경성협찬회가 주축이 된다. 각지에서 일어난 반일 봉기로 인해 수집품의 모집에서 어려움을 겪었음에도 불구하고 사상 처음으로 경성에서 열린 대규모 박람회의 주전시관은 같은 해 동경에서 열린 동경권업박람회의 한국관을 이설하고[39] 출품물의 수는 79,126점(일본인 출품 74,600여 점, 조선인 출품 4,500여 점)이었고

---

36) 統監官房, 『韓國施政年報 1906-1907』, 1908. 12, pp.128-148.
37) 『고종실록』, 44. 6. 10.
38) 양현미, 전게서, p.21.
39) 만세보, 「경성박람회」, 『만세보』, 만세보사, 1907. 5. 10.
　　당시 동경(동경권업박람회)에서 개최된 한국관의 이설과 철도의 할인, 진열소의 크기 348칸, 발기인은 韓日 각 5명씩 선출하는 것을 기록하고 있다.

총 관람자수는 20만8천 명에 달했다. 출품물 중 일본 동경을 비롯한 각 현과 조선거주 일본인이 출품한 것이 5만여 점을 상회하여 조선의 빈약한 산업을 상대적으로 엿볼 수 있다.[40] 11월 10일 시상식에는 황태자 영친왕과 통감 이토 히로부미가 참석하였고 총 1,213명의 시상자 중 한국인은 102명에 불과해 일본의 상품을 소개하는 데 그치게 된다. 앞서 말한 대로 경성박람회는 명목상으로는 대한제국에서 주최한 것이지만 주된 출품인은 일본인이어서 조선의 낙후된 경제상황을 반영하기도 한다. 더구나 1907년 6월 헤이그 밀사사건으로 인해 고종황제가 강제 양위하게 됨으로써 의병의 봉기와 사회적 혼란하에 한일신협약이 이완용과 이토 히로부미 사이에 체결되었고 일본인으로 구성된 차관정치와 경찰권 위임이라는 체제하에서 시행된 박람회로의 한계점을 가지고 있다. 이후 경성박람회는 다음 해에도 성황리에 열리게 된다.

일본에서의 박람회 개최가 초기에는 구경거리로서의 미술관, 박물관, 동물원, 식물원의 단계에서 점차 미술의 진흥, 고적조사의 전시관으로서의 역할이 진행되는 동안 대한제국도 농상공부에서 박람회 개최의 노력을 계속 했음에도 불구하고 일본에 강제 병합됨으로써 박람회와 박물관의 연계를 통한 산업의 진흥과 박물학, 미술의 발전은 자연 통감부에 이어 총독부의 의도에 맡길 수밖에 없게 된다.

40) 統監官房, 『韓國施政年報』, 京城博覽會, 1907.

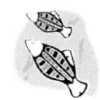

2. 조선 박물관의 효시, 어원(이왕가)박물관의 설립

1907년 6월 고종황제가 을사늑약의 무효를 국제사회에 호소하기 위한 헤이그밀사사건이 일어나고 이 사건을 구실로 통감부는 국내의 전권을 장악하고 고종황제는 강제로 순종에 선위하는 사건이 발생하게 된다. 고종의 퇴위 강요를 하는 과정에서 일본은 제3차 한일협약을 맺고 그에 따라 일본이 차관 이하의 관리의 임명을 통해 한국의 내정 지배권을 장악하였다. 이러한 시기 일본에 의해 주도된 박람회가 비록 일본의 선진기술과 조선의 開化를 선전하기 위한 것이긴 하지만 1908년 제2회 '경성박람회'에 20만 명이라는 인원이 참가하게 되어 박람회에 대한 사회적 분위기가 점차 정착되어 간다.

1) 어원(제실, 이왕가)박물관의 설립경위

(1) 위락중심의 어원박물관인가? 선진시설의 도입인가?

박물관 설립에 관한 내용으로 1935년 조선총독부 박물관 잡지인 『박물관 연구』[41]에는 이왕가박물관의 설립목적에 대해 "本苑은 명치 41년 한국총리대신 이완용의 발기에 의해 계획되어 당초는 이왕

---

41) 『박물관연구』 Vol.8, 조선총독부, 1935, p.58.

전하에 위락을 제공하는 목적으로 하였다"라 기술하고 있다. 좀 더 거슬러 올라가 1915년 발행의 『경성안내』[42]에는 "경성의 박물관 및 동물, 식물원은 최초에 통감 이등박문 공이 왕가의 오락을 겸하고 공중의 관람에 이바지할 목적으로 계획한 것"으로 묘사하고 있어 이완용 및 이토 히로부미의 발기어 의한 설립에 근거를 두고 있다. 설립 주체에 대한 구체적 근거인 박물관 설립준비와 개관에 대한 자료는 1912년 12월 발행한 『이왕가박물관소장품사진첩』에서 당시 궁내부 차관이었던 코미야 미호마츠(小宮三保松)[43]의 서언을 살펴보는 것이 좋을 듯하다.

　　"명치 40년(1907년) 11월 4일 내각총리대신 이완용(李伯) 씨와 궁내부대신 이윤용(李男) 씨가 함께 창덕궁 수선공사장을 둘러보고 본인에게(궁내부차관 코미야 미호마츠) 새 황제께서 이 궁전으로 이어하셔서 새로운 생활이 즐거우시도록 모든 시설과 설비를 완비하기 바란다고 당부했다. 11월 6일 본인이 그 뜻을 잘 받들어 동물원과 식물원 및 박물관 창설을 제의하며 그 계획의 개요를 설명하자 궁상도 크게 기뻐하며 찬성했다. 따라서 장소, 건물 설계, 물건의 수집에 착수하고

---

42) 『경성안내』, 경성협찬회, 1915, pp.12-13.
43) 1907년 8월 16일 대한제국 궁내부 차관에 임명되었고 합병 후 이왕직 차관이 되었음.
　　기존 논문에는 <코미야 사보마츠>라 기술한 것도 있으나 이는 불완전한 일본식 음독으로 <코미야 미호마츠>가 올바른 표현일 것임, 규슈대학 법과대학 홈피 왼쪽 28번 小宮三保松의 경력에서도 미호마츠로 읽고 있음. (*http://www.law.kyushu-u.ac.jp/~shichinohe/*)
　　"明治40(1907)年9月~43(1910)年8月統監府參事官(參興官?)兼韓國宮內府次官, 明治43(1910)年8月~44(1911)年1月同殘務整理, 明治44(1911)年2月李王職次官."

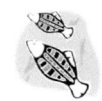

41년(1908) 9월에는 관장부서인 御苑事務局을 설치했다. (중략) 박물관 사업은 末松態彦과 下郡山誠에 맡겨 당시 어떤 사정으로 전무후무하게 많이 발굴된 고려자기와 고려공기류를 구입하고 회화와 불상 등 조선의 각종 예술품을 사들였다. 이 세 가지 사업(동물원, 식물원, 박물관)이 진척되자 명치 42년(1909) 11월 1일 이왕전하는 한편으로 즐거움을 대중과 함께 나누시고 다른 한편으로는 대중의 지식개발을 위한 목적으로 궁원의 일부인 창경원을 공개하기로 하였다. 단 매주 목요일은 전하의 관람을 위해 창경원을 공개하지 않았다. 이러한 과거를 지닌 오늘의 이왕가사설박물관은 대정원년(1912) 12월 25일까지 도자기 불상 회화 및 기타 총 1만2천3십 점을 수집하게 되었다."

당사자인 코미야의 서문을 볼 때 창덕궁수선공사장에서 관계자 모두가 을사늑약 이후 정국을 반영하듯이 순종황제의 위락을 의논했음을 알 수 있지만 이의 구체적인 제안으로 코미야가 박물관과 동·식물원 창설을 제안하여 이완용과 이윤용에 동의를 구하고 있는데 그것은 코미야가 순종황제의 비위를 맞추기 위해 통감부와 사전 협의 후 제안한 것이 설득력이 있다고 보겠다. 이미 차관정치를 통해 대한제국의 중요 결정은 통감부에서 장악하고 있던 시기였기 때문에 이완용, 코미야의 제안에 직간접적으로 이토 히로부미의 개입이 있었음이 분명하다고 볼 수 있다.44)

박물관의 개설에 관해서 『경성안내』45)는 이를 보다 구체적으로

---

44) 목수현은 전게서에서 박물관사업에 주도적으로 관여한 사람을 코미야 미호마츠로 지목하고 있고 양현미는 전게서에서 황실정리사업의 진행으로 이미 국유화가 된 창경궁에 박물관 및 각종 시설을 설치하는 것은 통감부가 이미 관장하고 있다고 함.

언급하면서 남부는 동물원, 중부는 박물관, 북부는 식물원으로 하여 세 영역으로 구분하였고 고건축물을 이용하여 진열소뿐만 아니라 사무실의 운영도 함께 언급하고 있다. 일본의 박물관이 이미 전문박물관으로서의 미술공예와 역사박물관, 교육박물관, 과학박물관의 분리가 이뤄지고 궁궐이나 기존 목조건물을 활용하지 않고 독자적 공간을 확보하게 되는 반면 조선에서는 개화 초기에 이미 복합공간으로서의 박물관이 조성된 것은 그 설립목적이 순종황제의 위락이란 점이 강조되었던 것으로서 박물관, 동물원, 식물원의 삼원이 나타난 것이다. 이것은 일본의 박물관이 박람회에서 진일보하여 田中芳男에 의해 우에노 박물관과 동믈원 창설 때부터 역점을 둔 사업으로 당시로서는 선진적인 박물관 설립의 방법이었다. 그러나 일본이 주로 참번체제로 동경에 있는 大名家를 접수하여 근대시설이 들어선 반면, 조선에서의 박물관은 박람회와 직접적인 연관을 가지지 않고 창경원 조성계획시기부터 궁궐의 개방을 통해 새로운 시대가 도래하였음을 조선 백성에게 알리고 황실의 권위를 위축시키려 한 의도를 엿볼 수 있다.

---

45) 『경성안내』, 경성협찬회, 1915, pp.13 – 14.
"苑(창경궁) 內 북부를 식물원으로, 중부를 박물관으로, 남부를 동물원으로 하여 각 지구를 정하고 공사를 시작하더니 명치 42년(1909)에 대략 완성을 고하고 박물관의 사무실 및 진열소는 그 보존할 古건축물을 사용하였으니 명정전, 경춘전, 통명전, 양화전, 함덕정 등 중요한 것이고 특히 그 진열불상, 도자기, 회화 古鏡, 금속품, 조각물 등이 秀逸하여 과히 세계적 보물이라 칭할 최고의 귀중품은 새롭게 건축할 煉瓦의 건물인 신관에 진열하였으니 古物珍品이 1만2천2백2십여 점에 이르더라."

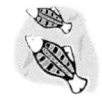

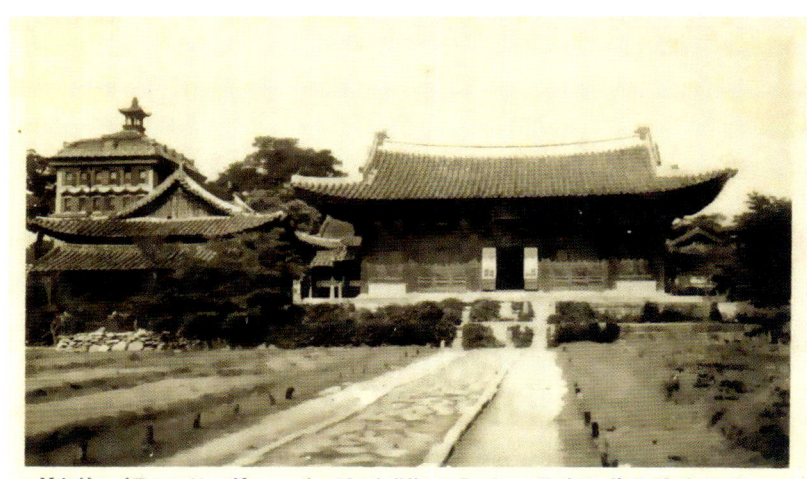

Meiseiden of Changtokkun Museum, the oldest building in Seoul. 殿政明館物博家王李

┃ 도-27 이왕가박물관1 ┃ 창경궁의 명정전에서 바라본 이왕가박물관 全景

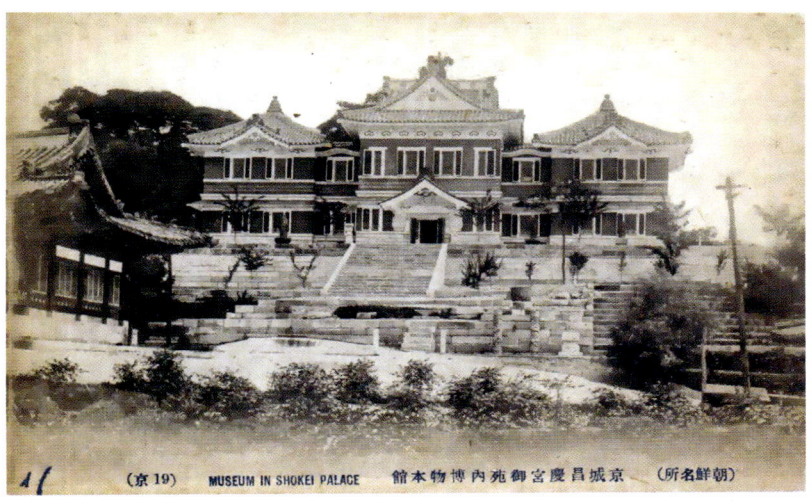

(京 19)　MUSEUM IN SHOKEI PALACE　館本物博內苑御宮慶昌城京　(所名鮮朝)

┃ 도-28 이왕가박물관 2 ┃ 和式건물로 지은 이왕가박물관 本館全景

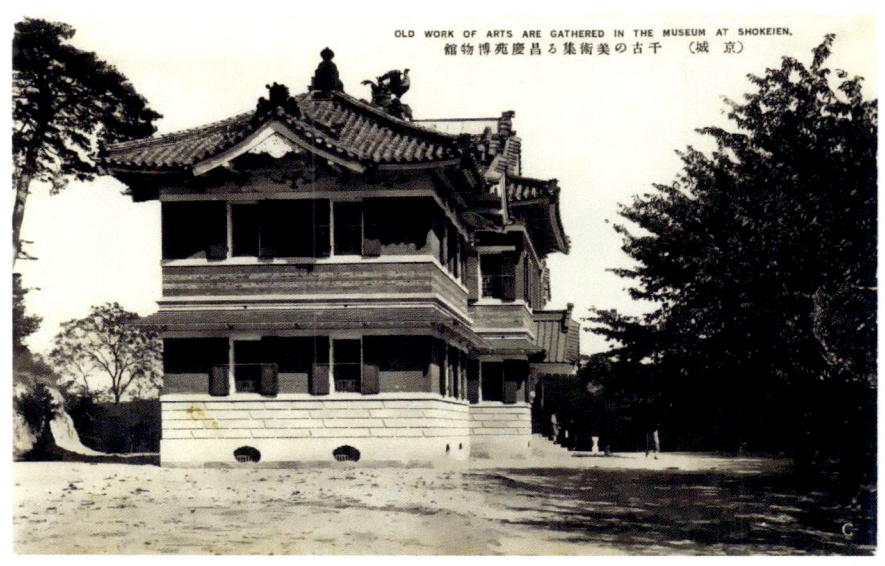

OLD WORK OF ARTS ARE GATHERED IN THE MUSEUM AT SHOKEIEN.
古干の美術を集る昌慶苑博物館　（京城）

■ **도-29 이왕가박물관3** | 이왕가박물관 본관 측면　　　　　• 출처: 소장엽서

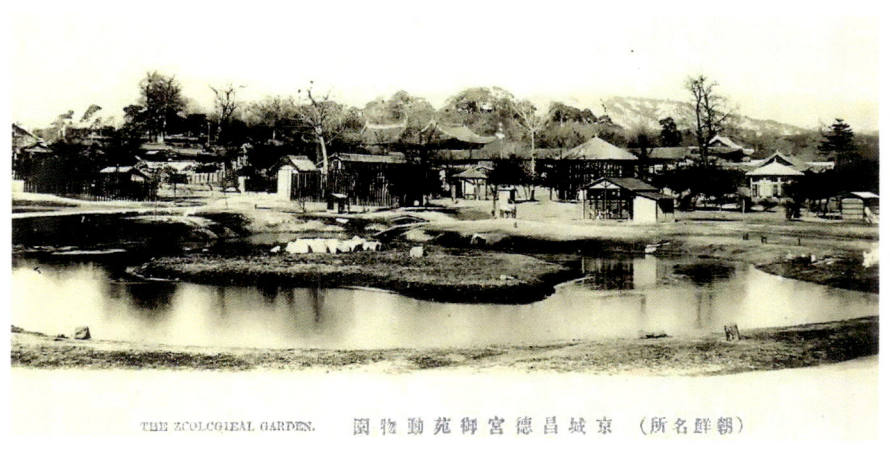

THE ZOOLOGICAL GARDEN.　　園物動苑御宮德昌城京　（所名鮮朝）

■ **도-30 창덕궁어원동물원** | '어원'이란 명칭을 사용함　　　　　• 출처: 소장엽서

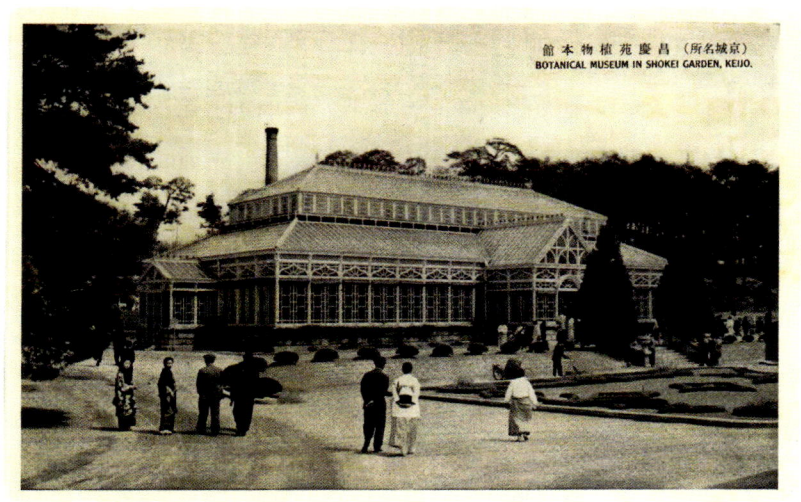

▌도−31 창경원 식물본관 | 어원, 이왕가, 창덕궁, 창경원 등 다양한 명칭 사용함

• 출처: 소장엽서

(2) 어원(이왕가)박물관의 개설

1909년 대한제국 『직원록』을 보면 당시 궁내부에는 어원사무국이 신설되어 있었고 박물관 업무는 이사이면서 동시에 박물관부의 부장으로 겸직한 末松熊彦[46]가 책임자로 있었다.[47] 박물관 개설준비의 구체적 사실로는 1908년(융희 2년) 3월 7일 주임대우인 下郡山誠一에게 박물관 조사를 촉탁하고, 5월 29일에 부장 末松熊彦에게 박물관, 동물원, 식물원 서무 및 회계를 촉탁한다. 이어 이미 사설동물원을 운영

---

46) 논문 부록에 첨부된 '日本人人名表' 참조.
47) 목수현, 「일제하 박물관 형성과 그 의미」, pp.22−23.

하고 있던 유한용의 동물을 인수하고 그와 野野部戊에게 동물원과 박물관 사무를 촉탁한 후, 어원사무국의 관제가 8월 13일 반포되기에 이른다.[48]

순종실록과 승정원일기에서 어원사무국의 관제 비준을 8월 13일로 적고 小宮三保松는『이왕가박물관소장품사진첩』과『이왕가미술관 요람』[49]에서 9월로 언급해 서로 일치하지 않고 있으나 이것은 어원사무국의 설립일자와 개설일자의 혼동일 수도 있다고 생각된다.[50]

따라서 위 내용을 정리하면 박물관은 1908년 8월 13일에 동물원, 식물원, 박물관을 관장할 어원사무국의 설치를 위한 법제의 반포가 이뤄지고 다음 달 기구가 설치되었다. 박물관 전시에 있어서는 기존 전각을 활용한 전시가 시작되었고 이를 1909년 11월에 일반에 공개를 하기로 하였다.

---

48)『승정원일기』, 융희 2년.
49)『이왕가미술관 요람』의「이왕가미술관 연혁」, 1938. 6. 5.
　　"1908년 9월에 새로 박물관 동식물원 사업을 관장할 부서를 설치했다. 진열관이 준공되자 도자기, 금속품, 옥석류, 불상, 회화, 목죽기 등의 공예품, 기타 역사 풍속 관련 수집품을 각 시대별로 진열해서 먼저 순종이 관람했다. 다음에 통감 이등박문과 한국대신들 이하에게 관람을 허가했다. 1909년 11월 1일 순종의 특별배려로 일반인들과 함께 관람하여 즐긴다는 취지에서 박물관과 동식물원을 창경원이라는 이름으로 공개하게 되었다. 매주 목요일은 순종이 원내를 산책하는 날이라서 폐원했다."
50)『승정원일기』, 순종 2권, 1994, p.162.
　　"8월 13일: 어원사무국은 궁내부대신의 관리에 속하여 박물관 동물원 식물원에 대한 사무를 관장한다. 총장은 궁내부차관이 겸하고 이사는 총장의 명을 받아 국의 업무를 관장하고 부장은 총장의 명을 받아 박물관 동물원 식물원을 분장한다. 본 포달은 반포일로부터 시행한다."

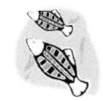

🌸 표 4-2 이왕가박물관 설립 연대기

내 용	연 도	개 요	수록지명
어원(이왕가)박물관 설립목적 (황성신문, 대한매일신보는 '제실박물관'으로 기록)	1907.11	순종의 창덕궁 移御가 1907. 11월에 이뤄짐에 따라 이왕전하(순종황제)께 위락제공목적으로 이완용 제안	박물관연구(1935)
	1907	이등박문이 왕가의 오락 공중의 관람목적	경성안내(1915)
	1907	이완용의 위락시설 제안으로 小宮三保松의 구체적 제안이 1907년 11월 6일 이뤄짐	이왕가박물관소장품사진첩(1912)
	1907	이완용 등의 지시에 의해 小宮三保松가 박물관 창설제의	이왕가미술관요람(1938)
	1908.8.13	상반기에 동물원 식물원 박물관 설립준비와 담당직원 임명한 후, 8월 13일 어원사무국의 관제발표 및 설립	순종실록, 승정원일기
어원사무국의 설립일자	1908.9	어원사무국의 설립	①이왕가박물관소장품사진첩의 小宮三保松 서언 ②이왕가미술관 요람(1938)
박물관 준공 및 전시관람	1908.9	기존 전각을 활용한 전시관 준공하여 순종 관람 (전당의 내부시설을 고쳐 진열관 활용)	①이왕가미술관 요람(1938), ②이왕가박물관소장품사진첩의 小宮三保松 서언(1912) ③경성안내(1935)
박물관 공개	1909.11.1	박물관을 일반 대중에 공개	①이왕가미술관 요람 ②이왕가박물관소장품사진첩의 小宮三保松 서언
박물관 본관 낙성	1911.11.30	박물관 본관은 1911년 완성. 이후 이왕가미술관 개관으로 장서각이 됨. (1992년 12월 철거됨)	①이왕가미술관요람은 1911년 9월 건조 ②순종실록, 창덕궁이왕실기 1911년 11월 30일 낙성
수집품 수		1만 2천 2백 2십여 점 1만 2천 3십여 점	①경성안내 ②이왕가박물관소장품사진첩
소장품수집방법		전래품, 도굴품 수집, 채집	

본관건물의 낙성식은 순종실록에 1911년 11월 30일 "박물관의 본관을 창경원의 높은 건물위에 새로 세워 낙성하게 되었고 또 식물원 본관에도 앞쪽 연못가에 일본식 가옥 1동을 신축하여 낙성하였다."[51] 하여 『이왕가미술관 요람』에서의 1911년 9월에 건조한 것과 상이한 점이 있는데 이 역시 공사의 완성시기와 낙성식을 거행한 일자가 차이가 있을 것으로 생각된다.[52]

2) 어원(이왕가)박물관과 창경원의 명칭

박물관이란 용어는 1880년대 초 서구문물을 도입하는 과정에서 일본에서 사용하던 박물관이란 용어를 채용하여 구한말의 선각자들인 김기수, 박영효, 정경원, 탁정양, 민종묵 등의 글에도 인용하였다. 하지만 제도로서의 박물관의 정착이 이뤄지지 않은 상황에서 박물관이란 명칭은 실제 널리 사용되지 않았다. 1908년 황실의 박물관 설립이 추진될 즈음 황성신문사[53]와 대한매일신보[54]에서는 이를 일본과 같

---

51) 『순종 4년 부록』, 04 / 11 / 30.
52) 송기형, 「창경궁박물관 또는 이왕가박물관의 연대기」, 『역사교육』72, pp.169 – 195.
53) 『황성신문사』, 1908년 2월 12일 2면.
    "帝室博物館: 제실박물관을 설립한다 함은 이미 보도하였거니와 그 목적인 즉 국내 古來의 各圖, 고미술품과 現 세계에 문명적 기관 珍品을 수취 공람케 하여 국민의 지식을 계몽케 함이 라더라."
54) 『대한매일신보』 1908년 1월 9일.
    "궁내부 계획: 궁내부에서 본 년도부터 제실박물관과 동물원과 식물원들을 설치할 계획으로 목하에 조사하는 중이다."

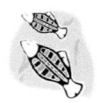

이 '제실박물관'으로 호칭한 바 있다. 또한 순종실록에서 융희 2년인 1908년 일본의 제실박물관 총장 마타노타쿠(股野琢)가 순종황제를 알현한 것을 볼 때[55] 대한제국은 일본의 제실박물관과 동일한 명칭과 제도로 기획한 것으로 생각되며, 제실박물관, 동물원, 식물원의 삼원 설치가 계획단계에서부터 함께 고려되고 있다. 기존에 알려진 대로 황제의 위락을 위한 것뿐만 아니라 대외적으로는 국민계몽에 그 설립 목적을 두고 있다는 사실을 알 수 있다. 이와 연관하여 양 신문사가 제실박물관의 설립에 관한 언급을 한 것으로 보인다.

먼저 제실박물관과 이왕가박물관의 명칭에 관한 문제를 고려해 볼 때, 『고·순종실록』의 편찬시도 1910년까지는 융희의 연호로 기록하였고 1910년 이후 편찬된 순종부록에서는 융희란 명칭을 제외시킨 것을 보더라도 대한제국 시기 황제 연호하의 '제실박물관' 혹은 '황실박물관'이란 용어와 그 후 격하된 '이왕가박물관'이란 용어의 사용은 당연시되었을 것이라 생각된다. 그러나 박물관에서 발행된 공식적인 도록이나 안내지 등에서 '제실박물관'이란 명칭이 사용된 것은 아직 확인이 되지 않고 있지만 『국립중앙박물관 60년』에 실린 삽도에는 『제실박물관 진열본관』도면을 싣고 있는바 당시의 공식명칭을 제실박물관이라고 불렀을 가능성도 시사하고 있다. 제실박물관이란 명칭은 일본의 제실박물관과 동일하고 근대 문명개화의 한 척도로서

---

55) 『순부 07 / 07 / 18』, 「내각법제국관보」 제4189호, 융희 2년(1908) 9월 19일, '宮廷錄史'에는, "9월 26일 오전 11시에 통감대리부통감 자작 曾禰荒助가 일본 제실박물관 총장 및 제실박물관미술부장, 내무성 古社寺保存委員을 대동하고 순종황제를 알현하는 것을 보도하고 있음."

표 4-3 이왕가박물관 명칭

명　칭	수록 명	내　용
어원박물관 (1908 – 1910)	內閣往復文 1910.4.23	御苑博物館・동물원・식물원 관람표 1장을 보냄
		(발신: 궁내부대신 민병석, 수신: 이완용)
제실박물관 (준공前신문 / 도면)	대한매일신보 / 황성신문	합병이전
	1908.2.12 / 제실박물관 진열본관 도면	한국학중앙연구원　소장(국립중앙박물관60년 p.412 도면 참조)
창덕궁어원 동물원	사진엽서－조선명소	본문에 실려 있는 동물원전경 임.
이왕직(가) 박물관	이왕직발행도록, 엽서	관리 주체에 따른 명칭(한일합병 후)
창덕궁박물관	일제 발행 엽서	창덕궁 이왕의 호칭에 따른 명칭(합병 후)
창경궁박물관	일제 발행 엽서	박물관위치에 따른 명칭

박물관을 건립하였다는 관점에서 볼 때 주목되는 명칭이다.56) 1910년 일본에 강제합병이 된 후 8월 29일 일본 천황의 조서에 의해 고종황제를 '덕수궁 이태왕'이라 칭하고 순종은 '창덕궁 이왕'이라 격하된다. 12월 30일에 황실 령 관제 34호로 재가 되어 기존 궁내부의 업무가 '이왕직'으로 이관되어 박물관도 격하되어 이왕가박물관이라 불리게 된다.

　이로 인해 양 신문사와 도면에서 언급한 '제실박물관'은 일제 강점기하에 창덕궁 이왕의 명칭에 따라 '창덕궁박물관' 혹은 '이왕가사설박물관'으로 격하되어 불리기도 했고 황실사무 기관을 이름 따 '궁내부박물관' 병합 후에는 '이왕직박물관'이라 불렸으며, 박물관이

---

56) 국립중앙박물관, 『국립중앙박물관 60년』, 계문사, 2006, pp.411－414.

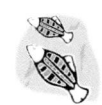

창경궁에 위치함에 따라 '창경궁박물관', '창덕궁박물관'이라 다양하게 불리었다.

이 많은 명칭 중에 본인은 황실 주관부서인 '어원(御苑)사무국'의 명칭을 딴 '어원박물관(御苑博物館)'[57]이라 불린 사실에 주목하고자 한다. 승정원일기 융희 2년에 당시 사용한 <어원 관람표>라는 공식적인 사료가 <표 4-3>과 같이 기록된 것을 볼 때 궁내부 어원사무국의 관리하에 운영되는 <어원박물관>[58]이란 명칭은 기획단계에서 사용된 <제실박물관>이란 명칭과 더불어 박물관 설립초기에 사용된 공식명칭으로 추정할 수 있는 여지를 주고 있다. 이 같은 명칭은 [도-30]에서 보듯이 합병 후 발행된 상업사진엽서인 '조선명소' 시리즈에 남아 '경성창덕궁어원동물원(京城昌德宮御苑動物園)'이란 명칭으로 남아 있다. 그러므로 이왕가박물관의 다양한 명칭에도 불구하고 적어도 박물관 기획단계에서는 '제실박물관'이란 명칭을 사용하고 박물관설립 이후는 '어원박물관'이란 명칭을 공식적 용어로 사용하였을 것으로 도면과 관람표를 통해 추정할 수 있어 본문에서는 1910년 이전은 어원박물관 이후는 이왕가박물관으로 사용하고 있다.

또한 창경궁의 동물원, 식물원, 박물관을 합쳐 이 영역을 '창경원(昌慶苑)'이라 불렀다는 사실도 순종부록에서 알 수 있다.[59] 이는 일

---

57) 『內閣往復文』, 고전국역총서, 1910. 4. 23.
   "御苑博物館·동물원·식물원 관람표 1장을 보냄(발신: 궁내부대신 민병석, 수신: 이완용)."
58) 앞 주석의 관람표에서 공식적으로 '어원박물관'이란 명칭을 사용함.
   [도-41] '총독부박물관 관람표'를 상정해 볼 때 관람표에는 박물관의 공식 명칭이 기재되어 있으므로. 이왕가박물관 역시 1910년 8월 29일 이전의 박물관 명칭은 '어원박물관'일 것으로 추정함.

제 때 창경궁이 창경원으로 비하되었다는 일부 주장도 제기되지만 창경궁의 일부인 동물원, 식물원, 박물관을 통칭하는 용어로 삼원을 합해 昌慶苑이라 불렀으며 昌慶苑의 용어가 정착되면서 창경궁을 대신한 비하적인 용어로 일반에 인식돼 왔던 것으로 생각된다. 1933년에 간행된 『이왕가박물관사진첩』에서 "궁의 일부인 昌慶苑"이란 언급이 있는 것을 볼 때 당시까지도 동, 식물원과 박물관을 통칭한 창경원을 창덕궁과 창경궁의 일부지역으로 한정하여 호칭하고 있다는 사실을 미뤄 알 수 있다.60)

3) 어원(이왕가)박물관의 소장품 수집정책과 진열장소

(1) 어원(이왕가)박물관의 주요 소장품 및 수집정책

어원박물관 때는 고려자기를 중심으로 수집활동은 활발하게 이뤄져 왔다.61) 『이왕가박물관소장품사진첩』(1912)62)의 서언에 의하면 대정

---

59) 『순부 02 04 / 04 / 26(양력)』
"박물관과 동식물원을 지금부터 창경원(昌慶苑)으로 통칭하였다. 그것은 창경궁 내에 있기 때문이었다(이달 11일에는 苑의 명칭을 東苑이라 하였다가 이번에 또 개정하였다)."
60) 이왕직, 『이왕가박물관소장품사진첩』, 이왕가박물관, 1933.
61) 이왕직, 『이왕가미술관요람』, 이왕가미술관, 1938, pp.1－2.
"1908년 1월 먼저 진열품의 수집에 진력하였다. 이때 마침 경성에 고려시대의 분묘에서 나온 찬연한 고려문화를 볼 수 있는 다수의 도자기, 금속품, 옥석류가 많이 매매되고 있어 그것을 호기로 예의 그러한 출토품과 함께 삼국시대, 신라통일시대의 作과 관련 있는 遵健되는 彫像의 구입에 노력하고 조선시대 회화, 공예품 등도 수집했다."

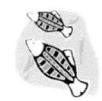

원년인 1912년 12월 25일까지 이왕가박물관에 소장된 소장품의 수는 총 12,030점으로 집계되어 있다. 여기에는 고려자기와 동기, 삼국시대 불교공예품, 조선왕조의 회화, 풍속도, 도자기 등이 총망라되어 수집되었다.

그 비중으로 보아 박물관의 주요 소장품은 고려청자를 중심으로 한 도자기류, 삼국시대 이래의 불상과 금속공예, 조선시대 회화류며 박물관은 설립 후 줄곧 명품중심으로 소장품을 수집했음을 알 수 있다.[63]

목수현의 논문「일제하 박물관의 형성과 그 의미」에서 소장품의 주요 수집경로는 시중에 유통되는 도굴품, 도요지 등의 발굴품, 전래품의 세 가지 경로를 통해 주로 수집한 것으로 제시하고 있다.[64] 이와 관련한 수집방법에 대해서는 앞서 인용한『이왕가박물관소장품사진첩』(1912)의 서언과『이왕가미술관요람』(1938)에 대략의 수집방법에 대한 내용이 언급이 되어 있다.

    "(박물관 사업의 제안 후) 이 기관들의 장소와 건물설계 그리고 물건의 수집에 착수하고 명치 41년(1908) 9월에 관장부서인 어원사무국을 신설하였다. 동물원 시설의 첫 단계로 경성에서 사립동물원 경영을 시작한 유한성의 동물 전부를 구입하고 그를 직원으로 채용하였다. 박물관 사업은 末松熊彦과 下郡山誠一 두 사람에게 맡겨 그 당시 어

---

62) 이왕직,『이왕가박물관소장품사진첩』, 이왕가박물관, 1912년 12월.
    이왕가박물관의 최초 도록으로 불상 49점, 금속공예 205점, 목조 12점, 도자기(토기 78점, 백자 39점, 청자 80점) 등 대표적인 소장품 677점의 사진이 수록되어 있다.
63) 목수현,「한국박물관 초기의 설립과 운용」, 국립중앙박물관, 2001, p.193.
64) 전게서, pp.25-26.

떤 사정으로 전무후무하게 많이 발굴된 고려 도자기와 고려 동기류를 구입하고 회화와 불상등 조선의 각종 예술품을 사 들였다."

이를 볼 때 수집의 가장 중요한 방법은 첫째 불법으로 거래되는 서화와 도자기를 시중에서 구입한 것인데 당시에는 이미 도굴이 성행하여 경성시내에는 도자기를 사고파는 것이 흔한 일이 되어 있었다. 일례로 1902년부터 고적조사사업을 해 온 세키노타다시(關野貞)는 개성에서 신세를 진 일본인에게 고마움을 표하기 위해 1904년에 출간한 『한국건축조사보고(韓國建築調査報告)』65) 한 권을 주었는데 이것이 발단이 되어 도굴과 약탈에 대한 기본적인 정보제공이 되었다고 이구열은 『한국문화재수난사』에서 밝히고 있다.66)

이어 세키노는 1909년 8월 23일 고건축조사에 관한 사무를 촉탁받아 건축소 촉탁 문학사 야츠이 세이치(谷井濟一)67)와 공학사 쿠리야마 슌이치(橘山俊一)와 더불어 9월 19일 경성에 도착 부근 및 개성, 황주, 평양, 의주, 안주, 영변, 광주, 양주, 강화, 수원, 공주, 은진, 부여, 대구, 영천, 경주, 울산, 양산, 부산 등에서 고건축물 조사

---

65) 關野貞의 『韓國建築調査報告』는 1904년 동경제대 공과대 학술조사보고집 6호에 발표되었고, 1909년 조사된 『朝鮮藝術之研究』는 1911년에 간행되었다.
66) 이구열, 『한국문화재수난사』, 돌베게, 1996, pp.90−93.
67) '타니이 세이치'라고 읽을 수도 있지만 '谷井濟一'는 <야츠이 세이치>가 올바른 표현일 것임.
  * 국립교토대학교 고고학 (*http://hb3.seikyou.ne.jp/home/Hideo.Yoshii/colonial/kakentop.html*)의 '植民地朝鮮における考古學的調査の再檢討'(식민지 조선에 있어 고고학적 조사의 재검토) REFERENCES에 <Yatui, Seiichi 谷井濟一>라 기술되어 있음.

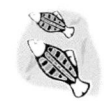

를 추진하고, 12월 21일 부산에서 출발해 일본에 귀착했다. "금회에 조사한 것은 건축물의 종류로 궁전, 성곽, 관아, 묘사, 서원, 능묘, 탑파 등이고 기타 고적, 불상, 동종, 찰간, 석탑, 비갈, 향로, 서화 등이다."[68]의 술회처럼 약 100일간에 걸쳐 방대한 분야의 보고서를 집필하여 당시 한국의 고기구물에 대한 새로운 가치를 부여하고 수집의 열광적인 붐을 불러일으키게 되었다. 1909년 가을에 도쿄에서 열린 대대적인 고려자기 경매전시의 카탈로그『高麗燒』의 서문에,

　　"이 고려자기는 옛날에 외국으로 건너간 것을 제외하면 단 1점도 지상에서 그것을 볼 수 없고 모두 고분에서 파내고 있다"
　　"고려자기의 출토품을 보면 특히 정교한 것들은 송도를 중심으로 하여 100리 안팎의 분묘에서 나오고 있고 강화도의 고려 귀인 묘에서도 나오고 있다."[69]

　이처럼 왕릉, 사대부의 묘들이 무차별적으로 파헤쳐지고 여기에서 나온 귀금속이나 도자기의 매매가 시중에서 쉽게 이뤄져 해외반출 역시 막을 수 있는 방법은 전혀 없었다. 어원박물관은 별다른 수집품이 없는 상태에서 매매되는 고려시대 분묘출토 도자기, 귀금속, 옥석류와 삼국시대 통일신라시대 불상 등을 구입하고 조선시대 회화와 공예품 역시도 구입할 수 있었다.
　둘째로는 적으나마 도요지 등에서 수집한 일종의 발굴품도 있었

---

68) 關野貞, 『朝鮮藝術之硏究』, 1911, p.1.
69) 이구열, 전게서, pp.72－73.

다. 이왕가박물관의 주임이었던 末松態彦는 1914년 5월에 강진 대구면의 도요지에서 도자기파편 및 도토가 있는 땅을 구입하기도 하였다. 이는 연구기능이 거의 없는 이왕가박물관에서 발굴을 통한 수집품의 소장은 예외적인 경우라 하겠다. 셋째 왕실전래의 소장품이 다수 있었던 것으로 생각되나 이와 관련한 자세한 기록은 알 수 없다. 다만 후지타 료사쿠(藤田亮策)의 기록에 의하면 이왕가박물관의 소장품 가운데 왕실 가마와 깃발인 찬, 여와 기장 등만이 전래품이며 명정전 행각 등에 보관되었던 민속품 의장행렬 등이 있었다 하여 짐작할 뿐이다.70) 위와 같은 사실은 1938년 잡지 『朝光』의 「이전된 이왕가박물관」이란 제하의 내용에서도 확인할 수 있다.

"명치 40년 1월에 이르러 이에 대한 제반의 건물 준비에 착수하였는데 그중에서도 박물관 기타시설로서 우선 진열품모집에 전력을 경주하였다. 때는 바로 고려시대 분묘로부터 출토한 찬연한 麗朝문화를 엿볼 수 있는 수많은 도자기 금속품 옥석류가 경성시내에서 흔히 매매됨으로써 이를 호기로 하여 이 출토품과 아울러 삼국시대 신라통일시대에 만들어진 조상 같은 것을 구입하고 혹은 조선시대의 회화와 공예품등을 모집하였다. 이 고미술품모집과 함께 창덕궁에 유존된 경춘전, 관경전, 명정전 및 양화당을 응급 수선하여 내부설비를 가한 후 이것을 진열관으로 충당하였다"71)

그러므로 당시의 경성시내에는 수많은 도굴품이 성행하고 대부분

---

70) 목수현, 「일제하 박물관의 형성과 그 의미」, 서울대, pp.24–27.
71) 조선일보사, 『朝光』 4권 8호, 조선일보사출판부, p.44.

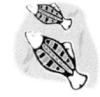

의 공급자와 수요자가 일본인에 의해 자행되어 개성과 강화도의 고분군들이 무차별로 파헤쳐져 분묘의 주인공을 비롯한 역사적 가치를 상실하게 되는 잘못을 저지르게 된다.

고려자기의 불법적인 도굴에 대해 일본의 근대문학을 대표하는 나쓰메 소세키의 조선여행에서 도굴로 인한 불법적인 거래의 일례를 확인할 수 있다. 그는 1909년 학창시절의 친구인 2대 만철총재 나카무라 제코의 초청으로 만주와 조선을 여행하게 된다. 9월 2일 도쿄를 출발해서 3일 아침 고베에서 오사카, 상선 테츠레이마루(鐵領丸)를 타고 대련을 출발하여 여순, 웅악성, 영구, 탕강자, 봉천, 무순, 하얼빈, 장춘을 돌아 조선에 들어가 평양, 경성, 인천, 개성을 여행하고, 부산에서 배를 타고 10월 14일 시모노세키에 귀환한다. 42일간의 여행에서 『만주, 조선의 여기저기』 소위 만한기행을 1909년 10월 29일에서 12월 30일까지 51회에 걸쳐 아사히신문에 게재했다.[72] 그 내용 중 1909년 10월 4일의 일기에서 어원박물관을 구경하고 고려자기가 많이 진열되어 있는 것에 관심을 나타내고 있다. 10월 7일의 일기에는 "거리에서 고려자기 물병처럼 생긴 것을 보았다. 선물로 살까 하고 물어보았더니 이미 팔렸다고 한다. 얼마에 팔렸느냐고 물었더니 45엔이라고 한다. 놀랄 만하다."며 고려자기의 불법적인 유통과 높은 가격에 대한 놀라움을 표시하였다. 나쓰메 소세키의 소설에도 여러 번 고려자기에 관한 내용이 나오는데 평소 그의 관심이 높았던 것을 알 수 있다.

---

72) 장남호, 「나쯔메 소세키의 아시아」, 『일본어문학』 제6집, 1999. 3, pp.29 – 30.

그 일례로 1906년 작품 『그 후』에서는 주인공 다이스케가 조선의 통감부에 근무하는 친구에게 고려자기를 보내준 데 대한 감사의 편지를 보내고 있고 그의 조선 여행 직후인 19010년에 발표한 『문』에서는 "오사카에서 만든 고려자기를 진짜 고려자기로 생각하여 소중히 장식해 놓고 있다"라 함으로써 불법거래뿐 아니라 고려자기의 가품도 일상적으로 거래되고 있었음을 소설 내용에서 짐작할 수 있다. 이러한 불법약탈과 거래의 주요 원인은 청일전쟁 이후 일제가 한반도 침략계획에 필요한 입체적인 정보 수집을 위해 일방적으로 강청(强請)한 각 분야 시찰조사의 일환이라고 이구열 씨는 말하고 있다.

이처럼 조선 고적조사사업은 문화재보호의 제도가 정비되지 않은 상태에서 불법적인 도굴과 거래를 통해 정보와 가치를 알게 하는 악영향을 끼치게 되었는데 이것이 어원박물관의 수집정책과 맞물려 대량의 도자기 및 서화 불상 등을 수집할 수 있는 계기가 되었음은 그나마 다행한 일이다. 도괴 유둘들은 통감부가 도굴된 유물을 구입하고 어원박물관에 의해 다시 재수집하는 과정을 거쳐 악순환도 거듭되었지만 어원박물관에서 직접 수집한 경우도 적지 않았다.73)

(2) 이왕가박물관의 박물학적 자료 수집

이왕가박물관의 기타 소장품으로는 박물학적 자료도 수집한 흔적이 보인다. 한때 동경제국대학에서 간청하여 금성석 1개를 기증한 것이나74) 1923년 경성 제일고등여학교 내에서 개최된 '조선박물학회

73) 『순종실록』권5 / 송기형, 『창경궁박물관 / 이왕가박물관 연대기』 인용.

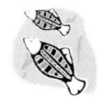

표본전람회'에 출품한 자료 중 이왕직[75]의 박물학적 표본전시품이 상당수 있었음을 볼 때 이왕가박물관의 소장품은 유물뿐만 아니라 박물학적 자료도 소장하고 있었음을 확인할 수 있다.

이왕가박물관은 공개하는 시점인 1909년 11월 개관 후 조류의 표본도 지속적으로 모집하여 소위 '자연사박물관'으로서의 복합적 기능도 염두에 둔 듯하나 전시기능보다는 연구기능을 중심으로 조사한 것으로 생각된다. 이왕가박물관은 초기에는 약 295점의 조류를 모집해 1917년까지 318종의 1,918점을 모집하게 되었다. 戶田直太郞란 박제사가 이에 관계하여 주로 모집장소는 경성, 경기도를 비롯하여 제주도, 황해도 등 전 조선의 조류를 망라하고 그중 일부는 기증품이기도 하지만 주로 시장과 수렵을 통해 포획하여 조류를 박제화한 것으로 下郡山誠一이 편찬한 이왕가박물관소장 『朝鮮産鳥類目錄』에서 밝히고 있다.[76] 이 목록에는 조류명, 학명, 표본번호, 채집지명, 채집연월일 등을 밝히고 있지만 침고문헌으로 일본에서 발행된 『동물학잡지』,[77] 『일본산조류도설』,[78] 『鳥』 등의 서적을 참고하여 일본식명칭(和名)을 붙이는 등 식민지 문화정책의 한계를 내포하고 있었다. 이러한 유물, 박물학적 자료의 구입과 전시는 조선인에 의해 주도된 것이 아니라 박물관사업을 실질적으로 담당한 일본인 末松態彦, 下郡山誠一 등의 인물이 주도하였다.

---

74) 전게서, 각주 70, p.24.
75) 『朝鮮博物學標本展覽會 出品目錄』, 朝鮮博物學會, 1923.
76) 이왕가박물관, 『朝鮮産鳥類目錄』, 이왕직.
77) 內田淸之助.
78) 日本鳥學會.

(3) 이왕가박물관의 전시장소와 운영

구입된 유물은 [도-27]과 [도-28]에서 보듯이 1911년 11월 30일 명정전 우측 언덕 위에 세워진 일본식(和館式) 건물인 본관과 부속 건물에 전시되었다. 본관건물 이외에 양화당, 통명전, 영춘헌, 관경전, 경춘전, 함인정, 영희당, 명정전, 숭문당, 문정당, 승화루, 보춘정 등 대부분의 창경궁 내의 전각이 박물관 전시품의 전시장소로 이용되어 석제조각품, 조선시대 금속공예품, 고분의 모형, 고분벽화 모사도, 불상 등을 전시하게 되었다.[79] 전시물은 명정전에는 석각류, 명정전

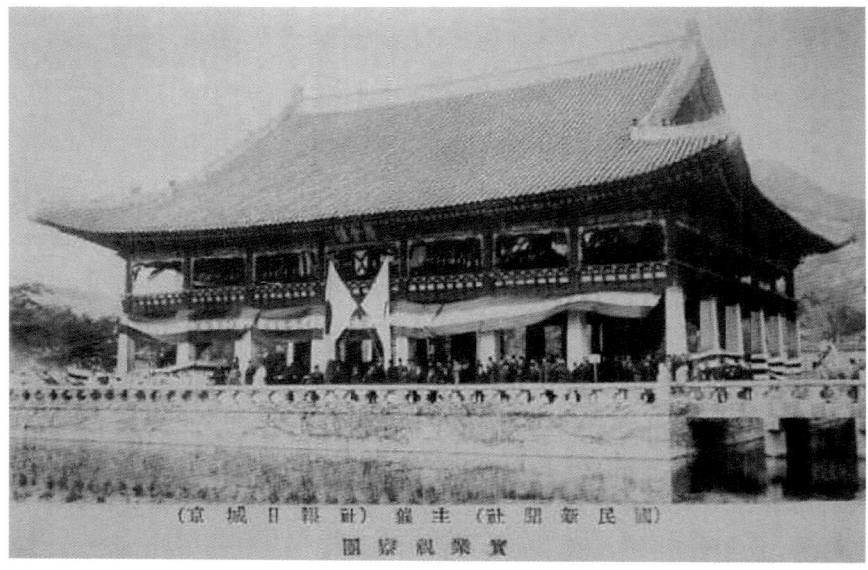

┃ 도-32 1905년 조선실업시찰단의 환영행사(숭례문, 경회루, 주합루에서 환영)

---

79) 이왕가박물관, 『李王家博物館所藏品寫眞帖』序言, 이왕직, 1933.

의 행각에는 조선시대의 토속품, 환경전에는 조선시대 금속기 및 토속품, 경춘전에는 도기와 목죽류가 전시되고 박물관 본관에는 고려시대 도자기, 금속 등의 귀중한 유물을 전시하였다.[80]

박물관의 개관초기 운영은 비교적 활발하여 1911년 3월 16일에는 부산에 도착한 조선실업시찰단 240명이 경의선을 이용해 대구를 거쳐 조선의 민속, 역사, 문화, 실업에 관한 관광을 마치고 경성에 도착하여 숭례문에서 기념촬영을 한다. 사실상 이때부터 숭례문은 서울의 상징으로서 경의선을 이용해 서울에 도착한 일본인들의 기념촬영 장소로서 자주 애용되기 시작한다. 이들은 경복궁, 창덕궁 인정

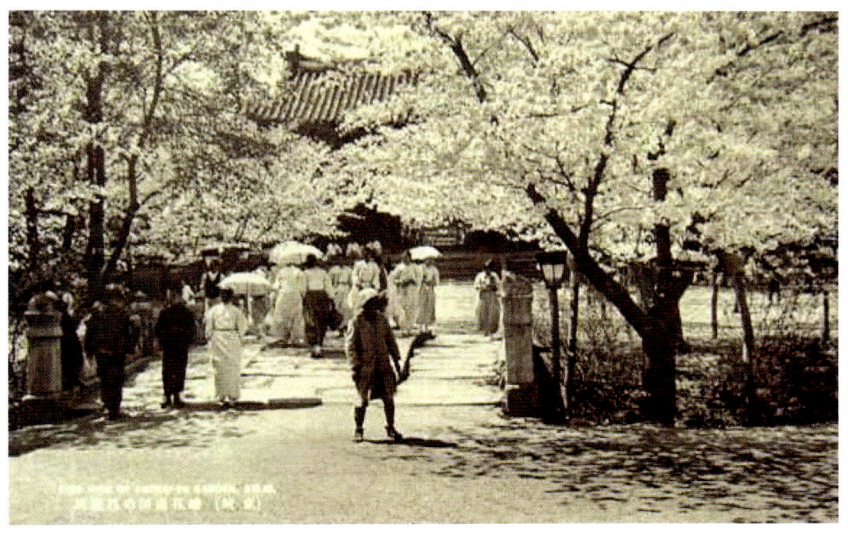

┃ 도-33 창경원 벚꽃놀이(사진엽서)

---

80) 목수현, 전게서, p.30.

전, 비원, 박물관, 동물원, 식물원을 관람하고 차관 小宮三保松가 주합루에서 성대한 환영행사를 하게 된다. 이러한 단체관람 외 해외출품도 활발했는데 그해 3월 7일에는 박물관이 소장하고 있는 고려자기 18점, 고려 완륜경, 장식품 등 19점을 교토박람회에 출품하기도 하고 3월 16일 일본미술협회의 개관 때는 이왕직박물관 소장품 중 산수, 화조, 풍속, 초상 등 화폭 20점을 출품 진열하기도 하였다.81)

1911년 4월 박물관과 동, 식둘원을 포함한 창경궁 일원을 창경원으로 통칭하면서 궁궐로서의 면모에서 원유공간으로 정체성을 점차 바꿔나갔다. 『전국박물관안내(全國博物館案內)』(1932)에는 창경원에는 벚나무를 200그루 이상 심어 해마다 벚꽃놀이 인파로 발 디딜 틈82)이 없었고 1926년 순종의 서거 후 1927년 7월 1일부터 창경원 전체가 연중무휴로 개관이 되었다. 신분의 귀천을 불문하고 대인은 10전 소인은 5전을 내면 창경원을 구경할 수 있었고 단체관람객은 대인 1명당 5전, 군인 및 소인은 2전만 내면 들어갈 수 있었다.

이로 인해 1921년 관람통계는 박물관 두 곳(이왕가박물관, 조선총독부 박물관)의 관람객이 연 39,180명인 데 반해 식물원은 19,180명, 동물원은 239,750명으로 박물관 관람객의 6배 이상을 차지하여 창경원에서 박물관의 영향력이 그다지 크지 않았음을 나타낸다.83)

---

81) 『순종부록』 04 / 03 / 7, 04 / 03 / 16.
82) 일제 때 창경원 및 경복궁, 성곽 등에서 벚꽃놀이를 하는 엽서가 지금도 상당수 남아 있음.
83) 목수현, 전게서, pp.34 – 36.

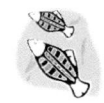

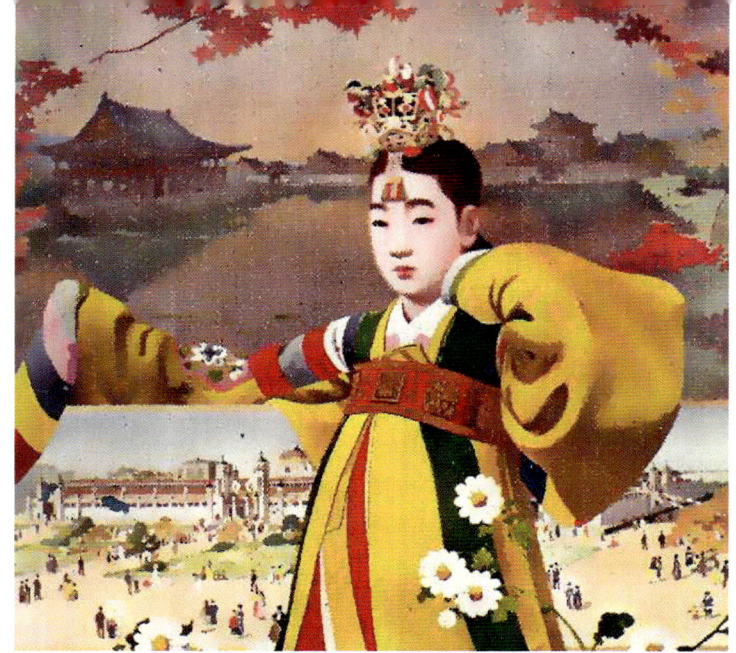

┃ 도-34 1915년 조선물산공진회의 포스터 ┃ 전면에 기생의 모습을 한 여인을
나타내고 경회루가 보이는 상단의 어두운 모습은 舊政으로, 아래 공진회의 밝은 모습은
新政으로 대조적으로 표현하고 있음   • 출처: 소장 컬러 사진엽서

••• 3. 식민주의 박람회와 본격적인 박물관시대의 전개

1) '시정오년기념조선물산공진회'의 개최와 역사적 배경

일본은 청일전쟁과 러일전쟁을 유리하게 이끌어 한반도에서 군사,
정치적 우위를 차지하게 된다. 을사늑약 체결 이후 조선에서는 1907
년 일본 상인들이 중심이 되어 '경성박람회'가 개최되기에 이르고

강제 병합 이후에도 상공업자를 중심으로 총독부에 박람회 개최의 요구가 계속되어 대한제국 합병 5년이 되는 1915년에 "피폐하고 내우외환으로 시달려 마침니 일본에 병합된 조선이 식민통치를 받아 유신의 기운을 맞아 1천여만 인의 잠을 하루아침에 깨운 증거"[84]로서 조선물산공진회를 개최하게 되었음을 공진회보고서에서 역설하고 있다.

(1) 공진회의 유래와 성격

공진회란 용어의 사용은 경쟁을 자극하기 위한 경진대회의 성격으로 불어의 '콩쿠르'를 일어로 번역하는 데서 유래되었다. 공진회는 내무경 오오쿠보의 암살 이후 슬세가 된 대장경 오오쿠마 시게노부(大隈重信)와 내무경 이토 히로투미의 연명으로 상신한 1879년에 일본에서 처음 실시되었다. 이미 박람회란 용어가 당시 일본에서는 널리 퍼져 있었지만 공진회란 용어가 새롭게 사용된 이유는 경쟁과 이익의 실현을 위해 전국적인 물산을 진열하는 박람회적 성격보다는 목표 지향적이고 지역적인 규모의 중소박람회를 대체할 적합한 용어의 필요성 때문이었다.

1회 내국권업박람회를 치른 후 지방박람회의 지원과 육성도 고려되었지만 자본과 과다한 경비에 비해 산업의 육성이 미약하다고 반대의 목소리도 적지 않았다. 공진회는 1회 내국권업박람회를 거치면서 중소규모

---

84) 조선총독부, 『조선물산공진회보고서』 1 – 3권, 조선총독부, 1916년(大正 5년).

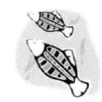

표 4-4 박람회와 공진회 비교

내국권업박람회	공진회
출품종류 무제한	종류 제한
대규모로 경비과다	지방자치체가능
개별산업 비교곤란	개별 산업 장려가능
지방출품자개최원거리	해당 지역 전업자 가능

의 개최와 경비의 절약이 가능하며 무엇보다 개별산업의 경진을 통해 산업장려가 가능하다는 점에 그 목표를 두게 된다.

이로 인해 공진회의 개최규모는 전국 부, 현, 군 등으로 구분되었지만 초기에는 내무성 경비로 전국규모의 공진회를 개최하기도 하였기에 반드시 규모로만 이를 구분하기는 곤란한 점이 있다. 권농국장 松方은 생사공진회에서 당시 교역에서 수입초과에 대한 자국 물품의 이용과 증산을 호소하기도 했으며, 1880년대에 이르러 정부가 부, 현이 연합하는 공진회에 한해 일부 지원을 하는 농산품 공진회가 유행하여 내국권업박람회와 더불어 산업장려의 한 기조를 이루게 되었다.85)

한편 조선에서 1915년 열린 공진회의 공식명칭은 '시정오년기념조선물산공진회(施政五年記念朝鮮物産共進會)'로 병합한 지 5년째를 기념해 舊경복궁에서 9월 11일 물산공진회가 개최되어 10월 31일까지 성대하게 진행된다. 명칭은 박람회가 아니라 '共進會'라는 명칭을 사용하는데, 이는 당시 매일신보의 내용을 볼 때 두 가지에 중점을 두었음을 알 수 있다. 하나는 일시적인 진열이 중심인 박람회가 아니라 공진회라는 명칭으로 경진대회적 성격을 부여해 지속적인 일

---

85) 國雄行, 『博覽會の時代』, 岩田書院, pp.85-90.

본자본의 조선투자를 염두에 두었으며 다른 하나는 조선인과 일본인의 동화정책에 그 근간을 두고 있음을 확인할 수 있다.[86]

이는 구체적으로 1914년 8월 3일의 테라우치 총독의 훈시에서 공진회의 성격을 엿볼 수 있다.[87] 그는 공진회를 통해 내지의 관리, 실업가, 학자, 지식인들이 조선으로 건너와 조선에 관한 연구를 하도록 하는 것을 취지 중 하나로 십파하고 있다. 그러나 공진회란 명칭은 이미 1914년 11월 부산에서 1회 '경상남도 물산공진회'[88]가 20일간 경상도의 생산물과 제품을 비교, 조사하여 사업을 개량하기 위해 개최된 바 있다. 이런 점에서 병합된 조선의 현실을 하나의 내지에 대한 지역성으로 파악하는 성향을 반영한다고도 볼 수 있으나 조선물산공진회의 경우에는 행사의 규모보다 성격[89]에 따른 구분으로 보는 것이 바람직하다고 볼 수 있다.

---

86) 김태웅, 「1915년 경성부 물산공진회와 일제의 선전활동」, 『서울학연구』 18, 2002, p.142.
87) 조선총독부, 『朝鮮彙報』 시정오년공진회기념호, 1915. 9, p.4.
　　"박람회는 반드시 진열해 놓은 물품의 품질까지도 심사 연구하여 장래의 발달을 촉진하는 것을 취지로 삼는 것은 아니라는 거이다. 이러한 것을 하는 것은 바로 공진회올시다."
88) 주윤정, 「조선물산공진회(1915)에 관한 연구」, 한국정신문화연구원 석사논문, 2003, p.15.
　　"전시관은 농업관 임업관 원예관 공예관 참고관으로 이뤄졌다."
89) 박람회의 경우 내국권업박람회, 화학공업박람회 등은 총괄적인 지역범위와 제한이 적은 것인 반면, 공진회는 郡馬縣一府十四縣聯合共進會, 明治十三年綿糖共進會 등과 같이 지역적 범위와 개최목적의 한계를 가진 경우에 주로 사용함.

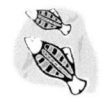

(2) 조선물산공진회의 개최와 사회적 배경

① 공진회로 인한 경복궁의 훼손과 변형

공진회보고서에 의하면, 1913년에 공진회의 기본계획을 수립하고 1915년 총독부 훈령으로 『공진회사무장정』을 발표하게 된다. 사무총 장은 조선총독부 정무총감이 맡았으며 각도의 평위원은 일본인 5인, 조선인 5인으로 하여 각도 장관의 추천에 따라 심의케 한다. 공진회 의 개최기간은 1915년 9월 11일에서 10월 31일까지 50일 동안이며, 장소는 舊景福宮址[90]로 8월 6일 정식 고지되었다.[91] 그러면 구황실 재산인 경복궁에서 어떻게 공진회가 열릴 수 있었을까.

순종실록 4년(1911년)에는 "경복궁 전체면적 19만 8천 624평 5合6勺 여를 총독부에 인계하였다"[92] 하고 장지연 선생이 발행인으로 있는 경 남일보 1911년 4월 19일에는, "경복궁은 원래 이왕전하의 소유로서 자 유 처분키 불능함으로 先般 당국자와 이왕직이 협의하여 총독에게 인 계의 수속을 기히 종료 하얏다더라."라 기록하고 있다. 5월 29일 『景福 宮引繼了』의 기사에는,

> "경복궁은 원래 이왕가에서 관리하여 일반에게 관람케 하는데 이왕
> 가에서는 유지 및 기타에 다대한 경비를 요함으로써 금회 조선총독부
> 에 인계하야 거십구일에 기 수수를 종료하여, 총독부에서는 당분간은
> 종래와 같이 일반의 縱覽을 허하고 또는 공공단체 등의 회집에 사용

---

90) 1910년부터 불용건물이 매각되어 일부는 터로 남아 있었다.
91) 朝鮮總督府編, 『施政五年記念朝鮮物産共進會報告書』 1권 1장 總論, 朝鮮 總督府, p.14.
92) 『순종실록부록』 4년 5월 17일.

할 경우에 대여할 방침이라더라."[93]

하여 위 글에서는 표면상 이왕가에서 경복궁 유지를 위한 다대한 경비의 부담으로 인해 총독부와 협의하여 인계한 것처럼 보이지만 이미 총독부 청사이전계획의 수립으로 1912년에는 새 청사를 위한 토목국이 신설되기도 하여 계획적인 의도가 숨어 있다. 『景福宮引繼了』의 내용에서는 총독부에 공식적으로 인계하기 이전에도 이미 관람과 회합장소로 종종 이용하고 있음을 알 수 있다.

이같이 궁궐을 박람회와 박물관으로 변경하려는 계획은 근대박물관 형성과정을 볼 때 유럽에서는 계몽주의적 영향으로 왕실과 관공서를 중심으로 공공건물화하였고 일본에서는 신세계의 구경거리와 사회교육기관의 일환으로 대중에게 공개된 바 있지만 조선에서는 일찍이 식민지적 성격으로 궁궐이란 상징적 건물이 훼손된다. 이는 내무대신 송병준에 의해 1910년 박람회장으로 경희궁을 영구적인 진열관으로 계획되고 조선산업박람회장으로 경복궁이 이미 제기된 바 있어 박람회장의 개최장소로 공공연히 궁궐의 사용이 거론되고 있었다.[94] 1923년 부업품공진회에서는 많은 사람이 오가는 장소인 광화문 내 축사(畜舍)를 조성하기도 하였지만[95] 공진회의 개최를 위해 다방면의 인프라도 구축하여 교통시설의 확충과 산업시설도 점차 완비하기 시작했다. 일본자본과 인력의 유입이 본격화되어 군용, 관광,

---

93) 『慶南日報』, 1911년 4월 19일자, 5월 29일자 기사.
94) 金正明, 『日韓外交資料集成』, 慶南堂書店, 1964, pp.979-983.
95) 일제 때 발행된 '부업품공진회' 엽서 참고.

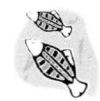

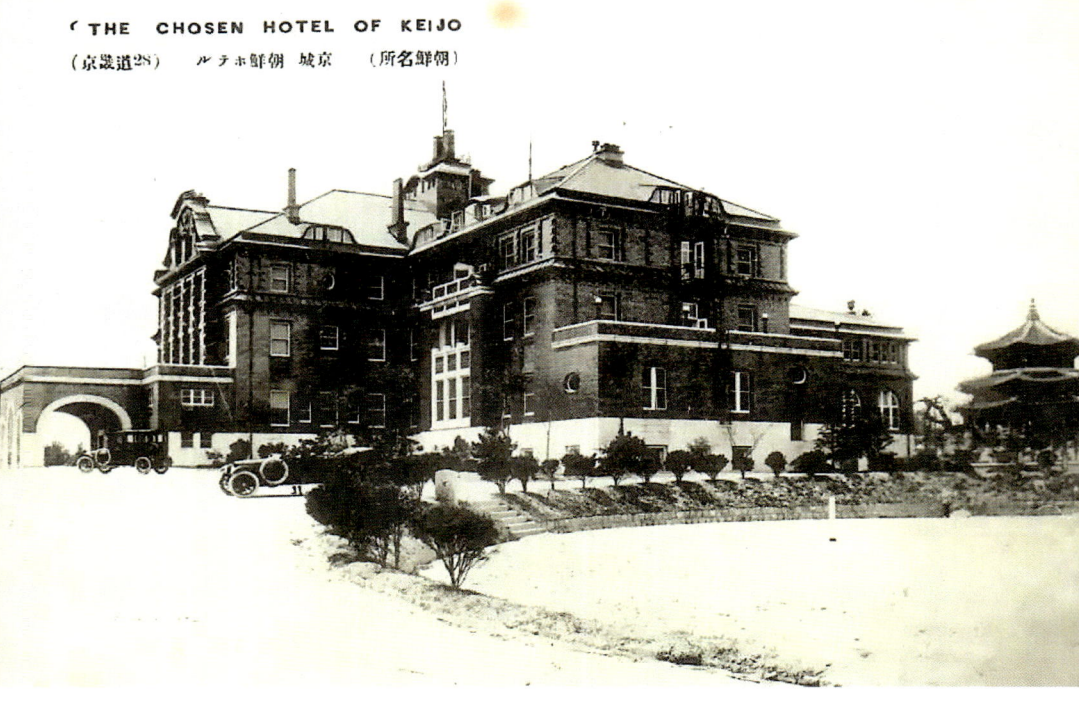

『THE CHOSEN HOTEL OF KEIJO

(京畿道28)　ルテホ鮮朝 城京　（所名鮮朝）

▌ **도─35** 1913년 원구단이 헐리고 조선호텔이 들어선다. 뒤편에 황궁우가 보인다.

산업철도의 역할을 담당한 경원선이 1914년 6월에 개통되고 경성의 숭례문96)에서 황토현(현재 광화문 네거리)까지의 태평통이 도로개수 공사로 확대 整地되었으며, 대한제국을 선포한 원구단을 철거하고 조선호텔을 건립하여 관광객을 수용할 수 있도록 하였다.

---

96) '남대문'과 '숭례문'은 조선왕조실록에도 같이 사용하고 있지만 실록을 통해 볼 때 조선시대에는 숭례문이란 말을 더 많이 사용했음을 알 수 있다. 그러나 일제에 의해 南大門通이란 거리 이름이 생기자 숭례문이란 말보다는 서서히 남대문이란 보통명사를 사용하기 시작한다. 양쪽 성벽을 훼철하기 전의 사진과 엽서도 일부 남아 있고 성벽이 훼철된 후에는 관리소가 앞에 설치되어 특별한 관리가 되었음을 알 수 있다. 600년 한양정도의 상징인 숭례문이 2008년 02월 10일 설 연휴 마지막 날 방화에 의해 불에 타 석축과 1층 건물의 일부만 남게 된다.

이로 인해 경복궁의 모습은 변형되어 『日韓倂合始末 附錄』에 첨부된 경복궁의 도면에서는 이미 동궁 지역의 춘방, 계방 등 부속건물들은 철거된 상태이고 외전의 북서 측 경회루 뒤편 문경전(文慶殿), 회안전(會安殿) 등과 부속건물들도 철거되어 있다.[97] 대한매일신보 1910년 3월 10일자에 경운궁과 창덕궁의 불용건물들이 매각될 예정이라는 기사가 실려 있는 것으로 보아 이 시기를 전후하여 불하된 것으로 추정된다. 그러므로 형식상 경복궁은 총독부가 인수하여 공진회 개최 이전부터 훼손이 진행되어 왔고 공진회를 계기로 건물의 대대적인 철거가 실시되고 있어 구궁궐이 없어지는 모습과 더불어 대한제국 황실의 권위가 실추되어 일본이 대한제국을 병합해 가는 과정과 거의 맞물린다.[98]

1913년 경복궁에서 공진회 시설물 공사의 착수로 미술관 및 1호 진열관, 2호 진열관 등의 시설물이 포함되어 근정전, 광화문, 교태전, 경회루, 사정전, 강녕전과 같은 건축미를 갖춘 건물을 제외한 궁 안의 전, 당, 누각 등 4천여 칸의 건물을 민간에 放賣하게 된다. 경복궁의 홍화문, 유화문, 용성문, 협생문이 이때에 헐려 나갔고 근정문 앞의 영제교와 자선당, 비현각, 시강원(춘방)도 이때 헐려졌다.[99] 기존전각을 방매함으로써 공진회장으로 사용한 총면적은 5,226평에 이르렀다.

---

97) 海野福壽, 『日韓倂合始末』, 1998, p.149.
98) 太田秀春, 「일본의 식민지 조선에서의 고적조사와 성곽정책」, 서울대 석사논문, 2002, pp.24－25.
99) 朝鮮總督府編, 「施政五年記念朝鮮物産共進會報告書」 1章 總論, p.15.

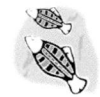

제4장 조선에서의 근대박물관 형성과 문화재정책의 변천 203

공진회장의 전체적인 모습은 근정전이 중심이 되어 근정문과 광화문 사이에 제1호관이 세워져 있고 주변에 영림창, 특설관, 기계관, 미술관, 음악당, 참고관, 제2호관, 연예관, 양어장, 동양척식특설관, 철도국특설관 등 15개의 전시관과 탑, 분수 등이 배치된다. 공진회에 출품된 물품은 주로 조선의 산업품과 일본 내지 및 대만 등의 참고품이었는데 산업품은 3부 46류로 나누어 진열하였다. 총 18,700여 명이 4만8천여 점을 출품하여 6,965명을 포상하게 된다. 각도 별로 출품된 물건은 관람은 물론 구매도 허용이 되었다.100) 이 같은 공진회 소요경비는 총독부예산으로 50만 엔, 지방 및 민간협찬 20만 엔을 합하면 약 70만 엔에 이른다.

출품물에 관해 공진회 규칙 4호에는 "명치 4년(1909) 이전에 채취, 가공 또는 제조한 물건은 제외(단 '동식물'과 제13부 '고고 및 미술자료'에 속한 출품과 참고품은 여기에 해당되지 않음)"하여 그들의 시정기간에 들어가지 않는 물품은 통치성적에 이득이 되지 않는다고 하여 1909년 이전의 것은 일단 제외시키게 된다. 전시는 1, 2호관과 심세관이 가장 핵심적인 전시이며 1호관은 시정 5년간 조선의 물산과 산업의 발달을 보여주고 2호관은 병합 이래 발달된 제도와 문물을 선전하는 전시물을 배치한다. 심세관은 각 지역별로 병합 이래 5년간의 통계를 보여주고 있다.101)

---

100) 엄승희, 「일제침략기의 한국 근대 도자 연구」, 숙명여대석사논문, 2000, pp.113-114.
101) 주윤정, 「조선물산공진회에 대한 연구」, 한국정신문화연구원 석사논문, 2003.

이 후 지식인들의 반대에도 불구하고 경복궁은 공진회와 박람회장으로 점차 변해간다. 1923년 조선부업품공진회, 1925년 조선가금공진회, 1929년 조선박람회 등으로 경복궁이 제 모습을 잃어가기 시작하는 것도 이때의 일이다. 총독부는 애초에 경복궁을 공진회장으로 택하여 백성의 호기심을 자극하여 관람객을 유치하기 위함도 있었고, 왕궁을 훼손하여 조선왕조의 권위를 떨어뜨려 조선총독부라는 새로운 시대가 도래했음을 실감케 하기 위한 소기의 목적을 달성하게 된다.

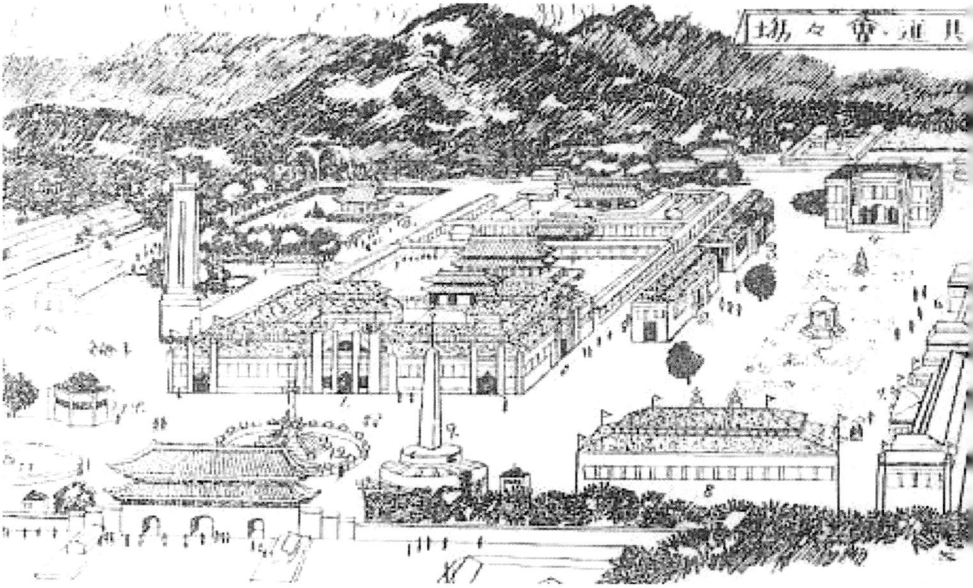

┃ 도─36 1915년 조선물산공진회 조감도

• 출처: 시정오년기념조선물산공진회보고서

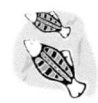

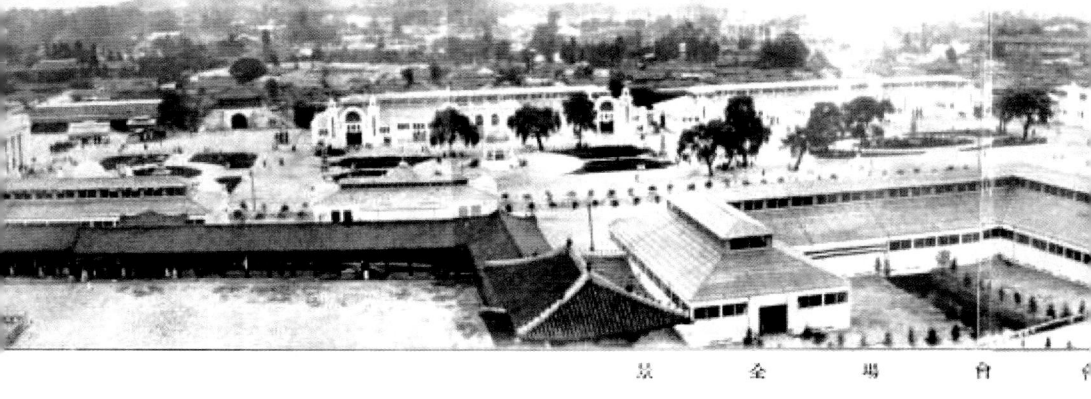

| 도-37 1915년 조선물산공진회 **숲景**　• 출처: 시정오년기념조선물산공진회보고서)

② 조선물산공진회에서의 공간 활용과 건물의 배치

공진회의 공간구성은 신축건물과 재래공간의 활용으로 나눠져 있으며 공진회장 건축공사의 목록에는 이와 관련하여 43개의 공사내용이 수록되어 있다. 이에 의하면 미술관은 영구적으로 사용할 목적으로 건립되었고 나머지 건물은 임시로 건립된 목조건물로 공진회를 폐막 후 심세관과 철도관을 제외한 대부분이 철거되었으며 재래공간인 근정전, 경회루, 교태전 등은 주로 부대행사나 사무직원을 위한 공간으로 이용되었다.102)

[도-36]에 의하면, 가운데 근정문 앞에 제1호관이 있으며 현재의 동십자각 근처(우측 하단부)에 2호관과 참고관이 배치되어 있다. 광화문 양옆으로 철도국 특설관과 동양척식회사 특설관이 있고, 공진회 후 총독부박물관으로 이용되는 미술관 건물은 근정문에서 向右

---

102) 공진회 종료 후 모든 전시관을 폐쇄하긴 하였지만 『조선휘보』(1916, 대정 5년 1월호)의 '博物館開館'을 보면 심세관은 각도의 출품을 진열하고 철도관은 교통관으로 개명하여 계속 전시한다고 기술되어 있어 공진회 종료 후 모든 전시관을 철거하지는 않았음을 알 수 있다.

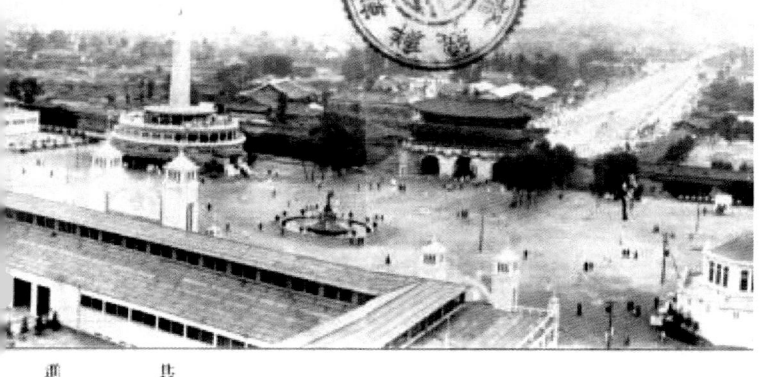

側에 '이왕직 특설관'과 함께 위치해 있다. 총독부청사 철거 전에 근정문의 우측이 경복궁의 주 진입로로 이용되고 있은 것은 당시 많은 전각을 훼철하여 빈 공간으로 남아 있기 때문인 것을 도면을 통해 알 수 있다. 매일신보에 서술된 공진회의 관람순서는 광화문 → 동양척식회사 → 특설관 → 분수 → 철도관 → 제2호관 → 제2호관 → 심세관 → 미술관 → 영림창 → 기계관 → 근정전 → 경복궁전각 → 경회루 → 연예관 → 각도매점 등의 순서로 되어 있다.103) 이는 근대적 공간 이후에 재래적 공간을 비교토록 구성되어 있다.

공진회는 공진회장의 설비로만 끝난 것이 아니라 조선 초유의 대규모행사를 위해 총독부는 공진회장에 들어가는 입구와 주변도 훌륭한 구경거리가 되도록 꾸몄다. 황토현(현재 광화문사거리)에서 공진회장의 정문인 광화문에 이르기까지 일본상인들의 조합인 경성협찬회가 제작한 탑과 석등 모형이 대형 16기, 소형 64를 길 양옆으로 늘어져 있다. 탑 모형에 전등을 가설하여 밤이면 휘황찬란한 야경도 연출했다. 이러한 행사는 공진회를 관람한 사람들의 넋을 앗아가기에 충분한 광경이었다.104)

---

103) 『매일신보』, 1915. 10. 17.

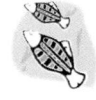

이러한 대규모 공진회의 의미는 철저히 조선총독부의 의도에 따라 새로운 통치를 빛낼 만한 물품들로 분류되고 수집, 전시되었다. 농업에 있어 재래종과 개량종, 재래감옥과 근대적 감옥과의 대비, 통계 등을 통해 통치 5년을 과장하고 조선의 법궁인 경복궁과 조선인 관람자들을 대상화하여 시각의 재조정을 통해 탈맥락화 과정을 거치게 된다.

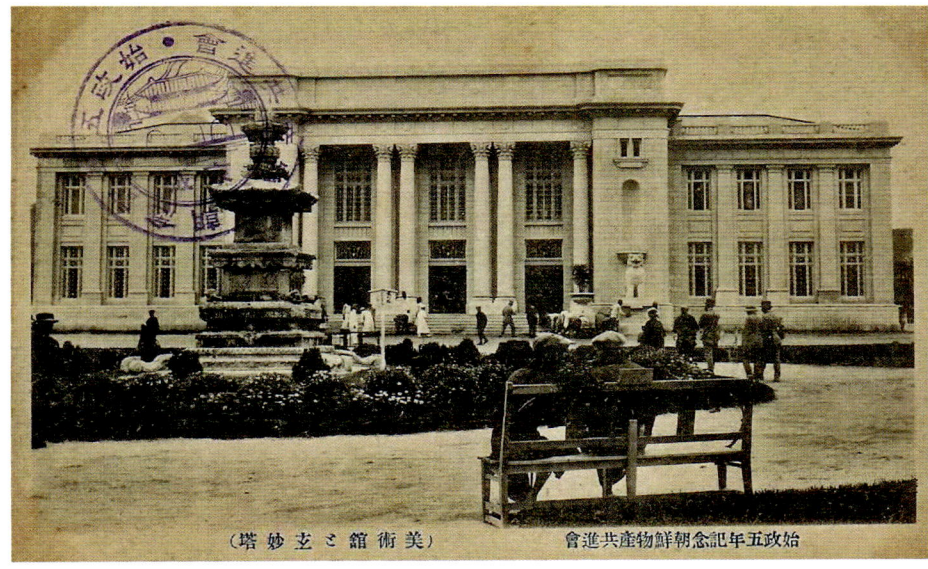

(美 術 館 と 多 妙 塔)　　始 政 五 年 記 念 朝 鮮 物 産 共 進 會

▌ **도−38 시정오년기념조선물산공진회 미술관** ▌ 공진회 종료 후 1915년 12월1일 「총독부박물관」으로 전용됨. 정원의 지광국사현묘탑은 1912년 오사카로 반출되었으나 1915년 반환되어 공진회미술관 앞에 장식됨.　　　　　　　　　　• 출처: 소장엽서

---

104) 주윤정, 「조선물산공진회와 식민주의 시선」, 『문화과학』 통권 33호, 2003, pp.6−10.

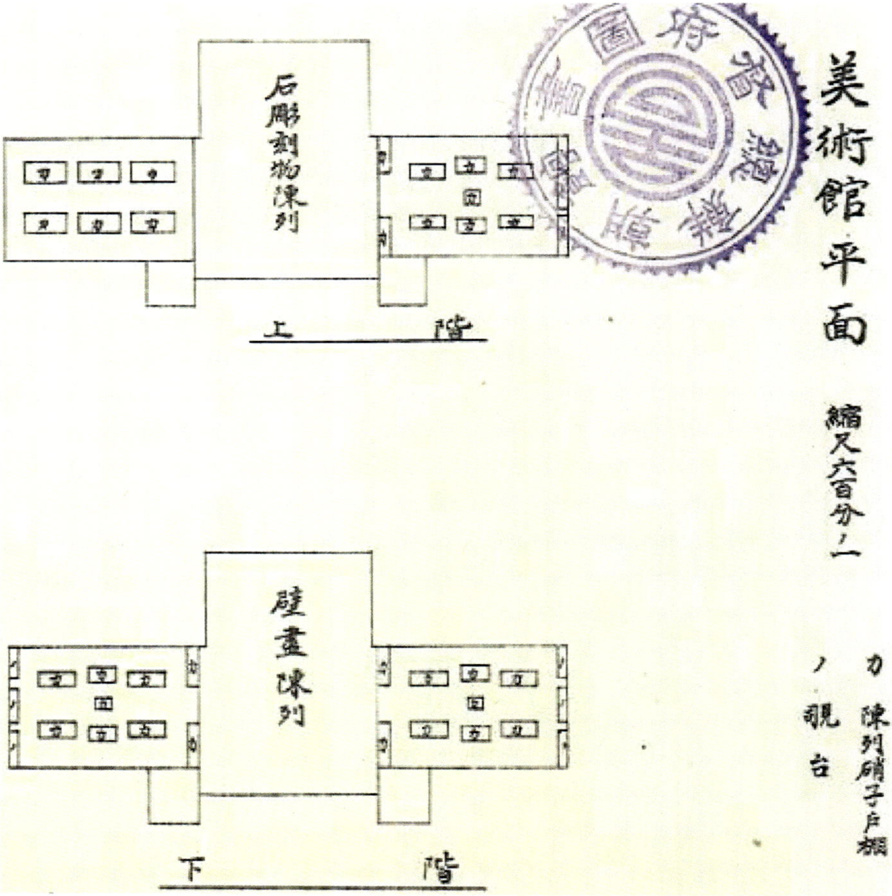

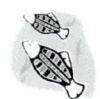

石彫刻物陳列

上　　　階

壁畫陳列

下　　　階

美術館平面

縮尺六百分ノ一

カ　陳列硝子戸棚

ノ　覘　台

┃ 도-39 1915년 조선물산공진회 미술관 평면도

• 출처: 시정오년기념조선물산공진회보고서

(3) 공진회 미술관과 야외유물의 수집

조선물산공진회 개최와 관련되어 많은 폐사지와 유적지에 있던 야외유물은 1915년 공진회 개최를 위해 현지에서 반출되어 조경석물화되어 갔다. 공진회 종료 후 대부분의 야외유물은 미술관 내외부의 조경 물로서 광화문 내에 방치되었다. 현재에는 용산 국립중앙박물관의 조경석물로서 배치되고 있는 이들 유물에 대해 1915년 조선휘보에 당시 상황이 비교적 상세히 소개되고 있다.

> "실내여행은 싫증을 내기도 하니까 잠시 미술관 앞의 정원을 배회하면서 신선한 공기를 마시는 것도 역시 감흥이 일어난다. 정원은 팔각형의 음악당을 중심으로 北은 미술관, 南은 심세관, 2호관과 참고관 그리고 西는 溝渠에 이르는 구역이어서 예전처럼 마당에 자라는 버드나무는 길게 가을바람에 흩날리며 조선잔디에 먼지를 쓸어내리는 것 같고 가을의 千草는 울긋불긋한 모습으로 길가는 사람들의 소매 자락에 상큼한 향내를 퍼뜨리고 있는데, 정원의 곳곳에는 신라 고려시대의 사리탑과 석불, 철불을 배치하고 있다. 음악당을 사이에 두고 남북에 있는 것은 이천의 삼계공양탑이라 하고 남에 있는 오중탑을 원주의 보제존자탑, 칠중탑을 개성의 봉경탑, 오중탑을 원주의 사리탑이라 하는 한편, 북의 것을 원주의 현묘탑이라 하는데 가장 정교하며 이를 중심으로 대일여래의 석상2존 문수 및 미륵의 철제 좌상 2존을 사방에 배치한바 모두 고색창연하여 천고의 조각에 해당하는 물건임을 의심할 바 없다."[105]

---

105) 朝鮮總督府編, 『朝鮮彙報』共進會, 大正 4−9, p.15.

공진회 당시 음악당(근정문 우측)과 미술관을 잇는 영역에 야외유물이 집중적으로 배치되어 있었음을 조선휘보의 공진회편에서 알 수 있다. 공진회보고서 제3권의 공진회장 전경에 나와 있는 사진에는 북쪽의 미술관에서 광화문 담벽에 이르기까지 3개의 정원이 있고 그 사이에 탑파가 주로 진열되어 있다. [도-38]에서도 보이는 지광국사현묘탑은 미술관 앞 정원 중앙에 놓여 있고 또 다른 원주석불과 원주철불은 측면에 위치한다. 이천향교방석탑106)과 안흥사오층석탑은 음악당 向좌우측에 놓여 있는 것을 볼 수 있다.107)

이러한 폐사지의 석탑과 석비, 부도에 대한 자료는 1909년 탁지부에서 동경제대 조교수 세키노 타다시(關野貞)를 초빙하여 한반도 전역의 고건축 조사를 위촉한 것으로서 착수된다. 이듬해 10월 총독부가 개설되자 세키노의 고건축, 고적조사는 內部 지방국 제1과 소관이 되어 그 위상이 한층 강화되어 1913년 기초조사가 완료되기에 이른다.108) 1912년 11월에 원주지역을 탐방한 세키노 일행의 조수로 활약한 谷井濟一는 당시 상황을 다음과 같이 요약하고 있다.

"원주읍 부근에는 신라의 철불, 석불, 석탑이 흔해빠지게 널려 있는 것이 경주도 놀랄 정도입니다. 철불은 좌상으로 다섯 구가 있고 석불도 좌상의 것이 일곱 구가량 있는데 모두 등신의 크기며 이 밖에 대

---

106) 오쿠라 슈코칸에 율리사지석탑과 함께 야외에 배치되어 있으며 MBC 느낌표(2006. 5. 20.)에서 방영한 바 있다.
107) 이순우,『제자리를 떠난 문화재에 관한 보고서』 2권, 하늘재, 2002, pp.59-66.
108) 이성시,「黑板勝美를 통해 본 식민지와 역사학」,『한국문화』 23, 1999, pp.244-262.

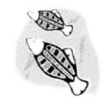

리석으로 만들어진 소불 열세 구쯤이 길평 혹은 도랑의 가운데에 머리와 양손이 떨어져 나간 채로 굴러다니고 있습니다. 석탑도 여섯 기가량 있는데 이것들은 모두 읍 부근의 논밭 고랑에 현재 놓여 있습니다."[109]

이 중 원주의 석불 2구, 철불 2구가 미술관 앞 정원의 좌우에 각각 놓여 있게 되었고 이천향교방석탑을 비롯한 안흥사탑[110]은 특별히 고적조사에 나타나지 않으나 今西龍이 1916년 조선총독부에 제출한 『대정오년도고적조사보고』에 그 모습을 드러내고 있어 조선물산공진회 이전에 옮긴 것이 확실하다. 매일신보 1913년 3월 20일자에,

"개성 및 이천군 내 광지에 존재한 古석탑 중 미술적 모범이 될 우수한 일품이 불선하므로 총독부에서 기술원이 출장 찬택 후 此를 반취하여 고고의 자료로 보존코자 목하 조사 중이라더라"

는 글에서 이미 조선물산공진회를 위해 사전에 점 찍어둔 것으로 추정된다.[111] 이 같은 기록은 공진회가 끝난 후 다음 해 발간된 공진회보고서의 1권 3장 4절의 '諸 설비'에서 "정원내의 각소에는 개성, 원주, 이천 등의 각지에 있는 조선고대의 불상 및 석탑類를 배치"함으로써 풍치를 더한다는 소략한 기술에서도 정원에 배치된 조선의

---

109) 谷井濟一, 「朝鮮通信」(二), 『考古學雜誌』, 第3券 第5號, 1913. 1, p.59.
110) 이천 향교방석탑은 오쿠라슈코칸에 있으며, 안흥사오층석탑은 국립중앙박물관에 남아 있다.
111) 이순우, 『제자리를 떠난 문화재에 관한 보고서』 2권, 하늘재, 2002, p.66.

석물은 원래 자리를 벗어나 탈맥락화되어 박물관의 야외 구성물로서 관람객의 눈에 비치게 된다.

따라서 공진회장에는 미술관 건물 내 출품물뿐만 아니라 건물 외부인 야외에도 개성, 원주, 이천 등 조선 각처에서 옮겨온 석탑, 부도, 불상을 조선물산공진회 개최 이전에 옮겨 전시를 위한 분수, 전등, 수도 등의 장치와 더불어 공진회 장식으로서의 역할을 하게 하였다.

공진회 미술관은 왕세자의 동궁 터[112]에 르네상스식 2층 벽돌로 만든 영구적인 건물로 지어졌다. 공진회보고서에 신축건물 중 미술관, 계사(鷄舍), 축사, 변소의 일부는 1914년 6월 24일 착수하여 다음 해 9월 10일경에 준공되었다 한다. 미술관 내에는 조선 각지에서 가져온 것과 시중에서 유통하는 고미술품을 구입한 것이 있는데 이러한 것을 호기로 밀매상들이 고분을 무차별 도굴하고 부장품들의 불법적인 매매와 유통에 혈안이 되고 있었다. 미술관의 유물 수집방법은 이왕가박물관에서와 유사하지만 그와는 달리 고적조사에 의한 유물수집이 상당량 이뤄졌다. 이 미술관의 실내는 공진회보고서 1권 2절과 조선휘보 1915년 9월에 사진과 함께 묘사되어 있는데 조선휘보 사진에는 삼릉계 약사여래상이 건물의 내부 중앙에 배치되어 있고 양쪽 계단 옆의 좌우에 감산사지에서 가져온 아미타여래와 미륵

---

112) 김정동, 『일본을 걷는다』, 한양출판, 1997.
　　자선당의 유구로 오쿠라 호텔 산책로에 방치되어 있었는데 문화재위원인 김정동 교수의 조사로 1995년 삼성문화재단에서 반환받아 경복궁으로 옮겨졌다.

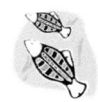

보살을 배치하였다. 좌우벽면에는 고분의 주악천인상과 석굴암 벽면 부조불상을 석고로 모형을 떠서 붙여놓는 치밀함도 보였다.[113]

공진회보고서에 의하면 출품한 인원은 총 18,759명이며 각 분야 전시관에 전시된 출품물의 총수는 48,865 점, 가액으로는 120,456원에 해당된다고 보고하고 있다. 출품물의 분류는 총 13부로 나눠 제1부는 농업, 2부는 동양척식회사, 3부는 임업, 4부는 광업, 5부는 수산, 6부는 공업, 7부는 임시 은사금사업, 8부는 교육, 9부는 토목 및 교통, 10부는 경제, 11부는 위생 및 자혜구제(慈惠救濟), 12부는 경무(警務) 및 사옥(司獄), 제13부는 '미술 및 고고자료'로 분류하여 328명이 제출한 1,221건이었다.[114] 신작 미술품은 동양화, 서양화, 조각의 3부문으로 대별해 동양화 98점, 서양화 38점, 조각 17점이 출품되었는데 이 가운데 조선인은 동양화 46점, 서양화 8점, 조각 3점을 출품하였고 동양화를 제외한 상당수는 일본인에 의해 출품되었다. 일본인 화가도 조선과 연고가 있는 화가의 작품을 출품하도록 권유하여 이전 사설전람회와 비교할 때 전국적이고 다양한 분야의 작품이 출품케 되어 이후 이 같은 분류방식은 전람회의 모태가 된다.

고고자료를 제외한 나머지 미술품은 재래건물을 이용하여 배치하였는데 미술관의 제1분관은 강녕전 부속 경성전을, 제2분관은 응지당으로 充用하고 일본미술 위주인 참고미술관은 강녕전 및 부속 연생전을 충용하여 사용하였고, 기타 농업 및 수산에 해당하는 박물학

---

113) 목수현, 「일제하 박물관의 형성과 그 의미」, 서울대 대학원, pp.44-50.
114) 김인덕, 『식민지시대 근대공간 국립박물관』, 국학자료원, p.42.
　　朝鮮總督府, 『朝鮮彙報』, 1915. 11月 1日號, pp.73-74.

적 전시품인 漁具(고래 뼈 등)및 농구, 원예진열품등은 근정문의 회랑을 이용하여 전시하기도 하였다.[115]

재래공간에 전시한 동양화를 살펴보면, 일본 내지에서 출품된 유파인 土佐, 四條, 南宗畵 그리고 신파인 현대적 기호에 해당하는 다양한 작품들이 출품되었는데 이 가운데 三浦廣洋의 「夏ノ洞口」, 淸水東雲의 「太平」(조선경물의 백태를 묘사), 德田玉龍의 「金剛山春秋景」 등의 작품이 대표적인 작품으로 꼽힌다. 조선인으로는 안중식의 「仙山樓閣」, 조석진의 「夏ノ山水」, 김응원의 「黑蘭」, 김규진의 「黑竹」, 나수연의 「石蘭」 등의 작품 중 안중식과 조석진의 작품이 원체파의 巨擘으로 평가되고 김응원 및 김규진, 나수연은 문인화계의 三秀로 평가받고 있다. 서양화는 38점 중 김관호의 파스텔화「婦人」, 고희동「伽倻琴」 등의 작품이 우수 작품으로 추천되고 있으며 조각부문에서는 佐藤光正의 「擔軍」이 최우수작품으로 추천되고 있다.

따라서 일제는 공진회를 통해 서구문화를 식민지에 재이식하여 재래와 근대의 대조를 나타내어 新政의 우수함을 간접적으로 표현하고, 전국에 산재한 폐사지에 있는 석물들을 한자리로 옮겨 고고미술자료와 각 관 건물들의 조경석물로 활용함으로써 역사성이 상실된 조형적 미감만으로 평가하는 결과를 가져온다. 경주남산의 약사상과 감산사의 미륵불상등 불교성지에서 물산회장의 미술관에 존치됨으로써 신비감을 가진 종교적 대상물에서 원래자리를 벗어난 미술품으로

---

115) 대형전시물을 전시하기 위해 근정전 회랑의 칸막이를 철거하였다. 경복궁 근정전 회랑 기둥에 당시의 흔적이 있으며 고래 뼈 전시는 전게서 『공진회보고서』 사진을 통해 확인할 수 있다.

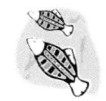

서 격하시키는 관점이다. 이렇게 재포장되어 새로운 가치를 부여하는 것을 전경수는 '再맥락화' 과정이라 부르고 있다. 대상은 동일한 기준으로 균질화되고 命名, 분류되어 박물학적 시선이 의도적으로 고착되게 되는 결과를 가져온다.

이상과 같이 100만 명 이상의 관람객이 성황을 이룬 조선물산공진회는 총독부의 의도대로 조선정부 시절과 비교해 우수한 산업의 발전이 이뤄졌다는 것을 홍보할 수 있었다. 당시 발행된 신문보도도 그러한 면을 강조했지만 일부 신문의 보도는 양적인 면과 형식에 치우친 면을 비판하기도 했다. 그러나 조선인의 전통적인 사고에 많은 영향을 미치고 상품의 분류에서 계량화하는 일본의 신기술에 감탄을 금치 못했을 것이다. 이처럼 박람회의 전시기법을 통한 착시효과는 식민지의 현실적 조건과 전시 공간상의 illusion을 자연스럽게 일치시키게 되고 이를 통해 식민지 지배가 가져다준 수혜를 은연중에 인정하게 되는 것이다.

그러나 대조적으로 1922년 광화문 철거에서 동아일보 설의식 기자[116]와 야나기 무네요시(柳宗悅) 등 지식인들이 반대했듯이 궁궐훼손에 대한 잠재적인 저항이 내재했을 것이다.

2) 조선총독부박물관의 전시와 운영

조선물산공진회 개최 시 기존 전각에 근현대미술품을 전시하던

---

116) 설의식, 「헐려짓는 광화문」, 『小梧文選』, 나남출판, 2006.

것과 달리 미술관 건물에서는 그미술품 및 고고자료를 전시하는 장소로 사용한바, 공진회가 종료된 1915년 10월 31일부터 1개월간의 준비기간을 가진 뒤 12월 1일을 기해 '총독부박물관'으로 개관하게 된다.117)

당시 조선휘보에 게재된 박물관 개관에 대한 기사를 살펴보면,

"本府 박물관은 별항 고지와 같이 본월(대정 5년, 1915년 12월 1일) 1일부터 개관하여 일반에 관람을 허하게 되지만 舊경복궁의 광화문, 영추문, 신무문, 건춘문의 4문을 그 구역으로 하고, 공진회미술관을 보존하고 역사, 미술, 공예 등의 창고품을 진열하고 또한 심세관 및 철도관은 당분간 존치하고 철도국을 교통국으로 개명하여 진열한다."118)

즉 공진회 종료 후 미술관은 총독부박물관으로 전용되어 역사, 미술, 공예를 중심으로 한 고미술 및 고고자료를 전시하고, 철도관은 교통관으로 개칭하여 심세관과 함께 1920년대 초반까지 존치된 것으로 추정된다.119)

총독부박물관의 영역은 경복궁 4대문으로 한정하여 경복궁 전체가 박물관의 영역에 포함120)되어 있지만, [도-41]에서 보듯이 총독부박

---

117) 국립중앙박물관, 「국립박물관 60년」, p.25.
118) 朝鮮總督府, 『朝鮮彙報』大正 5년 1월, pp.159-160.
119) 每日申報社, 每日申報『今秋十月 景福宮에서 開催할 '朝鮮副業品共進會'는』, 1923. 6. 24.
    "공진회 당시에 사용하였던 건물 나머지(심세관, 교통관) 건물과 그 구역을 이용하여."
120) 이와 관련해 주윤정은 「조선물산공진회에 대한 연구(1915)」에서 공진회 종료 후 항구적 건물인 미술관만 존속되었다고 하고, 목수현의 「일제하 박물관

물관의 관람지역은 관리상의 이유로 건춘문 옆으로 이전한 광화문 내의 본관, 정원, 근정전, 경회루, 서역유물을 보관하고 있는 수정전과 사무소 격인 자경전으로 한정하고 있다.121) 그러므로 총독부박물관이라 함은 미술관을 전용한 '본관'뿐만 아니라 위에 언급한 전 지역을 포함하고 있다고 봐야 한다.

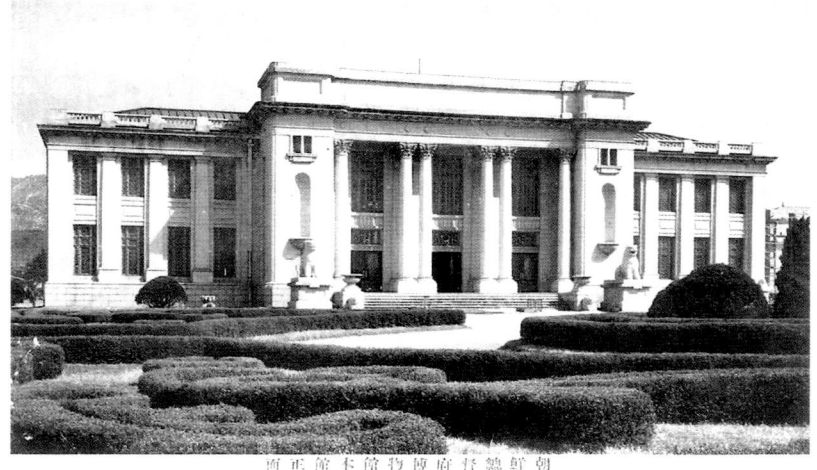

朝鮮總督府博物館本館正面

┃ 도−40 조선총독부박물관 본관 정면 ┃ 앞 미술관 사진에는 지광국사현묘탑이 정원을 장식하고 있었으나 본 사진에는 이전되어 미술관에 비해 정적인 분위기가 감돈다.

형성과 그 의미」에서는 총독부박물관을 언급하고 있다. 이순우의 『제자리를 떠난 문화재에 관한 조사보고서 둘』(p.142)에는 1923년 10월에 열린 조선부업품공진회 사진에서 제2호관과 참고관 건물이 남아 있었다고 주장함.
121) [도−41]에서는 1930년 당시 남아 있는 건물을 빗금을 쳐 놓아, 심세관과 교통관은 이미 철거되었음을 알 수 있으며, 본관, 자경전, 경회루, 근정전을 제외한 궁궐건물은 일반인의 관람이 허용되지 않는 수장고로 이용하고 있음을 알 수 있음.

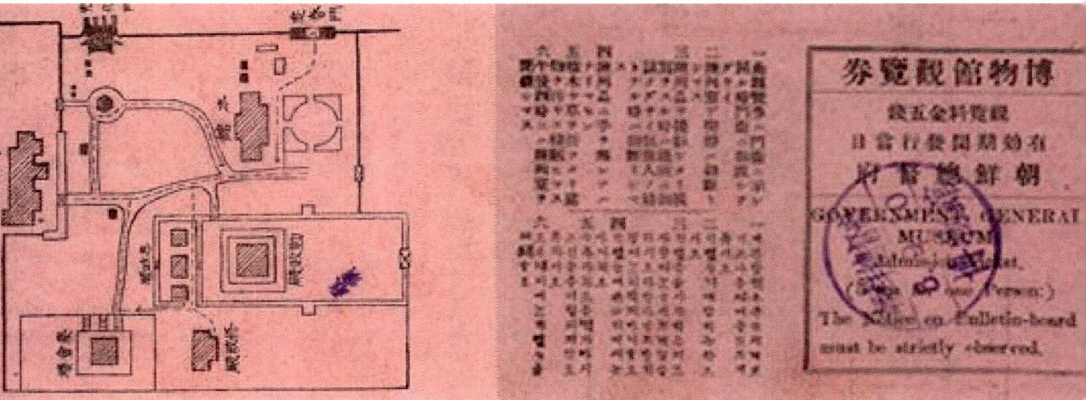

┃ 도-41 총독부박물관 관람표(1930년 9월10일 발행, 右-앞면, 左-뒷면) ┃
• 출처: 원본 필자소장 (좌상단-광화문, 우상단 빗금-본관, 중우 빗금-근정전, 좌중 빗금-
사무소, 좌하-경회루)

　그러면 애초에 박물관이라 칭하지 않고 미술관이라 한 이유는 무
엇일까? 앞서 일본에서도 고유기능에 따른 박람회, 박물관, 미술관의
개념구분이 명확하게 이뤄지지 않은 바 있고, 내국권업박람회에서의
미술관이 종료 후 미술관 혹은 박물관으로 전용됨을 확인한 바 있
다. 그러므로 '미술관'은 현재의 미술이라는 인식이 있는 반면, 고미
술 중심의 전시관은 주로 '박물관'으로 분류한 것으로 보인다.

　조선물산공진회의 미술관은 일본의 예와는 달리 천산관련 자료를
소장치 않고 종료 후 역사, 고고미술, 미술공예부문의 상설전시관으
로서 고적조사에 따른 수집품으로 전시되기에 이른다. 공진회의 종
료로 미술관을 박물관으로 용도변경하게 된 것은 테라우치 총독의
명령으로 이미 처음부터 계획된 것이었다.[122] 1914년부터 거의 매년

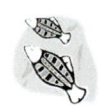

한 권 이상 발간된 고적조사보고서에 의하면 조사의 범위는 선사, 고분, 사적, 고건축, 금석, 고문서에 이르기까지 광범위하고 연구, 조사 외에 유물들을 거두어들이라는 노골적 지시가 명문화되어 있어 설립초기부터 총독부박물관은 역사고고박물관으로서의 운영방침을 견지했을 것이다.123)

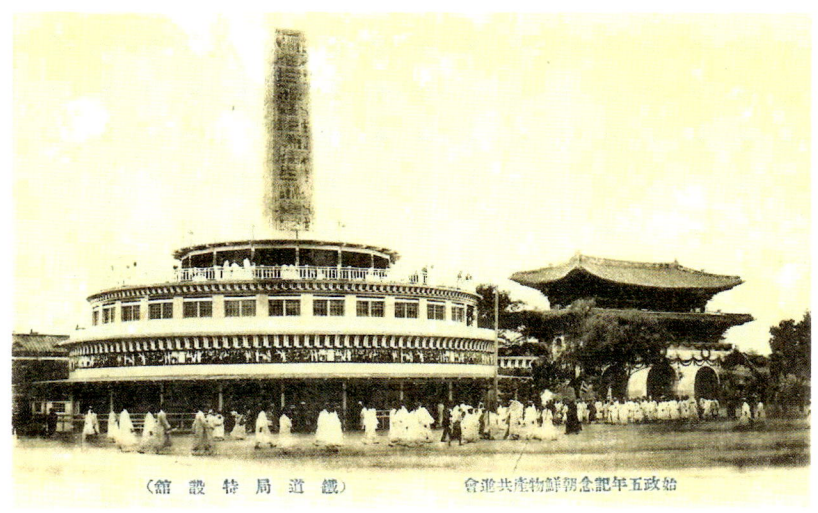

┃ 도─42 1915년 조선물산공진회 철도국 특설관 ┃ 우측에 이전되기 전 광화문이 보이고 철도국은 공진회 후 교통관으로 명칭이 변경되어 1920년대 초반까지 유지된다.

• 출처: 소장엽서

122) 이성시 등, 「조선왕조의 상징공간과 박물관」, 『국사의 신화를 넘어서』, 휴머니스트, 2004, p.278.
123) 조선미, 「일제치하 일본관학자들의 한국미술사학 연구에 관하여」, 『미술사학』 3, 1991. 12, p.88.

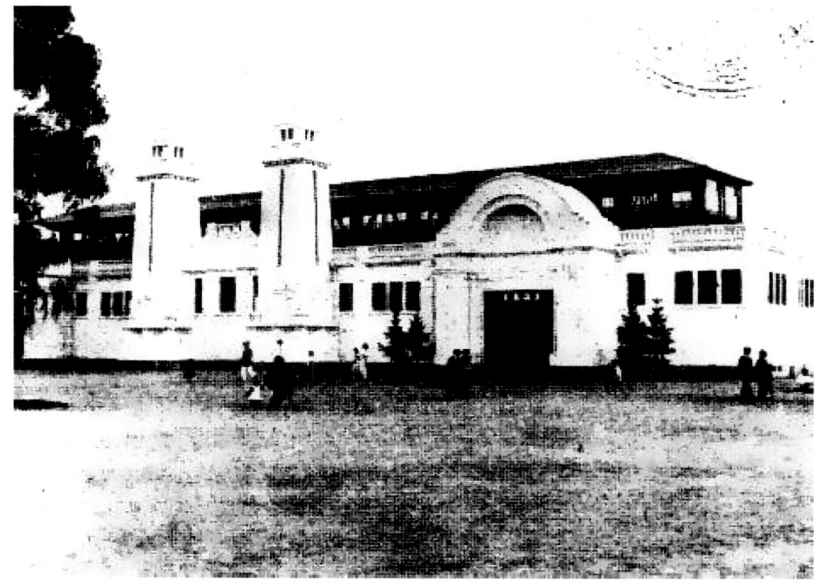

| 도-43 1915년 조선물산공진회 심세관

• 출처: 시정오년기념조선물산공진회보고서

(1) 심세관, 교통관 건물의 유지와 서역유물의 인수

총독부박물관[124]이 애초에 역사고고박물관으로서의 목적을 견지하고 있음에도 앞서 『조선휘보』에는 경복궁의 四大門을 그 영역으로 하며 미술관 건물 외에도 심세관과 기존 철도관을 교통관으로 개칭

---

124) 국립중앙박물관, 『국립중앙박물관 서역미술』, 한국박물관회, 2003, p.252.
"박물관의 진열본관으로 1915년 12월 1일 설립되었고, 그해 9월 경복궁 내 시정오년기념조선물산공진회의 ㅁ술관으로서 유일한 내화건축물로 건축되어 후에 학술, 예술원 건물로 이용되다 한때 민속공예관으로 사용된 후 경복궁 복원사업의 일환으로 총독부건물과 함께 철거됨.

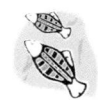

하여 당분간 존치한다고 기술한 바 있다.125) 즉 철도국의 外土목국
및 체신국의 출품에 해당하는 교통에 관한 기기(器機), 모형, 도표,
회화, 사진 등은 공진회 종료 후에도 철거하지 않고 박물관에 인계
할 것을 언급하고 있다.126) 20년대 중반 이 자료가 타박물관 혹은
기관에 인계되어 더 이상 나오지 않는 것을 보면 공진회 후 바로
인계할 만한 용처가 정해지지 않은 것으로 추측된다.

박물관의 영역이 4대문으로 정해진 것은 근정전 회랑, 사정전, 강
녕전, 교태전, 경회루 등의 구건물을 위락시설, 전시실 및 수장고로
사용하고 자경전은 사무실로 사용하였기 때문이다.127) 구체적인 사실
은 공진회 이후 谷井齊一가 기록한 뒤 박물관에 인계된 것으로 보이
는 『朝鮮書畵古器物目錄』128)에 597점의 도자기 등의 목록과 고물보
관대장, 공진회 철도관 출품목록, 심세관 출품물 인계목록, 사정전
진열품조서(調書), 고경(古鏡)목록이 제1권에 수록되어 있으며 2권에
는 광화문 뒤 둥근 건물인 교통관내의 철도관 자료 100여 점과 토목
국의 교통관련 출품물의 모형과 자료가 포함되어 있는 것에서 확인

---

125) 관보인 조선휘보나 그 후 공진회나 박람회 때의 사진에 기존 건물이 존치
     된 것으로 나타나고 있다. 또한 『서울600년사』의 '시대사/일제침략하의 서
     울/경복궁의 변모'에는 "1916년부터는 조선총독부 청사 건축공사가 경복
     궁 경내에서 기공되어 궁궐 전면에 남아 있던 건물들이 모두 철거되었다."
     하여 『조선휘보』나 『조선총독부시정연보』(1912–1925)와는 상이한 내용을
     남기고 있다.
126) 『朝鮮彙報』, 大正4年 12月號, p.159.
127) 전게서 및 국립중앙박물관, 『국립박물관60년』, p.25.
128) 寫者 및 연도 미상이나 1권 '사정전진열품조서'에 대정 4년(1915) 12월 15일
     의 날짜와 "現品의 위치에 의거하여 우측으로부터 순차적으로 조사한다"는
     것이 부기되어 있어 연도를 짐작 가능함.

할 수 있다.129) 사정전에는 각종 총포와 북이 보관되어 있고 야외유
물인 탑비에 대해서는 별도로 인계목록에 나와 있다.130)

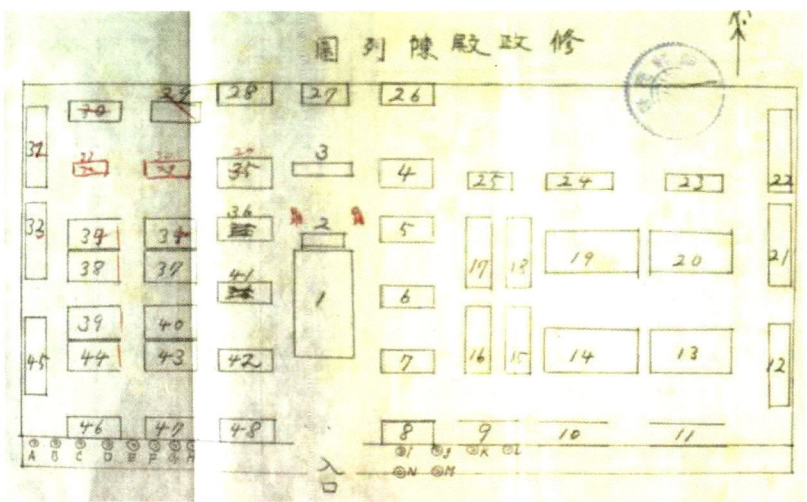

▌도−44 朝鮮書畵古器物目錄에 나와 있는 수정전 유물 진열도면▏ 목록의 번호는 유
물진열위치며 하단부의 알파벳은 유물의 종류를 분류한 것임(표 참조).

---

129) 총독부박물관 編의 『朝鮮書畵古器物目錄』 交通館 木札作製調에서는 차
　　량 수, 자본, 여객 종별 등의 도표와 함께 호남선모형, 경부선모형, 경의선
　　모형, 가마, 수레 등 100여 점을 진열하였다.
130) 발행자 미상, 『朝鮮書畵古器物目錄』, 발행기관 / 연도 미상.
　　표지에는 谷井齊一의 이름과 6. 3. 12.의 고무인이 보이는데 이는 대정 6년
　　인 1917년으로 추정되며 공진회가 종료된 뒤 약 1년여가 지나 박물관의 소
　　자료를 정리한 것으로 보인다. 이 목록에는 古器物과 공진회 심세관 및 철
　　도관의 자료 외에 서역유믈(1916)의 자료가 포함되고 동경제대 건축학과에
　　소장한 고려유물까지 소장품이 총 망라되어 있다. 또 다른 고무인에 총독
　　부도서관과 연도 소화8년이 찍혀있는 것을 볼 때 1932년에 총독부도서관
　　에 기증된 것으로 추정됨.

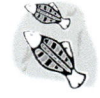

또한 [도-44]에서 서역유물을 전시한 수정전 진열도(1921)에 수정전 내부에 伏羲女媧図 1점, 불화 6점 및 7점 등의 서역벽화가 전시하고 있음을 알 수 있다.[131] 당시 경성일보에 의하면, 조선총독부박물관 부속건물인 수정전에서의 중앙아시아(新講)유물이 1916년 4월 30일 고베에서 발송된다. "총독부촉탁 馬場是一郎은 4월 22일 일본 二樂莊에 있는 久原씨로부터 총독부박물관에 기증하는 서역발굴품 373점, 진열장 대소 33개의 수령을 종료함" 하여 5월 3일 경복궁 사정전에 격납했고 주요 발굴품은 벽화, 불화, 토기 류, 소조품, 소조 및 목조불상, 묘표, 와전 등으로 박물관본관에 진열해야 함에도 전부의 진열을 보는 것은 다소의 시일이 소요된다고 기술하고 있다.[132]

이처럼 『조선휘보 16호』[133]에는 수정전을 수리할 기간이 필요해 공진회 개최 1년 뒤인 9월 10일 전시한다고 기술하고 있으며 근정전 등 타 전각에 있는 유물은 계원의 부족으로 일반 대중에 공개되지 않고 본관과 수정전만 우선 공개하여 전시한 듯하다.[134] 아무튼 오오타니의 컬렉션은 총독부박물관 유물의 전시 중에도 상당히 큰 비중을 차지하고 있었음을 알 수 있다.

---

131) 국립중앙박물관, 『국립중앙박물관 서역미술』, 한국박물관회, 2003, p.253.
132) 「국립중앙박물관 소장 서역유물」, 『京城日報』, 1916. 5. 5, pp.249-272.
133) 『조선휘보』 16호, 1916. 6. 1.
134) 『서역미술』(국립중앙박물관), 민병훈, 「국립중앙박물관 소장 중앙아시아 유물의 소장경위 및 전시 조사연구 현황」, p.253.

표 4-5 朝鮮書畵古器物目錄(1917년 추정)

『조선서화 고기물』 대장		수량 및 개요
조선서화고기물	599점	청자가 주를 이루며 신라불상, 청동병, 향로, 조선백자,
고물보관대장	230여 점	名, 수량, 價, 額, 비고로 분류해 '타공진회출품내역'도 기재
고려품목록	동경제대 630여 점	인조묘지명옥책일괄, 관식, 帶金物, 고려경, 불상, 문구, 칼, 완륜류
사정전	90여 점	포, 탄, 총류 등
수정전	373점	A, E, H, L, J, K: 당불화, B: 고창국人墳墓내신상도 C, F, G, L, M, N: 벽화단편, D: (신강)
철도관	140여 점	목록인계 띠 '교통관'으로 개칭 함. 주요 진열품으로는 조선철도도표, 철도모형, 歐亞연락선로모형, 한강교량 등
심세관	450여 점	각 지방별르 분류해 축산, 연초 등 생산품목별 도표, 사진, 모형 등
古鏡목록	197점	중국제동경을 포함한 물품을 종류별로 분류
고분벽화모형	벽화모사 및 탁본	階上東에 위치하고 '용강고분벽화모사' 및 부여당평백 제탑, 여진가비, 인각사보각국사비

　　따라서 초기 총독부박물관은 곧진회의 결과, 다양한 소장품을 인계 받았고 주로 박물관 본관, 수정전 외에 근정전, 사정전, 심세관 등은 전시기능은 가지지 않고 보관기능만 수행한 것으로 보인다. 1929년 조선박람회 이후에 발행된 총독부박물관 관람표135)에서 심세관 및 교통관의 터만 남은 것을 보면 1920년대 초반에는 철거하여 고고·고미술박물관으로 전문화되고 있음을 알 수 있다.

---

135) [도-41] 1930년 관람표.

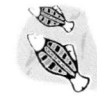

(2) 유물의 수집과 전시기능

총독부박물관은 이왕가박물관과는 달리 유물의 직접적인 구입 외에도 고적조사사업을 통해 직접 수집된 유물과 국가에 귀속된 매장문화재와 구입품, 사찰의 기탁 품도 전시하고 있다. 전시품은 『박물관보』, 『박물관진열품도감』을 통해 개략적인 내용을 살필 수 있고 1918년에서 43년까지 17권 발행된 『박물관진열품도감』에 총 203점의 진열품이 도판에 나와 있다.

진열도감의 분류에 의하면, 조선시대 유물은 8점에 불과하고 그 대부분은 도자기, 硯箱이며 한, 당, 낙랑의 유물이 39점, 고려의 석탑과 청자 등이 56점, 나머지는 대부분 삼국시대의 유물로 구성되어있다. 세키노 타다시는 고려시대의 청자는 조선분청과 백자에 비해 시장에서 더욱 인기를 구가하고 있어 이왕가박물관과 총독부박물관에서 수집에 힘을 기울이고 있다고 『조선미술사』에서 언급하고 있다.[136]

조선총독부 박물관 진열실의 전시품은 공진회 미술관에서와 마찬가지로 1층 중앙 홀에는 남산약사여래상이 가운데 위치하고 감산사지 불상과 보살이 좌우에 배치되어 있다. 1전시실에 대형불상, 2전시실에는 삼국시대와 통일신라시대의 유물, 3전시실에는 고려시대와 조선시대의 유물, 4전시실에는 낙랑과 대방의 유물, 5전시실에는 청동거울과 활자 등 특수유물, 6전시실에는 고구려벽화와 서화를 전시하였다.[137] 1933년 코이즈미 아키오(小泉顯夫)의 총독부박물관

---

136) 朝鮮總督府, 『博物館陳列品圖鑑』 合本1－17, 民族文化社.
137) 국립중앙박물관, 「국립박물관60년」, p.29.

표 4-6 공진회미술관과 총독부박물관 유물전시 비교표

표 4-6 공진회미술관과 총독부박물관 유물전시 비교표

전시관	위치	층	총독부박물관 전시유물	공진회 미술관 전시실
본관	1실	1	불상, 석조약사여래, 금동미륵반가상, 아미타불좌상, 석조미륵보살입상 등	(중)석조여래좌상, 감산사아미타, 미륵, 동제아미타좌상, 관음좌상
	2실	1	금은주옥장신구,고분출토금제보관	(동)순금장신구, 벽화모사, 고와, 토기, 백자, 전, 청자 각종
			목관,도제옹관,무기류,도기,벽화모사품(삼국통일신라)	
				(서)청동경, 범종, 화승총, 나전
	3실	2	도자기, 불상, 굴구, 장신구, 집기류, 조선도기, 칠기, 목조품(고려, 조선)	(西)금동불상, 석가화엄경, 경권 경문, 대장경판, 선발경패, 상 아경패
	4실	2	낙랑태자장봉니, 한경, 세공무기류, 동기	청동도검불상, 석각불상, 석각, 목조
			도기, 칠기 등(낙랑, 대방)	국조보감, 해인사대장경, 금강사경
	5실	2	고대석기시대동기, 공예품, 석기, 공 각기	중앙계단벽면부조석고모형
			토기, 동기, 창, 거울, 각종 활자	(東)묵죽도, 연주첩, 도원도, 황 우도
	6실	2	회화, 서적, 벽화모사, 풍속화, 산수화	설중산수도, 천계완월도, 구룡연도
			화조도, 초상화, 서적 등	관찰사환락도, 조선사절도
건춘문	西北		활자수장, 活字庫라 부름	(심세관) 선박모형, 각종도표
근정전	회랑		谷井 등이 1916년경 창녕고분군출 토품	노경호모형, 표식모형 등 450 여점
만춘전	실내		조선병기, 무기고라 부름	(교통관)철도관련모형 및 회화
사정전	실내		1929년 웅기송평동패총출토품	140여점 1920년대중반 총독부
천추전	실내		鳥居龍臟이 수집한 석기, 토기 수장	박물관에서 타관에 인계됨
수정전	전시		大谷光瑞 수집한 서역수집품 전시장	→ 참고: 조선서화고기물목록
자혜전			총독부박물관사무소	(조선총독부발행, 연도미상)

■ 출처: 국립중앙박물관,『국립중앙박물관60년』, 계문사, 2006, p.432/ 목수현, 「일제하 박물관 형성과 의미」, pp.45-47/ 매일신보 1915.10.13일 기사

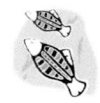

견학기에도 상기의 유물 배치와 크게 다른 바 없는 것을 미뤄볼 때 해방 시기까지 유물 진열에는 큰 변화가 없었던 것으로 보인다.[138]

이의 국가적 관리를 위한 법률적 보완 작업으로서 『고적급유물 보존규칙』과 『고적조사위원회설치』를 공포하여 한반도 전역에 걸친 합법적인 유물 수집절차를 수립하여 타율적 피지배지역으로 인식되는 낙랑, 대방지역과 관련된 평안남북도와 황해도가 먼저 선정되어 조사결과가 조선고적조사보고서와 고적도보의 책자로 발간되기에 이른다.[139] 이러한 법적장치를 통해 총독부박물관은 지속적인 유물의 수집과 연구에 착수할 수 있었다. 이러한 업적에 대해 藤田亮策은 "조선의 고적조사사업은 반도에 머물렀던 일본인의 가장 칭찬할 만한 기념비의 하나였다"고 술회하였다.[140] 藤田亮策는 1922년 조선으로 부임하여 조선총독부 고적조사사업을 촉탁받아 고적조사위원이 된 동시에 직제 상으로는 사실상 오늘날 박물관장에 해당하는 조선총독부박물관 주임 및 경성제대 교수로 임명되어 일본이 패망할 때까지 고적조사, 고분 발굴, 고적보존사업에 종사하여 왕성한 활동을 하였다.[141]

---

138) 최석영, 「조선총독부박물관의 출현과 식민지적 기획」, 『호서사학』 27집, 1999, pp.93－125.

139) 국립중앙박물관, 「국립박물관 60년」, pp.28－33.

140) 藤田亮策, 『朝鮮古蹟調査』, p.74.

141) 이홍직, 「藤田亮策 著 朝鮮學論考 소개(書評)」, 『아세아연구』 7, 1964, p.159.

표 4-7 고적조사유물수집경과

연도	참가자	지역	발간물	수집품	특징
1914 / 대정3	關野貞 谷井齊一 栗山俊一	廣州, 평양, 경주, 고양 의주가도	고적조사 약도고	고분군, 탑, 고건축 조사. 이왕가박물 관 불상유물조사	지방과 시대별표로 구분 함, 갑, 을, 병, 정으로 분류
1916 / 대정5	今西龍, 黑板勝美, 關野貞 鳥居龍藏 谷井齊一	경기도(양주, 고양, 강화), 황해도 평안북도	고려제능 묘조사보 고서	도굴된 고려왕릉 을 중심으로 본 격적인 발굴 실 시, 유물수집	민속학자 조사실시, 인류학자 압록강유 역 인종조사. 고려능 묘발굴, 조선사 편찬 의 기초자료 수집
1917 / 대정6	今西龍	경상남북도	平安北道 及만주고 구려고적 조사보고	비석, 고분, 산성 을 중심으로 유물 수집	광범위한 산성조사 및 유물수습
1918 / 대정7	梅原末治 瀬田耕作, 임한소	성주, 고령, 창녕 등 지 방고분	고적조사 보고서	발굴중심의 본격 적인 유물조사	타국과 비교하는 작 업도 수행
1919 / 대정8	池內宏	윤관의 9성 집중조사, 함흥군 성터	고적조사 보고서	함흥군내 성터집 중조사, 사진도면	조선사 편찬을 위한 기초자료 수집
1920 / 대정9	梅原末治 瀬田耕作	김해패총	김해패총 발굴즈사 보고	패총, 토기, 철기, 장식품, 옛날 돈, 조 개껍질	사진, 도면수록
1922 / 대정11	小泉顯夫, 梅原末治, 藤田亮策	김해패총 양산패총, 경주절터	고적조사 약보고	패총, 기와수집	고적조사과의 구체 적 조사진행
1923 / 대정12	今西龍	달성군고분, 양산부부 총, 금령총	고적조사 보고서	금동관, 적석총	고분발굴보고서에 해당할 정도의 많은 부장품수습
1924 / 대정13	今西龍	경주식리총 발굴	고적조사 보고서	적석총 공예품, 금 동제신발	적석총 처녀개봉, 부 장품, 목곽내유물 수 집 및 실측

- 출처: 문화재보존기술협회, 『韓國文化財保存攷』-pp.1-30 요약

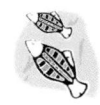

일본정부의 촉탁을 받은 다른 관학자들과 마찬가지로 그들이 방법론에 있어 비교적 과학적이고 실증주의적인 방법을 채택하였다고는 하나 현재의 관점에서 볼 때 기술적으로 미숙한 부분과 일본역사의 주도적 원류를 찾으려는 의도로 지나치게 고문화와 유적지의 조사에 치우쳐 식민지사관에 얽매여 있는 시대 한계를 가지고 있다.142) 이는 한, 당의 유물과 낙랑의 유물이 고구려의 유물보다 현저히 많이 진열되어 타율적인 역사의 사실에 순응케 하고, 전 왕조인 고려시대의 화려한 유물로 진일보한 고려의 문화와 종속타율적인 조선의 문화를 비교케 하는 일종의 의도가 잠재한 것으로 보고 있다. 이러한 일은 1916년 고적조사위원회 발족과 더불어 중심적인 역할을 수행한 黑板勝美의 조선반도사 연구에서 살펴볼 수 있는데 그는 三浦周行(교토제국대학교수), 今西龍(同 강사)과 함께 촉탁으로 중추원의 중요 사업에 참여하게 된다.

총독부박물관 설립 다음 해인 1916년은 고적조사사업에도 중요한 전환기였으며 고적급유물보존규칙이 만들어지고 총독부박물관이 유물의 보존과 관리를 맡게 된 것도 이의 영향에서 이뤄졌다. 이 같은 이유로 조선역사의 출발점으로 대동강부근의 사적, 낙랑유적이 있는 평양, 경주지역의 조사는 조선사편수회가 중점을 둔 '역사의 기원' 문제에 고고학상 근거를 제공해 주었고 이의 결과로 박물관의 전시가 변화되었던 것으로 생각할 수 있다.

데라우치 마사다카(寺內正毅) 총독은 『조선반도사편찬요지』에서

---

142) 박만식, 「건축사학의 연구와 교육」, 『건축』 30권 5호, 대한건축학회, 1980, pp.26-28.

"반도사 편찬의 주안은 첫째 일본인과 한국인이 동족임을 명확히 하는 것, 둘째 고대부터 시대의 흐름에 따라 피폐되고 빈약하게 된 것을 기술하여 합병에 의해 한국민이 행복을 누릴 수 있게 되었다는 점을 논술하는 것에 있다."고 명기하고 있다. 이는 단군을 적극적으로 논하여 민족의 기원과 한일합방의 부당성을 한민족의 입장에서 기술한 역사서 보급에 대한 위기감이 조선반도사 편찬의 직접적인 계기가 되었다고 볼 수 있다.

이와 관련하여 黑板勝美는 한국 문명의 기원이 평양지역에 있다는 점과 그곳에 중국문명이 최초로 이식되었다는 점, 이로 인해 한반도에서 쫓겨난 사람들이 일본으로 이주했다는 사실로 일본의 민족적 기원이 한국에 있다는 것을 강조하게 된다. 이는 총독부가 주창하는 동화주의에 대한 인식의 틀이 만들어지고 전시유물은 역사적 서술을 정당화하는 데 이용되며 그 당시 과거를 전달하고 있는 전시내용이 사실이라는 일종의 증거물로서의 역할을 하게 된다.143)

(3) 조선총독부박물관의 직제 개편과 식민사학의 형성

① 조선총독부박물관의 직제 개편

초기 일본의 박물관성립과정에서도 독립적인 직제가 편성되지 못했지만 일본 박물관 직제의 획기적인 변화는 1889년 5월 도쿄제국박물관, 교토, 나라제국박물관이 설립된 후 삼대 박물관의 총괄 관장

---

143) 최석영, 『한국박물관의 근대적 우산』, 서경, 2004, p.99(원문: Susan M. Pearce, 1990, p.157).

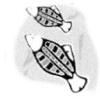

격인 초대 총장으로 九鬼隆一(圖書寮頭)이 취임해 식산흥업이란 명분은 점차 폐지되고 역사, 미술, 미술공예, 공예의 역사고고의 분야로 성격을 변화하게 되었다.[144]

조선에서의 총독부박물관은 일본과 달리 총독부 존속기간 내내 업무를 담당하는 부서가 옮겨지면서 독립되지 못하고 총독부의 한 부서로 존재하게 된다. 박물관이 하나의 독립된 기구로 정착되지 못하고 총독부 학무국 사회교육과, 고적조사과, 종교과의 한 계에 불과했던 점은 식민지 문화정책의 변화를 파악함에 있어 주목할 만하다.[145] 그러므로 박물관에는 관장이라는 직책이 따로 없이 일개 총독부 주임이 박물관 업무를 대표하게 되었다.

이를 구체적으로 알아보기 위해서는 총독부의 직제를 살펴볼 필요가 있겠다. 대한제국을 강제 병합한 후 1910년 총독부는 총무부, 내무부, 탁지부, 농상공부, 사법부의 5부 체제로 편제하고, 총무부 인사국은 이왕직의 인사권 및 촉탁권을 가지고 있어 이왕가박물관에 상당한 영향력을 행사할 수 있었다. 내무부 지방국은 '종교 및 행사에 관한 사항', 학무국은 '학교 도서관 교원에 관한 사항'을 담당하고 있었다.

1912년 대정원년이 되면 총독권한의 확대로 총무부는 총독관방의 한 과로 흡수되어 확대 개편된다. 총독관방은 총무국, 외사국, 토목

---

144) 金子淳 『博物館の 政治學』, pp.25－26.
145) 김재원, 『景福宮夜話』, 탐구당, 1991, pp.12－13.
    1945년까지 박물관 주임으로 근무한 사람은 일본인 아리미츠 교이치(有光教一) 씨임.

국의 3국으로 총무국 내에는 총무과, 인사과, 회계과, 인쇄소가 설치되었다.

1915년 총독부박물관 설치 후 총무국 총무과 내 제5조 '도서관에 관한 사항', 6조 '박물관에 관한 사항'을 명시하고 있어 이 같은 세부 사항은 정 6급주임이 담당하게 되었고, 1916년 7월에는 『고적급 유물보존규칙』을 제정 발포하여 유적과 유물의 조사 및 보존에 관한 사항을 심의하기 위해 중추원에 '고적조사위원회'를 설치하여 5개년에 걸친 고적조사계획을 입안하게 되었다.[146]

1919년에는 삼일독립선언으로 9월 사이토 마코토(齊藤實)총독이 부임하여 무단정치를 종결하고 문화정책을 표방하게 된다. 육해군 대장 중에서 조선총독을 임명하는 조선총독 무관임용제도와 헌병경찰제도로 악명이 높았던 경무총감부를 폐지하고 일반 경찰국을 신설하게 되었다.[147] 이로 인해 조선총독부의 관제에 상당한 변화가 있었는데, 1921년에는 각 부가 국으로 하향 편성돼 총독관방 및 내무국, 재무국, 식산국, 법무국, 학무국, 경찰국의 6국이 설치된다. 1921년 10월 1일 조선총독부 관보에 학무국의 기존 종교과를 분리해 문화적 측면을 강조하여 '고적조사과'라는 독립된 과를 설립함으로써 고적조사에 항구성을 기하게 되었다. 이것은 해외연수를 마치고 돌아온 세

---

146) 朝鮮總督府, 『朝鮮總督府職員錄』, 1916년 1월 1일.
147) 일제의 통치기 구분에 있어, 차기벽은 식민통치 정책전환을 기준으로 무단정치기 (1910~1919. 3. 1.), 문화정치기(1920~1931 만주사변), 대륙침략병 참기지추구기(1931~1945)로 구분하고 김운진은 식민통치사적 관점에서 준비기(1910-1919 무단통치시대), 회유조정기(1919~1931 문화정치시대), 병참기지화기(1931~1937). 전시동원기(1937~1945)로 구분한다.

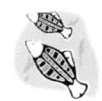

키노와 사이토 총독의 합작품이기도 했다. 고적조사과를 신설하여 조선총독부 사무관 小田省吾에게 학무국 고적조사과장兼務를 명하고 '박물관에 관한 사항'에 추가하여 '古蹟, 古祠寺, 名勝 및 天然記念物 등 조사 및 보존에 관한 사항'을 부가하였다.[148]

고적조사과 직원 가운데는 촉탁인 馬場是一郎, 野守 健[149]은 박물관 사무를 담당하고 고적조사는 山內廣衛이 맡았다. 小田省吾는 총독부 관리로 출발하여 고적조사업무와 박물관 업무에 깊이 관여하면서 1928년부터는 경성제대 교수가 되어 행정적으로뿐만 아니라 학술적으로도 고적과 유물관계 업무의 중심에서 식민사학의 정립과 배포의 핵심인물로 부상하게 된다.[150]

고적조사에 관계한 인물들은 역사, 문화, 예술에 관한 중복된 직책을 가지고 복합적인 정책시행자가 된다. 1925년 1월 발행된 조선총독부직원록을 보면, 역사와 예술에 관련된 위원회는 '고적조사위원회', '조선미술심사위원회', '조선사편찬위원회' 그리고 '박물관협의

---

148) 국사편찬위 검색:『朝鮮總督府官報』1921. 10. 1,『每日申報』, 1921. 10. 5.
朝鮮總督府事務分掌規程을 다음과 같이 改正(訓令 第35號)하다.
第3條 第2項中 第6號를 削除하고 第7號를 第6號로 改함.
第10條 第1項中「及宗教課」를「宗教課 及 古蹟調査課」로 改하고 同條에 左의 1項을 加함.
古蹟調査課에서는 左의 事務를 掌함.
1. 古蹟, 古祠寺, 名勝 및 天然記念物等의 調査 및 保存에 關한 事項
2. 博物舘에 關한 事項
* 1921년에 고적조사 업무와 행정(現 문화재청), 총독부박물관(現국립중앙박물관)의 업무가 총괄됨.
149)「고려도자의 연구」에서 도자기의 분류, 도요지별 위치, 채집내용을 기술한 책을 1944년 발간.
150) 목수현,「일제하 박물관의 형성과 그 의미」, pp.51-60, 서울대.

원'이란 4개의 위원회가 존재한다. 전자의 세 위원회가 조선총독부 훈령으로 설치되어 정무총감인 有吉忠一을 위원장으로 하는 반면 조선총독부박물관과 관련된 '박물관협의회'는 교수 3인과 촉탁 4명, 이왕직사무관 2명으로 이뤄진 소규모의 협의회에 불과했다.[151] 1922년 부터 조선총독부에서는 촉탁과 협의회제도를 이용해 '박물관협의원'이라 하여 박물관에 관한 사항을 협의, 결정, 실시하게 되었다.

표 4-8 박물관·고적조사 관계 위원 명단

총독부위원회	1925(대정14년)	1935(소화10년)
조선사편수회	[위원장] 정무총감 有吉忠一 [고문] 이완용, 박영효, 어윤적, 권중현[위원] 長野幹, 劉猛, 어윤적, 이능화, 정만조, 今西龍, 稻葉岩吉, 松井等 외 6명[간사] 김동준, 稻葉岩吉[서기] 3명	[위원장] 정무총감 今井田淸德 [고문] 박영효, 服部宇之吉, 黑板勝美,이윤용 외1[위원] 이왕직장관, 小田省吾, 이능화, 정만조, 최남선 외 7명[간사] 稻葉岩吉 외3명[수사관] 2명 및 수사관보4명 서기3명(촉탁) 최남선 외9명
조선미술심사위원회	[위원장] 有吉忠一[간사] 小田省吾, 守屋榮夫, 松村松盛, 中村寅之助, 南宮營, 半井淸[기타] 서기8명 및 촉착 1명	[위원장] 정무총감 今井田淸德[간사] 사무관 大野謙一 [서기] 谷口文夫(촉탁)
고적조사위원회	[위원장] 有吉忠一 [위원] 長野幹, 小田省吾, 守屋榮夫, 松村松盛, 中村寅之助, 鳥居龍藏, 今西龍, 關野貞, 黑板勝美, 谷井齊一, 小場恒吉, 藤田亮策(촉탁)외8명 위원촉탁):池內宏, 末松熊彦, 瀬田耕作 [간사] 小田省吾	[회장] 정무총감 今井田淸德[위원] 黑板勝美, 池內宏,瀬田耕作梅原末治, 藤田亮策, 關野貞, 小場恒吉, 최남선, 김용진, 이능화, 小田省吾 [간사] 엄창섭 [기타] 서기 4명
박물관협의원	黑板勝美,鳥居龍藏(도쿄제대), 今西龍, 關野貞, 小場恒吉, 藤田亮策(촉탁), 末松熊彦, 鮎貝房之進(이왕직사무관), 瀬田耕作(교토제대)	黑板勝美, 瀬田耕作, 藤田亮策,下君山誠一, 關野貞, 小田省吾, 鳥居龍藏, 鮎貝房之進, 小場恒吉

* 1925년 조선총독부직원록 발행 당시는 조선사편찬위원회로 불림

---

151) 『朝鮮總督府職員錄』, 1925(大正 14년), pp.43-50.

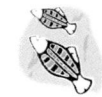

박물관협의원은 黑板勝美(동경제대교수), 鳥居龍藏(同 강사),今西龍(촉탁), 關野貞(촉탁), 小場恒吉(촉탁), 藤田亮策(촉탁), 末松熊彦, 鮎貝房之進(이왕직사무관), 瀨田耕作(교토제대교수)이었는데 이들은 이미 박물관 형성초기부터 직간접으로 관련된 사람들이었다.

따라서 박물관과 고적조사는 박물관설립이 이뤄진 다음 해부터 연계되어 발굴조사, 보존수리, 등록, 보관, 전시의 다기능을 상호보완하는 역할을 담당하였으며 이것이 거대조직인 조선사편수회의 식민사학의 영향 아래에서 왜곡되고 재구성되어 식민지철학으로 再맥락화 되는 결과가 생겨나게 된다.

② 조선사편수회와 식민사학의 형성

박물관사업과 고적조사사업을 총괄하는 학무국의 고적조사과 설립시기와 비슷하게 조선총독부 산하 '조선사편찬위원회'가 1922년 12월 4일 훈령 614호로 설립되었다. 이는 1916년 1월에 중추원에 발족한 '조선반도사편찬사업'에 그 모태를 두고 있다.

'조선반도사편찬사업'은 중추원 찬의 및 부찬의 15명과 교토제대 三浦周行, 今西龍, 黑板勝美 3인이 참가했고, 1922년 조직의 확대정비로 '조선사편찬위원회'가 설치되어 그간 이룬 고적조사사업과 박물관의 설립, 편찬사업을 집대성하여 시대별로 풍속, 종교, 문학, 예술, 가요 등 총체적인 연구사업의 일환으로 설치되었다. 1925년 6월 6일 칙령 218호의 관제가 공포되면서 '조선사편수회'란 기구를 만들어 독립적인 관청을 설립하게 된다. 16년간 무려 100만 엔을 투자하여 『조선사』의 간행은 일본어로 편집되어 총 35권 2만5천 쪽의 방대한 자료를 발간하는 조선총독부 최대의 프로젝트였다. 여기에는 정무총감을 회장으로 하여 고문, 위원 11명, 간사 4명, 修史官 및 수사관보 4명씩, 서기 4명, 촉탁 9명 등 조직을 점차 증강시켜갔다. 이 중 黑田勝美, 今西龍, 藤田亮策, 小田省吾 등 동경제대, 교토제대의 교수, 총독부직원은 조선총독부 박물관협의회 및 고적조사위원회와 겸직한 인사들이 상당수 포진하고 학무국장 및 이왕직차관도 위원으로 임명되어 격상된 조선사편수회의 위상을 여실히 나타내고 있다. 그러므로 고적조사가 일본의 관학자를 중심으로 유적과 유물을 기본으로 하여 정리되었다면 이를 문헌사적으로 조선의 정치, 경제, 문화, 사회 등의 諸 현상에 대한 이론적 성립을 꾀한 것은 조선사편수회의 몫이 되어 동전의 앞면과 뒷면의 관계를 설정하게 된다.

조선사편수회의 첫 사업은 총설에서 밝히고 있듯이 일차적 자료인 일본에 있는 舊번주 소장기록과 조선, 만주 등 각지의 기록, 고문서, 史籍, 문집, 영정, 금석문 등 기타 사료의 모집은 물론 각 名家의 불출된 것까지도 모집을 위해 전력을 기울였다.152) 조선사 편집에 있어 상고시대의 범위와 단군신화의 삽입 등은 논란의 대상153)이 되었는데 단군신화는 정작 조선사의 편집에서 부정확한 사료로 취급되어 빠지게 되고 발해사는 신라사에 포함되었다.154) 민족사학의 점진적

---

152) 『朝鮮史編修會事業槪要』第5章 職員, pp.127-136.
153) 『朝鮮史編修會事業槪要』第5章.
  조선반도사 편찬 시 상고 삼한, 삼국, 통일 후의 신라, 고려, 조선, 조선최근세사로 총 6편으로 분류되었는 데 비해, 조선사편찬위원회에서는 삼국이전, 삼국시대, 신라시대, 고려시대, 조선시대전기(태조~선조), 조선시대후기(정조~갑오개혁)의 7편으로 분류하였다.
154) 전게서.1923년에서 1935년까지 9차례의 회의를 가졌는데 이능화는 단군조

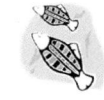

대두에 대해 『朝鮮史編修會事業槪要』에서는 "조선인은 여타의 야만 미개한 민족과 달라 독서와 문장에 있어 조금도 문명인에 뒤떨어질 바 없는 민족이다"라 설파하지만 박은식의 『韓國痛史』와 같은 민족주의적 역사서에 대한 동조를 멀리하고 공명정대란 이름으로 식민사관을 심어주기 위한 의식적 사업의 결과물이란 점을 간과할 수 없다. 이러한 식민사학의 뿌리는 1908년 남만주철도주식회사에 '만선역사지리조사실'이 설치됨으로써 시라토리 쿠라키치(白鳥庫吉)를 중심으로 한 동경제대 교수들이 추진해 갔다. 그를 따르던 津田左右吉, 池內宏, 稻葉岩吉, 今西龍 등은 동경제대의 전통인 실증주의를 표방하면서 중국의 堯, 舜, 禹시대를 부정하고 日鮮 동조론조차 부정하면서 한국사를 별개의 역사가 아닌 만주의 종속적인 위치에 놓는 방법을 고안해 냈다.155) 이것이 바로 만선사관이며 점차 반도적 타율성론이 조선사에 깊이 스며들게 되었다. 이로써 만선사관에 입각한 학자들이 참여한 조선사편수회는 합방의 당위성을 합리화하는 역사서술과 이를 실증적으로 증명코자 하였다.

이러한 식민사학적 분위기 못지않게 국사연구도 본격화되었는데 1911년 중국으로 망명한 백암 박은식156)은 『동명왕실기』, 『천개소문전』, 『명임답부전』 등을 집필, 구상하여 민족사를 연구하려는 강한

선, 기자조선, 위만조선이 있으므로 삼국이전을 고대조선이라 칭하고, 발해사와 건국신화를 포함시킬 것을 주장함.

155) 조동걸, 「식민사학의 성립과정과 근세사서술」, 『역사교육논집』 13 - 14권, pp.771 - 778.

156) 역사학자 백암 박은식(1859 - 1926) 유학, 언론, 교육, 사학, 독립운동에 크게 공헌함.

역사의식은 단군 숭배의 대종교에로 그를 이끌었던 것으로 보여진다. 이 중 사학적으로 크게 평가되는『韓國痛史』(1915)와『韓國獨立運動之血史』를 눈여겨 볼 필요가 있다.『한국통사』의 '痛史'는 망국으로 이어지는 조선의 아픈 근대사를 기술하는 의미로 全 3편으로 구성된 책의 서문에는 "조선이 4,300여 년의 역사를 가진 군자의 나라로서 일본에 문화를 파급시켰으며 일본의 음식, 의복, 궁실과 종교, 학술이 모두 한국에서 간 것으로 일본이 일찍이 스승의 나라로 섬겼으나 현재는 종(奴)으로 삼았다"고 지적하고 그 식민통치가 다른 어느 나라에 비해서 보더라도 한국에서만큼 심한 곳은 없다고 설파하고 있다. 이런 상황에서 그는『韓國痛史』를 쓰는 목적을,

> "옛사람들이 말하기를 나라는 가히 滅할 수 있으나, 역사는 가히 滅할 수 없으니 대개 나라는 形이나 역사는 神이기 때문이다. 지금 한국의 형은 훼파되었다고 하나 신은 가히 홀로 존재하지 못하겠는가. 이것이 痛史를 만드는 用以이다."157)

라고 소회를 밝혔다. 그는 여기서 근대 역사학의 방법을 도입하여 통사를 서술하였고 근대 역사학적 방법과 체제에 입각한 통사로서 일제의 한국 침략 과정을 밝히고자 하였다. 또한『한국독립운동지혈사』의 '혈사'는 '통사'와의 표리관계에 있다고 지적된다. 통사에 보이는 일제 침략에 대항하여 피의 독립운동을 한 기록이 바로 혈사의 주 내용이 되기 때문이다.158)

---

157) 박은식,『韓國痛史』,「緒言」.

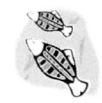

또한 주지하다시피 단재 신채호[159] 선생은 1908년 『성웅이순신』,
『을지문덕』, 『東國巨傑 崔都統傳』(1909, 최영 장군)의 전기를 쓰고
1920년을 전후하여 『조선상고사』와 『조선상고문화사』, 『조선사연구
草』, 『조선혁명선언』 등을 기술하였다. 그는 역사발전의 원동력을
我와 非我의 모순, 상극관계에서 파악하여 헤겔의 변증법적 논리를
도입한 것으로 주목되고 있다.[160]

이처럼 겉으로는 선진적 동화주의를 표방하지만 동양적 오리엔탈
리즘으로 미화된 식민사관에 맞서 일부 민족사학자들의 민족사관이
표출된 것에 대한 반대급부로서 조선사편수와 고적조사사업은 전시
를 통해 대중에게 메시지로 전달되었다. 실물과 실증적 방법으로 고
대에서부터 한반도와 일본의 민족적, 문화적 역사의 카테고리를 동
일하게 형성함으로써 유물의 전시를 통해 고정된 인식의 틀을 형성
하게 된다. 식민사관은 경제적 수탈 못지않게 통합의 논리를 반복적
으로 실행하여 의식적이건 무의식적이건 간에 민족의 저항을 무디게
하고 열등감을 자초하는 시각적 파노라마를 형성하게 하였다.

③ 『조선·보물·고적·명승·천연기념물 보존령』의 발포

1920년대 초 금령총과 낙랑고분 등 고적조사가 활발하게 진행되
었지만, 1924년에 이르러 총독부의 긴축재정으로 학무국의 고적조사
과는 과장, 감사관, 촉탁 4인을 감해 급기야 폐지되고 종교과[161]로

---

158) 이만열, 『한국근대역사학의 이해』, 문학과 지성사, 1984, pp.130-136.
159) 단재 신채호(1880-1936): 대한매일신보 주필인 언론인, 역사학자, 독립운
   동가.
160) 이만열, 『한국근대역사학의 이해』, 문학과 지성사, 1984, pp.137-147.

흡수된다. 종교과로 흡수된 박물관도 겨우 촉탁 수인과 기수 2인으로 유지되는 데 불과했다. 상대적으로 늘어난 발굴과 문화재관리에 대한 재정긴축 분위기는 고적조사사업에도 영향을 미쳐 1924년 경주 금령총과 식리총 발굴에도 대폭적으로 조사인원을 감축하고 경주 고적보존회와 총독부의 특별지원으로 유지하기에 이른다. 박물관과 고적조사사업도 해마다 줄어들어 1926년(소화원년) 이후로는 소규모 발굴사업을 제외한 적극적인 사업은 거의 중지 상태에 접어들었다. 특히 1931년 이후 재정긴축정책에 의해 박물관의 진열, 조사, 보존, 수리, 등록지정 사업은 정지 상태에 있었고 급격히 증가하는 진열품 구입과 보존수리도 어려운 상태가 되었다. 더구나 고적, 낙랑, 평양 고분의 도굴, 도괴라든지 석탑, 석불의 파괴, 불법 운반은 빈번하여서 그칠 줄을 모르고 고적보존사업은 중대한 기로에 봉착하게 된다. 이로 인해 1931년에 반관반민의 총독부 외곽단체인 '조선고적연구회'가 조직되었고, 1933년 8월 9일에는 『조선·보물·고적·명승·천연기념물 보존령』이 制令으로 공포되어 조사활동의 일대 전환점을 마련하게 된다.162)

關野貞은 보존령의 발포에 즈음하여 다음과 같이 술회한다.

"(총독부 예산절감을 언급하면서) 예를 들면 불국사의 다보탑이라든지, 석가탑이라든지, 혹은 경주에 있는 조선 最古의 건물지에 있는 분황사탑이라든지, 목조건축으로 최고의 건물인 부석사 무량수전이라

---

161) 종교과내의 박물관계 주임은 藤田亮策임.
162) 강만길, 『식민지시기의 사회경제』, 한길사, 1995.

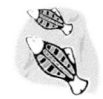

든지, 불상으로는 불국사에 있는 동상, 무량수전의 고려시대 유일의 목조불상라고 말하는 다양한 社寺에 속하는 것이랑 경성의 남대문이랑 수원의 성곽이랑 경복궁이라는 다양한 국유에 속한 건물은 여하튼 그 가치가 절대적이라도 혹 빠질 수 있습니다. 내지에서는 국보라고 하면 건조물이라든지, 조각이라든지, 회화라든지, 공예품이라든지, 다양한 분야의 것을 훼손되지 않도록 또는 산일되지 않도록 보호하고 있습니다. 하지만 조선에서는 유지하기 위한 충분한 방안이 마련되지 않고 있습니다. 다행히 조선에서도 보존령이 발포되어 사사에 속한 것도, 국유의 것도, 개인의 것도, 중요한 것은 모두 지정이 되어 충분하게 보존될 것입니다. 한국문화의 역사를 연구하고 유물을 보존하기 위해 보존령은 충분히 좋은 방안이 될 것입니다.(중략)"163)

關野貞은 자신의 고적조사에 의한 조선 최고의 건축, 조각, 공예에 속하는 상당수의 유물, 즉 불국사의 다보탑과 석가탑 그리고 분황사탑, 무량수전, 목조불상, 남대문(숭례문), 수원화성, 경복궁 등이 고적의 일반적 정의에는 들어 있으나 실제 등록대장에서 빠지고 체계적인 관리체계가 형성되지 않은 점을 지적하고 있다.

부록의 등록대장을 살펴보면 몇 가지 관리상 문제점을 발견할 수 있다.

첫째, 등록대장에는 주로 탑, 당간, 부도, 석불 등이 등록되어 있으나 숭례문과 같은 건조물은 단 한 점도 등록되어 있지 않음을 알 수 있다. 이는 關野貞에 의해 <고적급유물보존규칙>의 결정적 단점으로 지적되고 있는 바대로 고적에 대한 정의는 도성, 궁전, 성책이

---

163) 關野貞, 「朝鮮寶物・古蹟・名勝・天然記念物保存令發布について」, 『朝鮮社會事業』 Vol.11 No.9, 朝鮮社會事業協會, 1933, pp.28-34.

라는 총괄적인 정의만 들어 있어 '건조물'은 명확한 등록대상이 되지 않았다는 것이다. 건조물이 법률적으로 보호, 지정되는 예는 일본에서도 국보보존법이 시행된 1926년에 와서야 비로소 적용될 수 있었다. 이처럼 조선에서도 1920년대 후반부터 건조물도 고적의 대상에 포함해야 한다는 주장이 제기되고 있었던 것이다.

둘째, 보존규칙에서의 등록방법과 대상의 문제점이 보인다. 먼저 지역별 순서로 우선 등록번호를 부여하고 있으나 그 일관성을 찾기는 어렵다. 1924년 발행된 『고적급유물등록대장초록(古蹟及遺物登錄臺帳抄錄)』에는 총 193점[164]이 등록되어 있는데 이 중 경성부에는 등록번호 1번으로 '원각사지10층석탑'(종로), 2번은 '원각사비'(종로), 3번은 '보신각종'(종로)으로 되어 있으며, 20번 '보제사지 대경대사현기탑비'(경성부 경복궁 조선총독부박물관), 38번 '월광사지 원랑선사 대보선광탑비'(조선총독부박물관)로 되어 같은 구역 내 있는 것조차 정연하게 등록되지 못했다. 더구나 등록유물은 탑과 부도, 석조불상이 그 대부분을 차지하고 있다. 다만 강당사지 철불상(51번, 서산군 운산면 소재), 개태사지철부(67번, 조선총독부박물관), 광주읍내철불상(87번, 전남광주), 성덕왕신종(89번, 경주고적보존회 진열관), 평양종각종(145번, 평양부)의 5개 철조유물만이 포함[165]되어 있을 뿐이

164) 『古蹟及遺物登錄臺帳抄錄』(1924)의 등록번호별색인에는 193점이 등록되어 있는데 이 중 186번이 삭제되어 총 192점이 등록되어 있음. 이 중 등록번호 135번은 "백두산정계표"(함북 무산군 삼장면 농사동 백두산 동남부)로 당시에 여전히 존재하고 있어 특기할 만하다.
165) 朝鮮總督府 學務局 古蹟調査課, 『古蹟及遺物登錄臺帳抄錄』, 朝鮮總督府, 1924.

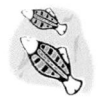

다. 또한 조선 남부지방의 등록대상은 많은 반면 북부지방의 등재는 현저히 떨어진다.

세 번째로는 등록에 따른 관리가 되지 않고 현상변경에 대한 허가의 의무만을 가지므로 한 번 등록만 하면 사후관리가 제대로 되지 않는다는 단점을 가지고 있어 등록문화재의 훼손은 불가피하게 되었던 것이다.

와타나베 토요히코(度辺豊日子) 학무국장은 보존규칙의 문제점과 관련하여 법률적 관점에서 문제점을 지적을 하는데 첫째 소유권 제한을 가하는 데 있어 부령은 형식상의 결함을 가지고 있다는 점이다. 당시 조선총독부 법령의 구성으로는 제령과 부령, 훈령으로 나눠지는데 이 중 제령은 조선의 특수성을 인정하여 칙령에 위반되지 않는 한 일본 내각총리대신을 경유하여 천황의 칙재를 재가받는 형식을 취하는 것으로 조선민사령, 조선형사령 등이 이에 포함된다. 부령은 조선총독에 부여된 위임과 직권으로서 발할 수 있는 법령으로 제령의 하위법이라 볼 수 있다. 그러므로 조선민사령에는 당시 토지와 임야의 소유권을 인정하고 있었으므로 부령으로서 제령을 제한하는 것은 이치에 맞지 않는다는 점을 지적하고 있다.

두 번째로는 關野貞의 지적처럼 등록대장 재정비와 소유자에 대한 일정한 의무를 부과할 것을 지적한다. 세 번째 개정의 필요성으로 일본의 내지에서는 1919년부터 시행되고 있는 '사적명승천연기념물보존법'이 조선에서는 비견할 만한 명승과 천연기념물에 관한 법령 제정이 없다는 점과 교통의 발달, 관람객의 증가로 인한 훼손과 망실에 대한 우려를 표하면서 소위 도굴과 도괴를 방지하기 위한 새로운 법령의 제정166)을 언급하고 있다.

따라서 제령 6호인 『조선·보물·고적·명승·천연기념물 보존령』은 1조에서 건조물을 제일 먼저 언급하면서,

> "건조물, 전적, 서적, 회화, 조각, 공예품 기타 물건에서 특히 역사
> 의 증징(證徵) 또는 미술의 모범이 될 만한 것을 조선총독이 이를 보
> 물이라 하여 지정토록 하고 패총, 고분, 사지, 성지, 요지 기타 유적,
> 경승지 또는 동물, 식물, 지질광물 기타 학술연구의 자료가 될 만한
> 물건에 대해 보존의 필요가 있다고 인정되는 것을 조선총독이 고적,
> 명승 또는 천연기념물이라 하여 지정하도록 한다."

2조에서는 조선총독부보물·고적·명승·천연기념물보존회라는 자문기관의 설치를 명문화하고 9조에서 소유자의 의무로는 이왕가, 관립 또는 공립의 박물관 또는 미술관에 그 보물을 출진하는 의무를 부과하고 있다. 22조에는 손괴훼기(損壞毀棄), 은닉 시에는 5년 이하의 징역 혹은 금고, 2백 원 이하의 벌금을 부과하여 법령 위반에 대한 형량을 강화하고 있다.

따라서 '보존령'에서는 위와 같이 일본 내지의 '보존법'과 차별하여 조선에서는 보물이라 칭하는 한편 전반적으로 총독이 이의 지정 및 해체를 위한 자문단을 두는 형식을 취하고는 있지만 보존규칙에 비해 '긴급조사', '지정'과 '해제'라는 한층 강화된 권한을 가지고 있다. 관리방법에 있어서는 지방공공단체에 위임하는 형식을 취하고

---

166) 度邊豊日子, 「朝鮮寶物·古蹟·名勝·天然記念物 保存令 發布に就て」, 『朝鮮社會事業』 Vol.11, 朝鮮社會事業協會, 1933, p.66.

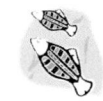

어느 정도는 국고에서 지원도 할 수 있도록 하였지만 원칙적으로 관리에 요하는 비용은 공공단체에서 부담하도록 하고 있다. 또한 등록제를 지정제로 바꾸면서 이전 보존규칙에는 없는 국고의 지원과 관리체계가 명확히 개선되어 보존회의 자문을 얻어 지정 및 해제를 할 수 있도록 하였다.167)

그러나 보존령은 당시 급격히 많아진 유물의 관리상 불가피한 보존대책의 필요성에서 제정된 것을 인정하지 않을 수 없지만 이것은 이미 일본에서 시행된 사적명승천연기념물보존법(1919, 대정 8년)과 국보보존법(1929, 소화 4년)을 모방한 법안으로 조선에서는 그 시행이 늦어진 셈이다.

度邊豊日子 학무국장이 법안의 발포 목적에서도 밝혔듯이 "고대 중국의 문화를 수입해 일본에 전파한 조선 역사의 변천 및 미술공예의 모범으로서 귀중하고 많은 유물 또는 경승의 지역은 동식물 등 향토의 기념으로서 그 특징을 나타내고 또는 학술상의 연구 자료"라 언급하는 데서 법령 제정의 강한 의미를 어디에 두고 있음을 알 수 있다.168)

1933년 보존령 발포 이후 문화재지정은 12회에 걸쳐 이뤄졌고 그 지정사항은 『조선총독부관보』에 공표되었다. 지정된 보존물에 대해서는 각각 석표를 세워 표시하고 철책으로 일반의 출입을 금하기도 하였다. 관보에는 지정번호, 명칭, 소재지, 소재지역, 소유자의 이름 및

---

167) 이런 점에서 오늘날 논의되는 국보의 지정번호(국보1호 숭례문 등)에 대한 부정적 의미, 즉 일제 때의 유산이라든지 국보1호에 대한 상징적 의미에 대한 개정논의는 애초에 지역단위로 분류해 국고로 관리, 지원하는 관리번호라는 의미임을 상기할 때 개정의 필요성을 느끼지 않는다.

168) 전게서, p.67.

주소를 고지하였다. 부록에서 보듯이 보존령에 의해 보물 419건, 고적 145건, 고적 및 명승 5건, 천연기념물 146건, 명승 및 천연기념물 2건이 지정되었으며 이 중 1934년에 지정된 보물 153건 가운데 보물 1호로는 경성 남대문, 보물 2호로는 경성 동대문이 지정되었다.169)

3) 박람회의 영향과 전문박물관의 설립(과학관)

1920년대에 이르러서는 공진희는 물론 박람회, 전람회, 물산회란 명칭으로 소위 박람회시대라 부를 만큼 다양한 박람회가 전국적으로 개최된다. 1차 산업 위주의 품평회가 개최되기도 하고 2차 산업 물품을 중심으로 조선부업공진회, 물산장려회가 개최되기도 했다. 주최 역시 총독부에서부터 지방관청, 신문사 등으로 점차 확대되어 주로 계몽적인 물산장려회에서부터 특정한 주제를 단 아동박람회나 가정박람회와 같은 새로운 라이프스타일을 반영하는 박람회가 개최되기도 한다.170)

---

169) 이순자, 『일제강점기 고적조사사업 연구』, 숙명여대 사학과 박사논문, 2007, pp.152－154.
170) 전문정, 「일제시기 조선박람회(1919) 연구」, 성균관대 미술학과, p.21.

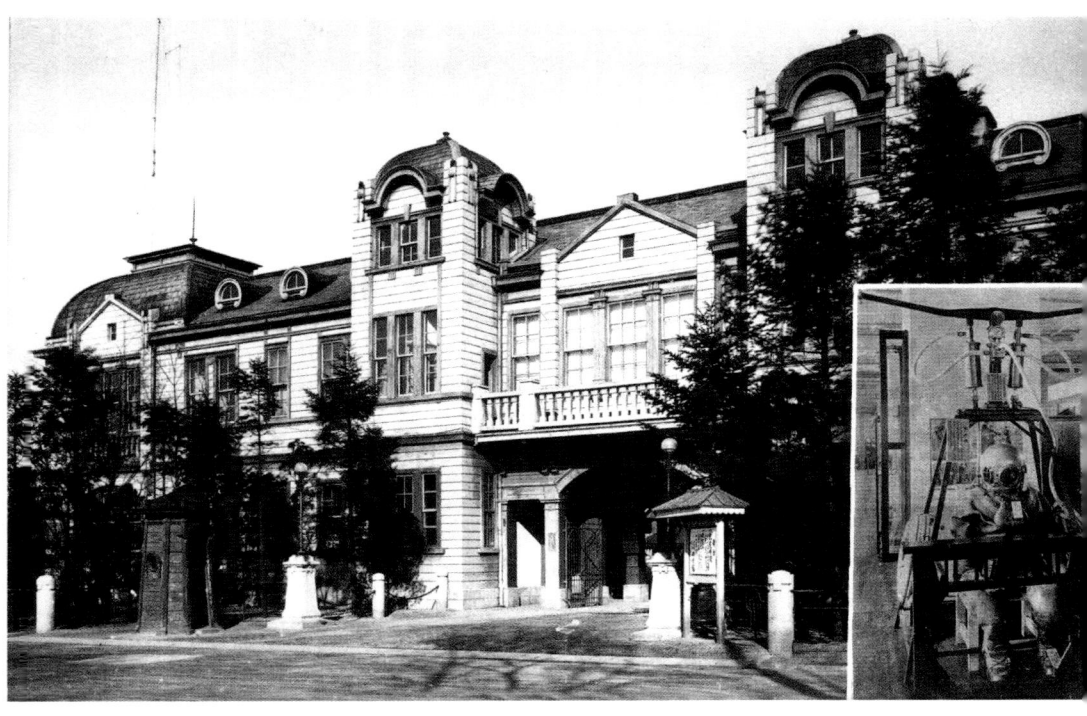

┃ 도−45 1927년 은사기념과학관(舊남산 왜성대 통감부 / 총독부청사)

(1) 은사기념과학관의 설립

조선에서 박물학과 과학이 결합된 전시관으로서는 은사기념과학관을 들 수 있는데 이는 서구박물관에서처럼 사회의 변화에 의한 분화가 아니라 조선인의 사회교화사업의 일환으로 진행되었다.

1920년대 초까지 조선에서는 역사미술박물관으로서 이왕가박물관과 총독부박물관의 2관만 존재하였지만 대정천황의 성혼 25주년을 맞아 사회교육장려의 은사금 17간 원이 하사되자 총독부에서는 은사기념의 4자를 붙여 은사기념과학관을 건립하기로 하였다. 당초 하사금의 활용을 위한 여러 용도 중 과학박물관을 설립하자는 안이 채택되고 때마침 조선총독부가 경복궁 광화문 신청사로 이전함에 따라 남게 될 남산 왜성대의 목조로 된 조선총독부청사에 1926년부터 건립을 착수하여 다음 해 1기공사를 완료하여 개관하게 되었다.171)

설립취지는 문학, 정치, 전문 의학에 관한 것을 제외한 일상생활의 필수적인 것에서부터 산업에 관한 것을 총망라한 원리를 운용할 목적과 실제 실물표본, 사진, 도표 등에 의거하여 민중의 과학적 상식과 지식의 발전을 꾀하는 것을 목적으로 하고 있다.172)

자연과학박물관으로서 초기 10개 부문의 분류가 이뤄졌으나 1932년 발행된 『조선교육대관』에는 13개 부문으로 전시품이 구분되어 있다. 진열품은 ① 전기 및 연료 ② 汽機 및 발동기 ③ 항공기 ④ 수력 및 압축공기 ⑤ 선함 및 교량 ⑥ 냉장, 건축, 농업 ⑦ 가정용품簡, 易 위생시설 ⑧ 電氣機, 기계구류 ⑨ 지리 ⑩ 지질 ⑪ 사회 ⑫ 理化學 ⑬ 동식물을 다루고 있으며 도서실과 강연실도 두어 물리화학에 관한 책과 실험기구를 비치하고 있었다.173)

개관 당시 1층에는 전시실, 도서실, 숙직실, 암실, 냉장설비실, 변소와 뒤편 가건물에 강연실을 두었고 2층에 전시실, 관장실, 응접실, 사무실, 회의실, 준비실, 연구실을 쾌치하여 총 1104평, 전시실 529평,

171) 『朝鮮－朝鮮唯一の科學博物館』, 1932. 7, pp.102－103.
172) 西村綠也, 『朝鮮敎育大觀』, 朝鮮敎育大觀社, 1932, pp.6－7.
173) 西村綠也, 전게서, pp.6－7.

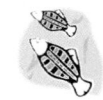

강연실 55평을 배정함으로써 규모에 비해 너무 많은 전시물과 시설물을 수용하고 있는 단점을 가지고 있었다. 은사기념과학관[174]의 관람 인원은 하루 400명 이상이 참관하였고 전국각지와, 만주인근과 외국인관람객도 포함된 광범위한 관람을 기반으로 운영하고 있었다.

소장품의 수집은 1926년 925종 3,500여 점을 1927년 2257종 6,500점, 1928년 197종 500점, 1929에 79종 800여 점을 수집하여 1기 계획을 마칠 때는 약 3,450여 종 11,000여 점을 수집하게 되었다.[175] 그런데 과학관에 입하된 전시물의 목록을 보면 전시주제나 시나리오에 맞춰 전시물이 선별되는 과정을 찾기 어렵다.[176] 이러한 이유로는 당시 과학관에는 전문직이 부족했고 박물학자로서는 은사기념과학관의 촉탁인 土居寬暢가 유일하게 조선박물학회 잡지에 논문을 등재하며 지석영, 박만규, 조복성, 임위삼 등의 조선인 박물학자들과 교류를 하고 있었다. 과학관의 연구는 주로 조선의 동식물, 자연에 대해 진행되어 전문 인력의 부족과 연구에 대한 체계적인 계획도 빈약하였다.[177]

---

174) 허영섭, 「조선총독부, 그 청사건립의 이야기」, pp.170.
과학관은 왜성대 町4번지(현 서울시 중구 예장동8번지)로 주변에는 상품진열관, 경성신사, 남산공원이 있었다.
175) 朝鮮總督府, 「恩賜記念の科學館」, 『朝鮮』, 1926. 8, p.145.
국성하, 『우리 박물관의 역사와 교육』, 혜안, 2007, p.221.
176) 정인경, 「한국 근현대 과학기술문화의 식민지성」, 고려대박사논문, 2004, pp.87 – 90.
177) 전게서, pp.91 – 95.

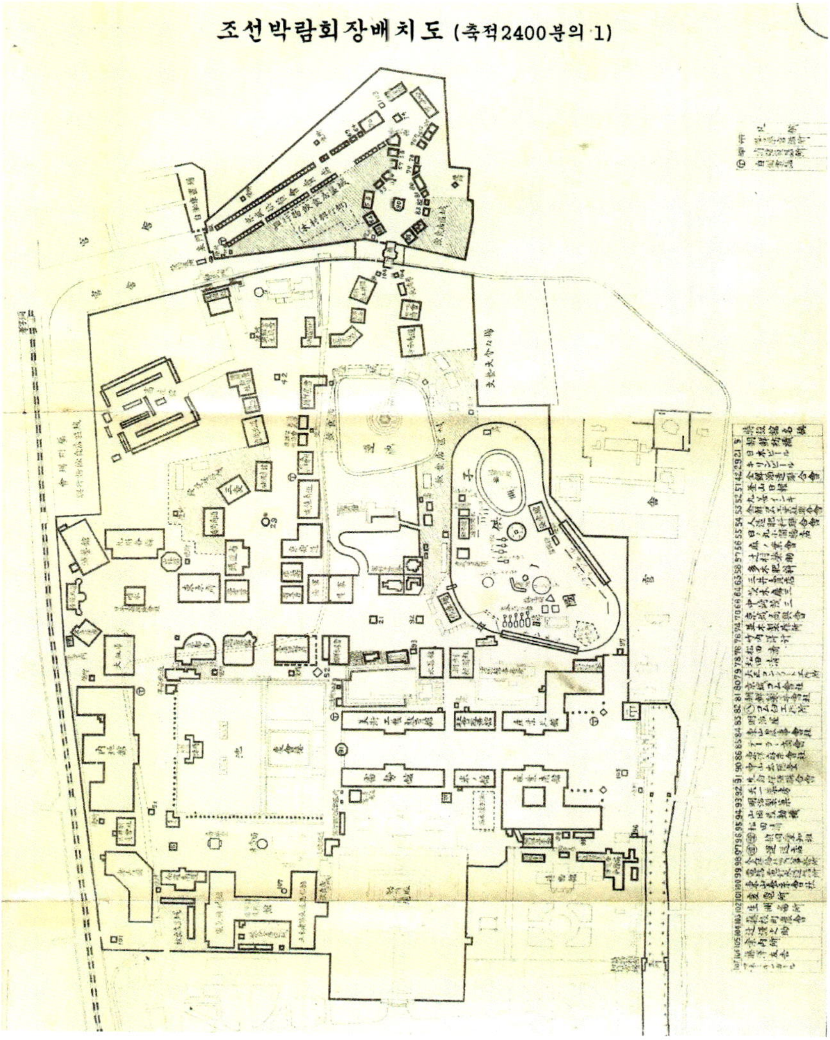

조선박람회장배치도 (축적2400분의 1)

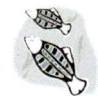

도-46 1929년 조선박람회장배치도

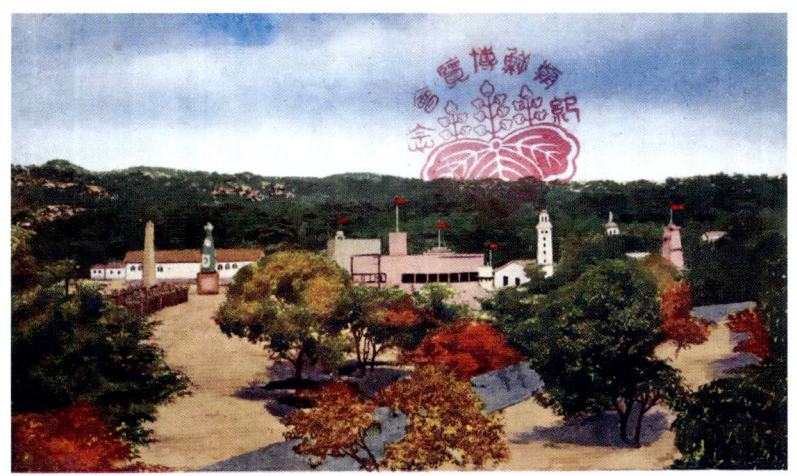

■ **도−47** 경복궁 신무문에서 바라본 1929년 조선박람회 전경(소장엽서)

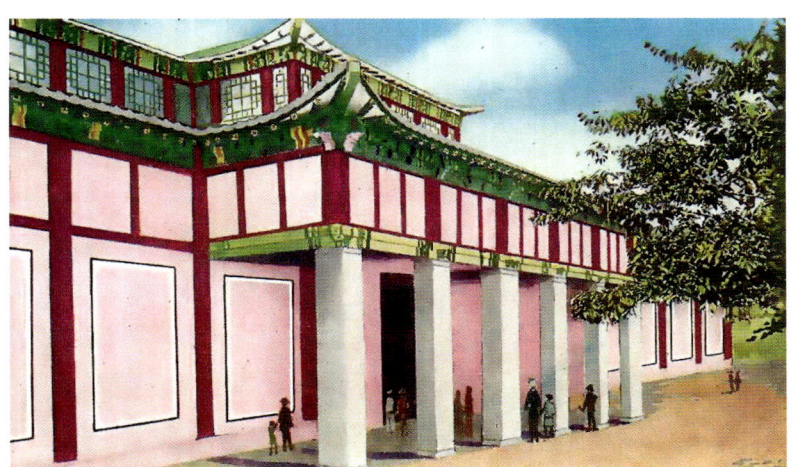

■ **도−48** 1929년 조선박람회 심세관(소장엽서)

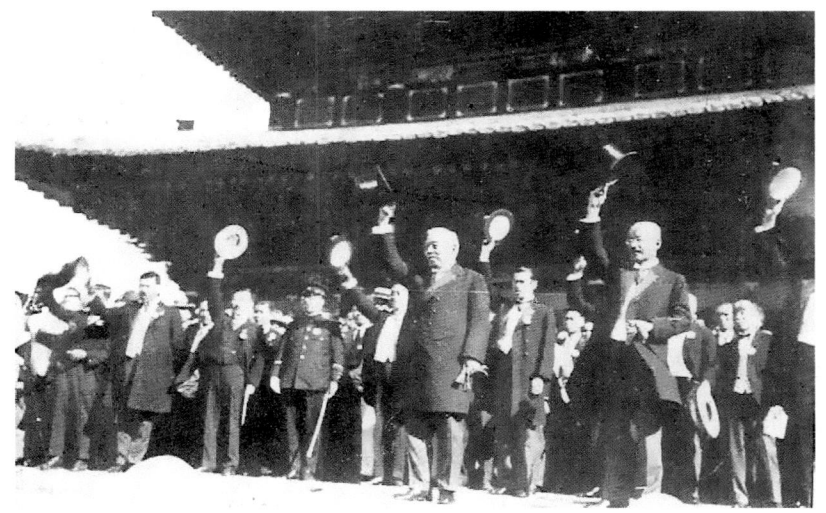

┃ 도—49 조선박람회개막식 ┃ 左: 총독 齊藤實, 右: 정무총감/사무총장 兒玉秀雄

(2) 조선박람회의 정치적 영향과 과학관 소장품의 확충

1929년 경복궁에서 열린 조선박람회는 조선시정 20주년을 맞아 통치 20주년을 선전하고 일본자본가의 투자와 재경상인의 침체를 타개하기 위해 지방농민 및 지주틀 경성에 모으고 대외에 선전할 수 있는 장으로서 조선박람회가 현재의 불안 상을 제거할 수 있는 기폭제가 된다고 하여 어려운 상황에서도 열리게 되었다. 총 경비 223만 원의 조선박람회는 규모와 예산 면에서 1914년(대정 3) 동경대정박람회(164만 원), 1922(대정 11) 동경평화박람회(477만 원), 1928년(소화 3) 동경대례기념국산진흥박람회와 비교해도 손색이 없는 규모였다.178) 이러한 조선박람회 개최의 취지를 사이토 총독은,

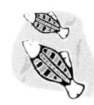

"조선 내의 시정각반의 상태를 一場에 전시하여 조선의 과거와 현재를 일목요연케 하고 또는 조선 이외의 각 방면에도 다수의 출품을 청하여 박람회를 통하여 혹은 實地로 조선의 현상을 시찰케 하고 진정한 조선을 소개하여 공정한 이해와 동정을 득하여 상호이해하여 조선의 개발을 촉진하고자 함이다."179)

라 밝히고 있다. 조선박람회는 9월 12일부터 10월 30일까지 50일간을 회기로 잡고 경복궁과 인근 지역 10만 평을 그 會場으로 해 교통, 토목, 교육, 위생 기타 각 영역의 발전상황을 대내외에 알리고자 함이었다.180) 이로 인해 경성시내의 도로망이나 전기시설 등을 재정비하고 시가지를 조정하려는 계획이 요구되었다. 점차 박람회를 준비하면서 벌어지는 조선의 풍경은 넓어진 도로와 선전탑, 전등 등 도시성이 두드러짐과 동시에 감시와 강제동원이라는 식민지적 풍경이 겹쳐지고 있었다.

　　먼저 동쪽으로 이축한 광화문을 들어서면 경회루까지 일직선의 통로가 나있고 거기에는 산업남관과 산업북관, 쌀의 관과 사회경제관, 심세관과 미술공예관이 마주보고 서 있다. 그다음 위쪽으로 경회루를 둘러싸고 교통토목건축관, 위생경무사법관, 기계전기관, 참고관, 내지관이 서 있다. 내지관을 기점으로 이후 구역에는 각종 특설관들이 배치되어 있고 이 통로를 따라가면 출구인 신무문이 나온다. 건물들은 일본식과 변형된 조선식이 주종을 이루지만 '해군관 및 육국

178) 정인섭, 『조선박람회 안내』, 조양출판사, 1929, p.25.
179) 兒濟玉藤, 『조선』, 「朝鮮博覽會 開催에 際하야」, 1929, p.3.
180) 조선총독부, 『朝鮮博覽會寫眞帖』, 조선총독부, 1929, p.1.

관'은 함선모양을 본 떠 특별히 제작된 건물과 르네상스, 바로크 양식 등이 총집합되어 있었다.

박람회는 볼거리와 생산품을 진열하는 것 외에도 근대문명의 수준과 기간산업의 발달 정도를 지표로 삼는 사회경제관, 교통토목건축통신관 및 미술공예교육관과 같은 것이 병렬되어 왔다. 특히 공예, 조각, 미술은 박람회에서 빠지지 않는 것으로 1915년 조선물산공진회에서는 미술관이 총독부박물관으로 전용된 것을 앞 절에서 살펴보았다. 조선박람회의 '교육미술공예관'은 조선의 예술사진과 조선미술전람회의 1회에서 7회까지의 특선작품, 특선작가들의 최신작품, 문부성 참고품으로 와다 산죠우(和田三造)와 십여 명 대가들의 걸작품이 전시되었는데 이는 문화정책의 하나로 시작된 조선미술전람회 성과를 선별하여 전시하는 것이었다. 이 외에도 이왕가박물관의 신라, 고려, 조선의 고화를 비롯하여 조선총독부박물관 출품과 야나기 무네요시(柳宗悅)181)가 수집한 공예품도 전시되었다.182)

이 같이 기간산업과 관련한 많은 자료물은 은사기념과학관의 외양확장과 내용충실에 좋은 기회가 되어 회기 종료 후 박람회의 출품작 중 과학관에 소장할 전시물을 선택하였는데 단지 그 기준은 사회교육상 좋은 참고자료라 밝혀 특정한 기준 없이 무작위로 수집하는 결

---

181) 柳宗悅: 1889~1961.
　　1922년『改造』9월호에「사라지려 하는 한 조선 건축을 위해서」를 기고하고, 1921년『白華』1월호에「조선민족미술관 설립에 관하여」라는 글로 유명하다. '조선민족미술관'은 1924년 경복궁 내 집경당에 설립되었으며 백자, 소반, 목공예 등 민예품을 주로 전시하였다.
182) 전민정,『일제시기 조선박람회 연구(1929)』, 성균관대 미술과 석사논문, 2003, pp.73-89.

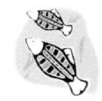

과를 가져왔다. 이때 기증된 것으로는 대철광석, 鰕柱목망어업의 상황과 부속 설명표, 간도모형 및 물산표본, 시멘트제조공정모형, 고래태아 외 4종, 조력발전모형 등의 전시물이 포함되었다.[183]

1940년에 나온 은사기념과학관 안내서에 3,700여 종, 18,000여 점의 전시품이 16개 분야로 분류되어 점차 박람회를 거치면서 많은 소장품을 수집, 기증받게 되었고 이의 활용을 위해 전시물의 관람에만 한정하지 않고 단체 행사 및 강습회와 강연회를 실시하였다.[184] 식민지 사회교육의 긍정적 역할과 더불어 인종차별주의를 역으로 각색하여 우성학적인 우월성을 내세우기도 했다. 그러므로 과학의 보편성과 객관성을 내세워 총독부사업을 미화하고 행사와 단체관람을 통해 황국신민으로서의 정치적 목적도 달성하고자 했다.

4) 서화협회의 형성과 조선미술전람회의 전개방향

구한말 만국박람회 참가와 자극은 대한제국시대의 위정자로 하여금 공예와 산업, 문화적인 중요성을 재인식시키는 결정적 요인이 되었다. 그에 따라 정부에서는 서양의 발전된 공예기술을 도입하는 문제를 적극 검토하여 1899년 농상공부에서 주한 프랑스 공사의 협조를 받아 서울에 공예학교의 설립을 추진하려는 움직임이 있었다.[185] 1900년을

---

183) 전게서, pp.91 – 95.
184) 국성하, 「일제 강점기 박물관의 교육적 의미 연구」, 연세대박사논문, 2003, pp.105 – 106.
185) 이구열, 『근대 한국미술의 전개』, 열화당 미술문고 27, 1977, p.104.

전후하여 한국에 온 네덜란드계 미국인 화가 보스[186](Hubert Vos)와 프랑스인 도예교사 레미옹(Remion)이 서울에서 직접 그린 유화와 수채화의 화제는 당시 급속히 이뤄지던 서양문화 수용의 시대적 분위기와 연계되었다. 한국 정부의 제의로 프랑스 세브르 요업소에서 온 도자기 전문가인 레미옹은 조선의 전통적 공예 진작에 도움을 주기 위해 '공예미술학교'의 설립을 목적으로 내한하게 된다. 그는 프랑스에서 유약과 기구를 주문하고 학생의 확보 등 서울에서 학교설립의 준비를 진행하였으나 러일전쟁과 정치적 난관으로 이를 실현하지 못하고 프랑스로 돌아갔다.[187]

그러나 법어학교[188]를 다니던 개화청년들은 이를 직접 보고 감명을 받았고 그중 한 사람인 고희동은 이를 계기로 1909년 일본에 건너가 동경미술학교의 서양화과에 입학했다.[189] 그는 서양화법의 사실적 내면과 현실적 표현에 감동을 받았던 것이 그를 양화 개척자로 나가게 한 하나의 동기였다고 하는 것은 시대의 변화에 따른 새로운 역사의 자연스런 발아였다는 것을 말해 주고 있는 것이다.[190]

---

186) Hubert Vos, 1855-1935, 1899년 고종황제와 황태자의 어진을 유화로 그렸으나 1904년 덕수궁 화재로 소실됨, 마르텔은 그를 네덜란드계 미국인으로 말한다.
187) 마르텔, 『外人の觀たる朝鮮外交秘話』, pp.382-384.
188) 김효전, 「구한말의 관립 德語學校」, 『독일학연구』, 동아대 독일학연구소, 2000, p.1-2.
개화기 조선은 외국어의 중요성을 인식하고 1891년 日語학교, 1894년 英語학교, 1895년 法語학교(프랑스어), 1897년 漢語학교, 1896년 俄語학교(러시아어), 1898년 德語학교(독일어)의 관립외국어학교를 설치한다.
189) 이구열, 『근대 한국미술의 전개』, 열화당 미술문고 27, 1977, pp.45-47.
190) 이구열, 『근대한국미술사의 연구』, 미진사, 1992, pp.88-100.

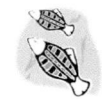

그 후 1910년대 김관호와 김찬영이 잇따라 동경미술학교 입학을 하고 1920년대는 이종우, 장발, 백남순 등이 일본을 거쳐 파리와 뉴욕으로 유학을 가게 되어 다양한 표현수법과 예술태도에 있어 양화에 대한 이해를 높이는 시대적 분위기를 엿볼 수 있다.

(1) 관립공업전습소와 한성미술품제작소

한국 최초의 근대적 미술학교인 '공예미술학교'의 설립이 무산되자 1904년 상공학교 관제가 기능공양성소로 재편되면서 이를 농상공학교로 개칭하게 되었다. 1907년에 농상공학교는 3개의 학교로 분리되었는데 그중 공업학교는 이화동의 관립공업학교로 개교하였다. 염직, 도기, 금공, 목공, 응용 화학, 토목학과로 나눠지며 이론보다는 주로 실습위주의 수업을 진행하고 공예 진작의 사회적 분위기에 편승해 높은 경쟁률을 보였다. 강사 중에는 영선사 일행으로 천진에서 교육을 받은 조석진이 학생들에게 도자기 그림을 지도하게 되지만 한일병합 후 1916년 경성공업전문학교의 부설로 이관하게 된다.

한편 1908년 황실에서는 '한성미술품제작소'를 설립한다. 이는 공예전통에 비춰 조악한 일반 공산품을 왕실에서 수용할 수 없었기 때문이었다. 이러한 특수성에 의해 왕실 고유의 전통기물을 제작, 공급하는 기관이 필요하게 되었는데 그것이 한성미술품제작소의 설립배경이다. 대한매일신보에는 "조선의 고유한 전통적 공예기술의 제작, 더구나 제조법은 개량할지라도 意匠은 총히 조선식으로 할 것"을 천명함으로써 그 설립취지를 밝히고 있다. 1910년 한일병합 직후 그해

12월 30일에 공포된 황실 령 34호에 의거 종래의 '한성미술품제작소'를 '이왕직미술품제작소'라는 새로운 명칭으로 개편하고 그 기구의 규모도 대폭 축소하게 된다. 자율권의 폭은 대폭 축소되었으나 금공, 목공, 염색부에 이어 제묵부(製墨部)를 설치하는 등 조직과 운영에서 부분적으로 활기를 띠며 창덕궁 후원에 소위 '비원 가마'를 설치하게 된 것도 이 무렵이다. 그러나 1922년 일본인에게 운영권이 넘어가 '주식회사 조선미술품제작소'로 개칭되어 1937년까지 운영되다 경영난으로 폐쇄되고 만다.191)

(2) 서화협회의 설립과 조선미술전람회의 전개방향

전통기술을 전승하기 위한 시대적 분위기 속에서 1911년 윤영기, 안중식, 조석진, 정대유, 김응원을 중심으로 서화미술회가 발족되고 실질적 미술학교 체제의 강습소를 창립하였다. 서예에 뛰어난 친일파 이완용이 회장이 된 서화미술회의 운영재정은 창덕궁에서 지원192)을 하였는데 이는 이완용193)의 영향도 있었지만 그보다도 나라를 잃은 황실측이 민족 문화 창달 후원의 중요한 의미를 인식하고 있었기 때문이었을 것이다.194)

---

191) 이종애, 「근대한국공예의 사회적 양상연구」, 숙명대석사, 1991, pp.23-41.
192) 최열, 『畵傳』, 청년사, 2004.
    서화미술회는 이완용이 설립자요 회장이었으나 황실에서 후원하는 조직이자 기관이었다.
193) 이완용: 1858~1926년, 내각총리대신. 친일파로 1910년 8월 정부전권위원으로 한일합병조약 체결함. 서화협회의 후원인단으로 김가진, 김윤식, 박기양 등과 함께 서예가로 명성이 높았음.

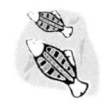

한국근대미술사에서 서양식 작품 발표형식인 전람회의 방식을 받아들인 첫 사례로는 1913년 6월 남산에 있는 요정 건물인 국취루를 빌려 서화미술회 회원을 중심으로 개최된 '서화대전람회'였다. 서화미술회 강습소 교수진과 학생들 작품을 위시한 안중식의 「산수」, 조석진의 「산수」, 「인물」의 110여 점과 고서화인 김홍도의 「해상군선도」와 이정의 「산수화」 등이 특별 진열되었다. 이는 서화일치에서 서와 화를 분리 교육하여 근대적 개념의 미술로 인식하려는 시도로 볼 수 있으나 큰 성과를 이루지는 못했다.

이러한 역사적인 서화전통의 배경과 자부심은 1918년 6월에 당시 서울화단과 서예계의 대표적 원로들을 중심으로 한 13인이 참여한 '서화협회'의 창립으로 이어졌다. 여기에는 그간의 서화미술회 교수진이었던 안중식, 조석진, 정대유, 강진희, 김응원, 강필주, 이도영 전원과 서화연구회의 김규진을 비롯한 오세창, 현채, 김돈희, 정학수, 고희동 등이 참여했다. 1919년 1회 정기총회 때 회원작품 전람회를 개최하기로 했으나 삼일운동의 궐기로 협회의 정회원인 오세창과 최린이 독립선언서에 서명한 민족대표 33인으로 연행되고 안중식 회장도 연행된 후 침체에 빠지게 된다. 그 후 1921년 개최된 첫 전람회인 서화협회전(協展)은 협회의 활동을 본격적으로 궤도에 진입시키는 계기가 되었다.

삼일독립운동이 좌절로 끝나자 총독부는 민족의 향상을 위해 정신, 문화적 개조, 개량, 개선, 부활, 부흥, 진흥 등을 촉구하는 의도

---

194) 이구열, 『근대한국미술사의 연구』, 미진사, pp.51-54.

적 식민지 전략을 내세웠다. 조선의 문화 창달을 시정방침으로 내세운 총독부는 이러한 움직임을 관변 문화운동으로 유도했다.

이처럼 관민에 의해 촉진된 '신문화 건설운동'은 당시 신칸트학파 철학에 기반을 둔 일본의 문화주의론에 의거한 것으로, 문화의 절대적 가치로서의 지식과 도덕과 심미능력인 진선미의 배양에 의한 민족의 '인격' 향상이란 목표를 두었다. 사회교화운동으로 고기물의 활용과 더불어 미술도 수반해 순수 시각예술 중심의 심미적, 감성적 문화가치로 전환되어야 한다는 인식이 심화되고 문화주의의 도구로 실행되면서 식민지 근대화로서의 개량화와 메이지(明治), 다이쇼(大正)기의 구화주의(歐化主義)와 결부되어 서구 모더니즘 수용에도 박차를 가하게 된다.195)

이러한 정치, 사회적 분위기어 편승하여 조선총독부는 삼일운동 이후 무단정치에서 소위 문화정책을 표방하여 1921년 연말 조선인 중심의 서화협회 전람회를 대체할 목적으로 전국 규모의 미술공모전을 매년 개최한다는 '조선미술전람회' 규약을 발표하게 된다. 당시 조선 인사들로 구성된 서화협회의 고문인 민병석, 회장 김돈희, 정대유, 이도영과 독자적인 영향력을 가진 김규진도 총독부의 전람회 개최관련 모임에 참석한 후 심리적인 위협을 받고 있어 직간접적으로 참여를 강요받았다.196)

제1회 조선미술전람회(당시 鮮展이라 칭했지만 약칭 조선미전)는

---

195) 「한국미술사 특강-조선미전의 창설과 동양화의 탄생」, 『월간미술』, 2003. 10.
196) 이구열, 『근대한국화의 흐름』, 미진사, pp.88-92.

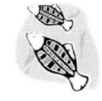

1922년 첫 공모전을 개최하면서 '서양화부', '동양화부', '書部'로 분류하고 '서양화부' 안에는 '조각'이 포함되어 있었다.

당시 일본과 중국이 일본화와 국화란 용어의 사용을 일반화한 반면 조선에서는 생소한 '동양화'란 용어를 사용하게 된다. '동양화'란 용어는 서화협회의 창립규칙에 '동양미술', '서양미술'로 이미 표현된 바 있고 1920년 변영로의 '동양화론'에서 사용한 바 있지만 일제 강점기하의 특수적 상황에서 '조선화'에 대한 대체어로 사용할 수밖에 없었을 것이다. 동양화란 용어는 관전인 조선미전에서 일반적 정착을 보게 되었으며 이로 인해 동양화가란 말도 생기게 되었다.[197] 이의 부정적 요인으로 조선미전에서는 '동양화'란 용어를 사용함으로써 전람회에 '일본화'를 포함시키고 일본인 화가들의 참여를 조장하여 조선인들의 활동이 저지되는 요인이 되기도 한다. 더구나 치안 풍교에 해가 인정되는 작품은 출품을 제한하여 자신들의 이데올로기 및 기호에 맞는 작품을 선별하게 된다. 전람회의 운영에 관한 영향력이 있는 심사위원 및 간사의 임명권은 조선총독이 갖고 있어 조선미전은 총독부박물관의 전시 및 편수회의 사료편집과 더불어 식민지 통치수단의 하나로 이용된다.

이처럼 삼일독립운동 이후 문화정책의 일환으로서 시행된 조선미전의 시행과 더불어 20년대 전개된 다채로운 문화운동, 사회운동은 화단에 적지 않은 영향을 미치고 있다. 독립운동으로 결집되었던 민족적 에너지가 직접적인 정치적 목적에서 문화나 사회적 문제로 전

---

197) 이구열, 전게서, pp.78-79.

환되었다고 할 수 있을 것이다. 신문, 잡지의 활발한 발간, 소년운동, 사회주의 운동은 현실과의 연계를 통한 작품 활동을 하게 한 동인이 되고 있다.[198]

조선미전은 3회 때 '사군자'가 '동양화부'에서 '서부(書部)'로 옮겨지고 11회 때부터 서부가 폐지되면서 다시 '사군자'는 '동양화부'로 옮겨지게 되었다. 폐지된 서부 대신에 '공예부'가 신설되었고 14회에는 '조각'이 '공예부'에 포함되는 변화가 있었다. 제도적인 면에서의 이 같은 변화는 시대의 흐름에 발맞춘 것이기도 하고 일제하 관전으로서의 정책을 수용해 가는 과정으로서의 모양새를 보여주고 있기도 하다.[199]

조선미전의 관계자를 살펴보면, 1회 때 간사로는 조선총독부 사무관 오다 쇼고(小田省吾) 등 6명, 심사위원은 박기양, 카와이 교쿠도(川合玉堂), 박영효, 시바다 젠자부로(柴田善三郎) 학무국장, 이완용, 오카다 사부로스케(岡田三郎助), 와다 이치로(和田一郎) 참사관, 오다 쇼고 편집과장, 아유노가이 후사노신(鮎貝房之進), 김돈희, 이왕가박물관의 스에마츠 쿠마히코(末松熊彦), 타카기 하이스이(高木背水), 마츠무라(松村) 학무국장, 서병오, 이도영, 오바 츠네키치(小場恒吉), 김규진, 하리마(長間) 참사관 등이다.[200]

<표 4-8>을 보면 小田省吾, 鮎貝房之進, 末松熊彦 등 상당수의

198) 지명관, 『한국문화사』, 삼민사, 1985, pp.366-383.
199) 김우경, 「조선미술전람회 출품 산수화 연구」, 이화여대석사논문, 1995, pp.35-36.
200) 『朝鮮』, 1922년 7월호.

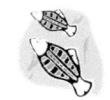

고적조사와 박물관사업에 참여한 관학자들이 조선사편수회, 조선미전, 고적조사위원, 박물관협의원을 겸직하고 오랜 기간 동안 촉탁, 교수, 사무관 등의 명칭상의 변경으로 재고용되고 있다. 반면 조선인 심사위원은 조선미전에서 제한적으로 참여를 했는데 이도영은 부심 격으로 동양화부의 심사위원으로 위촉이 되었고 나머지 위원은 '서부'에 한정되어 참여를 했을 뿐이다. 또한 31년까지 공모된 '서'와 '사군자'가 폐지됨으로써 '서양화', '조각' 등이 새로운 예술의 장르로서 상찬받는 시대적 분위기를 반증해 준다.

따라서 1920년대에 전개된 화단의 변화는 1930년대가 문화운동, 사회운동의 퇴조기라 할 수 있는 그러한 시대상에도 불구하고 1930년대를 우리나라 근대미술에 있어 본격적인 미술시기가 되도록 하고 있다. 그것은 많은 수의 작가와 그들의 활동으로 풍성한 작품이 생산된 결과이기도 하다.[201] 순종의 서거 후 1933년 초 왕실과 총독부는 조선미전을 계기로 덕수궁 석조전을 미술관으로 전용하려는 계획을 진행하고 있었다. 5월 9일 석조전에 진열될 조선고화 75점을 발표하고, 제12회 조선미술전람회(1933년 5월 14일~6월 3일)가 석조전에서 개최되어 덕수궁이 일반시민에 처음으로 공개되기에 이르렀다. 조선미전을 통한 덕수궁의 이 같은 공개는 이왕가미술관의 개관과 깊은 연관성을 가지게 된다.

---

201) 박래향, 『한국현대미술의 형성과 비평』, 열화당, 1988, pp.24-25.

5) 이왕가미술관의 설립과 전시

(1) 덕수궁에서의 일본미술작품[202]전시

1930년대에 이르러 일본에 다녀온 유학생이 급격히 증가했고 조선미전도 정착되어 미술에 뜻을 두는 사람이 점차 늘어나게 된다. 사회적 변화와 더불어 조선미전 8회는 경복궁 내 회장에서, 12회는 석조전에서 개최되고 18회(1938년)부터는 덕수궁 신관에서 개최되기에 이른다. 이는 미술의 향상을 도모한다는 표면적 의미와는 별도로 식민지에서 미술이 맡게 된 사회적 역할의 단면도 엿볼 수 있다.

이러한 공모전인 조선미전과는 별도로 일본근대미술만을 전시한 상설전이 1933년 10월 덕수궁의 서양식 건축물인 석조전에서 일본의 명치, 대정, 소화 시기의 유명 미술품이 전시되어 1943년까지 계속 이어진다. 이 전시는 일본의 미술관과 동경미술학교, 궁내성, 이왕가, 개인소장가, 해당 작가로부터 빌려온 작품들을 상설 전시하게 되었다.

1933년 10월 7일 발행된 『이왕가덕수궁진열일본미술품도록』에는 '이왕전하어제자(李王殿下御題字)'와 이왕직장관인 시노다 지사쿠의 서문에 이어 석조전 외관사진, 일본화 43점, 서양화 41점, 조각 15점, 공예 42점 141점의 작가명, 작품명, 소장목록과 도판이 실려 있다.

---

202) 김승희, 「일본근대미술전의 경위와 그 역사적 의의에 관하여」, 『한국국립박물관소장 일본근대미술전』, 2003.
　　당시 일본미술품전시는 '현대미술'이라 불렸음.

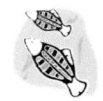

이 도록은 1집이 나온 1933년부터 43년까지 총 9권이 발행된다. 시노다 장관은 형식상 덕수궁미술관의 운영 및 작품의 구입 등은 "이왕전하의 뜻에 따른 것"이라 하여 개인적으로 미술애호가인 이왕전하(영친왕)의 의도가 들어갔음을 밝혔지만 이에는 조선총독부가 정략적으로 개입하여 일본미술전이 열린 경위를 파악할 수 있다.203)

"경내에서 유일한 서양식 건물인 석조전은 근대에 지어진 관계로 다른 건물에 비해 유서가 깊지 못하나 장려한 규모의 광대한 것이라서 이왕전하의 견해를 받들어 덕수궁 보존의 목적에 거슬리지 않는 범위 내에서 미술공예품을 내부에 진열하게 되었다. 이미 경성에는 이왕가박물관 및 총독부박물관이 있지만 반도에서 미술품이 진열된 것은 고대작품뿐이므로 석조전에서는 주로 근대 대가의 작품 중에서 뛰어난 미술품을 진열하여, 한편으로는 반도에서 최고 미술에 접할 기회가 적었던 在住者들의 감상을 꾀하고, 이를 통해 반도에서 그 분야가 개발되기를 바라는 바이다. 이 같은 취지로 쿠로이타 동경제대 교수, 스기 제실박물관 총장, 와다 동경미술학교장, 마사키 제국미술원장, 구도 궁내성 어용책임자를 위촉하여 전람회 준비를 위임하였고 여러 작가들의 찬성을 얻어 명치 대정 이래 현대에 이르는 명작품을 소장하고 있는 여러 인사들에게 출품을 요청해 승낙을 얻었고 궁내성에서는 어물을 빌려 주었고 질부궁에서도 허락을 받아 명작들을 수집할 수 있게 된 것은 가장 기쁜 일이다. 본 도보는 석조전에서 최초로 맞이하는 출품을 기념하기 위해 여러 진열품을 촬영 수집한 것 (중략)"204)

---

203) 이미나,「李王家 미술관의 일본 미술품 전시에 대하여」,『미학 예술학 연구』 Vol.11, 한국미학예술학회, 2000, pp.2-3.
204) 발행자불명,『이왕가덕수궁진열일본미술품도록』서언, 1933(소화8), p.1.

왜 명치, 대정, 소화 시기의 일본 진열품일까라는 의문은 당시 발행된 잡지나 신문에서 한일 양국 간 인식의 차이점을 찾을 수 있다.

조선총독부 관보인 잡지 『조선』에는 일본근대작품을 조선에 소개하여 일반에 감상하게 하고 또 현대 미술의 모범이 되어 반도 예술 향상에 밑거름이 되도록 할 목적으로 연중 개관케 하며 전시품은 양화, 일본화, 조소, 미술공예품, 이왕가소장의 조선고화가 진열될 것이라고 명기하고 있다. 더구나 1933년 조선일보 9월 7일자에는 『덕수궁의 개방과 종합미술전람회』란 제목에서 이왕직소장의 조선미술품과 일본 미술가들의 대표작을 모아 종합전람회를 삼고자 동경제대 黑板勝美 교수에 위촉한다고 되어 있다.

그러나 9월 14일 사토 회계과 직원의 기자회견에서 일본미술품만을 전시한다고 발표하여 조선일보에서는 이왕직 당국의 진의를 알 수 없다며 방침변경에 의혹을 ㄴ타내고 있다.205) 선정과정에서 주도적 역할을 한 관계자는 특히 쿠로이타 가츠미(黑板勝美) 교수와 동경미술학교의 타나베 타카츠구(田邊孝次), 제국미술원장 마사키 나오히코(正木眞彦)였다.

특히 쿠로이타는 1908년에서 1910년에 걸친 2년간의 여행에서 구미제국의 국정과 대학연구실, 도서관, 박물관, 문서관을 조사하고 이탈리아, 그리스, 이집트 각국의 고대유적을 답사한 인물로 그의 저서 『서유삼년구미문명기(西遊三年歐美文明期)』, 『이집트의 발굴사업』은 이들 지역에서 대규모 발굴 조사 보존의 실상을 얼마나 면밀히 관찰

---

205) 1933. 9. 15, 『朝鮮日報』 ‘倉庫에 散積한 珍品’, 永年死藏不陳列: “한 번 내걸은 작품을 다시는 진열하지 않아 먼지 속 작품이 눈물을 머금을 지경.”

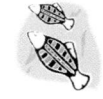

하고 문화재의 보존과 미술관, 박물관의 조직을 얼마나 자세히 조사했는가를 보여준다. 여기에서 구미열강의 식민지 사업에서의 고고학과 문화사업의 중요성에 강한 관심을 표명하고 있다.[206] 덕수궁에서의 일본미술작품의 전시도 그의 이러한 전력을 볼 때 식민지 문화사업의 의도에서 나온 것으로 짐작할 수 있다.

이들이 관여한 위원 선출과 작품선정과정에서 조선고화의 진열은 조선일보의 내용과는 달리 애초에 고려되지 않은 듯하다. 타나베가 조선미전의 심사위원으로서 조선 체류 때 창덕궁의 조선고화 75점을 일단 검토하였지만 어떤 이유에서인지 위원들 간의 회의에서 전혀 고려되지 않았다. 최종 작품 선정 결정권자인 제국미술원장 마사키의 일기 『十三松堂日記』에서 이미 이왕직과 더불어 일본작품의 선정과 전시내용이 조선의 보도와 상관없이 결정된 사실을 알 수 있다.[207]

---

206) 이성시, 「黑板勝美를 통해 본 식민지와 역사학」, 『한국문화』 23, 1999. 6, pp.255–256.
207) 이마나, 「이왕가미술관의 일본미술품 전시에 대하여」, 『미학예술학연구』 11, 2000, pp.10–16. 상기 주석 내용 중 正木眞彦의 「十三松堂日記」 제3권, 中央公論美術出版社, 1966.
　1933년 1월 16일, "이왕직 서무과장 스에마쓰 씨가 방문, 이번 덕수궁을 개방함과 동시에 미술전람회장으로 만드는 일에 現代畵를 대여해와 전시하는 일의 알선을 부탁"
　1933년 1월 19일, "정오에 우에노 精養軒에서 스에마쓰 씨와 스기 박물관총장, 와다 미술학교장, 쿠도 궁내성 보물 책임자와 만나 회식한 후, 금년 가을에 개관할 덕수궁 석조전의 미술품 전시방안에 대한 협의가 있었고, 결국 이왕전하께서 중심인물을 불러 회담하고 싶다고 말씀하셔서 그 준비를 하게 됨."
　1933년 3월 21일, "정오에 星ヶ岡茶寮으로 이왕가 시노다 지사쿠 장관의 초대를 받음, 제실박물관 총장 스기 박사, 쿠로이타 박사, 와다 미술학교장, 쿠도 쇼헤이 씨 이왕직 사무관 2명.

(2) 이왕가미술관[208]의 설립과정과 전시품

덕수궁 석조전에 일본미술품을 모집, 진열하게 되어 애초에 조선고화와 일본근대미술품을 전시하는 종합미술전적 성격의 전시가 일본미술품중심의 서양화, 조각, 공예품이 전시된다. 일본의 근대미술이 전시되자 한국의 고미술품도 전시하자는 의견[209]이 있었으나 이보다도 더 시급한 것은 조선고화의 작품 전시를 위한 새로운 공간의 필요성이 우선 대두되었다. 창경궁에 있는 이왕가박물관의 진열관은 궁궐 내 여러 곳으로 분산되어 있고 진열품의 보존, 채광의 문제점을 들어 신관 건립에 대해 1936년 구체적인 대안이 제시되어 석조전 옆 미술관(덕수궁 신관) 공사가 착수된다.[210] 다음 해 이왕가박물관 소장품 중 미술과 미술공예에 관한 작품을 선별 진열해 석조전(덕수궁 구관)의 일본미술품과 함께 진열하고 1938년 종래 창경원 내에 있던 이왕가박물관을 이전하고 덕수궁석조전 및 신관을 '이왕가미술관'이라 칭하고 개관하기어 이른다.[211]

조선 미술품은 덕수궁 신관에서 전시되었는데 1층 정면 중앙의 우측에 출입구를 두고 중앙부터 우측을 소장품 수장고로 사용하여 연

경성에 있는 석조전은 이태왕이 세우고 지금의 이왕이 태어난 유서 있는 건물이므로 그곳을 보존하고 새로운 미술로 장식하고 민중이 관람하도록 하는 데 新畵를 내지에서 대여해 오는 계획을 세우고 그 일을 실행하기 위해 우리를 불렀음."

208) 광복 이후 이왕가미술관을 덕수궁미술관으로 개칭함.
209) 이난영, 『박물관학입문』, 삼화출판사, 1989, p.83.
210) 李王職 編, 『李王家美術館要覽』, 京城 – 發行者不明, 1938, p.5.
211) 이왕직, 『李王家美術館要覽』, 1938, pp.1 – 6.

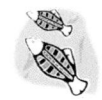

구자에게는 일부 관람을 허용하기도 하였다. 2층 중앙 홀에는 조선 전래의 불상 및 청동 종을 배치하고, 1실에서 4실까지는 도자기, 3층에는 옛 기와와 공예품, 회화, 불상 등을 전시하였다.212) 조선출토 소장품은 회화, 도자기, 금속류 총 9,765점을 소장하고 있고 근대미술품으로는 일본화 26점, 서양화 19점, 조각 5점, 공예품 16점 등이 『이왕가미술관요람』에 나타나 있다. 구관인 석조전에는 '근대일본미술진열관'이란 제목하에 1층은 창고와 발전소로 사용하고 2층 1실에서 3실은 일본화, 조각 3층 4실에서 9실까지는 서양화와 공예를 전시하고 있다.

따라서 이왕가 소장의 일본 근대미술품은 1933년부터 덕수궁 석조전에 전시되고 1938년에는 이왕가박물관과 함께 이왕가미술관으로 편입된다. 1945년 3월까지 지속적으로 구입해 온 일본 근대미술작품

---

212) 이왕직, 『李王家美術館要覽』, 1938, pp.7-8.
2층 중앙홀: 조선전래 불상 및 청동 종, 1실: 조선출토 신라고려시대도자기, 2실: 同 고려시대도자기, 3실: 同 고려시대도자기, 지나제작도자기 4실: 同 조선초기도자기, 조선전래 조선도자기, 3층 중앙홀 조선출토 新羅고려시대 古瓦, 5실: 同 신라고려시대공예, 조선전래 조선시대공예품 6실: 조선회화 7실: 삼국신라고려조선시대조상(불상), 8실: 임시특별진열실

회화류	1,976점	同 목죽기류	57점
조각류	271점	이조시대도자기류	743점
낙랑,삼국,신라토기류	750점	동 금속기류	593점
同 금속류	205점	동 옥석기류	314점
同 옥석류 및 雜	122점	동 목죽기류	160점
고려시대도자기류	1,832점	동 상속품류	160점
同 금속기류	1,864점	일본, 지나 제작참고품	136점
同 옥석류	482점	總計	9,765점

들은 1945년 국권회복과 함께 덕수궁미술관 수장고에 보관되다가 1969년 국립박물관이 덕수궁미술관을 흡수하게 된다. 이로 인해 현재 국립중앙박물관에 일본화 93점, 양화 37점, 판화 4점, 조각 20점, 공예 44점 등 198점이 소장되어 있는 것은 역사적 아이러니가 아닐 수 없다.213)

6) 종합박물관 구상과 총독부미술관의 설립

1930년대에 들어서 박물관을 식민지조선의 적극적인 사회교화를 위한 기관으로 활용하고자 하는 움직임이 나타나기 시작했다. 전람회, 강연회, 영화회를 개최하여 일본의 지배담론을 적극적으로 홍보하고자 했을 뿐만 아니라 시정 25년을 기념하여 농업, 광업, 경찰분야에 걸친 '종합박물관 계획'을 발표했다.214) 이는 총독부 재무국의 조사와 결정에 따라 100만 원의 비용으로 종합박물관을 건립하려는 계획을 세웠는데, 그 세부 내용은 정지비 5천 원, 건축비 87만 원, 시설비 4만7천 원, 초년도 조정비 4만 원, 사무비 4만5천 원으로 설정하였다. 건축물은 철근 콘크리트 3층 건물이었으며 건축지는 조선총독부 부근으로 계획하였다.215)

1934년 9월에는 원래의 계획이 수정되어 "총독부 시정 25주년 기

213) 이구열, 「국립중앙박물관의 일본미술 컬렉션」, 『한국근대미술사학』 15, 2005, pp.39 – 50.
214) 정준모, 「한국 근현대미술사 연구」, 『한국근대미술사학』 11, 2003. 1, p.146.
215) 국성하, 『우리 박물관의 역사와 교육』, 혜안, 2007, p.159.

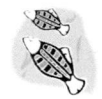

넘사업으로 종합박물관의 건설은 당초 계획보다 증액된 국비 100만 원, 기부금 100만 원으로 예정된 고고미술관, 과학박물관 외에 현재의 총독부박물관을 개축하여 조선자원관으로 명명해 광산물, 수산, 농림산물 등을 진열한다고 한다."는 수정안을 입안하였다.

이를 위해 조선총독부에 '박물관건설위원회'가 설치되는데 그 구성은 최남선이 위원으로 포함된 박물관과 역사학에 관계한 학자 집단이 대거 참여하고 있음을 확인할 수 있다. 그러나 중일전쟁이 심화되자 1939년 총독부미술관만이 경복궁 건춘궁 터216)에 완성되고 그해 6월부터 개최되는 조선미술전람회의 회장으로 사용되어 조선미전은 영구적인 회장을 가지게 되었다. 경복궁 내 총독부미술관의 건립으로 18회 조선미전의 관람객은 4만 명에 달해 신기록을 세우는 대성황을 이뤘다. 이어 41년에는 20주년을 맞아 심사위원들의 작품을 특별히 진열하고 옛 故人들의 걸작을 진열하는 등 성대한 기념전을 가지는데 이에 대해 안일한 태도로 작가들의 창의력이 돋보이지 않아 상대적으로 수준은 낮았다는 평을 받는다.

1940년대에 들어 조선미전은 점차 전쟁기록화의 전시장으로 전락해 '총독부미술관' 역시 지식인들의 비난의 대상이 되고 동아일보, 조선일보가 폐간하는 등 시대 말기적 식민지문화정책에서 전형적인 대립과 회유의 반복적인 모습을 보이고 있다.217) 총독부미술관은 건물만 건설되고 실제 소장품에 대해서는 거의 알려지지 않았고218) 다

---

216) 경복궁 舊민속미술관으로 해방 후 국전이 1회에서 20회까지 열리기도 함.
217) 정호진, 「조선미술전람회 제도에 관한 연구」, 『미술사학연구』 vol.205, 1995, pp.25–31.

만 전시체제의 찬양과 선전을 위해 해당 분야의 특수박물관을 건립하려 한 식민정책의 일환으로 이용되었음을 확인할 수 있다.219)

••• 4. 일제하 고적조사사업과 근대 문화재정책

1) 초기 고적조사개관

청일전쟁과 러일전쟁에서 일본이 한반도에서 유리한 입지에 서자 대한제국에 일확천금을 노리는 일본인 도항자들이 점차 늘어나기 시작하는 사회적 분위기 속에 한국 문화재 조사를 시도한 일본인은 야기 소자부로(八木奬三郞)로 1900년에 첫 조사가 시도되었다. 그의 『한국탐험일기(韓國探險日記)』220)에 의하면 1900년 10월 27일 부산에 도착한 후 범어사, 통도사 등지를 탐사하였다. 그는 선사시대 유적, 고분, 불교유적, 성곽 등 여러 분야의 유물조사를 실시했는데 그 과정에서 수집한 유물의 검토를 통해 석기시대 한반도 부재론을 제창하기도 했다.221)

---

218) 국성하, 전게서, pp.161 – 162.
219) 전경수, 『한국 박물관의 어제와 내일』, 일지사, 2005, p.41.
220) 八木奬三郞, 「韓國探險日記」, 『吏學界』 제4권 4 – 5호, 1902. 4 – 5월.
221) 太田水春, 「일본의 식민지 조선에서의 고적조사와 성곽연구」, 서울대 국사학과 박사논문, p.32.

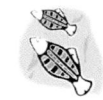

세키노타다시의 『한국건축조사보고』滿月臺 條에서는 그의 글을 인용하여 "友人 八木奬三郎가 일찍이 여기를 다녀가 그 조사한 도면을 기여함에 의하여 이를 게재하여 설명이 불충분한 곳을 돕고 아울러 遺趾의 상황 一斑을 표시하려 한다."고 당시 상황을 묘사한다. 비로 인해 조사가 지연되어 八木奬三郎의 도면으로 보완하게 되었다는 글에서 이 조사가 지표를 조사하는 데 그치지 않고 유구의 실측을 포함한 세부적인 조사를 실시하였다는 것을 알 수 있다. 아울러 八木奬三郎는 서언에서 그의 목적이 "多年 內地의 유물 유적을 탐토(探討)한 결과 한국조사가 필요한 것을 알고"로 밝히고 있는 것처럼 한국에서의 조사가 일본의 조사를 위한 보조적인 자료로서 활용하기 위함을 알 수 있다.

이처럼 통감부시절 이전의 초기 문화재조사는 일본인에 의해 보조적인 자료 확보를 위해 경주, 서울, 개성, 평양 등 고도를 중심으로 하여 제한적인 조사가 이뤄지게 되었다. 이들은 조사 후 많은 조사보고서와 서적을 발간했는데 이를 통해 조사 시기를 박물관 형성과정과 연계하여 3단계로 구분하여 살펴보고자 한다.

(1) 대한제국 건축조사시대(1905년 이전)

이 시기는 앞서 언급한 야기 소자부로와 세키노 타다시와 같은 일본 관학자들이 대학이나 일본정부의 의뢰에 의해 학술조사란 명목으로 한국을 방문 조사한 시기를 말한다. 이 시기 이전에도 고적조사나 지도편찬을 이유로 하여 개인이나 군부에 의한 조사가 있었지만 문화재 조사가 관학에 의한 것은 1900년 동경제국대학에서 파견한 야기 소자부로의 문화재 조사가 그 효시이다. 특히 이 시기의 특징은 일본의 건축, 유물조사와 관련된 보조적 자료를 구하기 위한 시기이다.

당시 일본에서는 1871년 태정관의 포고로 고기구물보존방(古器舊物保存方)이 문화재 보호의 효시가 되었고, 1888년 궁내성의 '임시 전국보물취조국'의 설치로 각 社寺에 있던 미술공예품의 조사가 대대적으로 진행되었다. 1896년에는 건축에 대한 조사, 지정, 보존의 체계적인 절차가 이뤄지는 시기였다.

이런 과정은 일본의 명치시대 교육정책과 무관하지 않게 발전을 하게 되었는데 문부성은 1873년 공학료를 설치하고 1875년 공학료에 造家학과222)를 설치한다. 근대적인 건축교육을 실시한 이래 졸업자 중에서 辰野金吾가 영국 유학 후 1884년 12월 귀국해 공부대학교의 교수로 부임하게 된다. 그에게 교육을 받은 伊東忠太와 關野貞이 각각 1892년과 1895년에 졸업하여 일본과 한국의 미술, 건축부문에 지대한 영향을 미치게 된다.

伊東忠太는 졸업 후 대학원에서 '일본건축'을 연구하여 일본건축의 본질과 예술적 가치에 관심을 둔 반면, 關野貞은 보다 엄밀한 고증적 방법을 통하여 일본의 건축조사와 한국건축을 연구하게 되었다.223)

특히 關野貞은 한국 문화재의 사적체계 수립에 많은 영향을 끼치

---

222) 공학료는 1877년 1월 관제개혁에 의해 공부대학교로 됨, 조가학과는 오늘날 건축학과임.
223) 강현, 「관야정과 건축문화재 보존」, 『건축역사연구』 41권, 2005. 3, pp.40-44.

게 된다. 1895년 동경제국대학 공과대학 조가학과를 졸업하여 처음에는 辰野金吾 밑에서 일본은행 본점의 설계에 관여하고, 후에는 나라 현 물산진열소224)를 설계하기도 하지만 졸업 후 동경미술학교에서 건축 장식수업을 촉탁받게 된다. 1896년부터는 나라 현 기사로서 5년간 동대사, 흥복사, 법륭사 등 古社寺 건축의 보존 수복 등에 종사하고 古社寺保存會 위원으로 활동하게 된다. 그때부터 그는 건축사 연구를 위해 생애 처음으로 투신하게 되는 계기가 되며 건축물 수리 공사를 담당하는 기사였다는 점은 후일 그를 이해하는 데 중요한 키워드가 되는 셈이다. 당시 그는 平城京 大極殿의 유적을 발견하고 이를 조사했는데 이는 일본에서도 대표적인 발굴조사의 사례가 되는 곳이다. 더불어 古불상, 조각연구를 수행하고 건축뿐만 아니라 다방면의 미술사, 고고학 등에 대한 관심을 가지게 된다.

1901년에는 동경제국대학교 공과대학 조교수로 자리를 옮겨 고건축, 고미술 등의 본격적인 연구를 수행하였다. 이곳에서 공과대학장 辰野金吾은 조선고적조사를 명하여 대체적인 사적연구에 충실하고 될 수 있는 대로 넓게 관찰하고 깊지 않아도 상관없다는 지시를 했다.225) 그것은 개별적 유물에 대한 엄밀한 고증적 연구를 하지 않도록 하여 통사적 연구를 위한 공간적, 시간적 제약에 의한 한계라고 볼 수 있다.

---

224) 현 나라국립박물관 '불교미술자료 연구센터'로서 중요문화재로 지정됨.
225) 關野貞,『韓國建築調査報告』序言,『동경제대 공과대학 학술보고』6호, 1904 辰野工科大學長은 "한국건축의 사적연구를 위해 광범위한 조사를 하도록 지시."

당시 법륭사 등 조선과 관계된 일본 고건축의 조사가 진행되는 것을 고려할 때 關野貞의 조선 파견은 학계의 관심사항이 고조됨에 따라 서둘러 진행된 것으로 보인다. 한때 공과대학 조교수로 함께 근무한 伊東忠太가 그 시기에 중국, 미얀마, 터키, 시리아, 그리스 등에서 3년간 조사(1902-1905)를 실시하였고 중국과 한국의 건축 및 미술이 일본건축의 원류임을 확인함은 물론 더 나아가 고대를 복원하는 작업을 행하면서 동시에 '근대국가 만들기'를 진행하는 필수불가결한 요인이 됨을 인지한 것으로 생각된다.226)

이러한 세키노의 한국문화재 조사는 많은 학자들의 도움이 지대했는데 金澤庄三郎, 小山光利, 八木奘三郎, 長田信藏, 伊藤祐晃, 長山之介, 弊原坦227) 등의 도움을 받은 것으로 『한국건축조사보고』에 언급되어 있다. 더욱이 당시 한국주재 일본공사관의 적극적인 편의와 협조가 바탕이 된 것을 보면 고적조사를 통해 일본의 향후 정치적인 의도가 감춰져 있었을 것이다.228)

보고서의 冒頭와 답사지도, 서언에서 조사일정과 목적을 밝히고 있는데 그 대강의 일정은 1902년 6월 27일 동경 新橋를 출발하여 30일 오전 10시에 고베의 白川丸를 승선하여 7월 1일 오후 1시 下關에 도착하여 다음날 오전 6시에 부산항에 도착하게 된다. 그 후 마산, 목포, 군산을 거쳐 인천을 경유하여 경성, 개성 그리고 대구, 경주, 부산을 조사한 후, 9월 5일 나가사키에 도착하여 60여 일간의 조

---

226) 大橋敏博, 『總合政策論叢』 第8號, 2004年 12月.
227) 본 연구의 <일본인 인명표> 참조.
228) 大橋敏博, 전게서.

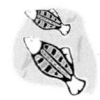

사를 마치게 된다.

2년 후인 1904년(명치 37년) 7월 동경제국대학 공과대학 학술보고 제6호에서 본문 252페이지, 도판 363圖의 실로 방대한 자료인 한국 문화재에 관한 최초의 종합보고서『한국건축조사보고』[229]가 발표된다.

여기에서 주목할 점은 첫째, 짧은 조사기간에도 불구하고 세키노의 주요 관심이 건축에만 국한된 것만이 아닌 궁궐지, 성곽과 사원의 범종, 불상과 고분, 주택, 기와, 도자기까지 포함하는 실로 다방면에 걸친 폭넓은 연구 성과를 낳았다는 것이다. 세키노의 전력을 보면 나라현 건축기사로 부임한 후 6개월 만인 1897년 60여 일이라는 짧은 기간에 社寺 350여 건을 조사하고 그중 약 80건의 건축사적 가치, 예술적 가치를 평가하여 이를 5등급으로 분류, 보고한 것을 미뤄볼 때 제한된 기간에도 불구하고 건축, 미술, 역사에 관한 한국문화재의 통사적 서술을 할 수 있는 적임자로 판단되었을 것이다.

둘째로는 비교사적 관점에서 기술하였다는 점이다.

全面사진과 세부사진의 비교, 분황사탑 초석의 단면을 4가지로 나눠 비교하고, 원각사지 석탑과 석비를 평가할 때에도 경천사지석탑과 비석, 태종무열왕비석을 연구, 비교하여 한국 석탑 중 최우수 석탑 중 하나라 평가한 점은 그의 풍부한 사적경험을 반증한다. 또한 불상에서 관음사석불을 평가할 때 당말오대에 해당하는 불상양식은

---

229) 1902년 한국조사 후, 2년 뒤인 1904년 東京帝國大學 工科大學 學術報告 第6號에 발표된「韓國建築調査報告」는 총 262페이지로 총론, 신라시대, 고려시대, 조선시대를 사찰, 궁궐지 등으로 분류하여 조선의 문화와 역사를 역사적, 양식적으로 분류한 책이다.

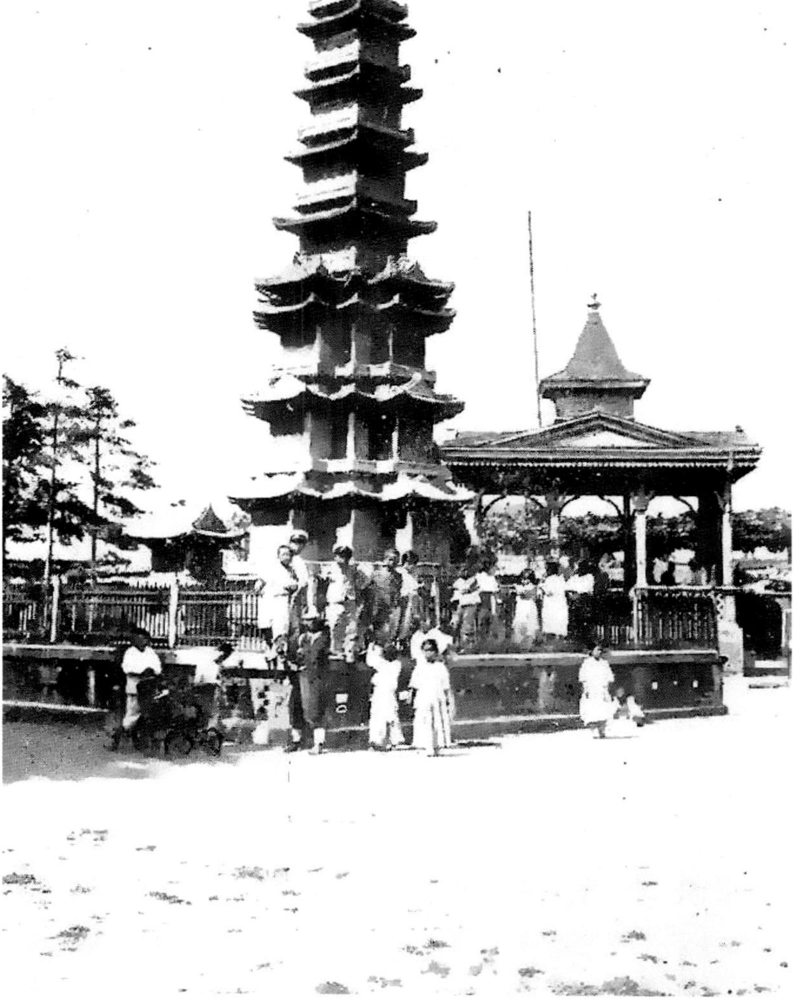

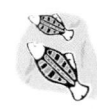

도−50 탑골(塔洞)공원 안에 있는 원각사지10층석탑 | 사진아카이브로 재현된 이미지
는 대상을 재구성함으로써 문서적 가치와 정처성이란 이중적 메시지를 전달한다. 이 탑은 「고적
급유물등록대장초록」에 등록번호 1번으로 등재된다.

물론 天平, 藤原시대와도 유사한 불가사이한 면을 가지고 있다고 평가하였다. 이러한 비교사적 평가방법은 일본에서 축적한 양식적 지식을 바탕으로 하여 한국문화재 파악을 위한 실로 효과적인 방법이었을 것이다.

세 번째로는 명치시대에 팽배한 정한론으로 일본 지식인의 기본적인 한국에 대한 편협한 역사관에 기초하여 고정된 틀 속에 한국 문화의 한계성을 지적한 면이다. 1편 4장의 역사 편에 신라는 한대, 후당의 영향을 받고 고려는 송원의 종속적 영향을 받아 한국의 고대사는 독자적인 문화의 생산보다는 타자의 종속적 문화의 소산임을 기본인식으로 삼았다.

이 같은 인식은 러일전쟁 전 세계적 정치변혁의 시기에 러시아의 극동진출과 아울러 일본의 위기의식의 탈출구로서의 영일동맹이 결성되고 경부선(1901), 경의선(1902)의 기공으로 러시아와의 일전을 단계적으로 준비하는 문맥과 맞물려 있다.

(2) 통감정치와 불법발굴시대(1905년~1908년)

關野貞의 『한국건축조사보고』가 발표된 이후 한국에 대한 문화적 관심이 일본의 지식인들에게 고조되었지만 일본인 도항자들의 대부분은 노동자 계급이었다. 1899년 6월에는 여권제도가 개정되어 일본인은 한국으로 건너올 때 여권이 필요 없게 되어 사실상 환상적 신세계로의 진입된 셈이다. 1901년 일본공사 카토 마스오(加藤增雄)는 『태양』1월호에 「한국 이민론」을 기고하여 일본의 인구증가에 비해 한국은 인구증가가 희박하므로 이주민을 받아드릴 여지가 있음을 기고하고 각종 시찰보고서도 이어졌다. 1904년 2월 러일전쟁이 발발하자 6, 7천 명의 일본인이 인천에 상륙했고 1904년 말 인천거주 일본인은 9,403명에 달해 현지 조선인의 수를 상회했다.230) 일본인의 증가와 더불어 이 시기 조선의 곳곳에서는 일확천금을 노린 도굴이 성행했는데 이에 대해 下郡山誠一의 회고에 의하면,

"1905년경부터 고려시대의 스도였던 개성 전역에서는 옛 고분들이 도굴되어 훌륭한 도기들이 속출했다. 이를 도굴꾼들이 밤을 틈타 경성으로 들여오면 '경성의'라는 골동품상이 모두 사들였다. 코미야231) 씨는 매일 아침 이 골동상의 굴건을 보고 본인이 감정한 뒤 하루가 멀다 하고 사들였다. 내가 부임했을 때 코미야 씨의 관저 한 방에는 그렇게 사 모은 도굴품들이 상자에 담긴 채로 벽장 등에 가득 채워져 있어 상당히 놀라지 않을 수 없었다. 당시 고려시대의 물건들이 이처럼 많이 나돌고 있었기 때문에 뜻만 있다면 누구든 입수할 수 있었다. 그래서 나도 매일같이 골동상에 출근했다."232)

이 당시 고려고분의 도굴에 대해 북한학자 박원종은 『조선공예사』에서 1905년에서 1906년 1년 사이에 개성, 해주를 중심으로 한 고려시대의 고분 2,000여 기가 무참히 파괴되고 그 안에 묻혀 있는 고려자기 청동거울, 기물 약 10만여 점이 도굴되었다고 한다. 이것은 개

---

230) 다카사키 소지, 이규수 譯, 『식민지 조선의 일본인들』, 역사비평사, 2006, pp.82 − 125.
231) 이왕직 차관.
232) 下郡山誠一, 인터뷰내용, 1966년 녹음테이프.

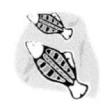

성, 강화도 고려분묘의 도굴뿐만 아니라 전국을 대상으로 하여 도굴이 실시되던 시기였다. 이 시기 도굴된 고려자기는 구미에서 인기를 구가하여 고려자기 가격이 급상승하자 도굴품 중 상당수가 일본으로 반출되어 대대적인 전람회를 개최하기도 하였고 구미등지로 재반출되기도 하였다.

하버드대 교수 그레고리 핸더슨(Gregory Henderson)은 『소용돌이 속에 있는 한국정치』라는 책을 발간한 역사학자로 알려져 있는데 그는 해방 후 1948년부터 1963년까지 3차례나 한국에서 삼등서기관, 문정관, 부영사로 근무하면서 많은 유물을 소장했고 1960년대 후반 미국에서 Korean Ceramics－An Art's Variety라는 도록을 발간하게 되었다. 여기에는 총 143점의 토기와 청자, 백자 등의 도자기가 실려 있는데 직접 수집한 컬렉터로서 109점의 출처를 대강 기재하였는데 그중 도굴된 자세한 위치까지 기재한 것이 강화도 등지에서 도굴된 10여 점에 이른다. 그는 서평에서 19C는 한국도자사의 부흥기로서 계층의 변화, 경제적 조건이 관료계급 외에도 후원자의 확충과 판매가 증가한 시기로 보고 있지만 이내 19C 후반에 급격히 쇠퇴한다고 보고 있다. 이 이유로는 1883년에는 일본의 값싼 자기가 범람하여 정부는 사기장에 급료조차 지급할 수가 없어 이들은 유랑하고 심지어 일본에서 투자하는 철도의 건설노동자로 고용되었다고 한다. 1906년부터 한반도에 있는 고대의 수만 개에 달하는 무덤이 무자비하게 일본과 서구 그리고 한국인의 수요(이왕가박물관 등)에 맞춰 도굴되었다고 적고 있다.[233]

(3) 박물관설립과 고적조사시대(1909년~1915년)

대한제국 탁지부는 한일합병과 함께 그 업무를 총독부 회계국 영선과에 인계될 때까지 관영 건축토목공사를 전담하게 된다. 이미 이시기 탁지부에는 다수의 일본인을 고문으로 하여 정부 전반의 재정징세 및 금융에 관한 사무를 감독케 하고 지방제도가 완성됨에 따라 관청시설 확보를 위해 기존 古건축물을 개조할 필요가 생기게 된다.

조선총독부 기관지 『朝鮮』에서는 고건축 조사에 관련하여 3단계로 설명하고 있다. 첫째, 한국탁지부 건축소의 고건축 및 고적조사에서 1908년 메가다(目賀田)의 사임에 이어 탁지부 차관이 된 아라이 켄다로(荒田賢太郎)는 1909년 8월 關野貞을 탁지부건축소 古건축물 조사촉탁으로 임명하여 고건축조사를 위탁하게 한다. 이로써 關野貞은 1909년부터 1912년까지 한국건축 전반에 대한 조사를 실시할 기회를 다시 갖게 되었으며 이에 따라 1902년의 불충분한 조사를 보완할 수 있는 기회를 가질 수 있었다.

그는 보조로서 문학사 야츠이 세이치(谷井濟一), 공학사 구리야마 슌이치(栗山俊一)와 함께 1909년 9월 경성에 도착하여 개성, 황주, 평양, 의주, 안주, 영변, 廣州, 양주, 강화, 수원, 공주, 은진, 부여, 대구, 영천, 경주, 울산, 양산, 부산 등 각지의 古건축물을 조사하고 12월 1일 부산을 떠나는 일정으로 본격적인 한국문화재조사 실시하게 된다.[234]

---

233) Gregory Henderson, *Korean Ceramics — An Art's Variety,* The Ohio State University, Feb — Mar 1969.
이 책은 미국 시애틀에 살고 있는 후배 이재창 씨로부터 선사받은 것이다.
234) 關野貞, 『朝鮮藝術の研究』, 1910. p.6.

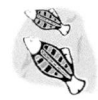

조사대상인 건조물의 종류는 궁전, 성곽, 관아, 묘사(廟寺),서원, 능묘, 탑 등과 기타로는 고적, 불상, 동종, 찰간, 석탑, 비갈, 향로, 서화로 나눠 이를 최우수한 것에서 보존의 필요성이 낮은 '甲, 乙, 丙, 丁'의 4 등급으로 분류하고 있다.

두 번째, 한일합병과 더불어 탁지부가 총독부 내무부 지방국 제1과로 이관되어 위의 세 사람이 계속해 1910년 2차 조사, 1911년 3차 조사, 1912년 4차 조사를 통해 『조선예술의 연구』속편(1911년), 『조선고적조사약보고』(1912년), 『대정원년조선고적조사약보고』(1913)를 출간하게 된다.

결국 이러한 평가에 의해 한국 건축문화재에 대한 가치가 결정되어 보존 혹은 개조가 가능한 수리사업을 시작할 수 있는 기반이 조성되었다.

이 조사사업에서 주목되는 것은 그가 『한국건축조사보고』에서도 밝혔듯이 조선시대보다 한반도 고대의 문화에 더욱 관심을 가졌고 목조보다는 석조물에 대해 우수한 평가를 한 사실을 알 수 있다. 이는 목조물이 풍부한 일본보다 조선 초기 이전의 목조건축물이 현저하게 적어 연대가 떨어지는 조선의 목조물을 반영한 것으로 생각된다. 반면 석조물은 그 기형의 다양함과 높은 연대, 미술사와 사료적 가치의 중요성을 반영했기 때문이다. 조선 이후의 유물 중 '갑' 등급을 받은 문화재는 총 140점 중 20점에 불과한 것을 보면 이러한 성향을 알 수 있다. 또한 전체 목조물은 15점에 불과한 반면 석조물은 48점에 이르고 기타 유적과 유물이 각각 25점, 53점으로 정해졌다.

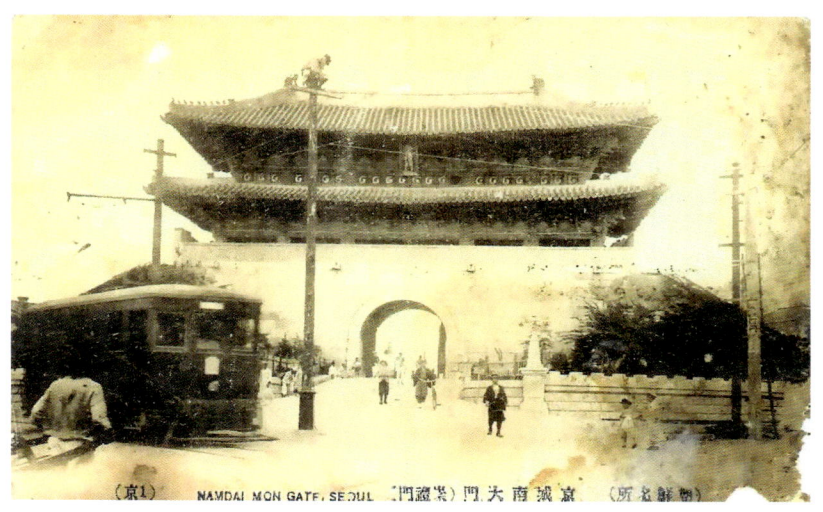

┃ 도−51 양 성벽이 헐린 후 문루만 남은 숭례문(소장엽서) ┃ 「조선보물·고적·명승·
천연기념물보존요목」에 숭례문이 지정번호1번으로 등재된다.

　세키노의 『조선미술사』에는 성곽건축 가운데 예술적 방면으로 가
장 중요한 것은 성문이며 그 위 전망을 볼 수 있도록 누각을 축조
하였는데 당당한 모습은 극찬할 만한 가치가 있다고 기술하고 있다.
이러한 결과의 긍정적 평가와 더불어 부정적 요인도 없지 않다. 오
타 히데하루(太田秀春)의 「일본의 식민지 조선에서의 고적조사와 성
곽정책」(서울대석사, 2002)에 의하면 1904년에서 1905년 사이 조선
군사령관 하세카와 요시미치(長谷川好道)의 남대문 철거주장에 한성
신보의 사장인 나카이(中井喜太郞)가 임진왜란 때 카토 키요마사(加
藤淸正) 숭례문을, 코니시 유키나가(小西行長)가 흥인지문으로 입성
하였다는 역사적 유래를 설명하며 성문좌우의 도로를 확장하는 방법

으로 보존할 수 있었다고 기술하고 있다.235)

당시 이의 집행은 광무 11년(1907)에 제정된 내각령 1호『성벽처리위원회에 관한 건』에 의했는데 성벽처리위원회는 내부, 탁지부, 군부 3대신의 지휘감독을 받아 성벽의 훼철 기타 그것에 관한 일체의 사업을 처리하고 각 부에서 2인 총 6명의 위원을 둔다고 규정하고 있다. 이로 인해 성문 좌우의 성벽이 철거되었지만 다행히 문루는 존속하게 되어 성벽처리위원회는 다음 해 폐지된다.

그러나 숭례문과 흥인지문이 이러한 역사적 유래에 의해 전승될 수 있었다는 데는 적잖이 의문점을 가지고 있다. 숭례문은 임진란 이전부터 유지가 되었으나 흥인문은 1868년 고종 5년에 완전한 개보수를 실시하여 이미 새로 준공된 것이나 다름이 없었다. 이러한 논리에 의해 역사적 유래가 없는 이유로 돈의문(서대문)이 철거236)되었다면 조선물산공진회를 위한 도로확장의 빌미를 굳이 내세울 필요가 없었을 것이다. 더구나 서대문 역시 임진란 때 숱한 일본인 장수들이 평양으로 진군할 때 이용했었고 행주대첩에서 패배한 후 철군할 때 이용한 문이기 때문이다.

역사인식방법에 있어 설화나 기사적 사실보다 학술적 인식방법의

---

235) 太田秀春,「일본의 식민지 조선에서의 고적조사와 성곽정책」, 서울대석사, 2002, pp.28-31.
236) 매일신보,「훼철하기로 결정된 서대문, 길을 넓히기로 부득이」,『매일신보』, 1914. 12. 23.
"경성 서대문을 두고 아니 두는 데 대하여 이미 본지에 게재했거니와 당국에서는 옛적 건축물을 보존할 주의로서 아무쪼록 그 문을 그대로 둘 터이나 그 뒤에 이르러 그곳은 길을 넓히게 되는 경우이므로 그 문을 부득이 헐어버리게 되어 근일 내로 그 문의 입찰을 행할 터이라더라."

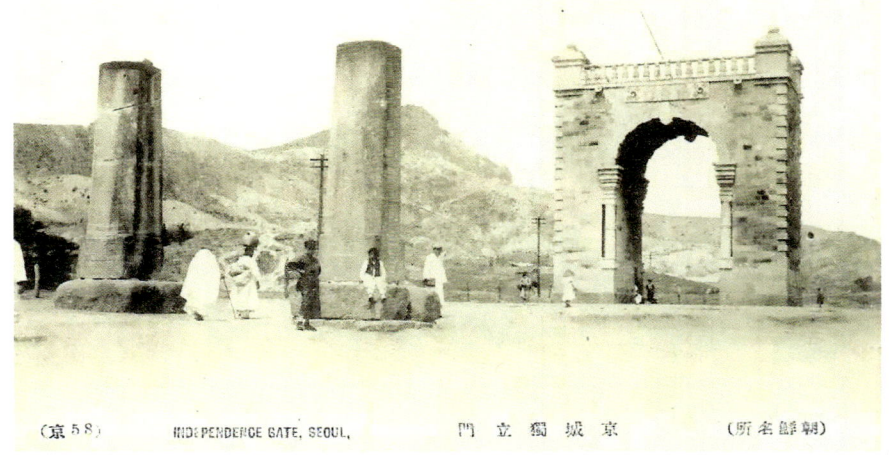

┃ 도−52 돈의문이 헐린 후의 독립문 / 영은문 주초 ┃ 조선보물 · 고적 · 명승 · 천연기념
물보존요목의 '고적'에 각각 58 / 59호로 지정된다.

중요성을 고려할 때 세키노의 『조선미술사』에는 분명히 건축적 기법
과 예술적 가치에 기초하여 경성의 대표적 건물로 숭례문과 흥인문을
들고 있어 건축미학적 가치로 인한 보존설에 더욱 신빙성이 간다.[237]

　여기서 그는 숭례문을 조선조 초기의 건물 가운데 가장 우수한
건축 중 하나로 극찬을 하고 흥인문의 규모는 숭례문과 비슷하지만
세부적인 모습은 조선말의 섬세하고 교묘한 풍모를 지니고 있다고
지적한다. 아울러 수원화성은 조선에서 가장 발달된 형식을 지닌 성
곽으로 조선후기의 대표적 건물로 들고 있다.[238] 이러한 건축적 평
가에 기초한 도로정비를 빌미삼아 조선물산공진회가 열리는 해인
1915년에 서대문은 철거되어 민간에 불하되고 만다.

---

237) 關野貞은 건축미학적 가치에 따라 고기구물의 가치분류를 갑, 을, 병, 정으
　　로 나누고 그의 주장에 따라 건조물과 많은 목조물이 1933년 조선보물고적
　　명승천연기념물보존령이 발포될 때 포함됨.
238) 關野貞, 『朝鮮美術史』, 朝鮮史學會, 1932, pp.204−208.

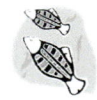

표 4-9 조선성곽건축의 백미

府郡名	城郭名	조선	지나(중국)	일본	서력
京城	京城城郭				
	南大門(崇禮門)	세종30	명 정통13	문안5	1448
	東大門(興仁門)	고종6	청 동치8	명치2	1869
開成	開成城郭				
	南大門	태조3	명 홍무27	응영 원	1394
平壤	平壤城郭				
	普通門	성종4	명 성화9	문명5	1473
	大同門	선조9	명 만력4	천정4	1576
	浮碧樓	광해4	명 만력40	경장17	1612
水原	水原城郭	정조20	청 가경 원	관정8	1796
	長安門	同	同	同	同
	八達門	同	同	同	同
	華虹門 및 訪花隨柳亭	同	同	同	同
寧邊	南門	정조13	건륭54	관정 원	1789
晉州	矗石樓	영조28	건륭17	보력2	1752
安州	百祥樓	영조30	건륭19	보력4	1754
	淸南樓				
義州	南門	중종16	명 정덕16	대영 원	1521

■ 출처: 關野貞, 『朝鮮美術史』, 朝鮮史學會, 1932, p.205 關野貞이 조선에서의 가장 대표적 성벽 및 문루로 꼽은 것이다.

더구나 이러한 평가에 기초해 조선시대 지방의 관아건물은 합병전후를 막론하고 학교로 전용되고 역과 역둔토도 일반에 불하된다. 객사는 주로 학교로, 동헌은 군청이나 경찰서, 재판소 등으로 이용된다. 전라도 광양의 예를 보면 1910년 관아를 이루던 건물은 경찰서에 일괄 예속되게 되고 객사에는 1911년 보통학교가 들어서고 동헌은 1918년 등기소가 되어 버리고 만다.239) 이처럼 세키노의 고적조사는 문화재조사 자체의 의미 외에도 역사의 왜곡, 일제 지배의 합리화를 위한 부속적인 역할로 이용되기도 한다.240)

세 번째로는 조선총독부 내무부 학무국 편집과의 과장 小田省吾는 1911년부터 동경제대 이꼬대학 鳥居龍藏을 촉탁으로 임명하여 세키노의 고적조사에서 미비한 한반도에서의 유사이전의 인종 및 문화에 대한 민속학, 인류학적 조사를 실시하게 하고 1913년에는 교토제대 今西龍을, 1915년부터는 동경제대 黑板勝美로 하여금 조선의 역사적 사료를 수집하게 하였다.

이러한 분위기 속에서 1915년에는 조선물산공진회가 열려 100만 명 이상의 관람객을 맞는 대성황을 이루고 종료 후 미술관이 조선총독부박물관으로 전용되어 개관하게 된다. 총독부박물관 책임자인 후지타 류사쿠(藤田亮策)는 『고적급유물보존규칙』과 더불어 박물관 창립에 대한 데라우치 총독의 문화정책을,

　　"첫째 고대 문화의 조사 보존은 내외학자들로 조사위원회를 설치하여 학술적으로 신중을 기해 조사, 보존을 함께 총독부에서 통일적으로 계획하고 둘째로는 박물관이 문화재의 수집, 보관, 전시를 기능상 중핵으로 하므로 박물관의 설치는 문화재의 산일, 파괴를 대처하는

---

239) 광양, 강화를 비롯한 지역 외에도 이 같은 관청건물의 전용은 전국적으로 행해졌다.
240) 여상진 등, 「韓末 客舍建築의 消滅」, 『대한건축학회논문집』 20권 10호(통권 192호), pp.111-120.

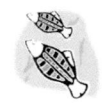

정책으로서의 추진한다고 하는 것과, 셋째 반도통치의 문화면을 말하는 실제 증거로서 대책의 고적조사보고 내지 고적도보를 인쇄하여 반포하다."241)

라고 하여 조선사의 정립, 박물관의 운영, 고적조사와 수집정책은 이후 조선 문화의 왜곡과 시각적 메시지는 조선 통치의 당위성을 위한 방편이 된다.

2) 근대 문화재정책의 변화와 체계적 고적조사사업

(1) 향교재산관리규정(1910년)과 사찰령의 제정(1911년)

근대적 문화재정책242)은 박물관의 형성 특히 수집, 전시, 보관과 밀접한 관계를 유지해 왔는데 이와 관련된 근대적 법령은 광무 11년(1907) 7월 30일에 제정된 『성벽처리위원회에 관한 건』과 융희 4년(1910) 4월 23일에 제정한 『향교재산관리규정』이 있다. 전자는 내각령 1호로 제정되어 '성벽의 훼철 기타 이에 관련한 일체 사업을 처리'하는 것으로 되어 있어 성벽의 보호가 아니라 오히려 성벽훼철을 목적으로 하는 것이었다. 위원장으로 내부차관 키우치 쥬시로우(木內重四郎)를 임명하고 위원으로는 내부(內部)와 군부(軍部)의 관리로

---

241) 정규홍, 『우리 문화재 수난사』, 학연문화사, 2005, pp.99－106.
242) 고적, 고기물 관련한 제도를 오늘날 유사한 표현으로 문화재정책이라 표현함. p.75의 '문화재 개념의 인식' 참조.

임명하고 공사의 임무는 내부와 탁지부(度支部)에서 맡도록 하였다.
한편 『향교재산관리규정』이 제정된 융희 4년(1910) 4월 23일은 한일
합병이 있기 불과 몇 개월 전으로 대한제국의 독자적인 법령 제정은
불가능했을 것이다. 그러나 전국적 규모의 향교는 영향력이 상당했을
것이므로 향교재산처리에 관한 규칙 제정의 필요성은 대두되었을 것이
다. 전 8조로 이뤄진 규정은 주로 향교의 재산관리와 수지에 중점
을 두어 문화재적 가치의 유지, 활용에 목적을 둔 법령은 아니었
다.243) 그러나 향교재산에 있어 방매, 양도, 교환, 典當 또는 소비하
는 것을 원칙적으로 금지하고 불가피할 경우 지방수령은 관찰사를
거쳐 학부대신의 결정을 수용하도록 하여 일방적 향교재산의 유출을
금지토록 하였다.

　내선동화의 필요성으로 강제합병 후 제일 먼저 추진한 사업은 '구
관제도조사사업(舊慣制度調査事業)'이었다. 식민지 대만에서 먼저
이뤄진 구관조사는 1906년 '부동산조사회'가 효시가 되었고 1908년
법전조사국, 1910년 취조국, 1912년 참사관실을 거쳐 1915년에 중추
원으로 이관되어 방대한 내용으로 조선의 법제에 대한 연구가 진행
된다. 이런 가운데 한일병합 후 처음으로 시행된 문화정책은 1911년
6월 조선총독부 제령 6호로 공포된 『사찰령』을 들 수 있다. 이는 대
한제국 시기 1902년(광무6년)에 반포된 36개조의 사찰령에 근거를
두고 있지만 2년 뒤 효율적이지 못해 관리서를 폐지하고 소관 사무
를 內務官房으로 옮긴 후 유명무실한 법령이 되었다. 이후 통감부시

---

243) 충북대법학연구소, 「한국문화재보호법의 발전과정과 정비방향」, 2002. 12,
　　 pp.55－57.

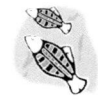

제4장 조선에서의 근대박물관 형성과 문화재정책의 변천　291

기에 많은 일본의 종파와 승려가 조선에 대한 전교활동을 활발히 진행하여 1906년 11월 『종교의 선포에 관한 규칙』을 공포하여 일본사원의 조선사찰 위탁 시 통감부의 허가를 득하도록 하여 조선사원병합규칙을 반포하였다. 이후 일본사원은 지각없는 조선승려와 일부 야합하여 사찰의 위탁이 이뤄지는 사례도 발생하게 된다.244)

1911년 총독부는 총 7개조의 『사찰령』을 공포하였는데 당시의 산중공의제도를 무시하고 사찰령 시행규칙 2조에서 정한 대로 법주사를 포함한 전국 주요 사찰 주지의 임명은 반드시 총독의 인가를 받아야 하며 그 외의 사찰 주지는 지방장관의 인가를 받도록 하였다. 이는 조선불교의 독립이라는 명분 아래 모든 사찰과 승려를 규제하여 조선불교의 교정을 장악하기 위한 방안이었다. 제5조에서는 사찰 소유의 토지, 삼림, 건물, 불상, 석물, 고문서 등 귀중품의 처분은 반드시 조선총독의 허가를 득하도록 한다 하여 이는 역으로 총독의 허가만 있으면 합법적 처분이 가능한 여지를 남긴다.

더구나 전국 사찰에 대한 통제와 간섭을 제도화하여 각 사찰 간 '本末관계'를 강요함으로써 많은 반발을 불러 일으켰다. 사찰령시행규칙에는 조선사찰 30개를 본사로 지정하고 일본불교의 본말사제도와 寺法의 인가제를 도입한 바 1924년 선암사의 말사인 화엄사가 역사적 고증의 논란하에 본사로 승격되어 31본산체제가 되면서 사찰 간 대립을 야기하게 된다.

제7조에서 "주지는 사찰에 속하는 토지, 삼림, 건물, 불상, 석물,

---

244) 서경수, 「일제의 불교정책」, 동국대, 1982, pp.98－99.

고문서, 고서화, 경문, 범종, 경권, 佛器, 불구, 기타 귀중품의 목록서를 작성하여 주지 취직 후 5일 이내에 이를 조선총독에 제출해야 한다."라 되어 있어 비록 법령의 시행이 사찰에 한정되기는 했으나 최초의 사찰 문화재 관리목록서가 작성되었다는 점에서 그 의미를 찾을 수 있다. 그러나 한용운의 주도로 사찰령 철폐운동이 조선불교청년회, 조선유신회, 2,284명의 연서를 받은 건백서에서처럼 주지의 임명, 사찰재산처분에 있어 철저히 개입된 총독부의 전횡에 조직적인 반발로 이어진다. 이로 인해 사찰령 제정 후 반발을 누그러뜨리려는 총독의 취지문을 각 도에 하달한 것으로 보아 사찰령은 조선사찰의 자율성을 훼손하여 극심한 반발을 초래하게 되었다.245)

앞서 살펴본 바처럼 사찰령을 통해 총독의 권한이 강화되어 문화재 보호에 대한 보존규정보다 총독의 허가만 득하면 언제든지 처분 가능하다는 반대해석이 가능해 실제로 많은 사찰소유 문화재가 이 시기에 반출되었다는 것이 이를 방증해 준다.246) 물론 이와 관련해 일본에서의 고사사보전법 등의 법령도 마찬가지지만 한국은 피식민국으로서 조선총독의 권한은 법이상의 권력행위와도 동일한 것이다.

"조선에 있어서 동산 부동산의 구별을 인정함에 이른 것은 근 십수 년래의 일로서 그 이전에 있어서는 이와 같은 구별이 없었음에 따라 동산 부동산의 구별에 의하여 그의 취득의 원인을 달리하는 것 같은

245) 박선애, 「조선총독부의 한국 문화재 침탈에 대한 연구」, 『동명논문집』 제24권, pp.130-132.
246) 충북대법학연구소, 「한국문화재보호법의 발전과정과 정비방향」, 2002. 12, pp.60-61.

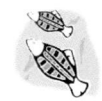

확연한 급관은 없었던 것임.

　궁전 성책 사찰 등의 廢址에 있는 탑비, 불상, 당간, 석등 등은 국유로 보는 관습으로서 아무리 그 물건의 소재지가 年所를 거쳐 산야 전답 또는 택지가 되어 사유 혹은 里有로 되어 있는 경우에 있어서도 탑, 비, 기타의 금석물은 의연 이를 국유로 하여 그의 선점취득을 불허함."

이에 따라 특히 폐사지에 산일해 있는 불교문화재도 소유주가 명백하지 않는 것은 강제이전이 가능하게 되었다. 1917년 조선총독부에 제출된 『궁성 사찰 등의 廢址에 존하는 탑비 등에 관한 舊관습 조사의 건』의 회답을 보면, 야외유물의 이전에 대한 합법성을 부여하는 판결247)을 내리고 있다.

(2)'고적급유물보존규칙'의 제정(1916년)과 그 내용

대한제국을 병합한 후 곧 고적조사에 착수하여 1915년 일단락 짓고 그 조사결과를 집록하여 서적을 발행하였지만 그 범위가 저명한 유적과 유물의 일부에 그치고 말아 그 이듬해인 1916년 재차 5개년 계획 아래 재조사를 실행한다. 이때 이를 뒷받침할 법제의 필요성으로 제정하게 된 것이 『古蹟及遺物保存規則』이다.

보존규칙은 1916년 7월 총독부령 제52호로 제정되었으나 당시 일본은 『사적명승천연기념물보존법』이 보완되기 3년 전으로 아직 사찰

---

247) 황수영, 「日帝期 文化財被害資料」, 『한국미술사학회』 제22집, 1972. 9, pp.5 - 8.

이나 신사에 적용되던 『古社寺保存法』이 시행되고 있었던바 고적이나 유물에 대한 종합적인 법안이 마련되지 않은 채 한국에서 먼저 종합적 법령을 제정되었다. 이는 그간 발굴과 자료 수집을 통해 한국에서의 문화, 예술에 대한 종합적인 조사의 필요성과 황국사관의 변조에 맞추기 위한 대책의 일환으로 『고적급유물보존규칙』의 전 8조가 제정되고 별기로 『고적급유물대장』이 만들어지게 된다.

1조에서는 고적의 포괄적 정의와 범위를 정하고,[248] 2조에서는 고적급유물대장의 비치와 보존가치가 있는 것에 대해 명칭, 종류, 소재지, 소유자, 현황, 유래 및 전설, 관리보존의 방법 등을 등록하도록 명기하고 있다. 5조에서는 등록한 물건의 현상 변경, 이전, 수선, 처분시에 경찰서장을 경유하여 조선총독의 허가를 받도록 하고 있다.[249]

이의 제정과 관련하여 조선총독부 총무국장 백작 兒玉秀雄은 1916년 7월 『조선휘보』에서,

"조사의 기관으로는 새롭게 고적조사위원회를 설치해 본부 관계부국의 직원 및 고적의 조사에 관해 특히 학식과 경험 있는 사람을 위원으로 선임하고 위원회는 총독의 자문에 응해 고적 유물 등에 관한 사항을 심사한다. 그 조사의 결과는 매년 간행해 일반에 고지하고 동

---

248) 조선총독부, 『古蹟及遺物保存規則』 제1조.
　　"패총, 석기, 골각기를 포유하는 토지 및 수혈 등의 선사유적, 고분과 도성, 궁전, 성책, 관문, 교통로, 역참, 돈수, 관부, 사묘, 단묘, 사찰, 도요 등의 유적 및 戰跡 기타 史實에 관련된 유적을 말하며 유물이라 칭하는 것은 연대를 거친 탑, 비, 종, 금석불, 당간, 석등 등으로서 역사 공예 기타 고고의 자료로 할 수 있는 것을 말한다."
249) 『朝鮮總督府 官報』 第1175號(조선총독부관보 활용시스템 gb.nl.go.kr 참조).

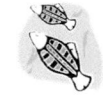

시에 고적 및 유물의 보존방법을 정해 그 모집물은 박물관에 진열해 일반 관람하게 하고 '고적 및 유물보존규칙'을 공포하여 각 관청에 대해 훈령을 발해 남발하게 고분을 파괴하고 유물을 망실하는 것을 방지한다."[250]

라 『고적급유물보존규칙』에 대한 의견을 피력한다. 그러므로 고적 또는 유물을 발견한 사람은 그 현상에 변경을 가할 수 없고 그 지역 경찰서장에 신고토록 하여 유물의 보존에 일견 기여하고 있으나 조선인에 의한 발굴 기회를 사전에 차단하고 고적조사에 있어 총독부의 독점적 지위를 명문화하게 된다.

① 고적조사위원회 및 고적조사과의 설립

1915년 총독관방 사무국에 총무과, 인사과, 회계과가 설치되고 총무과의 업무 중에 제6항 '박물관에 관한 사항'을 전담케 하여 조선물산공진회 이후 조선총독부박물관의 설치를 염두에 둔 듯하다. 1916년 총독관방의 업무분장 역시 총무과의 사무분장 6항에 '박물관에 관한 사항'이 여전히 포함되어 있고, 공진회 종료 후 '박람회, 공진회 및 상품진열관에 관한 사항'은 총무국 상공과에 전임되어 박물관과 박람회의 업무는 사실상 분리가 된다.

1915년 총독부박물관의 설치와 더불어 1916년에는 새로운 계획들이 진행되는데 대표적인 것이 『고적급유물보존규칙』과 더불어 『고적조사위원회 규정』이 제정된다. 이에 대해 잡지 『朝鮮』[251]에서는 "조

---

250) 朝鮮總督府, 『朝鮮彙報』, 大正 5年 8月 號.
251) 朝鮮總督府, 『朝鮮』, 1916.

선의 고대에 있어 고적, 고건축물 및 고미술품의 보존이 전혀 없이 왕
공귀족의 능묘에 한해 훼손의 방지에 관한 법령을 구성"하고 있다고
비판하면서 새로운 고적 및 유물에 관한 규정의 설치가 우수한 조선
의 유적과 유물을 보존하기 위한 조치라고 문제제기를 하고 있다.

이렇게 설치된 고적조사위원회의 규정은 총 11조로 조사, 수집,
보존처리의 업무를 담당하고 이의 전시는 총독부박물관에서 담당하
게 된다.252) 이러한 훈령을 근거로 이전까지 수차례 진행된 조선 고
적조사사업이 일단락되고 1916년에는 고적조사사업 5개년 계획을
수립하게 된다.

고적조사위원회규정은 적극적으로 활용되지 않다가 고적조사 5개
년 계획이 1920년 완료된 후 1921년에 변화를 보이게 되었다. 이해
에 총무국 사무분장의 개정으로 학무국에 고적조사과를 설치하고 서
무부의 문서과에 속한 박물관 및 고적조사사업과 종래 학무국 종교
과 소관의 古社寺, 고건축 보조에 관한 사무를 고적조사과로 이전하
게 된다.

여기에 명승천연기념물 보존사업을 더해 내무국의 고적명승천연기
념물보존회 사업과 병행하여 고적조사에 관한 일체의 사업을 중추원
에서 이관받아 이를 학무국의 고적조사과가 통괄하고 조사의 항구성
을 기하게 되었다. 당시 고적조사과의 직원은 의장 및 감사관 각 1인,
屬 2인, 技手 2인, 촉탁 10인 등으로 하였으나 2년 후 인원을 감축하
고 설립한 지 3년 후인 1924년에는 총독부의 긴축재정으로 고적조사

252) 「朝鮮總督府訓令」 第29號, 『古蹟調査委員會 規定』, 1916年(大正5年) 7月
4日.

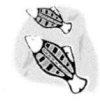

과를 폐지하여 촉탁으로만 운영하다 종교과의 소관으로 편입되어 버려 박물관협의회 및 고적조사위원회는 사실상 제 기능을 잃게 되었다.

② 사진아카이브의 활용과 조선고적도보의 발간

1909년부터 1912년까지 고적조사는 대한제국 탁지부 장관 荒川賢太郎이 關野貞을 추천하여 조사가 시작되었으며 그의 요구에 따라 谷井濟一, 栗山俊一이 참여하게 되었다. 이들 조사의 결과에 따라 조선고적도보는 1915년 제1권을 발간하여 35년까지 조선총독부의 후원으로 낙랑부터 조선시대까지의 고적과 각종 유물들의 도판을 모아 도쿄에서 간행한 것이다. 20년간 전 15권이 축차로 발행되었으며 사진 수 6,633장으로 당시 고적조사를 한 대부분의 사진이 실려 있다. 고적조사를 하면서 당시 촬영한 사진은 현재까지 남아 있는 것만도 수만 점에 이른다. 촬영된 유리건판은 국립중앙박물관에 3만8천여 장으로 유리건판 중 상당수를 차지하고 있다. 이 책을 발간함으로써 세키노는 프랑스 학사원상을 수상하게 되었으며 일본의 고적조사가 순수학문의 산물이라는 공인을 얻게 되었다 이 책에서 한 가지 특기할 점은 세키노의 전공이 건축이었던 만큼 건축과 관련된 유적의 비중이 높았던 것을 볼 수 있다.

緒言에 의하면, 조사경위는 1909년 9월 한국정부의 요청으로 세키노박사가 고적조사를 시작한 것에 근거를 두고 있으며 조선병합 후 조선총독부가 이를 이어 그 조사범위를 역사 관련자료 및 미술품까지 확장하게 되었다고 한다. 각 권의 내용은 면밀히 기획되어 각 권별로 낙랑시대부터 조선시대에 이르기까지 시대별로 발간이 되었으며 왕경을 중심으로 한 능묘, 우적지, 석탑, 석불 등 야외유물과 회화, 도자기까지 집대성한 방대한 자료집이다.

고적도보 제1冊은 낙랑군, 대방군, 고구려를 중심으로 대동강 주변의 유적과 만주 집안의 유적을 다뤘으며, 2冊는 평양에 있는 고구

✿ 표 4-10 조선고적도보

권호	주요내용	조사 지역 및 내용	발간시기
第 1 冊	낙랑대방 및 고구려	대동강주변유적, 만주집안현	대정4년(1915)
第 2 冊	삼국시대 고구려	평양지방의 고분	同
第 3 冊	삼국시대 백제, 임나, 고신라		대정5년(1916)
第 4 冊	통일신라(1)寺地, 石塔, 碑	불국사, 경주지역 외 신라유적	同
第 5 冊	同(2)陵墓, 佛像, 瓦塼, 土器	무열왕릉	대정6년(1917)
第 6 冊	고려시대(1)城址, 寺刹, 石物	가성사찰유적	대정7년(1918)
第 7 冊	同(2)佛像, 佛具, 墳墓	가성사찰유적 및 고려유적	대정9년(1920)
第 8 冊	同(3)土陶磁器類	총독부, 이왕가, 제실박물관, 동경제국대, 개인소장유물 중	소화3년
第 9 冊	同(4)금속공예, 기타	거울, 벼루 등	소화4년
第10 冊	이조시대 궁전건축(1)	경복궁 및 4대 궁궐	소화5년
第11 冊	同(2)城郭, 殿廟, 陵墓, 建築物	문묘, 객사, 史庫, 서원, 주택	소화6년
第12 冊	조선사찰건축	전국의 불사건축	소화7년
第13 冊	彫刻調度, 목공기구	전국 탑비, 교량, 불사건축	소화8년
第14 冊	회화, 공예품, 장식품	조선시대 회화	소화9년
第15 冊	이조시대6	도자기	

■ 출처: 朝鮮古蹟調査及保存沿革承前

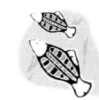

려의 고분, 3冊은 마한, 백제, 임나, 옥저, 예, 고신라 등이었으며, 제4冊과 5책은 寺址, 석등, 석탑, 비, 종과 능묘, 불상, 와전, 토기로 나눴고 6冊, 7冊, 8冊, 9冊은 고려시대의 성지, 사찰, 석물(一), 불상, 불구, 분묘(二), 토기자기류(三), 금속공예 및 기타(四)로 분류하고, 제10冊과 11冊은 이조시대 궁전건축과 성곽, 殿廟, 亭館, 능묘, 기타 건축물로 분류하였다. 12冊, 13冊, 14冊은 사찰건축과 조각, 목공가구 그리고 회화이며 15冊은 도자기로 발간하게 된다.253)

이같이 방대한 고적도보의 지속적 발간은 일본보다 조선에서 오히려 진일보하여 총독 데라우치의 업적으로 치부되나 학문 외적인 요소를 간파한 단재 신채호 선생은 조선고적도보를 평하기를 "어떤 말은 학자의 견지에서 나왔다느니보다는 정치상 他種의 작용이 적지 않은 듯하다."고 하여 고적도보가 정치적으로 이용되는 것을 지적하고 있다. 또한 梅原末治도 『朝鮮古代の文化』에서 "조선고적조사사업과 고적도보의 발간, 연도보고, 특별보고 등이 일본의 학도에 의한 문화 사업으로 넓게는 동아 고대문화에 기여했지만 다른 면에서는 반성할 점이 있다"라며 과오의 일부를 인정하고 있다.254) 특히 책의 1권에 한사군의 영향을 보여주는 낙랑, 대방을 배치하여 고대부터 한반도의 타율성론을 강조하고 일본이 한반도 남부를 경영했었다는 임나일본부설을 통해 고대 일본의 영향력을 과장 또는 날조함으로써 현재의 식민 지배를 합리화하는 역사적 근거를 보여주려 했다. 즉 해외팽창정책을 이론화하는 이데올로기를 역사적 배경에서 찾고자

---

253) 朝鮮總督府, 「朝鮮古蹟調査及保存沿革(承前)」, 『朝鮮』, 1916, pp.94－95.
254) 정규홍, 전게서, pp.105－106.

하여 삼한정벌, 임나일본부를 중요시하여 고적도보를 통해 국민적 계몽에 이용하려 하였다.

세키노의 고적조사와 더불어 인류학적 조사, 민속조사가 함께 병행되었는데 이때 주도적인 역할을 한 사람이 토리이 류조(鳥居龍藏)였다. 1911년 함경도 일대를 시작으로 사진사 이노우에(井上達三), 구로이와(黑岩英次)와 함께 5차에 걸쳐 전국적인 조사에 참여하였다. 그들은 1회의 현장조사에 은 600－700매 정도의 사진건판을 가지고 간 것으로 기술하고 있다. 1913년 남부지역을 조사하면서 "세키노가 이미 건축물과 고분을 조사하였기 때문에 그는 선사유적, 신체측정, 토속조사만을 기록하였다"는 것을 볼 때 그들 연구목적이 고적조사를 제외한 인종학, 민속, 서민생활, 즉 기생, 무녀, 해녀, 백정 등의 작업현장 등 실로 광범위한 부분을 포함했음을 알 수 있다.[255] 이 외에도 조선의 산업, 물산, 생활 등에 관한 아카이브기록을 남긴 젠쇼 에이스케(善生永助)와 무라야마 치준(村山智順)의 무속조사는 구성의 치밀함에서 보더라도 오늘날 자료로도 손색이 없어 이들에 대한 부정적인 견해에도 불구하고 최초의 방대한 민속과 문화관련 사진자료집으로서의 가치를 가진다. 비록 이러한 과정이 일제의 의도적인 아카이브에서 비롯되었더라도 카테고리를 설정함에 따라 그 가치를 달리할 수 있을 것이다. '굿'이 과학의 범주에 넣을 경우 낙후되고 미신적인 사회상을 반영할 수 있지만 문화의 범주에 들어가는 순간 과거의 종교의식이라는 새로운 연구의 대상이 될 수

---

255) 선일, 『일제시대 학술조사 사진 아카이브에 대한 연구』, 서울대 고고미술사학과 석사, 2004, pp.20－27.

있을 것이기 때문이다.256) 이러한 각종 아카이브들은 조선인 교화와 홍보라는 의도적인 목적에 따라 정치적 목적 외에도 상업적 사진엽서의 성행과 더불어 사진집 등으로 다양하게 편집, 활용되어 그 의의는 실로 크다고 하겠다.

(3) 朝鮮寶物古蹟名勝天然記念物保存令(1933)의 제정과 내용

1933년『조선・보물・고적・명승・천연기념물 보존령』이 발포됨과 동시에 보물 지정 시 조선총독의 자문기관으로 제 규정을 정한『조선총독부보물・고적・명승・천연기념물보존회』관제가 제정된다. 고적조사를 위한 법률인『古蹟及遺物保存規則』에는 全 8조로 유물의 명칭, 등록, 처분에 관한 사항이 명기된 반면 보존령은 全 24조로 보다 적극적이고 광범위하며 구체적 내용이 추가되었다.

이의 특징을 보면, 첫째 보물・명승・고적・천연기념물에 관한 조사를 위하여 필요하다고 인정되는 때에는 당해관리가 필요한 장소에 출입하여 조사에 필요한 물건의 제공, 측량조사, 토지의 발굴, 장애물의 변경・제거 기타 조사에 필요한 행위를 적극적으로 할 수 있게 하였다(3조).

두 번째로는 보존회의 자문을 받아 조선총독이 등록에서 진일보한 '지정'을 할 수 있고 긴급을 요할 때는 임시지정을 할 수 있다(2조). 세 번째로는 건조물, 전적, 서적, 회화, 조각, 공예품과 기타 물건은 보물로 분류하고 고적은 패총, 고분, 절터, 성지, 요지 기타 유적으로

---

256) 전게서, p.54−55.

칭한다. 여기에 명승지와 동물, 식물, 지질, 광물 등 '천연기념물'을 추가함으로써 고적과 유물의 분류 외에 보다 진일보한 분류법으로 문화재보호법(1962년 제정)의 원형이 된다(1조). 네 번째로는 조선총독의 허가를 제외한 수출 및 이출을 금지하고(4조), 보물의 소유자는 조선총독의 명령에 의하여 1년 내의 기간을 한도로 이왕가·관립·공립박물관 또는 미술관에 보물을 출진할 의무를 부여하고 있다(9조).[257]

보존령에 의해 일괄 지정된 첫 번째 사례는 朝鮮總督府告示 第430號(1934年8月27日)에 의해 153건의 보물, 13건의 고적, 3건의 천연기념물이 지정된다. 보물지정 1호는 '경성남대문(숭례문)'이며 2호는 '경성동대문(숭인문)'으로 당시 지정번호는 지역별로 묶은 관리번호적인 성격을 띠지만 단순한 등록보호가 아니라 총독부의 지정, 관리라는 의미를 내포한다. 일본에서 1919년 『古社寺保存法』의 보완으로 『사적명승천연기념물보존법』과 1926년 『국보보존법』이 단계적으로 입안된 반면 朝鮮總督府令의 보존령은 보물, 고적이라 칭함으로써 일본의 사적과 국보에 비해 격을 낮추고 있긴 하지만 1933년 한일 간에 처음으로 종합적인 근대 문화재관계법이 만들어지는 의의를 가지게 된다.

3) 근대 문화재정책이 박물관 운영에 미친 영향

총독부박물관의 개관과 동시에 고적조사위원회가 설립이 되었고 다음 해인 1916년 『고적급유물보존규칙』8개조의 발포와 더불어 『고

---

257) 朝鮮總督府, 『朝鮮寶物古蹟名勝天然記念物保存要目』 1935, pp.1-6.

적조사위원회 규정』11개조도 제정되어 수집, 보존, 연구, 전시라는 박물관 고유의 기능이 고적조사와 함께 수행되게 되었다. 고적조사가 주로 지표조사 등 외연적 조사에 치중한 것에 비해 1916년부터 시행된 고적조사 5개년 계획으로 발굴을 거친 수많은 진열품이 충족되어 체계적 학술적 연구가 가능하게 되었다. 고적조사사업은 일반조사와 특별조사로 나눠 일반조사의 경우는 필요할 경우 발굴도 할 수 있고 특별조사는 긴급을 요하는 경우 혹은 박물관 진열품 모집을 위해 발굴조사를 실시하고 유물 수집을 할 수도 있었다.

이러한 조사사업에는 조선총독부 정무총감을 위원장으로 하여 총독부의 고등관 약간 명과 학식 경험이 있는 자로 하여금 위원으로 위촉하게 하고 있다. 이들 조사위원을 중심으로 지역조사위원이 구성되고 이 조사단에는 박물관 직원이 함께 참여하기도 하여 유물 수집을 맡아 처리하게 하였다. 등록이 완료된 유물은 박물관에 진열하여 진열품도록이 발행되었으며 1916년에는 이와 별도로 고적도보의 간행을 연차적으로 실시하여 모두 15책이 발간되게 되었다.258) 총독부박물관과 고적조사위원회의 설치는 그 이전의 고분발굴과는 달리 보다 계획적이고 상호보완적으로 발굴과 보관연구란 부문을 충족할 수 있었다. 그러나 목조건축물의 조사에 있어서는 재료 및 구조의 성질상 건조연대와 수리상태가 완전하지 못해 상당수 건축물이 퇴락 상태에 놓이는 결과를 가져왔다.259) 이는 재원의 한계와 더불어 문

---

258) 서울시국사편찬위원회, 「조선총독부 박물관과 고적조사사업」, 『서울六百年史』.
http://seoul600.visitseoul.net/seoul－history/sidaesa/txt/6－6－14－2－1.html.

화재에 대한 현대적 인식의 부족으로 원형보존보다는 유물의 현상유지에 급급한 것에서 기인한다. 이로 인해 1915년 이래 각지에 흩어져 있는 예술적 가치를 가진 일부 유물은 파손 가능성이 있는 것으로 인식하여 이를 보존하기 위해 박물관 내 이전하는 것을 명기하고 있다. 이에 따라 매장물이 국보에 귀속한 것은 遺失物 제13조에 의해 학술기예의 자료가 될 만한 것은 보조금을 지급하고 박물관의 진열품으로도 삼게 한다.260) 그러므로 원형과 원위치를 상실한 유물이 급증하고 原地에는 석표만을 세워 이전 연월을 기입하는 데 그치게 된다.261)

충독부박물관 설립 후 종래 내무부 1과의 고적조사와 편집과의 사료조사는 박물관의 유물 진열을 위해 박차를 가했는데, 발간된 고적조사보고서에 의하면 평양부근의 낙랑분묘에서부터 북만주 및 남쪽으로 양산에 이르기까지 여러 지역을 선정하여 박물관 진열품을 수집하고 있음을 알 수 있다. 그러나 나주 반남면 고분군의 조사에서는 박물관 진열품 수집을 위한 조사를 실시하면서도 분묘에서 발굴된 엄청난 출토품의 학술적 정리와 보고서를 의도적으로 지연시키

259) 『朝鮮古蹟調査及保存沿革(承前)』, 『朝鮮』, 1916, p.91.
　　　"특히 조선의 독특한 종류와 기교가 있는 목조건축물이 매년 가속도로서 廢滅되며 그 보존의 경비가 없기 때문에 수수방관의 지경이 되었다. 소화 5년(1930) 殿(문묘, 사우), 陵(능묘)의 수선비와 합해 1만 1천 원을 지방비로 지급하게 되었으나 1년 1개소의 건축물도 보존함에 부족하여 국보령의 시행을 재촉하여 절대 再造치 못할 朝鮮式 목조건축물의 보호를 하고 싶다."
260) 전게서, p.93, "매장물로서 박물관 수집품이 된 것이 매년 20점에서 30점가량 되었다."
261) 전게서, p.93, "대정 4년(1915) 이래 이전된 유물은 석탑 11기(신라 2기, 고려 9기), 석비 8기, 부도 2기, 석블 5기, 철불 4기"로 기록하고 있다.

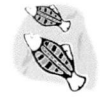

는 결과를 가져왔다. 더구나 교동 31호분에서 출토된 유물 97점은 1938년 학술조사라는 명목으로 일본으로 반출되어 1958년 4차 한일회담 때 반환되는 사례도 있었다. 이를 볼 때 유물보존을 위한 법령인 보존령조차도 정책당국자와 실무자에 의해 유명무실하게 되는 경우도 있었다.262)

그러나 논거한 바와 같이 조선의 박물관은 강제병합 초기부터 총독관방의 부내 업무 중 하나로서 광복에 이르기까지 독립된 기관이 아니었고 관장의 직책도 없으며 총독부 소속의 사무관이 주임이란 직책으로서 박물관업무를 담당하여 2-3인의 기사와 5-6인의 雇員을 직원으로 유지하고 있는 데 불과하였다.263) 박물관주임으로 근무했던 藤田亮策에 따르면 고적조사 연차계획, 고건축물 수리공사, 박물관의 진열과 진열품의 수집과 구입, 고적도보와 보고서등의 출판, 내외인의 문화시찰 안내, 국보 보존, 古社寺 사적지정 등의 업무에다 발굴연구까지 6, 7인의 인원으로 해나가기에는 역부족이었으며 연 1회 사적보존회의의 원안 제작, 대선생의 조사, 수발, 유물정리만으로도 벅찬 작업이었다고 술회한다.264)

---

262) 정규홍, 『우리 문화재 수난사』, 학연문화사, pp.67-81.
263) 목수현, 「일제하 박물관의 형성과 그 의미」, 서울대석사, p.53.
　　　원문 有光敎一의 「私の朝鮮考古學」(2), 季刊 『三千里 41號』, p.157.
264) 전게서.
　　　원문 藤田亮策의 『朝鮮古蹟調査』, p.112.

제5장 | 맺음말

근대
박물관, 그/형/성/과/변/천/과/경

제5장 맺음말

근대성을 대표하는 박물학, 즉 근대과학의 발달과 박람회의 대중성과 다양성이란 사회적변화가 근대공공박물관에서 출발하여 전문박물관의 형성과정까지 서구와 일본, 한국에서 어떻게 변용되어 왔는지 알아보았다.

롤랑바르트1)는 "박물관은 제도화한 과거, 유물 그리고 기억 등을 텍스트로 이해하여 작품은 완성된 것인 반면 텍스트는 유동하는 것이며 언제나 텍스트化하는 과정"에 있다고 말하고 있다.2) 이러한 관점에서 과거의 제도와 유물을 소장한 박물관도 항상 미완성이며 결코 주변의 사회, 정치, 경제, 문화현상에서 자유로울 수 없으며 지속적으로 변용, 발전하는 것으로 이해될 수 있다. 즉 역사는 단순한 과거가 아니라 현재를 통해 재해석되는 과거로 볼 수 있는 것이다.

19C 중엽에서 20C 초는 한·중·일을 포함한 아시아 국가가 서구 제국주의의 영향을 받는 중대한 전환기였다. 일찍이 서구 산업화의 영향을 받은 일본은 청일전쟁 후 대만을 획득하고 조선을 식민지화한

---

1) 1915-1980, Roland .Barthes는 프랑스 기호학자로서 파리대학, 에콜 프라티코 교수 역임.
2) 강내희 「근대적 제도로써의 박물관성찰과 한국박물관 운영의 민주화」, 『문화과학40호』, p.211.

후 1911년에는 관세 자주권을 찾아 불평등조약체제에서 벗어나 본격적인 모방 제국주의 국가로 변신하였다. 이 시기의 근대경험 중 박물관 형성과정에 주목하여 인과관계를 실증적이고 비판적으로 접근한 선행연구들은 서론에서 밝힌 것처럼 양적인 면에서 그다지 많지 않지만 질적인 면에서 한국박물관 형성과정에 주요한 담론을 형성해 왔다. 이는 조선에서의 적극적인 고적조사와 수집, 전시를 위한 박물관의 성립과정이 일방적 식민지근대화가 아닌 수탈론적 입장에서 변용되고 미화돼 왔다는 사실에 주목하고 있다. 본 연구 역시 박람회나 박물관 형성의 근대적 Momentum이 단지 조선식민지 근대화론으로 치환될 수는 없을 것이란 점을 강조하고 있다. 이는 지식, 제도를 권력관계로 이해한 푸코나 포스트 식민주의적 문화담론을 구성해 내는 사이드(『Orientalism』, 1978)의 입장에서 보면 한국박물관만큼 지배담론과 문화적 헤게모니의 전형을 읽어내기에 적합한 대상도 없을 것이기 때문이다.3) 그러므로 본 연구에서는 박람회와 박물학에 주목하여 서구와 일본을 비롯한 제국주의와 피식민지 국가에서의 박물관 형성과정과 고적조사의 결과란 측면에서 총체적으로 특수성과 보편성을 논하려 노력하였다. 본고에서 기술한 내용을 요약해 보면,

첫째 요시다 미츠쿠니(吉田光邦)가 말한 바와 같이 "박람회는 문명진보에 대한 비전을 국민정서로 한데 아우르고 널리 계몽하는 이른바 '집단적 교의(敎義)기능'으로 인해 제국주의 국가의 식민지정책의 일환으로서 비중 있게 다루어진 것"4)과 동일한 관점에서 볼 수 있을 것

---

3) 이인범, 「동아시아의 박물관에 대하여: 한국 박물관제도의 기원과 성격」, 『미술사논단』, 한국미술연구소, 2002, p.36.

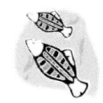

이다. 이는 피식민국으로서의 박물관설립, 조선사편수사업, 고적조사 사업을 통한 체계적인 식민지 표상체계를 만들기 위한 방법의 일환으로 진행된다. 일본보다 앞서 조선은 근대적 문화재정책의 실험장소로 변모하고 대대적 고분발굴조사와 古蹟及保存規則 등 제도적 장치를 마련함으로써 식민지 문화정책이 실현되기에 이른다.5)

둘째 1910년대가 박물관과 고적조사사업의 제도 설립을 위한 시기라면 삼일운동 이후 1920년대는 '과학'과 '미술' 등 다양한 문화정책이 구현된 시기라 볼 수 있다. 박물관 성격의 분화는 이 같은 박람회 제도와 사회적 경향에 따라 변용되어 1922년 조선미술전람회, 1927년 은사기념과학관6)과 1930년대 일본근현대미술품이 석조전에 전시된 것을 매개로 하여 이왕가미술관의 설립이 이뤄진다. 조선미술전람회의 영속적 장소확보라는 목적에서 건천궁 내의 총독부미술관의 설립에서 박물학적 성격과 과학, 미술의 전문화 경향을 설명할 수 있다. 그러나 서구와 일본의 박물관에서 천산개념이 분리된 것과는 달리 피식민지국 조선에서는 과학과 미술의 대중화를 위한 사회교화기관으로서의 박물관의 활용이란 정치적 이유에서 서구의 자생적 전문박물관과의 차이점을 설명할 수 있을 것이다.

---

4) 吉田光邦, 『萬國博覽會硏究』, 思文閣出版, 1986, p.6.
5) 이인범, 「한국박물관제도의 기원과 성격」, 『미술사학』 제3호, 한국미술사교육학회, 1989. 6.
6) 국성하, 「일제 강점기 박물관의 교육적 의미 연구」, 연세대대학원박사논문, 2003, pp.94 – 99.
   "유우키(結城)는 조선산 나비 류 600종, 곤충 류 77종, 미국산 곤충 류 14종을 기증하고 1933년에는 육군성에서 정찰기 1대를 기증받고 야하타 요시마사(八幡義正)로부터 식물석엽 2만 종을 기증받게 된다."

따라서 박람회가 조선 박물관의 형성과 분화에 긍정적 영향을 미쳤음에도 불구하고 새로운 시대정신이나 열정의 논의가 아닌 식민지 제도와 정책에 국한하는 것은 수동적 문화의 수용이 가져온 한계일 수 있다. 그럼에도 불구하고 한국박물관의 형성과정은 단지 지배 권력에만 뿌리를 둔 것도 국민국가중심의 근대주의적 삶이 남긴 잔재만도 아니다. 역설적으로 박물관제도의 역사를 근대화론과 수탈론적 헤게모니論에서 구출해 내어 실천적 지평7)에서 살펴봐야 진정한 의미에서의 근대박물관의 전문화과정을 이해할 수 있을 것이다.

　　이 글을 맺으면서 과거와 미래를 잇는 한국박물관의 영속성을 위해 두 가지 제안을 하고자 한다.

　　첫째로는 한국 근대미술관의 설립에 관한 제언이다. 근대미술관은 바로 그 시대를 반영하고 복원하여 오늘을 살아가는 한국인에게 중세와 근대의 교차를 체험하고 계승해 나가는 의식의 전당이자 동아시아와 서구세계를 이어가는 다리로서 자랑스러운 가치를 부여한다.8) 이왕가박물관과 미술관의 전시가 식민지정책의 일환으로서의 기능뿐 아니라 미술의 대중적 인식에 기반을 두었듯이 네거티브 시기의 미술을 통해 근대미술의 이해를 제공하는 장소의 설립이 요구된다.

　　두 번째로는 한국 근대생활사박물관의 체계적인 설립과 준비이다.

---

7) 이인범, 「동아시아의 박물관에 대하여: 한국 박물관제도의 기원과 성격」, 『미술사논단』, 한국미술연구소, 2002, pp.35 – 63.
8) 최열, 「문광부 장관에게, 국립근대미술관 창설을 위하여」, 서울아트가이드 2005년 9월.

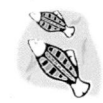

도시의 근대건축9)은 고건축 부활의 그늘 뒤에서 역사적 가치와 현존 가치조차 평가받지 못한 채 사라지고 있는 실정이다. 근대가 사라진 역사 속에 연속성은 없으며 자생적 흐름조차 단절되기 때문이다.10) 서울과 지방에서 근대건축이 식민지건축의 부산물로서 사라지고 있는 이때 그나마 근대문화유산 등록제도의 시행과 내셔널트러스트 운동으로 최순우 고택과 영도다리를 건진 것은 좋은 사례다.11) 그러나 하더웨어적 건물의 중요성은 적잖이 인정되지만 소프트웨어인 소장품 수집에 대해서는, 전시물이 지배권력 중심이나 골동적 가치가 있는 명품중심으로 고고학과 미술사에 편중되어 민족문화의 총체적 전달이나 올바른 생활사의 확보가 어렵다.12) 근대생활사박물관은 결과로서만 아니라 과정적 준비가 필요한 만큼 연대별, 종류별로 시대적 가치를 가진 소장품을 선별하여 체계적 수집의 여건을 마련하여야 문화창달에 있어 새로운 방향을 제시할 수 있을 것이다.

---

9) 1995년 광복 50주년을 맞아 조선총독부 건물철거 및 전통공예관 철거.
10) 우상준, 「개화기 건축의 재생을 통한 근대사기념관 계획」, 한양대, p.1.
11) 차문성, 『*www.sochang.net*』, 「소창박물관 / 역사문화보고서 / 영도다리 보존을 위한 서한」.
12) 임재혜, 「박물관의 현황과 문화교육정책에 관한 몇 가지 제언」, p.1.

●●● 참고문헌

1. 국 문

강만길, 『식민지시기의 사회경제』 2, 한길사, 1995.

강문기, 「근대 전환기 한국화단의 일본화 유입과 수용」, 홍익대 미술사학과 박사논문, 2004.

강민기, 「박물관이란 용어의 성립과 일제시대 박물관」, 미술사학연구회, 2001.

강상규, 「일본의 자기정체성에 관한 연구시론」, 『동경대 국제지역연구』 7권 3호, 1998.

강내희, 「근대적 제도로써의 박물관 성찰과 한국박물관 운영의 민주화」, 『문화과학』 40호, 2004.

강현, 「관야정과 건축문화재 보존, 건축역사연구」, 『한국건축역사』 41권, 한국건축역사학회, 2005.

강혜선, 「조선후기 박물학적 취향과 김려의 한시」, 『한국문학논총』 제43집, 2006. 8.

게르마인 바진, 백승길 역, 『서양박물관의 역사』, (사)한국박물관협회, 2000.

『慶南日報』, 1911년 4월 19일자 / 5월 29일자 기사.

국립중앙박물관, 『국립중앙박물관 소장 西域遺物』, 한국박물관회, 2003.

국립중앙박물관, 『국립중앙박물관 60년』, 계문사, 2006.

국립중앙박물관, 『겨레와 함께한 국립중앙박물관』, 그레픽네트, 2006.

국사편찬위원회, 「御苑博物館·동둘원·식물원 관람표 1장을 보냄」, 『內閣往復文』, 한국고전번역원(www.minchu.or.kr).

국사편찬위, 『朝鮮總督府官報』, 1921. 10. 1.

국성하, 「일제 강점기 박물관의 교육적 의미 연구」, 연세대박사논문, 2003.

국성하, 『우리 박물관의 역사와 교육』, 혜안, 2007.

『고종실록』, 고종 30년.

개리커팅, 홍은영 譯, 『미셸푸코의 과학적 이성의 고고학』, 백의, 1999.

『慶南日報』, 1911. 4.19. / 5. 29.

김기수, 『국역해행총재 일동기유』 10권, 민족문화추진위, 1985.

김상운, 「이규경과 그의 박물학」, 『연구논문집』 45집, 성신여자사범대, 1972.

이태진, 『왕조의 유산』, 지식산업사, 1994.

김순곤, 「영국 빅토리아중기의 경제번영과 물가」, 『商經硏究』 10輯 1985.

김영나, 「박람회라는 전시공간」, 서양미술사서양미술사학회, 2000.

김우경, 「조선미술전람회 출품 산수화 연구」, 이화여대석사논문, 1995.

김인덕, 『식민지시대 근대공간 국립박물관』, 국학자료원.

김정동, 『일본을 걷는다』, 한양출판, 1997.

김재원, 『景福宮夜話』, 탐구당, 1991.

김지현, 『Museum Guide』, 도서출판 El Camino, 2000.

김태웅, 「1915년 경성부 물산공진회와 일제의 선전활동」, 『서울학연구』 18, 2002.

김형만, 『문화재 반환과 국제법』, 삼우사, 2001.

김혜신, 「'근대일본'과 '일본미술'」, 『서양미술사학회 논문집』 11, 1999. 6.

김효전, 「구한말의 관립 德語學校」, 『독일학연구』, 동아대 독일학연구소, 2000.

「宮廷錄史」, 『내각법제국관보』 제4189호, 융희 2년 9월 19일, 1908.

「內閣往復文」, 『고전국역총서』. 1910. 4. 23.

다카사키 소지, 이규수 譯, 『식민지 조선의 일본인들』, 역사비평사, 2006.

『대한매일신보』, 1908년, 1915년, 1917년.

데이비드 하비著, 김병화 번역, 『모더니티의 수도 파리』(Paris, Capital Of Modernity), (주)생각의 나무, 2005.

동경국립박물관,『도쿄국립박물관 핸드북』, 2005.

루이자 베케루치, 『세계의 대미술관』 6, 정한출판.

만세보, 「경성박람회」, 『만세보』, 만세보사, 1907. 5. 10.

목수현, 「한국박물관 초기의 설립과 운용」, 국립중앙박물관, 2001.

목수현, 「일제하 박물관의 형성과 그 의미」, 서울대석사, 1999.

민병훈, 「국립중앙박물관 소장 중앙아시아 유물의 소장경위 및 전시 조사연구 현황」, 『西域美術』, 국립중앙박물관, 2003.

박경용, 「도시민속과 시장공간」(대구약령시), 『실천민속학연구』 9호, 실천민속학회, 2007.

박대양, 『국역해행총재 동사만록』, 민족문화추진위, 1985.

박래향, 『한국현대미술의 형성과 티평』, 열화당, 1984.

박래향, 「영국디자인 개혁운동에 관한 사적고찰」, 한양대석사, 1990.

박만식, 「건축사학의 연구와 교육」, 『건축』 30권 5호, 대한건축학회, 1980.

『박물관연구』 Vol.8, 조선총독부, 1935.

『박물관 및 미술관진흥법』

박병선, 『勅令 第 號 臨時博覽會事務所를 設寘ᄒᆞᄂᆞᆫ 事件』, 국사편찬위원회.

박선애, 「조선총독부의 한국 문화재 침탈에 대한 연구」, 『동명논문집』 24권, 2002.

박소현, 「고려자기는 어떻게 미술이 되었나」, 제5회 사회연구 삼복학술상, 1997.

박성관, 「비근대의 지질학」, 『문학과경계사』(통권 2호), 2001.

박영효, 『국역해행총재 사화집략』, 민족문화추진위, 1985.

박지향, 「근대에서 반근대로」, 『영국연구』, 영국사학회, 2003.

박찬기, 「로제타스톤과 이집트 알파벳」, 『한국중동학회』 논총25 – 1, 2004.

사토도신, 이원혜 譯, 「근대일본미술사의 형성과 연구동향」, 『미술사논
　　　단』 10권, 한국미술연구소.

서경수, 「일제의 불교정책」, 동국대, 1982.

서울특별시사편찬위원회, 「조선총독부 박물관과 고적조사사업」, 『서울六
　　　百年史』.

설의식, 「소오문선」, 나남출판, 2006.

손영석, 「조선시대 약령시장구조에 관한 연구」, 『한국전통상학연구』, 제
　　　6집, 한국전통상학회, 1993.

송기형, 「창경궁박물관 또는 이왕가박물관의 연대기」, 『역사교육』 72,
　　　역사교육연구회, 1999.

송기형, 「프랑스 역사가 살아있는 루브르박물관」, 『프랑스문화연구』 제2
　　　집, 2001.

송형기 外, 「농상공부령41호: 진열관규칙」, 『한말근대법령자료집』, 국회
　　　자료관.

서유석 外, 「국공립계 박물관의 건축적 특징과 운영활성화 방안에 관한
　　　연구」, 『디자인연구』, 창원대학교 디자인연구소, 2003. 12.

선승혜, 『국립중앙박물관 신문』 399호, 국립중앙박물관, 2004.

『순종부록』 04 / 03 / 7, 04 / 03 / 16, 04 / 11 / 30, 4 / 5 / 17, 고전국역연구원.

『승정원일기』, 고전국역연구원, 1908.

샤몬앱트러셀, 이창신 譯, 『나비에 사로잡히다』, 북폴리오, 2005.

엄승희, 「일제침략기의 한국 근대 도자 연구」, 숙명여대석사논문, 2000.

양현미, 「박물관 연구와 박물관 정책」, 홍익대 미학과 박사논문, 2001.

여상진 외 1, 「韓末 客舍建築의 消滅」, 『대한건축학회논문집』, 20권 10
　　　호(통권 192호), 2004.

요시미순야, 이태문 譯, 『박람회 근대의 시선』, 논형, 2004.

우상준, 「개화기 건축의 재생을 통한 근대사기념관 계획」, 대한건축가협회, 2003.

유길준, 채훈 譯, 『한국사상대전집 西遊見聞』, 양우당, 1988.

이구열, 「국립중앙박물관의 일본미술 컬렉션」, 『한국근대미술사학』 15집, 2005.

이구열, 『근대한국미술의 전개』, 열화당, 1977.

이구열, 『근대한국미술사의 연구』, 미진사, 1982.

이구열, 『근대한국화의 흐름』, 미진사, 1993.

이구열, 『한국문화재수난사』, 돌베게, 1973.

이낙현, 「세계박람회의 변천과 한일박람회 특성연구」, 대구대학교 박사논문, 2004.

이난영, 『박물관학입문』, 삼화출판사, 2001.

이만열, 『한국 근대역사학의 이해』, 문학과 지성사, 1984.

이미나, 「李王家 미술관의 일본 미술품 전시에 대하여」, 『미학 예술학 연구』 Vol.11, 한국미학예술학회, 2000.

이민식, 『컬럼비아 세계박람회와 한국』, 백산자료원, 2006.

이민식, 『세계박람회와 한국』, 전남대출판사, 2004.

이보아, 『박물관학 개론』, 김영사, 2002.

이성시, 「黑板勝美를 통해본 식민지와 역사학」, 『한국문화』 23, 1999.

이성시 등, 「조선왕조의 상징공간과 박물관」, 『국사의 신화를 넘어서』, 휴머니스트, 2004.

이순우, 『제자리를 떠난 문화재에 관한 보고서』 1권, 하늘재, 2002.

이순우, 『제자리를 떠난 문화재에 관한 보고서』 2권, 하늘재, 2003.

이순자, 『일제강점기 고적조사사업 연구』, 숙명여대 사학과 박사논문, 2007.

이인범, 「한국박물관제도의 기원과 성격」, 『미술사학』 제3호, 한국미술사교육학회, 1999.

이웅일, 「프랑스 Louvre궁전의 건축의장에 대한 소고」, 경원전문대 논문집, 1997.

이유경, 「19세기 프랑스 미술비평연구」, 『서양미술사학회논문집』, 서양미술사학회, 1996.

이종애, 「근대한국공예의 사회적 양상연구」, 숙명대 석사, 1991.

이중희, 「일본인의 자연관과 박물학의 발전」, 『미술자료』 57, 1996. 6.

이헌영, 「국역해행총재 일사집략」, 민족문화추진위, 1985.

이홍직, 「藤田亮策 著 朝鮮學論考 소개(書評)」, 『아세아연구』 7, 1964.

이홍직, 「재일한국문화재비망록」, 『문화재』 권13, 문화재관리국, 1972. 12.

임기완, 「건축적 공간특성으로 고찰한 박물관 리노베이션의 유형」, 한남대석사, 2003.

이은기, 「우피치의 전시와 변천」, 『서양미술사학회논문집』 Vol.13, 2000.

임선희, 「길드를 통해서 고찰된 공예개념에 대한 연구」, 『한국공예논총』, 2001.

임소연, 「사우스켄싱턴 박물관을 통해 본 빅토리아기 영국」, 서울대대학원 석사, 2004.

임재혜, 「박물관의 현황과 문화교육정책에 관한 몇 가지 제언」, 『교육철학』 18, 교육철학회, 1997.

엘리안 스트로스베르, 김승윤 역, 『예술과 과학』, 을유문화사, 2002.

장남호, 「나쓰메 소세키의 아시아」, 『일본어문학』 제6집, 1999.

전경수, 『한국 박물관의 어제와 내일』, 일지사, 2005.

전경수, 「한국박물관의 식민주의적 경험과 민족주의적 실천 및 세계주의적 전망」, 『한국인류학의 성과와 전망』, 송현 이광규 교수 정년기념논총위원회, 1998.

전동호, 「19세기 서구 지방공공박물관의 실태」, 『서양미술사학회 논문집』

제22집, 서양미술사학회, 2004.

전민정, 「일제시기 조선박람회(1929년) 연구」, 성균관대 석사논문, 2003.

전상운, 『한국과학사』, 사이언스북스, 2000.

전오근, 「현대박물관 건축에서 기술 표현을 중시하는 박물관의 건축적 특성」, 한남대 건축공학석사, 2004.

전진성, 『박물관의 탄생』, 살림, 2004.

정규홍, 『우리 문화재 수난사』, 학연문화사, 2005.

정명환, 「후쿠자와유키치」, 『사회비평』 4호, 1990.

정인경, 「한국 근현대 과학기술문화의 식민지성」, 고려대 박사논문, 2004.

정준모, 「한국 근현대미술사 연구」, 『한국근대미술사학』 11, 2003. 1.

조동걸, 「식민사학의 성립과정과 근세사서술」, 『역사교육논집』 13 – 14권.

조선미, 「일제치하 일본관학자들의 한국미술사학 연구에 관하여」, 『미술사학』 1991. 12.

조숙경, 「1876년 과학기구 특별 대여전시회」, 서울대 박사논문, 2001.

조종일, 「MUSEUM건축에서 大空間의 형태구성에 관한 연구」, 경희대 석사논문, 1988.

주윤정, 「조선물산공진회(1915)에 관한 연구」, 한국정신문화연구원 석사 논문, 2003.

지명관, 『한국문화사』, 삼민사, 1985.

제지연, 「르네상스 미술에 있어서 메디치가의 역할」, 숙명대 석사, 1992.

차철욱, 「1906년 일한상품박람회와 수입무역의 동향」, 부산대한국민족문화연구소, 2006.

최석영, 「조선총독부박물관의 출현과 식민지적 기획」, 『호서사학』 27집, 호서사학회, 1999.

최석영, 『한국 근대의 박람회 박물관』, 서경문화사, 2001.

최석영, 『한국박물관의 근대적 유산』, 서경문화사, 2004.

최열, 『畵傳』, 청년사, 2004.

최혜정, 「일제하 평양지역의 고적조사사업과 고적보존회의 활동」, 부산대석사, 2006.

최종호, 『박물관 실무지침』 1권 / 2권, (사)한국박물관협회, 2000.

충북대법학연구소, 「한국문화재보호법의 발전과정과 정비방향」, 2002.

太田秀春, 「일본의 식민지 조선에서의 고적조사와 성곽연구」, 서울대석사, 2002.

피터두으스, 김용덕 譯, 『일본근대사』, 지식산업사, 1983.

프랭크 E 매뉴얼, 차하순 역, 『啓蒙思想時代史』, 탐구당, 1990.

홍영용, 『모더너티, 자본주의와 사회주의』, 서강대학교, 2003.

하계훈, 김달진연구소 평론가클럽.

하계훈, 「캐롤던컨, 공공미술관에서의 계몽의식」, 『서양미술사확회 논문』, 1995.

하세봉, 「근대박람회에서 개최도시와 공간의 의미」, 『한국민족문화』 21, 부산대학교한국민족문화연구소, 『한국민족문화』 21, 2003.

문화재보존기술진흥협회, 『韓國文化財保存攷(日政期資料集成3)』, 대원문화사, 1992.

『황성신문사』, 1908년 2월.

황수영, 「日帝期 文化財被害資料」, 『한국미술사학회』 제22집, 1972. 9.

허영섭, 「조선총독부 그 청사 건립의 의미」, 한울, 1996.

2. 일 문

京城協贊會, 『朝鮮博覽會 京城協贊會報告書』, 京城協贊會, 1930

京城協贊會, 『京城案內』, 京城協贊會, 1915.

吉村傳, 『京城案內』, 『朝鮮博覽會』, 1929.

古蹟調査委員會, 『朝鮮總督府訓令 第29號』, 1916. 7. 4.

谷井濟一, 「朝鮮通信」(二), 『考古學雜誌』 第3券 第5號, 1913. 1.

關野貞, 『朝鮮藝術の研究』, 『朝鮮總督府』, 1910.

關野貞, 『朝鮮美術史』, 朝鮮史學會, 1932.

關野貞, 『韓國建築調査報告』, 東京大, 1905.

關野貞, 「朝鮮寶物・古蹟・名勝・天然記念物保存令發布について」, 『朝
　　　　鮮社會事業』 Vol.11, No.9, 朝鮮社會事業協會, 1933.

關秀夫, 『博物館の誕生』, 岩波書店, 2005.

國雄行, 『博覽會の時代』, 岩田書院.

『古社寺保存法 / 國寶保存法 / 寺刹令』.

徐丙協, 『共進會實錄』, 博文社 1916.

吉田光邦, 『萬國博覽會』, 日本放送出版協會.

吉田光邦, 『萬國博覽會研究』, 思文閣出版, 1986.

金山喜昭, 『日本の博物館史』, 慶友社, 2001.

金子淳, 『博物館の 政治學』, 靑弓社, 2001.

東京帝室博物, 『東京帝室博物館事務要覽』.

大橋敏博, 「韓國における文化財保護システムの成立と展開」, 『總合政策
　　　　論叢』, 2004. 12.

臺灣總督府博物館協會, 『臺灣總督府博物館創立30年記念論文集』, 臺灣
　　　　總督府.

度邊豊日子, 「朝鮮寶物・古蹟・名勝・天然記念物保存令發布に就て」, 『朝

鮮社會事業』Vol.11, 朝鮮社會事業協會, 1933.

藤田亮策, 「朝鮮古蹟調査」, 『古文化の保存と研究』, 朝鮮古蹟研究會.

鈴木良 외, 『文化財と近代日本』, 山川出版社, 2002.

C. V. Linne(リンネ), 『植物の種』, 1935.

Martell, 『外人の觀たる朝鮮外交秘話』, 1934.

每日申報, 『共進會 會場』, 1915. 9. 3.

梅棹忠夫, 『博物館と美術館』, 中央公論社, 1981.

木村陽二郎, 『江戸期のナチュラリスト』, 朝日新書.

富士川金二, 『博物館學』, 成文堂.

斯文會, 『史跡 湯島聖堂』, 斯文會.

石川忠久 외, 『湯島聖堂と江戸時代』, 每日新聞社.

西村綠也, 『朝鮮敎育大觀』, 朝鮮敎育大觀社, 1932.

松田京子, 『帝國の視線』, 吉川弘文館.

寺內威太郎, 「植民地主義と歷史學」(そのまなざしが?したもの), 刀水書房,
　　　2004.

李王職, 『李王家美術館要覽』, 1938.

李王職, 『朝鮮産鳥類目錄』, 李王家博物館.

李王職, 『李王家博物館所藏品目錄』, 李王家博物館, 1912. 12.

李王職, 『李王家博物館所藏品寫眞帖』, 李王家博物館, 1933.

김정명, 『日韓外交資料集成』, 巖南堂書店, 1963.

日本文化廳, 『文化財保護法50年史』.

『恩賜記念科學館陳列品目錄』, 科學館 編.

朝鮮京城府倭城臺, 『陳列品目錄』, 科學館.

岩佐彦二, 『子供の科學お話と實驗へ』, 恩賜記念科學館, 1930.

河原啓子, 『藝術受容の近代的パラダイム』, 美術年鑑社.

朝鮮總督府, 『朝鮮』, 1916 / 1922 / 1932. 7.

帝室博物館, 『帝室博物館略史』, 帝室博物館, 1938.

朝鮮日報, 『朝光』4券 8號, 朝鮮日報社出版部.

朝鮮博物學, 『朝鮮博物學標本展覽會出品目錄』, 朝鮮博物學會, 1923.

朝鮮博物學, 『朝鮮博物學會講演緝』, 1915.

朝鮮博物學, 『朝鮮博物學會雜誌』, 1925－1938.

常木勝次, 『戰線の博物學者』, 日本出版社, 1942.

『朝鮮古蹟調查及保存沿革(承前)』.

朝鮮博覽會 京城協贊會, 『朝鮮博覽會 京城協贊會報告書』, 1930

『朝鮮寶物古蹟名勝天然記念物保存令』.

朝鮮總督府, 『朝鮮寶物古蹟名勝天然記念物保存要目』, 1934

『朝鮮總督府 官報』 第1175號.

朝鮮事情調查會, 『朝鮮事情調查會』, 1926.

朝鮮行政學會, 『朝鮮敎育法規』, 1942.

朝鮮博覽會京城協贊會, 『朝鮮博覽會京城協贊會報告書』, 京城協贊會, 1930.

朝鮮總督府, 『朝鮮總督府職員錄』, 1916년, 1925년, 1932년.

朝鮮總督府, 『朝鮮彙報: 施政五年共進會記念號』, 1915년～1920년.

朝鮮總督府, 『古蹟及遺物保存規則』, 朝鮮總督府.

朝鮮總督府, 『施政五年記念朝鮮物産共進會報告書』3券, 朝鮮總督府, 1916.

朝鮮總督府 古蹟調查課, 『古蹟及遺物登錄臺帳抄錄』, 朝鮮總督府, 1924.

『朝鮮－朝鮮唯一の科學博物館』, 1932. 7.

椎名仙卓, 「日本博物館成立史」, 雄山閣, 2005.

湯島聖堂, 「湯島聖堂と江戶時代」.

統監官房, 『祖先施政年報』, 京城博覽會, 1907.

八木奬三郎, 『韓國探險日記』, 『史學界 第4券4－5號』, 1902. 4－5월.

日韓倂合始末, 『日韓倂合始末』, 龍溪書舍, 2005.

Maruyama, 『戰前日本の文化財行政に見る天皇制原理の浸透過程』.

3. 영 문

Frederique Huygen, *British Design — Image & Identity*, London: Thomas & Hudson, 1989.

Gregory Henderson, *Korean Ceramics — An Art's Variety*, The Ohio State University, Feb — Mar 1969.

Joanna Banham and Jennifer Harris, *William Morris and The Middle Age.*

Jeffrey Auerbach, *The Great Exhibition of 1851*, Yale University, 1999.

Bruce M. Cole, *The Great Exhibition of 1851*, Yale University Press.

Hermione Hophouse, *The Crystal Palace and The Great Exhibition*, Athlone Press, 2002.

A. Tabarant, *La vie artistique au temps de Baudelaire*, Mercure De France Paris, 1942.

Petit Palais Guide, *Palais de l'Industrie(1855) and Palais de Trocadero (1878) Have Disapperared.*

B. F Cook, *The Elgin Marbles*, 2005.

Carol Andrews, *The Rosetta Stone*, 2006.

John Summerson, *The Architecture of the 18th Century.*

Peter H Hoffenberg, *An Empire on Display*, University of California Press, 2001.

The Official Directory of The World's Columbian Exposition.

Naoki Sakai, *Translation and Subjectivity: On "Japan" and Cultural Nationalism*, U of Minnesota P, 1997.

Lee Jackson, *Victorian London*, New Holland, 2003.

Robert Willson, *Great Exhibition The World Fairs 1851 — 1937*, NGV.

*http://www.jti.co.jp/Culture/museum/*의 「博物館と動物園の關係」

http://www.kunstmuseumbasel.ch/en/collection/history.html.

http://www.paris−walking−tours.com/petitpalais.html.

http://www.sochang.net.

http://www.tnm.go.jp/jp/history/index.htm.

http://www.sciencemuseum.org.uk/about_us/about_the_museum/history.aspx.

http://hb3.seikyou.ne.jp/home/Hideo.Yoshii/colonial/kakentop.html (교토대).

●●● 부 록

조 선	연 월	일 본
	1632	덕천막부 儒臣 林羅山 공자묘 건립
	1690	장군 綱吉은 현재의 유시마 성당 이전
(1834)이규경: '五洲書種'의 금속, 옥석	1867.12	메이지 왕정복고 선언, 장군직 폐지
(19c 초)정약전: '玆山魚譜' 박물지완성	1871	대학폐지, 대성전에 문부성 박물국 설치
(19c 초)서유구: '임원십육지' 완성	1871.5	古器舊物保存方(태정관포고251호)
	1872	유시마성당 박람회 개최 및 박물관설치
	1872	유시마성당 상설전시관 공개, 서적관
	1872	문부성 이전
	1873	빈만국박람회 참가.
		박람회사무국이 문부성박물국을 병합하고 山下門博覽會事務局으로 이전함
	1873	山下門(內山下) 박물관 개관
강화도 운양호사건	1875	문부성박물관반환, 동경박물관 개칭
1차수신사 김기수山下門內博物館 관람	1876	박람회사무국 내무성에 병합
(1880) 2차수신사 김홍집	1881	우에노공원 안에 영국건축가 컨더가 설계한 박물관 신관(농상무성박물관)이 준공. 신관이전을 위해 內山下박물관 폐관 우에노 동물원 조성
(1881) 조사시찰단파견－박정양 등 내무성, 농상무성시찰(신구박물관 관람)		
	1882	동경박물관을 교육박물관 개칭,

조선	연월	일본
	1886	농상무성박물관 궁내성으로 이관
	1889	제국헌법공포로 '제국박물관'으로 개칭
조선: 시카고만국박람회 참가	1893	
	1897.6	古社寺保存法(법률 49호)
	1897.11	古社寺保存會規則(칙령 406호)
	1897.12	古社寺保存法시행세칙(내무성령 35호)
대한제국: 파리만국박람회 참가	1900	제국박물관이 '제실박물관'으로 개칭됨
임시박람회설치에대한건(칙령10호)	1902	
	1903	제5차내국권업박람회
경성박람회 개최, 헤이그밀사 사건	1907	동경권업박람회 개최
	1907.11	제실박물관제(황실령10호)
창경궁 내 어원(이왕가)박물관 설치 (1909년 11월에 일반에 공개)	1908.9	
	1909	大正태자 성혼기념으로 효케이관 명명
사찰령(제령 7호) 시행은 9월 1일	1911.5	
사적조사자료모집건(官通牒 119호)		
경복궁지 총독부에 인계(순종실록)	1911	
이왕가박물관 본관건물 낙성	1911.11	
古碑石塔石佛其外석재에 조각한 건설물 保存方取締건(官通牒 359호)	1911.11	
古碑石塔石佛 散逸을 방지하는 건	1912.11	
시정오년조선물산공진회 개최	1915	
조선총독부박물관설치건(12월 개관)	1915.11	
古蹟及遺物保存規則(총령 52호)	1916	
고적조사위원회 규정(총훈 29호)	1916	
(1918) 서화협회 창설	1919	사적명승천연기념물보존법(법률 44호)
	1923	관동대지진 (박물관 본관 피해)
	1924	쇼와황태자 성혼기념으로 우에노공원 동물원을 도쿄에 하사

조선	연월	일본
	1925	
고적조사과설치(총독부 학무국 내)	1921.10	
	1925	
고적조사과설치(총독부 학무국 내)	1921.10	
조선사편찬위원회규정, 12월 조선미술전람회 개최	1922.	
(1927) 은사기념과학관 건립	1925	자연사, 과학관련 수장품 동경박물관(현 국립과학박물관)으로 이전함.
조선박람회 개최	1929	국보보존법 발효됨에 따라 古社寺保存 法 완전 폐지
조선고적연구회설치	1931	
조선보물고적명승천연기념물보존령 (칙령 6호)	1933	중요미술품등의보존에관한법(법률 43호)
조선보물고적명승천연기념물시행 규칙(총독부령 136호)	1933.12	
이왕가미술관 건립(신관) (1939) 시정25년 – 총독부미술관 건립	1938	현존하는 동경국립박물관 본관 개관
	1947	궁내성에서 문부성으로 박물관 이관하 여 국립박물관 개칭
	1950.5	문화재보호법
문화재보호법	1962	

日人 名	Page	히라카나	한국어표기
椎名仙卓	26	しいな のりたか	시이나 노리타카
金山喜昭	26	かなやま よしあき	카나야마 요시아키
國雄行	26	くに たけゆき	쿠니 타케유키
町田久成	27	まちだ ひさなり	마치다 히사나리
富士川金二	35	ふじかわ きんじ	후지카와 킨지
大谷光瑞	57	おおたこ こうずい	오오타니 코즈이
吉田光邦	60	よしだ みつくに	요시다 미츠쿠니
吉見俊哉	82	よしみ しゅんや	요시미 슌야
大久保利通	94	おおくぼ としみち	오오쿠보 토시미치
德川吉宗	95	とくがわ よしむね	토쿠가와 요시무네
田村藍水	96	たむら らんすい	타무라 란스이
木村陽二郎	96	きむら ようじろう	키무라 요지로
平賀原內	97	ひらが げんない	히라가 겐나이
田村善之	98	たむら よしゆき	타무라 요시유키
宋紫石	98	そう しせき	소 시세키
豫樂院近衛家熙	99	よらくいん このえいえ ひろ	요라쿠인코노에이에히로
伊藤圭介	100	いとう けいすけ	이토 케이스케
田中芳男	100	たなか よしお	타나카 요시오
竹內保德	102	たけうち やすのり	타케우치 야스노리
福澤諭吉	102	ふくざわ ゆきち	후쿠자와 유키치
岩倉具視	103	いわくら ともみ	이와쿠라 토모미
石井研堂	105	いしい けんどう	이시이 켄도우
林羅山	107	はやし らざん	하야시 라잔
德川綱吉	107	とくがわ つなよ	토쿠가와 츠나요시
石川忠久	108	いしかわ ただひさ	이시카와 타다히사

日人名	Page	히라카나	한국어표기
白井唯一	111	?	
鈴木良	117	すずき りょう	스즈키 료
大木喬任	120	おおき たかとう	오오키 타카토
江藤新平	120	えとう しんぺい	에토 신베이
河瀬秀治	124	かわせ ひでじ	카와세 히데지
山高信離	125	やまたか のぶつら	야마타카 노부츠라
閑院宮載仁	126	かんいんのみやことひと	캉인노미야 코토히토
品川弥二郎	127	しながわ やじろう	시나가와 야지로우
九鬼隆一	129	くき りゅういち	쿠키 류이치
關秀夫	129	せき ひでお	세키 히데오
黒板勝美	136	くろいた かつみ	쿠로이타 카츠미
小野則秋	137	おの のりあき	오노 노리아키
岡倉天心	139	おかくら てんしん	오카쿠라 텐신
梅棹忠夫	138	うめさお ただお	우메사와 타다오
宮本小一	154	みやもと こいち	미야모토 코이치
伊藤博文	173	いとう ひろふみ	이토 히로부미
小宮三保松	173	こみや みほまつ	코미야 미호마츠
末松態彦	174	すえまつ くまひこ	스에마츠 쿠마히코
下郡山誠一	174	しもこおりやませいいち	시모코오리야마세이치
野野部戊	179	?	
股野琢	182	またの たく	마타노 타쿠
曾禰荒助	182	そね あらすけ	소네 아라스케
關野貞	187	せきの ただし	세키노 타다시
谷井濟一	187	やつい せいいち	야츠이 세이이치
栗山俊一	187	くりやま しゅんいち	쿠리야마 슌이치
藤田亮策	189	ふじた りょうさく	후지타 료사쿠
夏目漱石	190	なつめ そうせき	나쯔메 소세키
中村是公	190	なかむら ぜこう	나카무라 제코
長井代助	191	ながい だいすけ	나가이 다이스케

日人名	Page	히라카나	한국어표기
戶田直太郎	192	?	
大隈重信	197	おおくま しげのぶ	오오쿠마 시게노부
海野福壽	203	うんの ふくじゅ	운노 후쿠쥬
太田秀春	203	おおた ひではる	오오타 히데하루
今西龍	212	いまにし りゅう	이마니시 류
三浦廣洋	215	みうら こうよう	미우치 코요
清水東雲	215	しみず とううん	시미즈 토운
德田玉龍	215	とくだ ぎょくりゅう	토쿠다 쿄쿠류
佐藤光正	215	さとう	사토
柳宗悅	216	やなぎ むねよし	야나기 무네요시
馬場是一郎	224	ばば ぜいちろう	바바 세이치로
小泉顯夫	226	こいずみ あきお	코이즈미 아키오
池內宏	229	いけうち ひろし	이케우치 히로시
鳥居龍藏	229	とりい りゅうぞう	토리이 류죠
濱田耕作	229	はまだ こうさく	하마다 코사쿠
梅原末治,	229	うめはら すえじ	우메하라 스에지
三浦周行	230	みうら ひろゆき	미우라 히로유키
寺內正毅	230	てらうち まさたけ	테라우치 마사타케
金子淳	232	かねこ あつし	카네코 아츠시
齊藤實	233	さいとう まこと	사이토 마코토
山內廣衛	234	やまうち	야마우치
小田省吾	234	おだ しょうご	오다 쇼고
野守 健	234	のもり けん	노모리 켄
谷口文夫	235	たにぐち or やぐち	타니구치 or 야구치
稻葉岩吉	235	いなば いわきち	이나바 이와키치
有吉忠一	235	ありよし ちゅういち	아리요시 쥬이치
小場恒吉	235	おば つねきち	오바 츠네키치
鮎貝房之進	235	あゆかい ふさのしん	아유카이 후사노신
長野幹	235	ながの	나가노

日人名	Page	히라카나	한국어표기
松井	235	まつい	마츠이
今井田清德	235	いまいだ きよのり	이마이다 키요노리
服部宇之吉	235	はっとり うのきち	핫토리 우노키치
守屋榮夫	235	もりや	모리야
松村松盛	235	まつむら まつもり	마츠무라 마츠노리
中村寅之助	235	なかむら とらのすけ	나카무라 토라노스케
大野謙一	235	おおの けんいち	오오노 켄이치
津田左右吉	238	つだ そうきち	츠다 소키치
白鳥庫吉	238	しらとり くらきち	시라토리 쿠라키치
度邊豊日子	244	わたなべ とよひこ	와타나베 토요히코
西村綠也	249	にしむら のりや	니시무라 노리야
土居寬暢	250	どい ひろのぶ	도이 히로노부
和田三造	255	わだ さんぞう	와다 산죠우
川合玉堂	263	かわい ぎょくどう	가와이 교쿠도
柴田善三郎	263	しばた ぜんざぶろう	시바다 젠자부로
岡田三郎助	263	おかだ さぶろうすけ	오카다 사부로스케
和田一郎	263	わだ いちろう	와다 이치로
高木背水	263	たかぎ はいすい	타카기 하이스이
篠田治策	265	しのだ じさく	시노다 지사쿠
正木眞彦	267	まさき なおひこ	마사키 나오히코
田邊孝次	267	たなべ たかつぐ	타나베 타카츠구
八木奬三郎	273	やぎ そうざぶろう	야기 소자부로
辰野金吾	275	たつの きんご	타츠노 킨고
伊東忠太	275	いとう ちゅうた	이토 쥬타
金澤庄三郎	277	かなざわ しょうざぶろう	가네자와 쇼자부로
小山光利	277	こやま みつとし	코야마 미츠토시
長田信藏	277	ながた or おさだ しんぞう	나가타 or 오사다 신죠
伊藤祐晃	277	いとう ゆうこう	이토 유코

日人名	Page	히라카나	한국어표기
長山之介	277	ながやま	나가야마 겐스키
幣原坦	277	しではら たん	시데하라 탄
大橋敏博	277	おおはし としひろ	오오하시 토시히로
加藤增雄	280	かとう ますお	카토 마스오
目賀田	283	めがた	메가다
荒井賢太郎	283	あらい けんたろう	아라이 켄타로
長谷川好道	285	はせがわ よしみち	하세카와 요시미치
中井喜太郎	285	なかい ？	나카이 (키타로우)
加藤淸正	285	かとう きよまさ	가토 키요마사
小西行長	285	こにし ゆきなが	코니시 유키나카
木內重四郎	290	きうち じゅうしろう	키우치 쥬시로우
兒玉秀雄	295	こだま ひでお	코다마 히데오
黑岩英次	301	くろいわ ？	쿠로이와 (에이지)
善生永助	301	ぜんしょう えいすけ	젠쇼 에이스케
村山智順	301	むらやま ちじゅん	무라야마 치준
井上達三	301	いのうえ ？	이노우에 (다츠조우)

* 논문에 인용된 주요 일본인명 해설

〈小宮三保松〉

코미야 사보마츠로 일부 논문에서 인용하고 있으나 본 연구에서는 〈코미야 미호마츠〉가 올바른 표현 임(예:『국립중앙박물관 60년』, p.410).

　예) 국립 규슈대 법과대학 홈피 왼쪽 28번에 小宮三保松의 경력에 '미호마츠'로 표현함.

　　http://www.law.kyushu-u.ac.jp/~shichinohe/

　　明治40(1907)年9月－43(1910)年8月統監府參事官(參興官?)兼韓國宮內府次官,

　　明治43(1910)年8月－44(1911)年1月同殘務整理, 明治44(1911)年2月李王職次官

〈谷井濟一〉

일반적으로 '타니이'라고 읽지만 본 연구에서는 〈야츠이 세이치〉가 올바른 표현임.

　예) 植民地朝鮮における考古學的調査の再檢討(식민지 조선에서의 고고학적 조사의 재검토)

　　http://hb3.seikyou.ne.jp/home/Hideo_Yoshii/colcnial/kakentop.html

　　REFERENCES에 〈Yatui, Seiichi 谷井濟一〉라는 기술이 있음

〈田村善之〉

다른 일부 논문에서 인용하는 '타무라 젠노'는 일본어 발음상 무리가 있음.

　'젠'은 음독발음이고 '노'는 훈독발음인데 양쪽 발음을 섞어 이름을 짓는 경우는 거의 없는 경우 임, 따라서 〈善之〉를 〈젠노〉라고 읽는 것은 어색한 표현이며 '타무라 요시유키'가 바른 표현임.

　예) http://www.ndl.go.jp/nature/varie/varie_1.html(국립의회도서관).

　　田村藍水의 長男은 善之(よしゆき)라는 표현이 있음.

(1916년 7월 4일 조선총독부령 제52호)

제1조 본령에서 고적이라 칭하는 것은 패총, 석기골각기류를 포함한 토지와 수혈 등의 선사유적고분 및 도성, 궁전, 성책, 관문, 교통로, 역참, 봉수, 관부, 사우, 단묘, 사찰, 도요 등의 유지와 전적 기타 사실에 관한 유적이라 부르고 유물이라 칭하는 것과 연대를 경과한 탑, 비, 종, 금석물, 당간, 석등, 등으로 역사, 공예 기타 고고 자료라고 할 수 있는 것을 말한다.

제2조 조선총독부에 별기된 양식의 고적과 유물 대장을 갖추고 전조의 고적과 유물 중 보존의 가치가 있는 것으로 다음 사항을 조사하여 이를 등록한다.
  1. 명칭
  2. 종류와 형상대소
  3. 소재지
  4. 소유자 또는 관리자의 주소씨명이나 명칭
  5. 현황
  6. 유래전설 등
  7. 관리보존의 방법

제3조 고적 또는 유물을 발견한 자는 그 현상에 변경을 가하지 말고 3일이내로 구두 또는 서면으로 그 지역의 경찰서장(경찰서의 사무를 취급하는 헌병분대 또는 분견소의 장을 포함하여 이하 같음)에게 제출하는 것으로 한다.

제4조 고적 또는 유물에 대해 조선총독부에서 이를 고적과 유물 대장에 등록한 것은 바로 그 뜻을 해당 물건의 소유자 또는 관리자에게 통지하고 그 대장의 등본을 해당 경찰서장에게 송부하는 것으로 한다. 전조의 계출한 고적 또는 유골에 대해 고적과 유물 대장에 등록하지 않은 것은 속한 해당 경찰서장을 거쳐서 그 뜻을 계출인에게 통지하는 것으로 한다.

제5조 고적과 유물 대장에 등록한 물건의 현상을 변경하거나 이전하거나 수선하거나 처분해야 하거나 그 보존에 영향을 미치는 시설을 해야 하는 것은 해당 물건의 소유자 또는 관리자는 다음 사항을 갖추어 경찰 서장을 거쳐

미리 조선총독의 허가를 받는 것으로 한다.

1. 등록번호와 명칭
2. 변경, 이전, 수선, 처분 또는 시설의 목적
3. 변경, 이전, 수선 또는 시설을 허야 하는 것은 그 방법과 설계도 및 비용의 견적액
4. 변경, 이전, 수선, 처분 또는 시설의 시기

제6조 고적 또는 유물에 대해 대장의 등록 사항에 변경이 발생할 경우에는 경찰서장은 속히 이를 조선총독에게 보고하는 것으로 한다.

제7조 경찰서장이 유실물법 제십삼조제이항에 해당하는 매장물 발견의 계출을 받은 것은 동법에 의해 계출사항 외에 동법 제십삼조이항에 해당하는 것을 증명할 수 있는 사항을 갖추어 경무총장을 거쳐 조선총독에게 보고하는 것으로 한다.

제8조 제3조 또는 제5조의 규정에 위반한 자는 이백 원 이하의 벌금 또는 과료에 처한다.

부 칙

본령은 대정 오년 칠월 십일부터 이를 시행한다.

(양식)
등록번호
명칭
종류 및 형상대소
소재지
소유자 또는 관리자의 주소씨명이나 명칭
현황
유래전설 등
관리부존의 방법

고적조사위원회규정

(1916년 7월 총훈 제29호)

제1조 조선에서의 고적, 금석물 기타 유물과 명승지 등의 조사와 보존에 관한 사항을 심사하기 위해 조선총독부에 고적조사위원회를 둔다.

제2조 고적조사위원회는 위원장 1명, 위원 약간 명으로 조직한다.

제3조 위원장은 정무총감으로 충당한다. 위원은 조선총독부 고등관 중에서 이를 명하거나 학식경험이 있는 자에서 이를 촉탁한다.

제4조 위원장은 회무를 경리한다. 위원장이 사고가 있을 때는 위원장이 지정하는 위원이 그 사무를 대리 한다.

제5조 위원회에서는 다음의 사항을 심사한다.
1. 고적과 유물의 조사에 관한사항
2. 고적의 보존과 유물의 수집에 관한 사항
3. 고적, 유물, 명승지 등에 영향을 미치는 시설에 관한 사항
4. 고문서의 조사와 수집에 관한 사항

제6조 위원회는 고적, 유물, 고문서의 조사와 유물, 고문서의 수집 및 그 보존에 관해서 일반 계획을 만드는 것 외에 각 연도에 실지조사를 할 계획을 만들고 전년말일까지 위원장이 이를 조선총독에게 제출 한다.

　　전항 외에 위원회에서 필요하다고 인정되는 사항 또는 조선총독의 자문을 받아야 할 사항에 관하여서는 그 심사의 결과에 대해 이유를 갖추어 위원장이 그 의견서 또는 보고서를 조선총독에게 제출한다.

제7조 위원회에서 위원으로 하여금 실지에 대해 조사를 해야만 하는 것은 그 조사계획, 조사할 물건의 종목, 소재지와 조사의 방법과 시일을 갖추어 조선총독에게 신청한다.

제8조 위원에게 실지 조사를 명하여야 하는 것은 위원장은 그 위원의 씨명,

사할 물건의 종목, 소재지, 조사의 방법과 시일을 미리 그 지역을 관할하는 道 장관과 경무부장에게 통지한다.

제9조 실지조사에 종사하는 위원은 고적소재지의 지방청과 경찰서에 협의하여 그 조사에 대해 될 수 있는 한 헌병 또는 경찰관의 입회를 구한다.

제10조 실질조사의 명령을 받은 위원은 그 조사에 관한 상세한 보고서를 만들어서 위원장에게 제출하고 위원장은 이를 조선총독부에게 보고한다. 실지조사를 할 때 위원이 수집한 물품은 그 목록을 첨가하여 그 지역의 경찰서에 맡겨 이를 조선총독부에 송부한다. 단 파손의 우려가 있는 것은 몸소 휴대한다.

제11조 위원회에 간사를 둔다 간사는 조선총독부 고등관 중에서 이를 명한다. 간사는 위원장의 지휘를 받아 서무를 장리한다.

(1933년 8월8일 / 제령 제6호)

조선보물・고적・명승・천년기념물보존령 1911년 법률 제30호 제1조 및 제2조에 의하여 칙재를 얻어 이에 공포한다.

제1조 건조물, 전적, 서적, 회화, 조각, 공예품 그 외 물건으로 특히 역사의 증징 또는 미술의 모범이 될 만한 것은 조선총독은 그것을 보물로 지정할 수 있다 패총, 고분, 절터, 성터, 가마터 그 외 유적, 경승의 땅 또는 동식물지질광물 그 외 학술연구의 자료가 될 만한 것으로 보존의 필요가 있다고 인정하는 것은 조선총독은 그것을 고적, 명승 또는 천연기념물로 지정할 수 있다.

제2조 조선총독은 전조의 지정을 하려고 할 때는 조선총독부 보물고적명승천연기념물보존회(이하 단지 보존회라고 칭한다)에 자문해야 한다. 전조의 지정 이전에 있어서 급시가 필요하여 자문할 여유가 없다고 인정할 때는 조선총독은 임시로 지정할 수 있다.

제3조 조선총독은 보물, 고적, 명승 또는 천연기념물에 관한 조사를 할 필요가 있다고 인정할 때는 당해 관리로 하여금 필요한 장소에 입회하여 조사에 필요한 물건의 제공을 요구하고 측량조사를 하거나 또는 토지의 발굴, 장애물의 변경 제거 그 외 조사에 필요한 행위를 하게 할 수 있다. 이 경우에 당해 관리는 신분을 증명할 만한 증표를 휴대하여야 한다.

제4조 보물은 그것을 수출 또는 이출 할 수 없다. 다만 조선총독의 허가를 얻은 때는 예외로 한다. 조선총독은 전항의 허가를 하려고 할 때는 보존회에 자문하여야 한다.

제5조 보물, 고적, 명승 또는 천연기념물에 관하여 그 현상을 변경하거나 또는 그 보존에 영향을 미칠 만한 행위를 하려고 하는 때는 조선총독의 허가를

얻어야 한다.

제6조 조선총독은 보물, 고적, 명승 또는 천연기념물의 보존에 관하여 필요 있다고 인정할 때는 일정한 행위를 금지 혹은 제한하거나 필요한 시설을 명할수 있다. 전항의 시설에 필요한 비용에 대해서는 국고에서 예산의 범위 안에서 그 일부를 보조할 수 있다

제7조 조선총독은 제5조의 규정에 의한 허가 또는 전조 제1항의 규정에 의한 명령을 하려고 할 때는 보존회에 자문하여야 한다. 다만 경이한 사항에 대해서는 예외로 한다.

제8조 보물의 소유자에 대해 변경이 있을 때는 조선총독이 정하는 바에 의하여 소유자로부터 그것을 조선총독에게 신고하여야 한다. 보물멸실 또는 훼손한 때도 마찬가지이다.

제9조 보물의 소유자는 조선총독의 명령에 의하여 1년 안의 기간에 한하여 이왕가, 관립 또는 공립의 박물관 또는 미술관에 그 보물을 출진 할 의무가 있다. 다만 제사법용(祭祀法用) 또는 공무집행을 위해 필요한 때 그 외 불가피한 사유가 있는 때는 예의로 한다.

제10조 전조의 규정에 의하여 보물을 출진한 자에 대해서는 조선총독이 정하는 바에 의하여 국고에서 보급금을 교부할 수 있다.

제11조 제3조의 규정에 의한 행위 혹은 제6조 제1항의 규정에 의한 명령 때문에 손해를 입은 자가 있거나 제9조의 규정에 의하여 출진한 보물 그 출진중 불가항력에 의하지 않고 멸실 혹은 훼손한 때는 조선총독은 그 정하는 바에 의하여 훼손을 보상할 수 있다.

제12조 제9조의 규정에 의하여 출진한 보물에 대해 그 출진 중 소유자의 변경이 있은 때는 새로운 소유자는 당해 보물에 관하여 본령이 정하는 구소유자의 권리의무를 계승한다.

제13조 조선총독은 지방 공공단체를 지정하여 보물고적명승 또는 천연기념물

의 관리를 하도록 할 수 있다. 전항의 관리에 필요한 비용은 당해 공공단체의 부담으로 한다. 전항의 비용에 대해서는 국고에서 예산의 범위 내에서 그 일부를 보조할 수 있다.

제14조 공익상 그 외 특수한 사유에 의하여 필요가 있다고 인정한 때는 조선총독은 보존회에 자문하여 보물고적명승 또는 천연기념물의 지정의 해제를 할 수 있다.

제15조 조선총독은 제1조 혹은 제2조 제2항에 규정에 의하여 지정을 하거나 또는 전조의 규정에 의하여 지정의 해제를 한 때는 그 정하는 바에 의하여 그것을 고시하여야 한다. 단 당해 물건 혹은 토지의 소유자, 관리자 또는 점유자에게 통지하여야 한다. 단 지정된 것의 보존상 필요하다고 인정한 때는 고시하지 않을 수 있다.

제16조 조선총독은 국가의 소유에 속하는 보물고적명승 또는 천연기념물에 관하여 별도로 정할 수 있다.

제17조 사찰의 소유에 속하는 보물은 그것을 차압할 수 없다. 전항의 보물의 관리에 관한 사항은 조선총독이 그것을 정한다.

제18조 패총, 고적, 寺址, 城址, 窯址 그 외 유적이라고 인정할 만한 것은 조선 총독의 허가를 얻지 않으면 발굴 그 외 현상을 변경 할 수 없다. 전항의 유적이라고 인정한 것을 발견한 자는 바로 그것을 조선총독에게 신고하여야 한다.

제19조 조선총독은 본령에서 규정하는 그 직권의 일부를 도지사에게 위임할 수 있다.

제20조 조선총독의 허가 없이 보물을 수출 또는 이출 한 자는 5년 이하의 징역 혹은 금고 또는 2천 원 이하의 벌금에 처한다.

제21조 보물을 손괴훼기 또는 은익한 자는 5년 이하의 징역 혹은 금고 혹은 5백 원 이하의 벌금에 처한다. 전항의 보물 자기의 소유와 관련된 때는 2년

이하의 징역 혹은 금고 혹은 2백 원 이하의 벌금 혹은 과료에 처한다.

제22조 아래의 각 호에 해당하는 사람은 1년 이하의 징역 혹은 금고 또는 5백 원 이하의 벌금 혹은 과료에 처한다.

1. 허가를 받지 않고 보물고적명승 혹은 천연기념물에 관하여 그 현상을 변경하거나 그 보존에 영향을 미치는 행위를 한 자
2. 제6조 제1항 규정에 의한 명령을 위반한 자
3. 제18조 제1항의 규정에 의한 명령을 위반한 자
4. 제5조 혹은 제18조 제1항의 규정에 의한 명령을 위반하거나 제6조 제1항의 규정에 의한 명령을 위반하고 얻은 물건을 양수 한 자

제23조 제3조의 규정에 의한 해당 관리의 직무집행을 거부 방해하거나 기피하여 조사에 필요한 물건의 제공을 하지 않았거나 조사에 필요한 물건으로 허위의 것을 제공한 자는 2백 원 이하의 벌금에 처한다.

제24조 제8조 또는 제18조 제2항의 규정을 위반하고 신고를 하지 않을 자는 100원 이하의 벌금 또는 과료에 처한다.

부 칙

본령 시행 기일은 조선총독이 정한다.(1933년 12월 총령 제137호로서 1933년 12월 11일부터 시행)

등록번호별색인(대정13년: 1924년)

등록 번호	지정물	소재지
1호	원각사지10층석탑	경기도 경성부 종로2정목38번지 탑동공원
2	원각사비	同
3	보신각종	同　　　　　　102번지
4	장의사지 당간지주	경기도 고양군 은평면 신영리
5	북한산 신라진흥왕 순수비	경기도 고양군 은평면 구기리비봉
6	중초사지 당간지주	경기도 시흥군 동면 안양리
7	중초사지 3층석탑	경기도 시흥군 동면 안양리
8	중초사지 마애종	경기도 시흥군 동면 안양리
9	광주 구읍5층석탑	경기도 광주군 서부면 춘궁리
10	광주 구읍3층석탑	경기도 광주군 서부면 춘궁리
11	삼전도 청태종 공덕비	경기도 중대면 송파동
12	창성사지 진각국사비	경기도 수원군 일형면 상광교리 광교산
13	고달사지 원종대사 혜진탑	경기도 여주군 북내면 상교리
14	고달사지 원종대사 혜진탑비	경기도 경성부 경복궁 조선총독부박물관
15	고달사지 승탑	경기도 여주군 북내면 상교리 16
16	고달사지 귀부	경기도 여주군 북내면 상교리 16
17	고달사지 석불좌	경기도 여주군 북내면 상교리 16
18	여주 하리 3층석탑	경기도 여주군 북내면 하리
19	여주 창리 3층석탑	경기도 여주군 북내면 창리
20	보제사지 대경대사 현기탑비	경기도 경성부 경복궁 조선총독부박물관
21	파주 호미리 이체석불상	경기도 파주군 광탄면 용미리
22	서봉사지 현오국사탑비	경기도 용인군 수지면 신봉리
23	영통사지 대각국사비	경기도 개성군 영남면 현화리 영통동
24	영통사지 5층석탑	경기도 개성군 영남면 현화리 영통동

등록 번호	지정물	소재지
25	영통사지 동3층석탑	경기도 개성군 영남면 현화리 영통동
26	영통사지 서3층석탑	경기도 개성군 영남면 현화리 영통동
27	현화사비	경기도 개성군 영남면 현화리 영통동
28	현화사지 7층석탑	경기도 개성군 영남면 현화리 영통동
29	개성 첨성대	경기도 개성군 송도면 만월町
30	선죽교	경기도 개성군 송도면 원町
31	강화 종각종	경기도 강화군 부내면 관청리
32	강화 하점면 5층석탑	경기도 강화군 하점면 장정리
33	용두사지 철당간	충북 청주군 청주면 본정3정목 청주경찰서
34	충주 탑정리 7층석탑	충북 충주군 가금면 탑평리
35	정토사지 법경대사 자등탑비	충북 충주군 동량면 하천리
36	충주 남문외 철불상	충북 충주군 충주읍내
37	억정사지 대지국사비	충북 충주군 엄정면 괴동리
38	월광사지 원랑선사 대보선광탑비	경기도 경성부 경복궁 조선총독부박물관
39	사자빈체사지 4층석탑	충북 제천군 한수면 송계리
40	괴산 신풍리 마애이체불상	충북 괴산군 연풍면 원풍리
41	괴산 미륵당리 석불상	충북 괴산군 상모군 미륵리
42	괴산 미륵당리 5층석탑	충북 괴산군 상모군 미륵리
43	부여읍 남5층석탑	충남 부여군 부여면 동남리
44	부여읍 남석불상	충남 부여군 부여면 동남리
45	유인원 기공비	충남 부여군 부여면 관북밑 부소산
46	부여읍내 석조1	충남 부여군 부여면 구아리
47	부여읍내 석조2	충남 부여군 부여면 구아리
48	보광사 중창비	충남 부여군 임천면 가신리
49	강당사지 법인국사 보승탑	충남 서산군 운산면 용현리
50	강당사지 법인국사 보승탑비	충남 서산군 운산면 용현리
51	강당사지 철불상	충남 서산군 운산면 용현리
52	강당사지 5층석탑	충남 서산군 운산면 용현리

등록 번호	지정물	소재지
53	강당사지 당간지주	충남 서산군 운산면 용현리
54	강당사지 석조	충남 서산군 운산면 용현리
55	안국사지 삼체석불상	충남 서산군 정미면 수당리
56	안국사지 석탑	충남 서산군 정미면 수당
57	성주사지 낭혜화상 백월보광탑비	충남 보령군 미산면 성주리
58	성주사지 5층석탑	충남 보령군 미산면 성주리
59	성주사지 중앙3층석탑	충남 보령군 미산면 성주리
60	성주사지 서3층석탑	충남 보령군 미산면 성주리
61	봉선홍경사갈	충남 천안군 성환면 대흥리
62	천흥사지 당간지주	충남 천안군 성환면 대흥리
63	청양 읍내 3층석탑	충남 청양군 청양면 읍내리
64	청양 읍내 삼체석불상	충남 청양군 청양면 읍내리
65	정산 서정리 9층석탑	충남 청양군 정산면 서정리
66	개태사지 삼체석불상	충남 논산군 연산면 천호리
67	개태사지 철부	경기도 경성부 경복궁 조선총독부박물관
68	서천 봉남리 3층석탑	충남 서천군 서남면 봉남리
69	미륵사지 당간지주	전북 익산군 금마면 서고도리
70	미륵사지 석탑	전북 익산군 금마면 서고도리
71	익산 석불리 석불상	전북 익산군 삼기면 연동리
72	익산 고도리 쌍석불상	전북 익산군 금마면 서고도리
73	만복사지 석불상	전북 남원군 남원면 왕정리
74	만복사지 5층석탑	전북 남원군 남원면 왕정리
75	만복사지 석좌	전북 남원군 남원면 왕정리
76	만복사지 당간지주	전북 남원군 남원면 왕정리
77	용담사지 석불상	전북 남원군 주천면 용담리
78	용담사지 7층석탑	전북 남원군 주천면 용담리
79	용담사지 석탑	전북 남원군 주천면 용담리
80	나주 북문외 3층석탑	전남 나주군 나주면 과원정

등록 번호	지정물	소재지
81	나주 동문외 석당간	전남 나주군 나주면 북문정
82	나주 서문내 석등	전남 나주군 나주면 금정
83	개선사지 석등	전남 담양군 남면 학선리 개선동
84	광주읍 동5층석탑	전남 광주군 서방면 동계리
85	광주읍 서5층석탑	전남 광주군 광주면 향사리
86	광주 북문외 석불상	전남 광주군 광주면 수기옥정
87	광주읍내 철불상	전남 광주군 광주면 수기옥정
88	신라 무열왕릉비 이수 및 귀부	경북 경주군 경주면 서악리
89	신라 성덕왕 신종	경북 동부리 경주고적보존회 진열관
90	경주 첨성대	경북 경주군 경주면 인왕리
91	굴불사지 석각불상	경북 경주군 천북면 동천리 금강산
92	경주 석빙고	경북 경주군 인왕리 월성
93	무장사지 미타전비 이수귀부	경북 경주군 경주면 내동면 암흑리
94	무장사지 석탑	경북 경주군 경주면 내동면 암흑리
95	고선사지 3층석탑	경북 경주군 내동면 덕동리
96	경주읍내 석불상	경주군 경주면 동부리 경주고적보존회진열관
97	망덕사지 당간지주	경북 경주군 내동면 배반리
98	정혜사지 13층석탑	경북 경주군 강서면 옥산리
99	경주 서악리 3층석탑	경북 경주군 경주면 서악리
100	경주 남산리 3층석탑	경북 경주군 내동면 남산리
101	경주 나원리 5층석탑	경북 경주군 견곡면 나원리
102	태자사랑공대사백월서운탑비	경기도 경성부 경복궁 조선총독부박물관
103	숙주사지 당간지주	경북 영주군 순흥면 내죽리
104	영주 사현정리 당간지주	경북 영주군 순흥면 읍내리
105	영주 영주리 석불상	경북 영주군 영주면 영주리
106	개심사지 5층석탑	경북 예천군 예천면 남본동
107	동사지 3층석탑	경북 예천군 예천면 동본동
108	동사지 석불상	경북 예천군 예천면 동본동

등록 번호	지정물	소재지
109	상주 화달리 3층석탑	경북 상주군 사벌면 화달동
110	상주 지사리 전탑	경북 상주군 외남면 지사리
111	문경 내화리 3층석탑	경북 문경군 산북면 내화리
112	고령 쾌빈동 3층석탑	경북 고령군 고령면 쾌빈동
113	고령 지산동 당간지주	경북 고령군 고령면 지산동
114	청도 송서동 3층석탑	경북 청도군 풍각면 송서동 탑평
115	창녕읍내 신라진흥왕 척경비	경남 창녕군 창녕면 교상동
116	통도사 국장생석표	경남 양산군 하북면 답곡동
117	월광사지 3층석탑	경남 합천군 야로면 월광리
118	봉산 지탑리 3층석탑	황해도 봉산군 문정면 지탑리
119	광조사지 진철대사 보월승공탑비	황해도 해주군 금산면 냉정리 수미창
120	해주 백세청풍비	황해도 해주군 영동면 청풍리 청성묘
121	해주 타라니 석당	황해도 해주군 해주면 남욱정
122	평양성벽 석각	평남 평양부 산수정 평안남도청
123	평양 기자정	평남 약송정
124	평양 정거장전 7층석탑	평남 평양부 홍매정
125	평양 종각종	평남 평양부 이문리
126	점선현사산비	평남 용강군 해운면 용정리
127	자복사지 5층석탑	평남 성천군 성천면 상부리(처인리)
128	용천 타라니석당	평북 용천군 읍동면 동부동
129	용천 서문외 석당	평북 용천군 동하면 사흥동
130	용천읍내 이체석불상	평북 용천군 읍동면 성동동
131	용천읍내 쌍석수	평북 용천군 읍동면 성동동
132	풍천원석등	강원도 철원군 북면 홍원리
133	황초령 신라진흥왕순수비	함남 함흥군 하기천면 진흥리
134	북청 여진자석각	함남 북청군 속후면 창성리 해안
135	백두산 정계표	함북 무산군 삼장면 농사동 백두산 동남부
136	경원 여진자비	경기도 경성부 경복궁 조선총독부박물관

등록 번호	지정물	소재지
137	연복사종	경기도 개성군 송도면 북본정
138	익산 왕궁5층석탑	전북 익산군 왕궁면 왕궁리
139	만복사 이왕석상	전북 남원군 남원면 왕정리
140	흥덕왕릉 석수	경북 경주군 강서면 육통리 흥덕왕릉
141	경주읍내 석수	경북 경주군 동부리 경주고적보존회 진열관
142	성천 처인리3층석탑	평남 성천군 성천면 상부리
143	경주 서악리 마애석불상	경북 경주군 경주면 서악리
144	영주 사현정리 3층석탑	경북 영주군 순흥면 읍내리
145	영주 석교리 삼체석불상	경북 영주군 순흥면 석교리
146	안동 신세동 7층벽탑	경북 안동군 안동면 신세동
147	안동 동부동 5층벽탑	경북 안동군 안동면 동부동
148	안동 조탑동 5층벽탑	경북 안동군 일직면 조탑동
149	안동 왕리동 3층석탑	경북 안동군 안동면 옥리동
150	안동 안기동 석불상	경북 안동군 안동면 동기동
151	안동 이송천동석불상	경북 안동군 서후면 이송천동
152	상주 증촌리 석각불상	경북 상주군 함창면 증촌리
153	상주 증촌리 석불상	경북 상주군 함창면 증촌리
154	상주 복룡리 석불상	경북 상주군 상주면 복룡리
155	봉화 서동리 3층석탑	경북 봉화군 춘양면 서동리
156	창녕 술정리 동3층석탑	경남 창녕군 창녕면 술정리
157	창녕 송현동 석불상	경남 창녕군 창녕면 송현동
158	창녕 교동 석불상	경남 창녕군 교동
159	봉림사지 진경대사보월능공탑비	경기도 경성부 조선총독부박물관
160	하동 신흥리 수중석각	경남 하동군 화개면 신흥리
161	반야사지 원경왕사비	경남 합천군 가야면 인리
162	함안 대산리 삼체석불상	경남 함안군 함안면 대산리
163	단속사지 동동구석각	경남 산청군 단성면 청계리
164	단속사지 동3층석탑	경남 산청군 단성면 운리

등록 번호	지정물	소재지
165	단속사지 서3층석탑	경남 산청군 단성면 운리
166	남해 양아리 석각	경남 남해군 이동면 량하리
167	해주읍내 석빙고	황해도 해주군 해주면 상정
168	신복사지 3층석탑	강원도 강릉군 성남면 내곡리 신복동
169	신복사지 석불상	강원도 강릉군 성남면 내곡리 신복동
170	한송사지 석불상	강원도 강릉군 강릉면 대화정 강릉군청
171	강릉 수문리 당간지주	강원도 강릉군 강릉면 옥천정(원 수문리)
172	강릉 수문리 석불상	강원도 강릉군 강릉면 옥천정(원 수문리
173	굴산사지 석탑	강원도 강릉군 구정면 학산리 석천동
174	굴산사지 당간지주	강원도 강릉군 구정면 금광평
175	굴산사지 석불상1	강원도 강릉군 구정면 금광평
176	굴산사지 석불상2	강원도 강릉군 구정면 금광평
177	강릉 대창리 석불상	강원도 강릉군 강릉면 옥천정(원 대창리)
178	강릉 대창리 당간지주	강원도 강릉군 강릉면 옥천정(원 대창리)
179	영랑비 초석	강원도 강릉군 강동면 하시동리
180	거돈사지 원공국사 승묘탑비	강원도 원주군 부논면 정산리 거론동
181	홍법사지 3층석탑	강원도 원주군 지정면 안창리 홍법동
182	평창 유동리 5층석탑	강원도 평창군 평창면 유동리
183	춘천 선요선당리 7층석탑	강원도 춘천군 춘천면 요선당리
184	춘천 전평리 당간지주	강원도 춘천군 전평리
185	춘천 우두리 석불상	강원도 춘천군 신북면 우두리
186	(없음)	(없음)
187	서림사지 3층석탑	강원도 양양군 서면 서림리
188	서림사지 석불상	강원도 양양군 서면 서림리
189	장연사지 3층석탑	강원도 회양군 장양면 장연리
190	회양현리 3층석탑	강원도 회양군 난곡면 현리
191	안풍사지 5층석탑	강원도 회양군 안풍면 가동리 탑가원
192	홍천 희망리 3층석탑	강원도 홍천군 홍천면 희망리
193	홍천 희망리 당간지주	강원도 홍천군 홍천면 희망리

朝鮮總督府, 『古蹟及遺物登錄臺帳抄錄』, 「登錄番號別索引」, 1924.

보물(소화12년 6월 현재: 1937년)

지정 번호	명칭	소재지	지정 번호	명칭	소재지
1호	경성남대문	경성부남대문통	2	경성동대문	경성부종로
3	경성보신각종	경성부종로	4	원각사지다층석탑	경성부종로
5	원각사비	경성부종로	6	중초사당간지주	시흥군동부면
7	중초사3층석탑	중초군동부면	8	북한산신라진흥왕순수비	고양군은평면
9	개성첨성대	개성부만월대	10	개성남대문	개성부북본면
11	개성연복사종	개성부북본대	12	관음사대웅전	개풍군영북면
13	고달사원종대사혜진탑비의 귀부 및 이수	여주근북내면	14	고달사원종대사혜진탑	여주군근북내면
15	고달사지부도	여주근북내면	16	고달사지석불좌	여주군근북내면
17	서봉사지현오국사탑비	용인근수지면	18	강화하점면5층석탑	강화군하점면
19	강화동종	강화군부내면	20	광주춘궁리5층석탑	광주군서부면
21	광주춘궁리3층석탑	광주군서부면	22	장성사진각국사대각원조탑비	수원부일형면
23	법주사雙獅석등	보은군곡리면	24	법주사사천왕석등	보은군곡리면
25	억정사대지국사비	충주군엄정면	26	정토사법경대사자등탑비	충주군동량면
27	충주탑정리7층석탑	충주군가금면	28	봉선홍경사갈	천안군성환면
29	정산서정리9층석탑	청양군정산면	30	성주사낭혜화상백월보광탑비	청양군정산면
31	성주사지5층석탑	보령군미산면	32	성주사지중앙3층석탑	보령군미산면
33	부여평백제탑	부여군부여면	34	唐유인원기공비	부여군부여면
35	금산사露柱	김제군수류면	36	금산사석련대	김제군수류면
37	금산사혜덕왕사진응탑비	김제군수류면	38	금산사5층석탑	김제군수류면
39	금산사석종	김제군수류면	40	금산사6각다층석탑	김제군수류리

지정 번호	명칭	소재지	지정 번호	명칭	소재지
41	금산사당간지주	김제군수류면	42	금산사심원암북강3층석탑	김제군수류면
43	만복사지5층석탑	남원군남원읍	44	만복사지석좌	남원군남원읍
45	만복사지당간지주	남원군남원읍	46	실상사수철화상능가보월탑	남원군산내면
47	실상사수철화상능가보월탑비	남원군산내면	48	실상사석등	남원군산내면
49	실상사부도	남원군산내면	50	실상사3층석탑	남원군산내면
51	실상사증각대사응료탑	남원군산내면	52	실상사증각대사응료탑비	남원군산내면
53	실상사백장암석등	남원군산내면	54	실상사백장암3층석탑	남원군산내면
55	실상사철제여래좌상	남원군산내면	56	용담사지석불입상	남원군주천면
57	만복사지석불입상	남원군읍왕정리	58	익산왕궁리5층석탑	익산군왕궁면
59	미륵사지석탑	익산군금마면	60	익산석불리석불좌상	익산군삼기면
61	익산고도리석불입상	익산군금마면	62	성주사지서3층석탑	보령군미산면
63	화엄사각황전前석등	구례군마산면	64	대흥사북미륵암마애여래좌상	해남군삼산면
65	나주동문外당간	나주군나주읍	66	나주북문外3층석탑	나주군나주읍
67	무위사극락전	강진군성전면	68	은해사거조암영산전	영천군청통면
69	문경내화리3층석탑	문경군산북면	70	봉화서화리3층석탑	봉화군춘양면
71	개심사지5층석탑	예천군예천면	72	고령지산동당간지주	고령군고령면
73	봉정사극락전	안동군서후면	74	봉정사대웅전	안동군서후면
75	안동동부동5층벽탑	안동군안동읍	76	안동신세동7층벽탑	안동군안동읍
77	안동조탑동5층벽탑	안동군일직면	78	안동안기동석불좌상	안동군안동읍
79	부석사대웅전前석등	영천군부석면	80	부석사무량수전	영천군부석면
81	부석사조사당	영천군부석면	82	숙수사지당간지주	영천군순흥면
83	영주영주리석불입상	영천군영주면	84	불국사다보탑	경주군내동면
85	불국사3층석탑	경주군내동면	86	불국사사리탑	경주군내동면
87	불국사연화교칠보교	경주군내동면	88	불국사청운교백운교	경주군내동면
89	석굴암석굴	경주군양북면	90	경주서악리마애석불상	경주군경주읍

지정 번호	명칭	소재지	지정 번호	명칭	소재지
91	경주배리석불입상	경주군내동면	92	신라태종무열왕릉비	경주군경주읍
93	경주보문리석조	경주군내동면	94	경주서악리3층석탑	경주군경주읍
95	경주석빙고	경주군경주읍	96	불국사금동노사나불좌상	경주군내동면
97	불국사아미타여래좌상	경주군내동면	98	백률사금동약사여래입상	경주군경주읍
99	경주성덕왕신종	경주군경주읍	100	분황사석탑	경주군동면
101	평양성벽석각	평양부평양부립 박물관	102	경주효현리3층석탑	경주군경주읍
103	경주황남리효자손 시 양정려비	경주군경주읍	104	망덕사지당간지주	경주군내동면
105	경주첨성대	경주군경주읍	106	경주서악리귀부	경주군경주읍
107	함안대산리석불	함안군함안면	108	단속사지동3층석탑	산청군단성면
109	단속사지서3층석탑	산청군단성면	110	통도사국장생석표	양산군하북면
111	해인사대장경판	합천근가야면	112	창녕진흥왕척경비	창녕군창녕면
113	창녕술정리동3층 석탑	창녕근창녕면	114	창녕송현동석각불좌상	창녕군창녕면
115	청평사극락전	춘천근북산면	116	춘천전평리당간지주	춘천군춘천읍
117	춘천요선당리7층 석탑	춘천군춘천읍	118	풍천원석등	철원군북면
119	거돈사원공국사승 묘탑비	원주군부론면	120	장안사사성전	준양군장양면
121	홍천희망리3층석탑	홍천군홍천면	122	홍천희망리당간지주	홍천군희망리
123	한송사석불상	강릉군강릉읍	124	강릉대창리당간지주	강릉군강릉읍
125	강릉수문리당간지주	강릉군강릉읍	126	신복사지석불좌상	강릉군성덕면
127	굴산사지부도	강릉군구정면	128	굴산사지당간지주	강릉군구정면
129	심원사보광전	황주군귀락면	130	성불사극락전	황주군주남면
131	성불사응진전	황주군주남면	132	광조사진철대사보월승 공탑비	황해도 황주군은산면
133	해주백세청풍비	해주군해주읍	134	해주읍내석빙고	해주군해주읍
135	해주다라니석당	해주군해주읍	136	대동문	평양부이문리
137	부벽루	평양부경상리	138	보통문	평양부서성리

지정번호	명칭	소재지	지정번호	명칭	소재지
139	평양동종	평양부이문리	140	신복사지3층석탑	강릉군성복면
141	성천처인리5층석탑	성천군성천면	142	성천자복사지5층석탑	성천군성천면
143	점선현비	용강군해운면	144	용천舊읍내석불입상	용천군동상면
145	용천구읍내석수	용천군동상면	146	황초령신라진흥왕순수비	함남함주군하기천면
147	석왕사응진전	안변군문산면	148	석왕사호지문	안변군문산면
149	탑산사동종	해남군삼산면	150	도선사석제여래좌상	영암군군서면
151	화엄사3층四獅석탑	구례군마산면	152	송광사대반열극락전	순천군송광면
153	상원사동종	평창군진부면	154	개성선죽교	개성부원정천
155	현화사비	개풍군영남면	156	현화사지7층석탑	개풍군영남면
157	영통사지서3층석탑	개풍군영남면	158	영통사지동3층석탑	개풍군영남면
159	영통사대각국사비	개풍군영남면	160	영통사지5층석탑	개풍군영남면
161	여주창리3층석탑	여주군주내면	162	여주하리3층석탑	여주군주내면
163	파주호미리석불입상	파주군광탄면	164	삼전도청태종공덕비	광주군중대면
165	사자빈신사석탑	제천군한수면	166	괴산미륵당리5층석탑	괴산군상모면
167	괴산미륵당리석불입상	괴산군상모면	168	괴산신풍리마애불좌상	괴산군연풍면
169	충주읍내철불좌상	충주군충주읍	170	천흥사지당간지주	천안군성거면
171	안국사지석불입상	서산군정미면	172	안국사지석탑	서산군정미면
173	보원사지석조	서산군운산면	174	보원사지당간지주	서산군운산면
175	보원사지5층석탑	서산군운산면	176	보원사법인국사보승탑	서산군운산면
177	보원사법인국사보승탑비	서산군운산면	178	보광사중창비	부여군임천면
179	부여군남석불좌상	부여군부여면	180	광주군서5층석탑	광주군광주읍
181	광주군동5층석탑	광주군서방면	182	개선사지석등	담양군남면
183	중흥산성3층석탑	광양군옥룡면	184	청도봉기동3층석탑	청도군풍각면
185	안동옥동3층석탑	안동군안동읍	186	안동泥川洞석불상	안동군안동읍
187	영주석교리석불상	영주군순흥면	188	상주화달리3층석탑	상주군사벌면
189	상주증촌리석각불입상	상주군함창면	190	상주복룡리석불좌상	상주군상주읍

지정 번호	명칭	소재지	지정 번호	명칭	소재지
191	상주증촌리석불좌상	상주군함창면	192	굴불사지석각불상	경주군천북면
193	경주두대리마애석불	경주군내남면	194	경주보문리당간지주	경주군내동면
195	경주구황리3층석탑	경주군내동면	196	경주남산리3층석탑	경주군내동면
197	고선사지3층석탑	경주군내동면 암곡리	198	무장사아미타불조상사 적비이수及귀부	경주군내동면 암곡리
199	무장사지석탑	경주군내동면	200	경주삼랑사지당간지주	경주군경주읍
201	경주나원리5층석탑	경주군견곡면	202	정혜사지13층석탑	경주군강서면
203	반야사원경왕사비	합천군가야면	204	월광사지3층석탑	합천군야로면
205	평양7층석탑	평양부경상리	206	용천서문外석당	용천군동하면
207	용천다라니석당	평북용천군동상던	208	마운령신라진흥왕순수비	함남이원군 동면
209	용감수경 제3권 / 4권	경성부효제동	210	용두사철당간	청주읍本町
211	금동석가여래입상	광산군효지면	212	금동보살입상	광산군효지면
213	중심사철조비로사 나불좌상	전남광산군효지면	214	관음사금동관세음보살 좌상	전남곡성군 화면
215	화엄사동5층석탑	구례군마산면	216	화엄사서5층석탑	구례군마산면
217	목조삼존불감	순천군송광면	218	고려고종制書	순천군송광면
219	경질(經帙)	순천군송광면	220	보림사3층석탑及석등	장흥군유치면
221	보림사철조비로사 나불좌상	장흥군유치면	222	석조부도	경주군내동면
223	경주남산미륵곡석 불좌상	경주군내동면	224	부석사소조석가여래좌상	영주군부석면
225	부석사조사당벽화	영주군부석면	226	봉암사지증대사적조탑	문경군가은면
227	봉암사지증대사적 조탑비	문경군가은면	228	쌍계사진감선사대공탑비	하동군화개면
229	神仙草花文銅盤	평양부幸町	230	백동戈	평양부목단대
231	백동劍	평양부목단대	232	용감수경 권1	강원고성군 서면
233	월정사8각9층석탑	평창군진부면	234	월정사석조보살좌상	평창군진부면

지정번호	명칭	소재지	지정번호	명칭	소재지
235	오대산상원사중창권선문	평창군진부면	236	경성문묘	경성부명륜町
237	경성동묘	경성부숭인町	238	수덕사대웅전	예산군덕산면
239	개심사대웅전	서산군운산면	240	보림사대웅전	장흥군유치면
241	통도사대웅전	양산군하북면	242	심원사대웅전	평북정주군고안면
243	용문사대장전	예천군용문면	244	관룡사극락전	창녕군창약면
245	밀양영남루	밀양군밀양읍	246	안주백상루	함남안주군학성면
247	안변가학루	안변군학성면	248	도신사해탈문	영암군군서면
249	강릉객사문	강릉읍용강町	250	성천동명관	평남성천군성천면
251	해인사장경판고	합천해인사	252	공주本町석조	공주군공주읍
253	공주旭町석조	공주군공주읍	254	공주旭町	공주군공주읍
255	연곡사3층석탑	구례군토지면	256	연곡사현각국사탑비	구례군토지면
257	연곡사동부도	구례군토지면	258	연곡사동부도비	구례군토지면
259	연곡사서부도	구례군토지면	260	연곡사북부도	구례군토지면
261	보림사동부도	장흥면유치면	262	보림사서부도	장흥면유치면
263	보림사보조국사창성탑	장흥면유치면	264	보림사보조국사창성탑비	장흥면유치면
265	학림사5층석탑	장연군혜담면	266	자혜사5층석탑	신천군남부면
267	자혜사석등	황해도신천군남부면	268	방어산마애불	함안군군북면
269	안동류씨문서	안동군풍천면			

고적(소화12년 6월 현재: 1937년)

지정 번호	명칭	소재지	지정 번호	명칭	소재지
1호	경주포석정지	경주군내남면	2	김해회현리패총	김해군김해읍
3	봉산휴류산성	황해봉산군토성면	4	강서간성리연화총	평남강서군보림면
5	용강안성리쌍영총	평안용강군지운면	6	용강안성리대총	평남용강군지운면
7	용강매산리수렵총	평남용강군대대면	8	용강신덕리 정	평남용강군신령면
9	용강신덕리龕神塚	평남용강군신령면	10	순천북창리천왕지신총	평남순천군북창면
11	평양기자井	평남평양부약송町	12	북청여진문자석각	함남북청군속후면
13	강서삼묘리고분	평남강서군강서면	14	수원성곽	경기수원군수원읍
15	개성만월대	개성부만월町	16	부여성흥산성	충남부여군임천면
17	부여부소산성	충남부여군부여면	18	황룡사지	경북경주군내동면
19	망덕사지	경북경주군내동면	20	사천왕사지	경북경주군내동면
21	부산진자성대	경남부산부범일町	22	울산학성	경남울산군울산읍
23	황주군유물포함層	황해황주군황주면	24	낙랑토성	평남대동군대동강면
25	경성성곽	경성부사직동 外	26	경성노인정	경성부대화町
27	광주풍납리토성	경기광주군구산면	28	공주공산성	충남공주군공주읍
29	공주송산리고분군	충남공주군주외면	30	부여능산리고분군	충남부여군부여면
31	경주흥륜사지	경북경주군경주읍	32	경주월성	경북경주군경주읍
33	경주읍남고壘	경북경주군경주읍	34	경주임해전지	경북경주군경주읍
35	경주계림	경북경주군경주읍	36	신라무열왕릉	경북경주군경주읍
37	傳김유신묘	경북경주군경주읍	38	경주남산성	경북경주군경주읍
39	신라경덕왕릉	경북경주군내남면	40	신라진덕왕릉	경북경주군견곡면
41	경주부산성	경북경주군서면	42	경주괘릉	경북경주군외동면
43	경주구정리방형분	경북경주군내동면	44	신라성덕왕릉	경북경주군내동면
45	신라헌덕왕릉	경북경주군천북면	46	신라흥덕왕릉	경북경주군강서면
47	경주감은사지	경북경주군양북면	48	대방태수장무이묘	황해봉산면문정면
49	大華宮址	평남대동군부산면	50	대성산성	평남대동군자족면
51	傳안학궁지	평남대동군임원면	52	용강어을동토성	평남용강군해운면
53	태천농오리산성	평북태천군서성면	54	홍원부민동고분군	함남홍원군학천면
55	홍원성영석성	함남홍원군학천면	56	홍원천계봉산성	함남홍원군학천면
57	경성사직단	경성부사직町	58	경성독립문	경성부교화町

지정번호	명칭	소재지	지정번호	명칭	소재지
59	경성영은문주초	경성부교화町	60	부여청마산성	충남부여군부여면
61	부산일본성	경남부산부범일町	62	마산일본성	경남창원군내서면
63	북청청해토성	함남북청군청해면	64	오대산사고	강원평창군지부면
65	봉산당토성	황해봉산군문정면	66	경주노동리고분군	경북경주군경주읍
67	경주노서리고분군	경북경주군경주읍	68	경주황남리고분군	경북경주군경주읍
69	경주황오리고분군	경북경주군경주읍	70	경주인왕리고분군	경북경주군경주읍

고적及명승(소화12년 6월 현재: 1937년)

지정번호	명칭	소재지
1호	평양 목단대	평남평양부경상리
2	경주 불국사 경내	경북경주군내동면진현리

명승及천연기념물(소화12년 6월 현재: 1937년)

지정번호	명칭	소재지
1호	동룡굴	평북영변군용산면용등동

천연기념물(소화12년 6월 현재: 1937년)

지정번호	명칭	소재지	지정번호	명칭	소재지
1호	달성 측백수림	경북달성군해언면	2	합천 백조도래지	경남합천군용주면
3	맹산 만주흑송수림	평남맹산군맹산면	4	경성통의동 백송	경성부통의동
5	경성내자동 백송	경성부내자동	6	경성元町 백송	경성동원정
7	경성 旭町 백송	경성부욱정	8	경성제동 백송	경성부제동
9	경성수송동 백송	경성부수송동	10	연희 지수적송	고양군 연희면
11	광릉きたたき서식지	양주군진접면	12	진천진나 학도래지	충북진천군이월면

지정 번호	명칭	소재지	지정 번호	명칭	소재지
13	진천 鷺(해오라기)도래지	충북진천군이월견	14	진천うちはのき자생지	충북진천군초평면
15	창녕백조도래지	경남창녕군이방면	16	밀양 백송	경남밀양군밀양읍
17	당진학도래지	충남당진군역천유역평야	18	제주도森島おほたにわたり(파초일렴)자생지	전남제주도서귀포
19	제주도구좌면はまおもご	제주도 구좌면	20	해주학도래지	황해해주면영동면
21	연안학번식지	황해연백군연안면	22	연안학도래지	황해연백군봉서면
23	백천학도래지	황해연백군은천면	24	옹진학도래지	황해옹진군마산면
25	선천 蠟島 うみねこ(괭이갈매기)번식지	평북선천군남면	26	동관홍적기동물화석층	함북종성군종성면
27	제주도大鰻(뱀장어)서식지	제주도서귀면	28	주도 상록수림	전남완도군완도면
29	미륵리상록수림	경남남해군삼동던	30	용문사 いちょう(은행나무)	경기양평군용문면
31	대강면いちょう(은행나무)	경기장단군대강던	32	화산 おかまつ	경기수원군안룡면
33	금성면 けやき(느티나무)	전남담양군금성면	34	왕룡면 えのき(팽나무)	전남광양면옥룡면
35	대구면 むくのき(푸조나무)	전남강진군대구면	36	쌍암면 ひとつばたご	전남순천군쌍암면
37	진례면ひとつばたご	경남김해군진례면	38	화엄사피안櫻(앵두나무)	전남구례군마산면
39	병영면 かや(비자나무)	전남강진군병영면	40	예송리 상록수림	전남완도군노화면
41	중문면 くすのき(녹나무장목)	전남제주도중문면	42	평양목단대化石立木	평남평양부경상리

朝鮮總督府,『朝鮮寶物・古蹟・名勝・天然記念物保存要目』,「附錄」, 1937

(明治 30년6월10일 법률 제49호/1897년)

제1조 고사사(古社寺)에 있어 건조물 및 보물류의 유지 수리가 가능한 것은 보존금의 하부(下付)를 내부대신에게 출원 할 수 있다.

제2조 국비로 보조하여 보존해야할 사사(社寺)의 건조물 및 보물류는 역사의 증징(証徵), 유서(由緒)의 특수 또는 제작이 우수한 것에 있어 고사사보존회(古社寺保存會)에 자순(諮詢)하여 내무대신이 그것을 결정한다.

제3조 전조(前條)의 건조물 및 보물류의 수리는 지방장관이 그것을 지휘 감독한다.

제4조 사사(社寺)의 건조물 및 보물류에 있어 특히 역사 증징(証徵) 또는 미술의 모범이 되는 것은 고사사보존회(古社寺保存會)에 자순(諮詢)하여 내무대신이 특별보호건조물 또는 국보의 자격을 가진 것으로 정할 수 있다.

제5조 특별보호건조물 및 국보는 그것을 처분 또는 차압할 수 있다. 단, 내무대신의 허가를 얻어 국보를 공개하여 전람장에 출진하는 것은 그러하지 아니하다.

제6조 전조(前條)의 물건은 神職 [관국폐사(官國幣社)에 있으면 궁사(宮司), 부현향사(府縣鄕社)에 있으면 사사(社司), 촌사(村社) 이하에 있으면 사장(社掌)] 혹은 住職이 그것을 감수하고 내무대신의 감독에 속하는 것으로 한다. 단, 내무대신의 허가를 경유해 감수자(監守者)를 둘 수 있다.

제7조 사사(社寺)는 내무대신의 명에 의해 관립 또는 공립 박물관에 국보를 출진할 의무가 있다. 단, 제전법용(祭典法用)에 필요한 것은 그러하지 아니하다.
전항의 명령에 대해서는 소원(訴願) 할 수 있다.

제8조 前條에 따라 국보를 출진할 수 있는 사사(社寺)에는 명령에서 정해진 표준에 따라 국고로부터 보급금(補給金)을 지급하는 것으로 한다.

제9조 신직(神職), 주직(住職) 그 외 감수자가 내무대신의 명에 위배하여 국보를 출진하지 않을 경우 내무대신은 그것의 출진을 강요할 수 있다.

제10조 사사(社寺)에 하부(下付)하는 보존금은 지방장관이 그것을 관리한다. 보존금은 예산액을 하부한다. 단, 정산하는데 있어 잉여가 있을 경우 내무대신은 그것을 환부하게 할 수 있다

제11조 사사(社寺)에 하부(下付)하는 보존금은 차압할 수 있다.

제12조 제10조 및 제11조의 보존금은 이 이자를 포함하는 것으로 한다.

제13조 감수자가 감수하는 곳의 국보를 절취, 훼기(毀棄), 은닉 혹은 다른 물건과 변환하거나 또는 제5조의 규정에 위배되는 경우는 2년 이상 5년 이하의 중금고(重禁錮)에 처한다.
제5조의 물건에 해당됨을 알고 그것을 상속, 부채, 담보로 잡거나 기증 혹은 그 아보(牙保)를 행한 자는 6개월 이상 3년 이하의 중금고(重禁錮)에 처하며 5엔 이상 50십엔 이하의 벌금을 부가한다

제14조 감수자 태만을 이유로 국보를 유실, 훼손하였을 때는 50엔 이상 500엔 이하의 과태료에 처한다. 과태료는 지방법원의 명령을 따라 그것을 과금한다. 단, 이 명령에 대하여 즉시 항고를 할 수 있다. 과태료는 검사의 명령에 따라 그것을 징수한다. 그 징수는 민사소송법 제6편의 규정을 준용한다. 단, 이 경우에 있어 검사의 명령은 집행문의 효력을 갖는다.

제15조 제7조에 따라 출진할 수 있는 국보 감수자의 고의, 태만을 이유로 국보를 유실, 훼손하였을 경우 국고(國庫)는 명령으로 정해진 평가방법에 따라 그 손해를 배상하는 것으로 한다. 단 그 평가액에 관해서는 재판소에 출소(出訴)할 수 있다.

제16조 본법에 정해진 보존금 및 보급금으로 국고로부터 지출되는 금액은 1년

15만 엔에서 20만 엔으로 한다.

부 칙

제17조 본법 시행 전 사사(社寺)에 하부되는 보존금에 관하여 내무대신은 제 10조에서 제 12조를 적용 할 수 있다.

제18조 제4조에 해당하는 물건은 사사(社寺)에 속하지 않는 것과 소유자의 청 구가 있을 때만 제7조 1항에 게시된 박물관 출진을 허가하고 그것에 보급 급을 지급할 수 있다.

제19조 명소, 유적에 관해서는 사사(社寺)에 속하지 않은 것이라 하여도 본법 을 준용할 수 있다.

제20조 본법 시행 상 필요한 규정은 명령으로써 그것을 정한다.

(大正8년 4월10일 법률第44호/1919년)

제1조 본법을 적용해야하는 사적명승천연기념물은 내무대신이 그것을 정한다. 전항의 지정 이전에 필요할 경우 지방장관은 그것을 정할 수 있다.

제2조 사적명승천연기념물의 조사에 관해 필요할 경우 지정 전후를 불문하고 해당 관리는 그 토지 또는 인접 출입 토지의 발굴 장해물의 철거, 기타 조사에 필요한 행위를 행할 수 있다.

제3조 사적명승천연기념물에 관해 그 현장을 변경하거나 또는 그 보존에 영향을 미치는 행위를 할 때는 지방장관의 허가를 얻어야 한다.

제4조 내무대신은 사적명승천연기념물의 보존에 관해 지역을 정하여 일정행위를 금지 또는 제한하거나 필요한 시설을 명할 수 있다
전항의 명령에 의하거나 처분 또는 제2조의 규정에 의거하여 행위의 손해를 입은 사인(私人)에 대해서는 명령이 정하는 바에 의거하여 정부가 그것을 보상한다.

제5조 내무대신은 지방 공공단체를 지정하여 사적명승천연기념물의 관리를 행할 수 있다.
전항의 관리에 요구되는 비용은 해당 공공단체의 부담으로 한다.
국고(國庫)는 전항의 비용에 대하여 그 일부를 보조하는 것으로 한다.

제6조 제3조의 규정에 위반하거나 제4조 제1항의 규정에 의거한 명령에 위반되는 자는 6개월 이하의 금그 혹은 구류 또는 100엔 이하의 벌금 또는 과태료에 처한다.

부 칙

본법 시행에 관해 필요한 사항은 명령으로 정한다.
본법시행의 기일은 명령으로 정한다.
이하 생략

(昭和 4년 3월28일 법률 제17호 / 1929년)

제1조 건조물, 보물 그 외 물건에 있어 특히 역사의 증징(証徴) 또는 미술의 모범이 되는 것은 주무대신이 국보보존회에 자문(諮問)하여 그것을 국보로 지정할 수 있다.

제2조 주무대신은 전조(前條)의 규정에 의거하여 지정을 할 때는 그 취지를 관보를 통해 고시(告示)하며, 해당물건의 소유자에게 통지한다.

제3조 국보는 그것을 수출 또는 이출할 수 없으며, 단, 주무대신의 허가를 받았을 때는 그러하지 아니하다.

제4조 국보의 현상을 변경해야 할 경우는 주무대신의 허가를 받아야한다. 단, 유지 수리를 위한 것은 그러하지 아니하다.

제5조 주무대신이 前 2조의 규정에 의거하는 허가를 할 때는 국보보존회에 자문을 얻어야한다.

제6조 국보의 소유자에게 변경이 있을 때는 명령이 정하는 바에 따라 소유자는 주무대신에게 신고해야 한다. 국보멸실 또는 훼손될 때도 동일하다.

제7조 국보의 소유자는 주무대신의 명령에 따라 1년 내의 기간에 한하여 제실(帝室), 관립 또는 공립박물관 또는 미술관에 그 국보를 출진할 의무가 있다. 단, 제사법용(祭祀法用) 또는 공무집행을 위해 필요할 때나 기타 불가능한 사유가 있을 때는 그러하지 아니하다.
전항의 명령에 대하여 불복하는 자는 소원(訴願)을 할 수 있다.

제8조 전항의 명령에 따라 국보를 출진하는 자에 대해서는 명령이 정하는 바에 따라 국고로부터 보급금을 교부한다.

제9조-제10조 생략

제11조 공익상 그 외 특수한 사유에 따라 필요할 때는 주무대신이 국보보존회
　　에 자문하여 국보의 지정해제를 할 수 있다.
　　　주무대신이 전항의 규정에 따른 지정해제를 해야 할 때는 그 내용을 관보에
　　서 고시(告示)하며, 해당물건의 소유자에게 통지한다.

제12조 신사(神社) 또는 사원(寺院)(仏堂을 포함 이하 동일)의 소유에 속하는
　　국보는 신사에 있으면 神職 [관국폐사(官國幣社)에 있으면 궁사(宮司), 부
　　현향사(府縣鄕社)에 있으면 사사(社司), 촌사(村社) 이하에 있으면 사장(社
　　掌)] 사원에 존재하면 住職 [불당에 존재하면 受持僧侶(담당승려)]이 그것
　　을 관리한다. 단 주무대신의 허가를 받아 별도로 관리자를 정할 수 있다.

제13조 신사 또는 사원의 소유에 속하는 국보는 그것을 처분하고, 담보로 제
　　공하거나 또는 압류할 수 없다. 단 주무대신의 허가를 받아 처분하거나 담
　　보로 제공하는 것은 그러하지 아니하다.
　　　주무대신이 전항에 따라 허가를 할 때는 국보보존회에 자문받아야 한다.
　　　주무대신의 허가를 받지 않고 신사 또는 사원의 소유에 속한 국보를 처분하
　　거나 담보로 제공할 때는 그것을 무효로 한다.

제14조 신사 또는 사원의 소유에 속하는 국보를 유지 수리할 때는 주무대신이
　　국보보존회에 자문하고 그것에 대한 보조금을 교부할 수 있다.
　　　특히 필요시 신사 또는 사원 이외 것의 소유에 속하는 국보에 대하여 전항
　　의 규정을 준용한다.

제15조 보조금은 예산액을 교부한다. 이 경우 정산에 있어 잉여가 있을 때는
　　그것을 환부할 수 있다.

제16조 생략

제17조 국보보존회의 조직 및 권한에 관한 사항은 본법에 규정하는 것 외 칙
　　령으로 그것을 정한다.

제18조 신사 또는 사원의 소유에 속하는 국보의 관리에 관한 사항은 명령으로 그것을 정한다.

제19조 국가의 소유에 속하는 국보에 관해서는 칙령으로서 별단의 규정을 행할 수 있다.

제20조 주무대신의 허가 없이 국보를 수출 또는 이출 하는 자는 15년 이하의 징역 혹은 금고 또는 2000엔 이하의 벌금에 처한다.

제21조 국보를 손괴, 훼기(毀棄) 또는 은닉한 자는 5년 이하의 징역 혹은 금고 또는 500엔 이하의 벌금에 처한다.
전항의 국보 자체의 소유에 관계될 때는 2년 이하의 징역 혹은 금고 또는 200엔 이하의 벌금 또는 과태료에 처한다.

제22조-제25조 생략

부 칙
본법시행의 기일은 칙령으로 그것을 정한다.
고사사보존법(古社寺保存法)을 폐지한다.
이하 생략

부록 10: 重要美術品 等의 保存에 관한 法律

(昭和8년 4월1일 법률 제43호 / 1933년)

제1조 역사상 또는 미술상 특히 중요한 가치가 있다고 인정되는 물건(국보를 제외 함)을 수출 또는 수출하려고 한 자는 주무대신의 허가를 받아야 한다. 단, 현존자(現存者)의 제작에 관계되는 것, 제작 후 50년이 지나지 않는 것 및 수입 후 1년을 경과하지 않은 것은 그러하지 아니하다.

제2조 전조(前條)의 규정에 따라 그것의 수출(輸出) 또는 이출(移出)에 관해 허가를 요하는 물건은 주무대신이 그것을 인정하고 그 취지를 관보에 告示하고 해당물건의 소유자에 통지하여야 한다.

전항의 규정에 따라 인정(認定)의 고시가 있을 때는 매매, 교환 또는 증여의 목적으로 해당물건을 기탁 받은 점유자는 그에 대한 인정이 있는 물건으로 추정한다.

제3조 주무대신이 제1조의 규정에 따라 허가의 신청이 있을 경우, 허가를 행하지 않을 때는 허가 신청일로부터 1년보다 길지 않은 기간 내에 해당물건을 국보보존법 제1조의 규정에 따라 국보로 지정하거나 또는 前條의 규정에 따라 인정을 취소해야한다.

제4조 인정(認定), 그의 취소 및 제2조의 규정에 따라 인정물건의 소유자에게 변경이 있을 경우의 계출(屆出)에 관한 사항은 명령으로 그것을 정한다.

제5조 주무대신의 허가 없이 제2조의 규정에 따른 인정물건을 수출 또는 이출한 자는 3년 이하의 징역 또는 금고에 처하거나 1000엔 이하의 벌금에 처한다.

부 칙

본법은 공포일로부터 시행한다.

· 저자 ·

차문성 　　•약　력•

　　　　동아대학교 경영학과 졸업
　　　　중앙대학교 예술대학원 박물관미술관학과 졸업
　　　　소창박물관(sochang.net)사이트운영: 2004년 청소년권장사이트 중 최우수
　　　　　사이트로 선정되어 정보통신윤리위원장 상 수상함.
　　　　문화연대 문화유산위원회 운영위원
　　　　문화유산답사회 우리얼 운영진 역임
　　　　현) 대한항공 재직

　　　•주요논저•

　　　　「근대박물관 형성과정에 대한 연구」외 다수
　　　　소창박물관(sochang.net)에 기고문 소개되고 있음.

　　　　Home Page: [소창박물관] sochang.net
　　　　Email: sochang@chol.com / cha@sochang.net

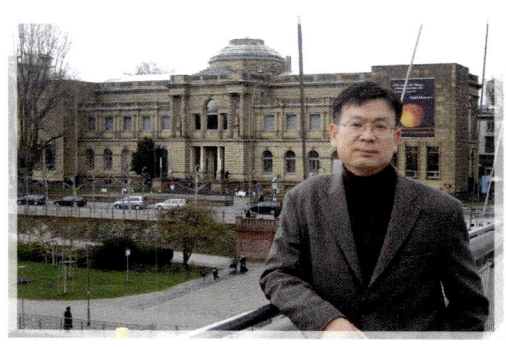

근대박물관, 그 형성과 변천 과정
– 박물학과 박람회의 영향에 따른 서구, 일본, 한국 비교 –

• 초판 인쇄	2008년 5월 10일
• 초판 발행	2008년 5월 10일
• 지 은 이	차문성
• 펴 낸 이	채종준
• 펴 낸 곳	한국학술정보㈜
	경기도 파주시 교하읍 문발리 513-5
	파주출판문화정보산업단지
	전화 031) 908-3181(대표) · 팩스 031) 908-3189
	홈페이지 http://www.kstudy.com
	e-mail(출판사업부) publish@kstudy.com
• 등 록	제일산-115호(2000. 6. 19)
• 가 격	34,000원

ISBN 978-89-534-9074-1 93900 (Paper Book)
978-89-534-9075-8 98900 (e-Book)